21世纪第十届现代……会论文集

汉语语法研究的新拓展

（十）

邵敬敏　靳卫卫　张　黎 / 主编

主　编　邵敬敏　靳卫卫　张　黎

编　委　曹秀玲　陈振宇　郭　锐　林华勇

潘海华　彭利贞　施春宏　石定栩

萧国政　徐　杰　汪国胜　张先亮

赵春利

主办单位：

日本关西外国语大学孔子学院　日本大阪产业大学孔子学院

合办单位：

北京大学

复旦大学

暨南大学

华中师范大学

上海师范大学

浙江师范大学

北京语言大学

香港中文大学

中山大学

武汉大学

浙江大学

广东外语外贸大学

澳门大学

目　录

开幕词与闭幕词

在第十届现代汉语语法国际研讨会开幕式上的致辞………… 陆俭明 / 3

我们的中国汉语梦
——第十届现代汉语语法国际研讨会开幕词…………… 邵敬敏 / 6

第十届现代汉语语法国际研讨会闭幕词……………………… 汪国胜 / 9

理论探讨

语法会受社会心理的影响与制约 ………………… 陆俭明　马　真 / 15

“零句”质疑 ………………………………………………… 史有为 / 29

“互文”和“联语”的当代阐释
——兼论“平行处理”和“动态处理” ………………… 沈家煊 / 43

语义语法与中国特色语法理论的构建 …………………… 邵敬敏 / 67

概述预期系统的研究内容和方法 ………………… 陈振宇　姜毅宁 / 82

动词短语

汉语动词复合的认知动因与信息结构………………………… 戴浩一 / 103

“V 不了”与“V 不得”………………………………………… 鲁晓琨 / 111

汉语不及物动词及物化：修辞与语法化叠加作用下的论元重置
…………………………………………………… 曹秀玲　罗彬彬 / 126

汉语名动词的论元结构及其句法表征……………………… 齐　冲 / 141

汉语动结式在语言类型上的两面性
——从藏缅语的自动和使动的对立谈起………………… 石村广 / 154

新兴重叠式 VVV 的句法分布与其增量意义 ……………… 覃业位 / 168

说动词前与工具相关的四类名词性成分…………………… 张　帆 / 183
单音节“手”部动词的时空要素分析………………………… 骆健飞 / 196

副词研究

对立式主观副词的意义和用法
——以“早晚”“大小”和“反正”为例………… 石定栩　孙嘉铭 / 211
汉语中的饰句时间副词及相关问题……………… 匡鹏飞　曹亚敏 / 225
功能扩展与“可算”的副词化
——兼论近义副词“可算”与“总算”的表达差异
…………………………………………………… 谢晓明　梁　凯 / 238
已然/未然范畴与“果真”的分化 ………………… 聂仁发　葛子岚 / 252
论数字化时代汉语新兴高程度词
——言语的私人定制、语境管辖与高程度表达的语体风格倾向
………………………………………………………………… 杨海明 / 261
估危副词“险些”的话语关联与语义情态………… 赵春利　阮秀娟 / 278

构式分析

“一个 NP”的负面评价功能及形成机制 ………… 史金生　李静文 / 301
现代汉语“一个 XP”结构的主观性 ……………… 尹常乐　袁毓林 / 315
汉语的给予句——构式分析法……………………………… 张淑敏 / 329
构式浮现的研究现状和发展空间…………………………… 蔡淑美 / 343
反义共现格式的语义增值与认知探讨
——以“南 X 北 Y”“多 X 少 Y”为例 ……… 刘　柳　金铉哲 / 357
转折性引述回应句“VP/不 VP,S”考察 ……………………… 胡承佼 / 371

语义解释

汉语疑问词连锁句的语义构造及其句法价值
——汉语表达非规约事象关联的句式………………… 张　黎 / 387
疑问与感叹的相关性及其转化机制……………… 刘　彬　袁毓林 / 402

存在歧义格式吗…………………………………………………… 王红旗 / 416
概念功能导向的"容纳"概念构建及语义类型分析
…………………………………………………… 宫领强　王宜广 / 431
基于语义知识库的基本题元角色句法实现的语义制约研究
…………………………………………………… 孙道功　段弯弯 / 446

会议报道

附录　第十届现代汉语语法国际研讨会在日本关西外国语大学召开
…………………………………………………………… 赵春利 / 463

Contents

Opening and Closing Speech

Address at the Opening Ceremony of the 10th International Conference on Contemporary Chinese Grammar ········ Lu Jianming / 3

Opening Speech of the 10th International Conference on Contemporary Chinese Grammar "Our Chinese Dream of China" ········ Shao Jingmin / 6

Closing Speech of the 10th International Conference on Contemporary Chinese Grammar ········ Wang Guosheng / 9

Theoretical Discussion

Psychosocial Influences and Constraints on Grammar ········ Lu Jianming & Ma Zhen / 15

Questioning "Minor Sentences" ········ Shi Youwei / 29

An Up-to-date Interpretation of "Intertext" and "Anadiplosis": Parallel Processing and Dynamic Processing ··· Shen Jiaxuan / 43

On Semantic Grammar and the Establishment of Grammar Research Theory with Chinese Characteristics ········ Shao Jingmin / 67

Overview on the Research Content and Methods of the Expectation System ········ Chen Zhenyu & Jiang Yining / 82

Verb Phrase

The Cognitive Motivation and Information Structure of Chinese Verb Compound ········ Tai, James H-Y / 103

"V bu liao" and"V bu de" ······························ Lu Xiaokun / 111

Transitivilization of Chinese Intransitive Verbs: Arguments Resetting Affected by Overlying Effect of Rhetoric and Grammaticalization ················· Cao Xiuling & Luo Binbin / 126

The Argument Structure and Syntactic Representation of Chinese Noun-Verbs ······························ Qi Chong / 141

Two Typological Features of Resultative Constructions in Mandarin Chinese: From the Viewpoint of Non-causative/Causative Alternation in the Tibeto-Burman Languages ·· Ishimura Hiroshi / 154

On Syntactic Properties and Semantics of VVV ·· Qin Yewei / 168

Four Kinds of Instrumental Pre-verb Noun Phrase in Chinese ·· Zhang Fan / 183

On the Space-Time Elements of Chinese Monosyllabic Hand Verbs ·· Luo Jianfei / 196

Adverb Research

The Semantics and Syntax of Subjective Adverbs with Antonymous Morphemes — The Case of *Zaowan*, *Daxiao* and *Fanzheng* ····················· Shi Dingxu & Sun Jiaming / 211

A Study on Chinese Sentential-time Adverbs and Their Relevant Issues ···························· Kuang Pengfei & Cao Yamin / 225

The Functional Extension and Adverbialization of "*Kesuan*"(可算) ··· Xie Xiaoming &Liang Kai / 238

Realis, Irrealis and Differentiation of *Guozhen* ··· Nie Renfa & Ge Zilan / 252

On the New High Degree Words in Chinese in Digital Era ······ Yang Haiming / 261
The Discourse Relevance and Modal Meaning of "xianxie" as an Adverb ······ Zhao Chunli & Ruan Xiujuan / 278

Construction Analysis

The Negative Evaluation Function of "yige (一个) +NP" and its Formation Mechanism ······ Shi Jinsheng & Li Jingwen / 301
The Subjectivity of the Construction *YīGè*+XP in Mandarin Chinese ······ Yin Changle & Yuan Yulin / 315
Dative Constructions in Mandarin—A Constructional Perspective ······ Zhang Shumin / 329
The Current Studies and Development Space of Construction Emergence ······ Cai Shumei / 343
The Semantic Appreciation and Cognitive Exploration of Antisense Co-occurrence Format ······ Liu Liu & Jin Xuanzhe / 357
Study on Transitional Responsive Quoting Sentence"VP/Bu VP, S" ······ Hu Chengjiao / 371

Semantic Interpretation

The Semantic Structure and Syntactic Value of Chinese Interrogative Chain Sentences ······ Zhang Li / 387
On the Relevance of Question to Exclamation and the Transformation Mechanism ······ Liu Bin & Yuan Yulin / 402
Is There any Ambiguous Syntactic Pattern? ······ Wang Hongqi / 416
Construction and Semantic Type Analysis of the Concept of "Accommodation" Guided by Conceptual Function ······ Gong Lingqiang & Wang Yiguang / 431

Semantic Constraints on Syntactic Realization of Basic Thematic Roles Based on Semantic Knowledge Base ········· Sun Daogong & Duan Wanwan / 446

Conference Report

The 10th International Conference on Contemporary Chinese Grammar: Table of Contents ········· Zhao Chunli / 463

开幕词与闭幕词

在第十届现代汉语语法国际研讨会开幕式上的致辞

北京大学　陆俭明

尊敬的日本关西外国语大学校长谷本义高教授，
尊敬的大会主持人靳卫卫教授和任鹰教授，
各位同道，各位朋友，
老师们，同学们：

首先，我热烈地祝贺第十届现代汉语语法国际研讨会在关西外国语大学隆重开幕。

这届现代汉语语法国际研讨会，规模很大，与会提供论文的学者将近150位，仅次于1998年8月26—31日在北京大学举行的由中国社会科学院语言研究所，北京大学中文系，《中国语文》编辑部，香港城市大学中文、翻译及语言学系，商务印书馆等单位主办，由国家对外汉办、北京语言文化大学《语言教学与研究》编辑部、清华大学中文系、北京大学对外汉语教学中心、北京大学出版社、山东教育出版社、香港城市大学人文学院、香港大学语言学系、香港中国语文学会等单位协办的“98现代汉语语法学国际学术会议”。那次会议与会学者有近200位，来自10个国家与地区，会议共宣读论文191篇。

参加这样的盛会，我自然想起了我们现代汉语语法研究的引路人吕叔湘先生、朱德熙先生、胡裕树先生、张斌先生、王维贤先生等老一辈学者。他们除了给我们留下了丰硕而又辉煌的现代汉语语法研究成果外，还做了两件对推进现代汉语语法研究有重大意义的事情。

第一件事，对汉语语法研究进行反思。大家都知道，汉语语法研究基本上是在印欧语语法学的理论思想指导下逐步向前推进的。在印欧语语法学里面,有相当大的一部分内容是反映了人类语言的语法共性,因此应该承认它对汉语语法学的开创与逐步建设起了不小的作用。但汉语毕竟是不同于印欧语的一种语言,突出的一点,印欧语属于"形态语言",而汉语属于"非形态语言"。因此吕叔湘先生等前辈学者一再提醒我们不能用形态语言的语法来说明汉语,说"假如一心要找个方的,就可能看不见圆的";而 20 世纪 80 年代初,朱德熙先生进一步发出了"摆脱印欧语的干扰,用朴素的眼光看汉语"的呼吁。老一辈学者的提醒与呼吁,立刻获得汉语学界的普遍赞成,大家都积极探究"摆脱印欧语的干扰,用朴素的眼光看汉语"的研究路子。朱德熙先生率先提出"汉语语法研究应以词组为本位"这一崭新的现代汉语语法观,向"摆脱印欧语的干扰,用朴素的眼光看汉语"的路子迈出了可喜的第一步。紧接着,汉语语法学界在 21 世纪之前提出了五种不同的摆脱印欧语束缚的现代汉语语法观,即徐通锵先生的"字本位"语法观、邢福义先生的"小句中枢"说语法观、张黎先生的"意合"语法观、刘丹青先生的"语用优先"语法观和沈家煊先生的"名动包含"说语法观等。上述六种语法观,各有新见,各具特点,各有追随者,也都引发了一些争议,虽然没有哪一种观点能获得学界的普遍认可,但对深化汉语语法研究起到了积极的推进作用。

第二件事,提携后学,培养年青一代学者。1981 年,吕叔湘先生、朱德熙先生亲自直接组织、引领,举办了第一届中年语法讨论会;1986 年,由邵敬敏、李宇明、萧国政等人发起组织了青年语法讨论会;之前,上海青年语言学者陆丙甫、陆致极、邵敬敏、钱乃荣、谢天蔚、余志鸿、林立等"七君子",在胡裕树、张斌、王维贤等前辈语言学家引领下,于 1982 年初组织了"现代语言学讨论会"。中年语法讨论会和青年语法讨论会基本上每两年举行一次,一直延续至今。这不仅活跃了学术氛围,推动了语法研究,更培养了人才,逐渐形成了一支较为庞大的中青年语法研究的队伍。

虽然大家很努力,但是至今我们在国际语言学界还是没有多少话语权,摆脱印欧语束缚的汉语语法体系至今也没有完全建立起来。原因就一个,我们至今还没能提出具有创新性的、为学界所公认的语言学理论与方法。这应该说是很遗憾的事。我已进入耄耋之年,虽身体还可以,脑子也还没有糊涂，但毕竟已是风烛残年，不可能有什么作为了。中国语言学事业，只能寄希望于眼下的中青年一代。

中青年一代要挑起这副担子，必须做好继承与借鉴的工作，继承前辈的语言研究成果，继承我国语言研究求实的好学风，进一步做好语言事实的挖掘与描写，这是语言研究的基础性工程；同时要借鉴西方的语言学理论，借鉴西方学者强烈的理论意识这一优点，勤于思考，增强理论意识，强化创新思维。

我国现在有一支庞大的中青年语言学者队伍，中国语言学事业的未来，必定光辉灿烂！

预祝研讨会圆满成功！

（2019 年 10 月 26 日　关西外国语大学，日本大阪）

我们的中国汉语梦
——第十届现代汉语语法国际研讨会开幕词

暨南大学　邵敬敏

各位同行，各位朋友，
各位女士，各位先生：

大家好！2017年我们聚首在韩国首尔延世大学，两年后的今天，我们又来到了日本大阪关西外国语大学，2021年我们将有可能远涉重洋去法国巴黎继续我们的探索！是的，我们的国门已经打开，我们正在登上国际舞台，我们正在向全世界展示我们汉语的魅力，我们还要向全人类展示我们汉语语法研究的活力！

2014年，上海教育出版社给我出版了两本书：《汉语追梦人》和《汉语追梦录》。我们一直有个中国汉语梦，那就是：汉语的国际化，汉语研究的国际化，汉语应用的国际化。中国语言学各个分支学科中，现代汉语语法学一直独领风骚，独树一帜，走在语言学各个分支学科的最前列。

我们必须承认，中国的汉语语法研究，是在学习国外先进的语法研究理论基础上成长起来的。目前的主流看法，汉语语法学应该以1898年《马氏文通》出版为标志。但是我们也不得不承认，在语法研究方面，我们在推崇国外的理论的同时，却一定程度地忽略了我们中国语法研究的优良传统。

目前，汉语正在走向世界，有可能在21世纪成长为“主流语言”之一。我们的语法研究也正在大踏步地登上世界舞台，这对汉语语法研究提出了更高的要求。如何根据汉语语法的特点，一方面继承我国语言学研究的优秀传统，另一方面借鉴国外先进的语言学研究理论与方法，在此基础上产生出具有中国特色的语言学理论来，这是摆在我们每一个人面前无法回避，也不可以回避的使命。因此我们一方面要“借鉴西方”“跟国际接轨”，另一方面要“立足汉语”“形成自己特色”。这两者的有机结合才是我们唯一的出路。

前40年的引进、借鉴是完全正确的，后退是没有出路的。我们当然需要跟国际接轨，但是注意，这样的接轨必须是双向的，不是只进不出的单轨。有进有出，这样的接轨才有意义，才有生命力。换言之，我们必须建立起具有中国特色的语法研究理论。为此，我们必须具有国际背景下的中国意识。

建立具有中国特色的语法研究理论，是新时代赋予我们的使命。我们在道路自信、理论自信、制度自信、文化自信的基础上，还需要具有足够的语言自信和研究自信。我们倡导具有中国特色的“语义语法”理论框架，即继承以吕叔湘、朱德熙等为代表的中国语法研究的主流优秀传统，开辟从意义到形式的研究思路，主张以语法意义为语法研究的出发点和重点，并且进行多元的形式验证。可以说，意义与形式的关系及其相互验证，是语法研究的永恒主题。

语法意义是决定句法结构生成和变化的决定性要素，而形式只是语义的载体，是固化语义并制约语义的必备工具。两者都很重要，缺一不可，但是语义显然更为重要，是主导方。因此，我们必须改变以往的研究思路，认识到语义和形式是语法研究的双通道，而语法意义才是语法研究的关键所在。语用尽管极为重要，但只是外因条件，语义才是内因机制。

语义语法的雏形，实际上是吕叔湘在《中国文法要略》中提出来的，他开创了“从意义研究形式”的汉语语法研究新思路，他提出了涉及汉语语法意义的六大系统：动词时态系统、语义角色系统、语义范畴系统、语义关联系统、句子功能系统以及句子语气系统。这是吕叔湘语法研究的核心思想，也是他对汉语语法研究最为重要的贡献。20世纪80年代，朱德熙指出语法研究的最终目的是搞清楚意义和形式的关系，并且提出了“对应说”“结合说”和“验证说”。此外，还有胡明扬也提出了“语义语法范畴”，胡裕树和张斌提出语法研究时既要区分句法、语义和语用三个平面，又要结合起来。这些前辈学者的研究为我们开展“语义语法”研究打下了坚实的理论基础。我们要高举起吕叔湘和朱德熙的大旗,努力探讨具有中国特色的语法理论。我希望"语义语法"能够独树一帜,跟"形式语法""功能语法""认知语法"等一样,引起大家的关注和钟爱,希望能够在众多的理论旗帜中树起一面鲜艳的中国红旗。

20 世纪 80 年代以来,我参加各类学术研讨会,往往是作为青年代表在大会上致辞,一直到 1994 年,我不得不宣布,今后再也不能代表青年学者了,因为那年我已是 50 岁了! 1996 年我去了香港,一做好几年,等我回到上海,等我 2002 年调到广州,忽然发现我成了老年了! 现在,以吕叔湘、朱德熙为代表的老一辈学者大多数已经谢世了,当年的中年学者,以陆俭明、邢福义为代表的第二拨学者也都过了八十高龄。当年的年青一代,像马庆株、沈家煊和我这一拨,也七十好几了。长江后浪推前浪,更年轻的朋友正在成长,他们是我们事业的希望。我们更寄希望于年轻的 80 后、90 后、00 后! 年青一代,要勇于走向世界,去学习,去交流,去比较,去拼搏,在国际舞台上赢得自己的一席之地。因此,我们必须在更加开放、进一步引进借鉴的大前提下,坚持独立原创,高举起"中国特色"的大旗。希望有更多的年轻朋友来关注这一关系到我们汉语语法研究能不能真正登上国际舞台的战略决策!

学术研究,就好比一条长河,跌宕起伏,奔腾不已;千回百转,终归大海。我们的研究,也许只是这条长河里的一滴水,但是千万滴水珠凝聚起来,就形成了浪,后浪推着前浪,风起浪涌,就构成潮。潮起潮落,生生不息。所以,我们不必自卑,也不必骄傲。做一滴浪起潮涌的水珠,足矣。

第十届现代汉语语法国际研讨会闭幕词

华中师范大学　汪国胜

尊敬的各位先生：

大家好！大会安排我致闭幕词，我不敢当。昨天晚上的座谈会上我问邵敬敏先生，我讲什么。邵先生说，自由发挥，讲什么都行。那么我想借这个机会，说说我参会的感受。

参加这次会议，我有三点突出的感受。

1. 收获多。有两方面的收获。一方面是学术新知。这次会议，提交了近150篇论文。这些论文，涵盖的方面很广，涉及语法、语义、语用、语法教学、语言对比、语言类型等多个层面和多个领域。既有理论上的新思考，也有方法上的新探索；既有对问题的宏观分析，也有对现象的微观考察。论文中提出了很多新的现象、新的问题，即使是讨论老现象、老问题，但体现出的是新的角度、新的方法、新的观察、新的解释，让我们扩大了视野，开阔了眼界，获得了新知。暨南大学詹伯慧先生说，开会就是"开心"，我说开会不光是"开心"，还是"开眼"，开会开阔了我们的学术眼界。收获的另一方面是学者情谊。通过会议，我们见到了平时难得一见的老一辈学者，并且得到了老一辈学者的关怀和指导；还结识了很多年轻学者和外国学者。正是通过会议，我们建立了学术联系，也建立了学者情谊。

2. 会风实。从20世纪80年代到现在，我们的语法会议始终坚持务实的会风。20世纪80年代，在老一辈语法学家吕叔湘、朱德熙先生的支持下，举办了两个系列性的语法会议：一个是1981年开始举办，由当时的中年语法学者参加的"语法学术讨论会"，后来改称为"现代汉语语法学术讨论会”;一个是1986年开始举办的“青年现代汉语语法学术讨论会”,后来与2001年举办的“21世纪现代汉语语法国际研讨会”合并,今年是第十届。可以说,我们务实的会风已经成为一种传统,它是老一辈语法学家吕叔湘、朱德熙先生倡导的,陆俭明、邢福义等先生加以传承,到以邵敬敏、马庆株等先生为代表的一代学者,得到了弘扬。我们知道,在我国语言学界,文字学、音韵学、训诂学、语音学、词汇学、修辞学、方言学、民族语言学、应用语言学、社会语言学等都有学会,唯独语法学没有成立学会,但没有学会并未妨碍我们的学术讨论。相反,我觉得,我们的学术气氛最融洽,我们的学术研讨最活跃,我们的学术成果最丰硕。会风反映学风。我们的语法研究,就是要讲求务实,就是要发掘事实,创新理论。我们所追求的是,摆脱印欧语的眼光,揭示汉语语法的特点,建立具有中国特色的语言学。

3. 形式好。语言学界的学术会议不少,但采取高校联办形式的不多,在我的印象中,多校联办,甚至十多所高校联办的好像没有。我觉得这是一种办会模式的创新,是一种富有成效、值得提倡和坚持的办会形式。联办不光是为了获得经费上的支持,更重要的是,通过这种形式,将学界广泛地联结在一起,将学者紧密地凝聚在一起。事实上,这一形式对团结国内外汉语语法学者,对推进汉语语法研究,发挥了积极而重要的作用。联合办会,要有热心学术、富有经验、乐于奉献的组织者。这里我们要特别感谢邵敬敏先生和他的团队干将赵春利教授。我每年都要办会,深知要办好一个会并不容易,要办好将近150人规模的大会更不容易,而要在境外举办这么大规模的国际性学术会议尤其不易!为了这次会议的顺利举办,邵先生周密组织,精心筹划,任劳任怨,无私奉献,我们应该向邵先生和他的团队表示深深的敬意。同时,我们还要特别感谢会议的主办单位关西外国语大学孔子学院和大阪产业大学孔子学院,感谢靳卫卫教授、张黎教授和任鹰教授及其团队,是他们的精心安排和热情服务,保证了我们会议的圆满成功。

我们的会议即将闭幕,但我们对汉语语法问题的思考和探索并没有结束。下一届会议定在法国巴黎举行。我们期待,两年后的巴黎会议上,大家带去语法思考和探索的新成果。另外,我想借此机会向各位先生发出真诚的邀请。我任职的华中师范大学将于2020年10月举办第九届“汉语语法专题系列国际学术研讨会”，讨论的问题是“汉语语气”。华中师范大学位于湖北武汉，坐落在桂子山上。武汉正在举办第七届世界军人运动会，经过“军运会”的洗礼，武汉变得光鲜而亮丽。2020年，金秋十月，风光绮丽的江城武汉，桂花飘香的华中师范大学，期待着各位先生的光临！

谢谢大家！

理 论 探 讨

语法会受社会心理的影响与制约*

北京大学　陆俭明　马　真

1. 引言

当代前沿语言学理有形式、认知、功能三大派，他们各自观察、研究语言的视角、出发点和期望值虽然不同，但有一点是共同的，都认为语言表达与心理有密切的关系。确实，从某个角度说，言语交际都附带有心理活动的交际，而个人都生活在某个民族、某个社会群体之中，个人的心理活动往往会受到民族的或社会的心理影响。其实，早在19世纪上半叶，德国著名语言学家洪堡特(K. W. V. Humboldt)就指出："语言是民族精神的外在表征，而民族精神则是语言的内在实质；民族的语言即民族的精神，民族的精神即民族的语言，二者的同一程度超出了人们的任何想象。"① 实际也是如此，只是在一般言谈交际中，那种心理活动不怎么显示出来，只在某种特殊情景下才充分显示出来。我们常说某人思维敏捷，口才出众，常常会在危难中通过言语解救自己。这正是良好的心理素质的反映。曾在香港看过一本讲述说话技能的书，书中举了这样一个例子②：

在一次外企面试中双方交谈得很投机，看来希望不小。接近尾声时，考官看了一下手表，问："可不可以邀请您一同吃晚饭？"

原来这也是一道考题。如果考生痛快接受，则有巴结、应酬考官的嫌疑；但是拒绝，又会被说成不礼貌。考生动了动脑筋，她机智地回答道：

---

* 本文内容曾先后在"'修辞与功能'前沿理论工作坊"(上海交通大学闵行校区，2019年6月8日)、"'澳门回归20年社会语言状况回顾与展望'学术研讨会"(澳门，2019年9月20日)和"第十届现代汉语语法国际研讨会"(日本关西外国语大学，大阪，2019年10月26日)这三个学术会议上发表，广泛征求并听取大家意见。不少与会者提供了宝贵的语料或意见，谨在此表示由衷的感谢。

“如果作为同事,我愿意接受您的邀请。”

由于她预设了一个前提条件,所以她的回答十分得体到位,获得了好评。

那位应试者最后当然心想事成了。

晏子使楚的故事,大家都很熟知。原文如下:

晏子使楚,以晏子短,楚人为小门于大门之侧,而延晏子。晏子不入,曰:“使狗国者,从狗门入。今臣使楚,不当从此门入。”傧者更道,从大门入见楚王。王曰:“齐无人耶?”晏子对曰:“临淄三百闾,张袂成阴,挥汗成雨,比肩继踵而在。何为无人?”王曰:“然则子何为使乎?”晏子对曰:“齐命使各有所主。其贤者使,使贤王[③];不肖者使,使不肖王[④]。婴最不肖,故宜使楚矣。”(《晏子春秋》八卷)[⑤]

这可以认为是晏子超人的心理,运用幽默讽刺的言辞回敬了楚王对他的不恭。

但上面说的情况毕竟还主要体现个人的良好心理素质。这种个人心理素质还不影响语法本身,只影响和制约个人的言语表达。本文要说的是社会心理、民族心理和思维模式有时会对语法起影响与制约作用。[⑥]

2. 句法受社会心理影响与制约的三个实例

先举三个实例:

【实例一】一种“比”字句

大家对“比”字句,都很熟悉。其基本格式是:

X 比 Y 怎么样

例如:

(1) 今天比昨天暖和。

在“比”字句中有这样一种格式——X 和 Y 都为名词修饰名词的偏正词组,整个句式是:

名$_1$的名+比+名$_2$的名+形容词性词语

例如:

(2) 我的汽车　比　你的汽车　新。

在言语交际中,本着经济的原则,那“名$_2$ 的名”有时可以说成“名$_2$ 的”,甚

至可以说成“名$_2$”。值得注意的是，在实际言语交际中，这种经济的说法会出现四种不同的表达形式：（马真 1986）

（3）A　我的马比你的马跑得快。

我的马比你的跑得快。

*我的马比你跑得快。【此话可以说，但意思变了】

B　飞机的速度比汽车的速度快。

*飞机的速度比汽车的快。

飞机的速度比汽车快。

C　我们的马比你们的马多。

我们的马比你们的多。

我们的马比你们多。

D　我的父亲比你的父亲健谈。

*我的父亲比你的健谈。

*我的父亲比你健谈。【此话可以说，但意思变了】

格式相同的“比”字句为什么会有不同的替换情况？是什么因素造成“名$_2$的名”的替换呈现不同的情况？其中有无规律可循？马真（1986）最早对此问题进行了研究。她研究发现，起码有以下五种因素影响替换情况：

1）“名$_2$”与“名”之间的语义关系。

2）“名”本身的不同性质。

3）表示“怎么样”部分的词语的不同性质。

4）社会心理。

5）句子重音。

其中有一个因素，就是社会心理。这主要是当“名$_2$”与“名”属于亲属关系时，社会心理因素就会影响替换。大家请看实例：

（4）我的姑妈比你的姑妈有经验。

*我的姑妈比你的有经验。

（5）你的女儿比我的女儿能干。

你的女儿比我的能干。

谈论姑妈，“你的姑妈”不能换说为“你的”；谈论女儿，“我的女儿”就可以换说为“我的”。下面是同类实例：

(6) 你的爷爷比我的爷爷硬朗。

*你的爷爷比我的硬朗。

(7) 你的孩子比我的孩子更聪明。

你的孩子比我的更聪明。

谈论爷爷,不能用“我的”来替换“我的爷爷”;谈论孩子,就可以用“我的”来替换“我的孩子”。

上述两组例子告诉我们,对于长辈(姑妈和爷爷都是长辈),不能用“你的”“我的”这样的“的”字结构来称说,对于晚辈(女儿、孩子属于晚辈)则可以允许用“你的”“我的”这样的“的”字结构来称说。再看一组例子:

(8) 你的妻子比我的妻子年轻。

(9) 你的丈夫比我的丈夫年轻。

(10) 你的爱人比我的爱人年轻。

妻子和丈夫应该是同辈,但长期的男尊女卑观念的影响,因此在日常交际中,例(8)里的“我的妻子”可以为“我的”所替换,说成:

(8′) 你的妻子比我的年轻。

但例(9)里的“我的丈夫”一般不怎么能为“我的”所替换,说成:

(9′) ? 你的丈夫比我的年轻。

“爱人”是1949年后至80年代很常用的一个词儿。“爱人”既可以指称妻子,也可以指称丈夫。“爱人”的使用体现了一种男女平等的观念。所以,例(10)不管是用来谈论妻子还是丈夫,其中的“我的爱人”都可以为“我的”所替换,说成:

(10′) 你的爱人比我的年轻。

下面一组例子更有意思:

(11) a. 他的朋友比你的朋友大方。

b. 他的朋友比你的大方。

(12) a. 他的朋友比你的朋友小气。

b. *他的朋友比你的小气。

(13) a. 他的朋友比你的朋友更小气。

b. 他的朋友比你的更小气。

例(11)a句“他的朋友比你的朋友大方”，说此话意味着在说话人眼里“你的朋友”是小气的，说话人看不起他，因此其中的“你的朋友”就可以为“你的”所替换而说成例(11)b句。例(12)a句“他的朋友比你的朋友小气”，说此话意味着在说话人眼里“你的朋友”是大方的，所以一般不会用“你的”来替换“你的朋友”，不会说成例(12)b句。而例(13)a“他的朋友比你的朋友更小气”，跟例(12)a相比，在“小气”前加了个程度副词“更”，说此话意味着在说话人眼里“他的朋友”和“你的朋友”都是小气的，说话人都看不起，因此其中的“你的朋友”又可以为“你的”所替换而说成例(13)b句。

以上实例说明，在我们社会生活中，对于长辈，对于受尊敬、敬重的人，或对于不鄙视的人，不能用“$名_2$的”来替换“$名_2$的名”的，那是因为在汉语里边，如果直接用“的”字结构来指称人，通常会被认为是不够礼貌的。譬如，我们一般都得说“张桂花和李萍华都是我们单位做饭的大师傅”，不会说“张桂花和李萍华都是我们单位做饭的”。后一种说法是很不礼貌的。而这也正是反映了我们的社会心理。

【实例二】关于“对＋NP_1＋的＋NP_2”歧义格式

下面的例子就属于“对＋NP_1＋的＋NP_2”格式：

(1)(学生)对校长的意见

(2)对美国的政策

例(1)是有歧义的，既可以理解为(a)那意见是学生提的，学生的意见是针对校长的；也可以理解为(b)那意见是校长提的，校长的意见是针对某个问题或某人的。例(2)也是有歧义的，也是既可以(a)理解为那政策是某个国家制定的，那政策是针对美国的；也可以理解为(b)那政策是美国制定的，美国的政策是针对某国或某事件的。无论例(1)还是例(2)，歧义一般认为就是由“对＋NP_1＋的＋NP_2”格式本身造成的——其内部可以有不同的层次构造。按照(a)义，“对校长的意见”和“对美国的政策”，其内部层次构造是：

(1) 对　校长　的　意见

(2) 对　美国　的　政策

1 (　)　　2　　　1—2　“定-中”偏正结构

3　　4　　　　　3—4　介词结构

按照(b)义,“对校长的意见”的内部层次构造是:

(1) 对　校长　的　意见

(2) 对　美国　的　政策

1　　2　　　1—2　介词结构

3　　4　　　3—4　“定-中”偏正结构

因此说,“对＋NP_1＋的＋NP_2”是个歧义格式。

对于这一歧义格式,袁毓林(1992)和李小荣(2000)都进行过研究。他们都得出了这样的结论:当NP_2为二价名词、NP_1为指人名词时,“对＋NP_1＋的＋NP_2”一定有歧义。[7]

可是实际上并非完全如此。请看:

(3) 对弱者的同情心

(4) 对上帝的敬意

例(3)“对弱者的同情心”,“同情心”是二价名词,“弱者”是指人名词,可是对于例(3)我们只能理解为:

对弱者的＋同情心

不会理解为:

＊对＋弱者的同情心

同样,例(4)“对上帝的敬意”,“敬意”属于二价名词,“上帝”属于指人名词,可是对于例(4)也只有一种理解,只能理解为:

对上帝的＋敬意

不可能理解为:

＊对＋上帝的敬意

这为什么呢?该如何解释呢?要知道,同情心,一般都偏向于弱者。所以,“对弱者的同情心”大家不会理解为:

＊对＋弱者的同情心

而上帝,已在一般人心目中形成了这样的观念:上帝是至高无上的。所以“对上帝的敬意”大家都不可能理解为:

＊对＋上帝的敬意

显然,“对弱者的同情心”和“对上帝的敬意”之所以只能有一种理解,这正是社会心理影响和制约的结果。

【实例三】日语的例子——敬语反映在句法上[8]

在日语里，敬语使用得很普遍、很频繁。而日语的敬语，有的就反映在句法上。请比较下列各句：

(1)	私	が	来ました。	【日语】
	我	（表示施动者的助词）	来了	【词语翻译】
	watashi	ga	kimashita	【日语读音】
	我来了。			【全句翻译】
(2)	王君	が	来ました。	【日语】
	小王	（表示施动者的助词）	来了	【词语翻译】
	ou-kun	ga	kimashita	【日语读音】
	小王来了。			【全句翻译】
(3)	李先生	が	来られました。	【日语】
	李老师	（表示施动者的助词）	来了（被动式）	【词语翻译】
	lisensei	ga	koraremashita	【日语读音】
	李老师来了。			【全句翻译】

例(1)主语是第一人称“私”(我)，句子当然不会用敬语。例(2)主语“王君”，用“王君”这样的称呼，或属于晚辈，或属于比较熟悉的平辈，所以也不用敬语。例(3)主语“李先生”，在日语中，能称呼“先生”的，一般都是比较受人敬重的人，所以得用敬语。而所采取的手段，不是词汇手段，是句法手段——运用被动式(“来られました”是动词“来る”的被动态形式)。值得注意的是，这种被动句跟真正的表示遭受义的被动句还有所区别，区别在于表示施动者的助词不用“が”(ga)，而用“に”(ni)。例如：

(4)	李先生	に	来られました。	【日语】
	李老师	（表示施动者的助词）	来了（被动式）	【词语翻译】
	lisensei	ni	koraremasita	【日语读音】
	李老师来了。			【全句翻译】

例(4)和例(3)都是被动句，但意思上有区别。例(3)表示敬重义，例(4)则表示“不如意”，甚至“厌恶”义(并不希望李老师来，而他来了，就会用这样的被动句式来表示)。由此可以进一步了解到，例(3)的敬语，实际是通过两方面来表达的——一个方面句子运用被动语态，另一个方面表示施动

者的格助词用“が”(ga)。显然，这类敬语运用的是句法手段。

以上三个案例表明，语法确实有时会受到一定的社会心理的影响与制约。

3. 不同的民族心理呈现不同的语句表达式

对同一个事件或现象，不同的语言在表述上所采用的表达格式可能会不一样。为什么会不一样？原因当然是多方面的，而其中之一就跟民族心理、思维模式有关。下面以英汉对比为例。

【实例一】英语、汉语是非问句回答用“是/Yes”“不/No”的对比分析

汉语和英语都有是非问句。回答是非问句时，用“是/Yes”还是用“不/No”，汉语和英语并不完全一样。⑨是非问句，汉语和英语都有肯定形式(如：“你是司机吗？/Are you a driver?”)和否定形式(如：“你不是司机？/Are you not a driver?”)。在回答肯定形式的是非问句时，用“是/Yes”还是用“不/No”，汉语和英语是一样的。例如：

(1) 你喜欢这种鱼(吗)？

Do you like this kind of fish?

a. 是，我喜欢(这种鱼)。

Yes, I like this kind of fish.

b. 不，我不喜欢(这种鱼)。

No, I don't like this kind of fish.

(2) 她现在在跳舞(吗)？

Is she dancing now?

a. 是，她在跳舞。

Yes, she is dancing now.

b. 不，她不在跳舞。

No, she isn't dancing now.

可是在回答否定形式的是非问句时，用“是/Yes”还是用“不/No”，汉语和英语就不一样。请看：

(3) 你不喜欢这种鱼(吗)？

Don't you like this kind of fish?

a. 不，我喜欢(这种鱼)。

Yes, I like this kind of fish.

b. 是，我不喜欢(这种鱼)。

No, I don't like this kind of fish.

(4) 她不在跳舞(吗)?

Is not she dancing now?

a. 不，她在跳舞。

Yes, she is dancing now.

b. 是，她不在跳舞。

No, she isn't dancing now.

这是为什么？该怎么解释？我们觉得，这跟不同民族的社会心理有密切关系。问话人使用是非问句发问，实际他是有想法的，发问的目的就是为了求证。母语为汉语的中国人，回答是非问句时，首先需要对问话人自认为的主观想法，作出同意还是不同意的反映(如果同意，说“是”；如果不同意，说“不”)，然后接着才说明实际情况怎么样。母语为英语的西方人，回答是非问句时，不考虑问话人自认为的主观想法如何，只考虑自己所要陈述或说明的事实是怎么样的，由此决定自己在回答问话人的是非问句时，该用 Yes 还是该用 No——自己所要陈述或说明的客观事实用肯定命题，就用“Yes”回答；自己所要陈述或说明的客观事实用否定命题，就用“No”回答。上述差异，实际反映了二者民族心理的差异——母语为英语的西方人，一般以自我为中心，对问话人所问的事情，自己怎么认识就怎么回答，不考虑问话人的心思；母语为汉语的中国人，要考虑问话人的心思，先要对问话人的想法作出评论，然后说出自己的具体看法。回答肯定问话形式时，用“是/Yes”还是用“不/No”，汉语和英语是一样的。其实那只是表面巧合，事实上汉语用“是”还是用“不”，还是受我们的民族心理支配，而英语用“Yes”还是用“No”，还是受他们的民族心理支配。

【实例二】汉语、英语对偷、抢事件的不同表达格式

偷窃事件和抢劫事件，汉语和英语在表达上有差异。请比较：

(1) a. 杰西偷了约翰一些钱。

b. Jesse stole some money from John.

(2) a. 杰西抢了约翰所有的钱。

b. Jesse robbed John of all his money.

例(1)、例(2)里的 a 句是汉语表达,b 句是英语表达。很明显,在汉语里,偷窃事件和抢劫事件的表达方式一样,都采用双宾句式,而且都是将表示被偷、被抢之物的名词语做直接宾语(也称“远宾语”),将表示被偷、被抢之人的名词语做间接宾语(也称“近宾语”)。可是,在英语里,虽都采用“单宾式+前置词结构”的表达方式,但二者有别——表达偷窃事件时,将表示被偷之物的名词作为动词的宾语;表达抢劫事件时,则以表示被抢者的名词作为动词的宾语。

该如何解释汉语和英语在表达偷窃和抢劫事件上的差异?我们觉得,这也是跟民族社会心理有关。

在中国人心目中,偷窃事件和抢劫事件都是坏事,因此在表达上,句子词语的词序更多地受信息传递的准则的制约——未知信息量大的置于未知信息量小的内容之后(陆俭明 2017)。[10] 而在西方,对偷窃和抢劫事件,人们的聚焦点不一样——偷窃事件只是财物受损,不会伤害人,人们侧重关注财物,所以让表示被偷的财物的名词语作宾语;抢劫事件往往会伤人,人们侧重关注人,所以让表示被抢者的名词语作宾语。[11]

【实例三】汉语、英语某些名词性短语的表达方式不一样

先请看下面三组例子:

(一) 地址和时间的表达格式

(1) 汉语:中国北京市海淀区成府路 12 号

(12 Chengfu road, Haidian District, Beijing, China)

英语:46 Linden Street, New York, U.S.A.

(美国纽约林登街 46 号)

(2) 汉语:2019 年 6 月 8 日下午 2 点

英语:at 2:00 P.M. in June, 8th, 2019

(二) 包含目标与背景的名词性偏正短语

(3) 汉语:湖中央的亭子

英语:the pavilion in the center of the lake

(4) 汉语:大桥附近的医院

英语：the hospital near the bridge

（三）东、西、南、北组合成的复合方位词

(5) 汉语：东南 东北 西南 西北

英语：southeast northeast southwest northwest

(6) 汉语：东西 南北

英语：west and east north and south

对于汉语、英语某些名词短语的表达方式不一样，首先注意并论述这一问题的是戴浩一先生（Tai，James H-Y 1985）。这种差异怎么造成的？还是跟民族心理乃至思维方式有关——中国人：a) 采用整体思维模式，b) 先背景后目标；而西方人：a) 采用分析思维模式，b) 先目标后背景。关于这一点，费孝通（1948）、戴浩一（1985）、陆俭明（1994）、张璐（2002）都有所论述。

【实例四】"她嫁错了人"

说到某女子不如意的婚姻时，汉语常常会说：

(1) 她呀，嫁错了人。

可是英语常常说：

(2) She married a wrong man.

这种表达上的差异，也跟不同民族心理有关——我国自古以来就有"红颜祸水"之说，所以常常将不如意的婚姻归咎于女方。可是西方强调女权主义，强调男女平等，所以常常将不如意的婚姻归咎于男方。

以上案例说明：不同民族社会认知心理和思维模式是有差异的。而正是这种民族认知心理和思维模式的差异，会造成在言语表达上的某些语法差异。

4. 余论

研究社会心理对语法的影响与制约，我们觉得应该是很有意义的。我们看到学界已有人注意到这个问题。例如，袁毓林、刘彬（2016）研究了表否定意义的"什么"句式群，例如（引自袁毓林、刘彬 2016）：

(1) a. 什么好消息？骗人！→不是好消息

b. 这是什么行为？简直是土匪！→不是正当行为

c. 看什么看,有什么好看的! ➡不该看

d. 什么呀,我又不知道这回事。➡你说的不对

他们在解释"什么"句式群为什么都能表示否定意义时,最终就是从社会心理的视角来解释的。他们认为,"什么"句否定意义的形成是"疑善信恶"这种反常社会心理作用的结果,即是汉语语法受"疑善信恶"这种反常社会心理影响而逐渐形成的。再如,樊中元(2019)研究了"谁没还(个)X"这一"弱性反问句式",认为这一句式不论是表示"劝慰功能"还是表示"辩解功能""证言功能",实际都起着语义上的"稀释功能"。请看实例(引自樊中元 2019):

(2) 把心放宽吧,谁还没个病病灾灾? 青葱嫂坐在一旁喘息着劝。(周大新《湖光山色》)

(3) 今天她又说我不爱她了,我不就是爱打游戏嘛! 怎么了,谁还没个爱好!

(4) 谁还没做个好事,我哪是什么活雷锋!

怎么解释"谁没还(个)X"这一句式所起的功能? 樊中元先生就运用"基于合群心理"⑫来作出解释——这一句式会从心理上让听话人获得"X这种状况在群体成员中是共有的"这样一种认识,从而让听话人减少乃至最后消失那种不必有的心情。

但是,他们都只是提到社会心理,而至今似还没有正面就社会心理对语法的影响与制约问题作全面深入的研究和论述,而这方面的研究是很有必要的,其研究成果将会有助于我们进一步对语法,乃至对语言与文化的关系有更深入的认识。

我们的研究还很不成熟,当前重要的是还需进一步挖掘更多的语言事实。我们只希望本文能起到抛砖引玉的作用。我们谈论这个问题,还有一重意思——进行语言研究需要不断探索,不断拓宽研究视野,寻求新的研究视角。探索当然也有可能不成功,但即使不成功也还是有意义——为后人竖起一块"此路不通"的警示牌⑬。

附 注

① 转引自张德禄在 2019 年 12 月 7—8 日举办的"第二十七届中国功能语言学与

语篇分析高层论坛暨第三届功能语言学与汉语研究高层论坛"(华东师范大学闵行校区)上的报告《文化与功能对汉语语序的制约作用》PPT。

② 引自陈玮顺《全方位说话术》8—9页,香港:非凡出版,2018年。

③ 另本为"使贤主"。"主"疑为误字,因形近而误。

④ 另本为"使不肖主"。情况同注③。

⑤ 该段文字引自四部丛刊影江南图书馆藏明活字本《晏子春秋》八卷。

⑥ 自古至今存在的避讳,这实际就是民族、社会心理对用词、选句的影响与制约。关于这一方面,前人早已觉察,并已有所论。本文只考察、研究社会心理对句法的影响与制约。

⑦ 例(1)、例(2)里的"意见"和"政策"都是二价名词,"校长"和"美国"都可视为指称人的名词。

⑧ 实例由日本修道大学郭春贵教授和大阪大学古川裕教授提供。谨在此向他们二位表示诚挚的感谢。

⑨ 回答英语是非问句,似必须先用"Yes"或"No"。汉语则不是必须要用"是"或"不"的。甚至有的是非问句,回答时绝对不能用"是/不",例如:"你妈妈回来了吗?"回答这一是非问句,答话人绝对不能一上来就说"是/不"。具体参看陆俭明(2002)。

⑩ 那被偷、被抢之物的未知信息量无疑要比被偷者和被抢者(用专有名词或人称代词表示)的未知信息量大得多,所以按照信息传递的常规,未知信息量大的成分置于未知信息量小的成分之后。

⑪ Goldberg(1995)用"参与者角色的侧重"和 rob 与 steal 二者的"语义框架"不同的观点来加以解释——从参与者角色的侧重的角度说,"在使用 rob 时,目标和抢劫者被侧重,而在使用 steal 时被侧重的是偷窃物和偷窃者",那是因为"rob 的意义蕴涵被抢的人受到严重的负面影响,而 steal 则无此意义";"侧重的差别决定了参与者角色句法实现的不同"。从二者的语义框架角度看,二者的差异如:

rob	(robber	victim	goods)
抢	抢劫者	受害者	抢劫物
steal	(stealer	source	goods)
抢	偷窃者	来源	偷窃物

⑫ 樊中元先生"合情"之说借用自美国威廉·麦独孤(William Mc Dougall)《社会心理学导论》(*An Introduction to Social Psychology*)一书里的"合群本能"(the gregarious instinct)。中译本见俞国良、雷雳、张登印(2010)。

⑬ 詹卫东在《面向中文信息处理的现代汉语短语结构规则研究》(清华大学出版社、广西科学技术出版社,2000年)的"结语"开头有那么一段值得记取的话:

本课题的研究工作可以看作是一个更为宏大的目标——“编写一部给计算机用的现代汉语语法”——的一部分。……如果本课题的研究工作能够成为将来真正完整意义上的“计算机用汉语语法”的一个组成部分，那么毫无疑问走这一步是值得的，因为它是通向成功的足迹中的一个；如果将来的“计算机用现代汉语语法”全然是另外一幅图景，那么这一步也是值得的，因为它虽然没有留下一个成功的印迹，但至少竖起了一个“此路不通”的标牌。

参考文献

樊中元.“谁还没(个)X”句式的语义特征和语用功能[R].第十届现代汉语语法国际研讨会.日本大阪：关西外国语大学，2019.

费孝通.乡土中国[M].北京：生活·读书·新知三联书店，1948/1985.

李小荣.对述结式带宾语功能的考察[J].汉语学习，1994(5).

陆俭明.同类词连用规则刍议——从方位词“东、南、西、北”两两组合规则谈起[J].中国语文，1994(4).

陆俭明.英汉回答是非问句的认知差异[J].暨南大学华文学院学报，2002(1).

马　真.“比”字句内比较项Y的替换规律试探[J].中国语文，1986(2).

威廉·麦独孤.社会心理学导论[M].俞国良，雷雳，张登印，译.北京：北京大学出版社，2010.

袁毓林.现代汉语名词的配价研究[J].中国社会科学，1992(3).

袁毓林，刘彬.“什么”句否定意义的形成与识解机制[J].世界汉语教学，2016(3).

张　璐.从东西南北谈汉英语语序所反映的认知过程[J].语言研究，2002(4).

哥尔德伯格.构式：论元结构的构式语法研究[M].吴海波，译.北京：北京大学出版社，2007：2.4.1节.

Tai, James H-Y. Temporal Sequence and Chinese Word Order [M]//John Haiman. Iconicity in Syntax. Amsterdam: John Benjamins Publishing Company, 1985: 49-72.(中文译文：戴浩一.时间顺序和汉语的语序[J]黄河，译.国外语言学，1988(1).)

“零句”质疑

史有为

0. “零句”论点简介

赵元任先生的《汉语口语语法》(1979/1980/1968)[①]无疑是一座丰碑。

赵先生此书(以下使用“赵书”表示)有两大创新:“话题”论述与“零句”论述。前者,明确阐明汉语在语义上主语就是“话题”,谓语则是“说明”[②]。后者,引进“零句”(minor sentence[③])则是该书另一更吸引人之处。

其出发点与创思都值得钦佩。

“零句”并非赵元任首创,最早由布龙菲尔德(Bloomfield, 1887—1949)在其《语言论》(*Language*, 1933)里创设。布氏在该书中指出,也许所有的句子都可以区分为“整句”(full sentence)[④]和“零句”(minor sentence)(Bloomfield,1933: 172)。布氏此理论对赵元任有很大影响。后者显然接受了布氏的这一对术语,并根据汉语特点进行界定与发挥。

零句的提出,是对传统汉语语法学的一次挑战,对传统语法学也是一次不小的震动。但“零句”理论又留有多处不明之点,不得不讨论一下。

1. 质疑之一:整句的构成

1.1 minor sentence 的合理性

赵元任先生写道:“句子可以从结构上分为整句和零句。整句有主语、谓语两部分,是连续话语中最常见的句型。零句没有主语-谓语形式。它最常见于对话以及说话和行动掺杂的场合。大多数零句是动词性词语或名词性词语。叹词是最地道的零句。”(41—42 页)

句子当然可以分成几种,比如从结构上分成主谓句和非主谓句,或者分成双部句和单部句。无论是主谓句或双部句,其实都等于赵先生的"整句"(full sentence)。而非主谓句或单部句就相当于赵先生的"零句"。因此将单部句、非主谓句另外起个名字叫 minor sentence,无可厚非。

1.2 零句是句子的一种吗

既然零句是句子的一种,那么除了结构上有所不同外,其他都应符合"句子"的条件。赵书的界定是:"句子是两头被停顿限定的一截话语。这种停顿应理解为说话的人有意作出的。"⑤"一个句子是一个自由形式。如果一个可能成为句子的形式跟另外一个形式连结起来,中间没有停顿,那么它不再是一个句子,而那个更大的形式可能成为一个句子。"(41 页)

定义之一是两头停顿;定义之二是自由形式,即可以独立或自由运用。这是结构主义的定义,从口语的形式与可操作性去确定,而且完全排除掉意义上的界定。但"说话的人有意作出的"一语显示,作者还是开了一个意义或心理的后门。这在当时是一大进步,提高了可操作性。

除此之外,口语句子特征里还应该有作为句子的语调,而且也"应理解为说话的人有意作出的"。然而,我们却没有在以口语为目标的句子界定里看到语调。赵书在举例里就清楚地显示了零句具有终句语调。例如:

动词性词语做陈述句/命令句:"对! 行。""有人,讨厌! 气人!""不准抽烟!"(42 页)

呼语/感叹句:"妈! 大哥! 老王啊!"(44 页)"喂!""欸。"(368—369 页)

这些零句的终句语调都是必需而明显的。这样的处理可能导致内部出现如下几个部分之间的不和谐:

(1) 在句子部分的开头宣布句子分成整句和零句,都属于 sentence。故意只提两头有停顿而不提终句语调。

(2) 在举例中明显显示作为句子的整句与零句都具有终句语调。在论及"复合句还是几个句子"(62 页)时,更是将"语调和停顿"(62 页)作为第一个条件,说"停顿和语调这个因素最重要"(62 页)。在谈到"复杂句"时,也多处提及作为判别条件的"停顿和停顿助词"(66 页)以及"终句的语调"(67 页)。可见"停顿与语调"确实是句子判别的首要条件。但文字说明又不提零句也有终句语调。事实与界定之间有明显矛盾。

(3) 赵书零句举例里还有书面的标题/标符,如"红楼梦""××大街"

"单行路""苏州""酱""当"(44 页),以及用于提示的名词零句,如"问:……""答:……""第一条:……"(44 页)。这些显然都不是口语,而是书面现象。但它们如果由口头表达出来,也应该是有特定语调的。

(4) 说到零句参与整句构成时,说"两个零句相连,不一定构成一个整句。如果每句都有整句语调,那就是两个句子"(61 页)。这就是说"两个零句相连""构成一个整句"时,零句是没有终句语调的。那么,零句就等于极度扩大了的非主谓短语[6]。

(5) 如果保留整句的终句语调,而零句不具有语调,将使得构成 sentence 的整句和零句两个类别在逻辑上无法自洽。

以上,前后处理、阐述的矛盾与不和谐是明显的,这显然并非零句论述的幸事。

1.3 两个零句如何能构成一个整句

赵先生说,"整句"是"由两个零句组成的"(51 页)。汉语"由这种零句组成整句,这就使得整句中的主语和谓语的结构形式多种多样这一现象成为完全可以理解了"(51 页)。

既然句子已经区分为整句和零句两种,可是又说两个零句构成一个整句,那么后面这个断言就有逻辑问题。[7]

那么为什么不觉得赵先生的叙述无理呢?显然,我们自己在理解赵先生的"零句"时已经偷换了概念。在"句子分成整句和零句两种"时"零句"是句子的一种。在进入"整句由两个零句组成"时,我们都不自觉地将"零句"换成了"缺乏主语或谓语的一种词或组合",也就是作为"极化短语"来理解了。这当然是偷换概念。

1.4 整句是否由两个零句构成

我们暂且将 1.3 节中的概念问题搁置一旁,而假设整句是由两个零句构成,那么赵书提供的事实又会如何证实该假设呢?

设:缺主语的零句=VP 零句(暂以 Vp 表示);缺谓语的零句=NP 零句(暂以 Np 表示)。

按零句理论,这两种零句应该可以组合成下面四种整句:

❶ Np - Vp:这件事早发表了。(45 页)　　这儿的人太多。(49 页)

❷ Vp - Np:不下雨已经三个月了。(57 页)　不死一百岁了。(57 页)

❸ Np－Np：这个人好人。(54 页)　　今儿初一。(55 页)

❹ Vp－Vp：吃饭得使筷子。(51 页)　　买票请排队。(51 页)

然而，实际上赵书出现的整句，远远超出零句论述，其中出现的构成整句的组合件还有 SP(主谓结构)和 PP(介宾结构)，因此至少还有如下五个类型：

❺ SP－Vp：猫比狗凶是会的。(53 页)　　他不来也成。(53 页)

第❺类里甚至包括歇后语。赵书写作 SP－P：狗拿耗子，多管闲事。(63 页)

❻ Np－SP：电影儿我看报了。(57 页)
晚报老三拿去了。(61 页)

❼ PP－Vp：由主席召集会议。(52 页)
被这几文钱把这小人瞒过。(52 页)

❽ PP－SP：为了这事情我真发愁。(53 页)
在一年里我只病了一次。(53 页)

❾ SP－SP：他一定要去的话，我也没法儿拦阻他。(65 页)

❺至❾都是超出整句与零句关系规定的类型。SP 不是零句，而是整句形式。PP 也很难说是零句。因此，不得不让人得出这样的结论：赵书后面的内容似乎推翻了前面关于“整句”是“由两个零句组成的”(51 页)的界定。

2. 质疑之二：整句的形式特征

2.1 主语后停顿或带语气词的可能

赵先生认为：“整句的形式特征”是“整句有主语、谓语两部分，中间用停顿、可能的停顿或四个停顿助词之一(啊、呐、嘿、吧)隔开。”(44 页)主谓之间常常可以停顿或带句中语气词，这是个或然判断，完全符合事实。如果说停顿或带句中语气词是整句的“形式特征”(44 页)，那就是把或然判断改换为必然判断，就必须以事实来检验。

首先，看看周遍性主语句，例如(“⊠”表示不能插入停顿或语气词，下同)：

✧谁⊠都认识他。　　➡ A. ＊[谁(啊)？都认识他。]
　　　　　　　　　➡ B. ＊[谁(啊)？都认识他？]

✧什么虫子☒他也敢吃。➡ A. *[什么虫子(么)? 他也敢吃。]

➡ B. [什么虫子(么)? 他也敢吃?]

这些周遍性主语后面的时间空隙很小,必须紧跟谓语,很难让这些周遍性成分再带上"+语气词+停顿"。如果要让这些主语带上"+语气词+停顿"(即例中的A改变),前段就立即变异为"问"句,再也不可能表示"周遍性",而且要让后段仍维持原来的叙述句语调,那整个语段就不合格了。

如果要让后段改成问句语调,即如B改变,则全语段有可能仍然不合格,也可能合格(如例3 ➡ B),但无论何种,再也不是周遍性叙述语。

其次,疑问词主语的疑问句,例如:

✧谁☒去上海? ➡ A. *[谁(呀)? 去上海?]

➡ B. *[谁(呀)? 去上海。]

疑问词担任主语的疑问句,也不能带"+语气词+停顿"。因为疑问词一旦停顿,便必须带上疑问语气或疑问语调,于是会立即转化为单词疑问句,而且后面的谓语部分作为疑问句也无法与前句组成合格话语。此即如例中的A变异。

于是,唯一可能的只能是下面的二选一:

选择项一,否定"停顿或语气词作为整句形式特征"这一全称断言。

选择项二,怀疑"整句由两个零句构成"这一设定。

2.2 主谓作为一问一答?

2.2.1 一问一答形成整句吗

赵先生认为:"主语作为问,谓语作为答。上面的现象不是偶然的,是来源于主语作为问话、谓语作为答话的性质。"(50页)

赵先生为了论证这个判断,设想了一个发展过程:

问和答的熔合的三阶段:(1) 两人对话。(2) 自问自答。(3) 把问答合成一个整句,中间没有停顿。

(1) 饭啊? 还没有呐。　　饭呐? 都吃完了。

(2) 饭啊, 还没有呐。　　饭呐, 都吃完了。

(3) 饭　　还没有呐。　　饭　　都吃完了。(50页)

到第(3)阶段,就消除了停顿或语气词,合成一个典型的整句。这是个完美的演化设计。但是,主语或话题难道就是这样产生或演化的吗?

然而,“饭啊?”或“饭呐?”,在今天看来,却像是一种“逆演化”,是一种缩简后的版本。

至于非体词性主语又怎么样呢？下面选用赵书标为整句的例子(包括一例“介词引进动作者主语”),再考察一下：

✧慢不碍事。(52 页) ?← / →慢吗？不碍事。

✧站着不动很难。(51 页) ?← / →站着不动吗？很难。

✧太快会弄错了的。(52 页) *← / →*[太快吗？会弄错了的。]

✧他信了你这话才怪呐！(53 页) *← / →*[他信了你这话吗？才怪呐！]

✧由主席召集会议。(52 页) ?← / →*由主席呢？召集会议。

右侧→的例子大都不能成立,而由右侧再回到左侧←的句子,基本不可能或大有疑问。这不得不让人产生两个答案：

其一,所有整句与一问一答的相关现象,只是源于主语的话题性,是先有左侧整句,后才有右侧的一问一答。

其二,处于句首的介宾短语,根本就不是主语;即使介宾短语可以做主语,那整句也并非由一问一答而来。

2.2.2 句中主语停顿段语调的音高

赵先生在 2.12“复杂句”一节里说：

主语、问话、条件小句这三种句式互相接近,可以从它们的后边可以有相同的停顿或停顿助词这一点得到证明。英语里老式的条件句用倒装词序也是一个旁证：

“Should it rain tomorrow(/,/～/? /)that would be too bad.

这里的语调究竟是/,/还是/? /,实际语音上辨别不出。”(68 页)

赵先生很有意思,不直接验证汉语在这里的语调,而是谈英语的语调。下面,我们回到汉语,这才比较合理。汉语中主语停顿时的语调是/,/还是/? /,作为母语者,我们有充分的把握。

1) 物理音高。语调不是字调,很难精确标出其五度音高,因此只能暂以小字“[高/中/低]”表示其大概的高低印象。具体分析如下：

啊：✧这个人啊[低/中],一定是个好人。(50 页)

对比：✧他是哪儿的人啊[高]？(50 页)

呐：✧他自己的小孩呐[低/中]，也不大听他的话。(50 页)

对比：✧小孩儿都上哪儿去了呐[高]？(50 页)

嚜：✧他细致的意思嚜[mə][低/中]，已经打消了。(50 页)

对比：✧你知道他要辞职了吗[ma][高]？(50 页)

吧：✧丈夫吧[低]，找不着事儿；孩子们吧[低]，又不肯念书。(50 页)

对比：✧我们问问她的丈夫吧[中]？(50 页)

“啊、呐/呢、嚜/么/吗、吧”在北京话里都是弱短调，既可以用于句中停顿，也可以用于疑问。首先，根据音高特点可以分为两类，前三个表疑问时是真疑问，音高相对高，是一类。“吧”其实是疑信之间并倾向于信，并非真疑问，音高相对低，是另一类。

其次，语气词调值的变化有可能会延伸并体现在紧接着的后续首字上。后续首字受语气词语调的影响，会留下痕迹。如果前一字不够清楚，再看后续字，并可以比较清楚地区别出不同类型。请对比下面的 a 与 b 例：

✧ 1a. 人走了，心呢[低]，　　也[中]走了。

✧ 1b. 人走了，心呢[高]？　　也[高]走了。

✧ 2a. 老夏[中]/老张[中](，)　　去[中]北京了。

✧ 2b. 老夏[高]/老张[高]？　　去[高]北京了。

✧ 3a. 老夏吧[低]/老张吧[低]，　　去[中]北京了。

✧ 3b. 老夏吧[中]/老张吧[中]？　　去[高]北京了。

尤其是“吧”是倾向于“信”更多些的半信半疑，而且是低平调，在这种情况下，其后续语的首字就是唯一的鉴别点了。

2) 心理感受。语言是一种心理现象。输出的时候一定输入了不同心理意图。a 类仅仅是语气的句中停顿，等待下文继续陈述。b 类是提出问题(“吧”仅存待确认的少许疑问)，期待下文回答(“吧”期待进一步确认)。a 类是同一个整句里的两个片段。b 类则分属两个句子(可以是自问自答的两个句子，也可以是不同交谈者的对话)。对话信息的确认还依靠语境(包括对话的上下文以及场景)，仅看当前物理的语音形式是不够的。

3) 汉字表征。汉字是一种强调表意的文字。不同含义的同音音节，如果其中表现文字有明显的使用分野，那么可以从旁佐证义素或语素的不同。在以上四个 a、nə、mə、ba 表语气音节里,至少有一个是有明显区分的:这就是 mə,表疑问时只能使用“吗”,曾经有时可以用“么”。但作为句中停顿,绝对不能用“吗”,一般多用“嚜、嘛”,偶尔用“么”。至于 nə,现在也越来越出现一种倾向,即停顿和疑问都可以使用“呢”,但“呐”越来越不用于疑问。

2.3　既是问话又是话题?

赵先生认为:“在汉语里,把主语、谓语当作话题和说明来看待,比较合适。”(45—48 页)还说:“但是汉语句子的主语的作用只是引进话题,动作者无须出现,除非防止产生歧义。”(45—48 页)同时,赵先生又说:“主语作为问,谓语作为答。”(50 页)

“话题=说明”,是赵书零句理论的组成核心,也是赵书对布氏《语言论》的一个重大突破与发展。要理解赵书的零句理论,就必须将“话题=说明”置于核心位置。但如今提出整句是“一问一答”的说法,在逻辑上显然与“话题—说明”存在矛盾,无法相容。

矛盾 1:“话题—说明”是一个单句内的两个成分,而问话和答话二者都有成句的语调,它们是两个单句之间的关系。因此这两种性质无法相容。例如:

✧这花儿得浇水了。(46 页)

无论从语音形式到语义理解,我们都无法证明上例中“这花儿”,既是“问”又是话题。

矛盾 2:话题是具有“有定性”的指称对象,而问话是疑问性的无定性的陈述。指称与陈述是一对对立的范畴。一个成分同时既是指称又是陈述,是不可能的。例如:

✧这种药可以吃。(“这种药”:有定性,并无疑问)

矛盾 3:当整句是疑问句时,按照问答去分解主语和谓语,得到的只能是个无法成立的话语。由此证明,一问一答的解释也是不适合于疑问句的。例如:

✧谁会修理电脑?　　　➡ *[a 问:谁? ——b 答:会修理电脑?]

如果一个说法在逻辑上或内部不能自洽,那么这个说法就有问题,是不能成立的。

3. 质疑之三：主语即复杂句的从句

3.1 关于所有的从句也是主语

赵先生认为："所有表示让步、原因、条件、时间、处所的小句，说来说去不外乎是主语，无论是S-P主语，或是S-P主语修饰一个名词，或者一个由'在、当'加S-P主语组成的动词性词语。"(69页)

赵书中列出了许多复杂句的关联词语。例如：

让步关系："虽然……可是(～但是)"，"固然……但是(～可是)"(69页)；

原因、理由与结果关系："因为……所以"，"既然……就"(69页)；

条件与结果关系："要是，假如，若是，倘若，假若，假使，倘使，设若"(69页)。

还有一些以时间作为条件的复句，往往可以没有关联词语，例如：

✧我吃完了你吃。(69页)

✧票还没买你不能上船。(69页)

列出以上这一切后，最终的目的却是否定它们的复句地位，将它们归入"说来说去不外乎是主语"。于是也就出现了其中的两个疑点：

疑点之一：主语扩展的依据。赵书中将主语的外延大大扩展，不但动词可以是主语，连介宾短语也可以是主语。为什么它们也是主语，赵先生提出四项理由：① 从句与主语一样，"出现在句子的头上"；② 后面也有"相同的停顿或停顿助词"；③ "从属连词总是能够搁在主语之后，修饰动词"；④ 单句与复句"逐渐混同"(66页)。在我们看来，只有第三项还有些道理，其他三项都过于勉强。赵先生将连词视作副词，这又涉及副词与连词的分界。赵书的例句是：

✧虽然我想发财，可是你不让我。(66页)

✧我虽然想发财，可是不敢冒险。(66页)

副词里也有关联性副词，而连词里也有修饰性连词。这应该是大家都同意的，但二者毕竟还有典型性的区别。这区别就在于连词所在语段一般是不能离开另一个关联语段而独立的；而副词是"只能充任状语的词"(朱德熙，1982：216页)，关联性副词所在语段可以独立存在。

✧ * 虽然我想发财。

✧ * 我虽然想发财。

尽管“虽然”可以移动到主语后,但依然不能离开后句单独成立。请对比下二例:

✧ a.(下大雨了,)我就不去了。

✧ b. 我就答应他,也不管事。

例 a 的“就”是连词,表示与某一条件出现(如“下大雨”)相关联。“下大雨”的句子完全可以不出现。例 b 的“就”是连词,相当于“即使”,不能离开后段“也不管事”。根据这一典型性区别,赵书中所列的从句项关联词语虽然也有修饰作用,但仍属“连词”,而非副词或其他。

疑点之二:逻辑上的论证。赵先生先以复杂句来求单句,得出了“单句=复杂句”的结论:“一个整句是一个由两个零句组成的复杂句。”(51页)“一般所谓单句,实际是复杂句(主语谓语各为零句),是起码的复杂句。”(61 页)

然后又以单句的主语来求复杂句,得出了“复杂句=单句”的结论:复杂句的从句“说来说去不外乎是主语”(69 页),复杂句的两个分句不过就是主语和谓语,“我们主张把从属小句当作主语,把主要小句当作谓语”(66 页)。

最后得出二者是同一系统的结论。在此求证过程中,让人觉得论证结论(单句=复杂句)先于论证前提(复杂句=单句),而论证前提就是论证结论,使得该过程有循环论证的嫌疑。

我们猜想,赵先生在这个循环中可能依据的是“话题”。“在汉语里,把主语、谓语当作话题和说明来看待比较合适”(45 页),“汉语句子的主语的作用只是引进话题”(52 页)。而复杂句的“所有表示让步、原因、条件、时间、处所的小句”也就是话题,于是复杂句的主句就成为“说明”。这样一来,也就可以得出“单句即复杂句,复杂句也即单句”的循环。那么,问题的关键就是对“话题”的识别。赵书并未提供话题的识别标准与测试手段。由于缺乏测试,因此对“话题”的确认,显得过于草率,才不幸导致论证陷入循环圈。

因此,认为所有从句“说来说去不外乎是主语”,显然欠妥,无法让人信服。

3.2 从句主语说的犹豫

赵书在进入复杂句部分后,在从句即主语的问题上还是有过犹豫的。请看:

其一,多次注明小句当主语需要加上能形成体词性结构的词语。请看:

“条件小句可以当成主语,只要在后边加上‘的话’”(68 页)。例如:

✧“要是不肯的话,那就算了。”(68 页)

又说:“时间小句用‘……的时候’‘……以前’‘……以后’做标记。我们前边已经讲过‘……的时候’是一个普通的体词性主语。这同样适用于‘……以前’‘……以后’。”(68—69 页)

还说:“处所小句,通常带‘……的地方’,更像一个带修饰语的名词做主语。”(69 页)

可见赵先生在此时此刻对“从句即主语”还是信心不足,说话有些摇摆。

其二,特意强调“主-谓”“问-答”“条件-结果”之间的“接近”。请看:

“主语、问话、条件小句这三种句式互相接近,可以从它们的后边可以有相同的停顿或停顿助词这一点得到证明。”(68 页)

不说主语、问话、条件小句这三种成分相同或一样,而说这“三种句式互相接近”,显然发现它们还是不同。

为什么赵先生会这样前后摇摆呢?我们推测,在赵先生心目中还是有个主语典型,也有个复杂句典型的,也即主语是指称性的或体词性的;而复杂句是两个陈述性小句在非主谓关系下组合成的复句。[8]

4. 零句质疑之外

4.1 零句论述的贡献与意义

1)“零句”是一次从汉语出发的试验,开创了摆脱印欧语眼光的道路,有其特殊意义。“零句”的设计,解释了主语和谓语都各自有较多的构成样式,各自并有较大的成句自由度,从而打破了那种主-谓规规矩矩的成见,开启了自主解释汉语句子的道路。

2)“话题”是“零句”论述的一个重要部分,而且更深入学界之心。话题的引入,是一次语法学革命,它合理解释了汉语主谓之间的松散灵活的现实,使人们对汉语前后两部分的异同与配合有更深的感受,进一步撬动了西方传来的“主动宾”与“动词中心”传统架构与理论。

3）“零句”论述扩大了句子的外延。除了叹词与一般问答时出现的非主谓句以外，我们还第一次在句子名下认识了以下的品种：

介绍他人或自己名字的句子，如“[这是]李先生”“张天才”(43页)。

用于提示的名词句，如“问：……”“答：……”“第一条：……”(44页)。

书名、篇名、街名、车站名、商店名等作为“标题”的句子，如“红楼梦”“××大街”“当”(44页)。

用物名作命令句，如“豆腐脑儿！”“两张大人，一张小孩儿”(44页)。

呼语，如“妈！”“大哥！”“修洋伞的！”(44页)。

4）朱德熙先生的“词组基点”[9]说显然就是赵先生“零句”和“话题”论述的修正与延长。之后，在前辈榜样的影响与启发下，年轻一代提出的“小句本位”等[10]实际上也是对“零句”论述的修正与延长。零句论述实际上开辟了汉语研究摆脱印欧语眼光的研究新路。

4.2 零句论述的再探讨

1）以上所述“零句”论述的遗憾，是一个新学说刚出来时大都会出现的正常现象，可以理解。此外，赵书中“话题”论述也有疏漏未及之处，但其疏可补。我们应该从历史主义角度来看待这一切。如果赵先生还有精力修改，相信他会发现其中的矛盾，也会作出修正。

2）“零句”论述在国内并未认真探讨过。海峡两岸译者都不置一词。参考过该书的朱德熙也不提“零句”一言。显然对此有所保留。赵书在国内出版后，赞颂引用者众，而检讨质疑者几乎为零[11]。这大概是出于信任与崇拜，或碍于作者大名而回避。当然，这都不是科学的态度。赵先生是一位真学者。赵先生若地下有知，即使本文的质疑还很不成熟，甚至有误解，先生也一定会欢迎的。

3）对汉语句子的认识，还需要继续探索。“词组基点”说应该不是汉语句子探索的终点。我们不能以笼统的“实现”或“意合”来打发成句问题；流水句也应该有更符合汉语的解释。质疑“零句”，正是为了探寻新路。

附　注

① *A Grammar of Spoken Chinese*(1968)有两个中译本，本文主要依据吕叔湘译

本(1979),需要时参考丁邦新译本(1980)。

② 丁邦新译本将 topic 和 comment 翻译为“主题”和“解释”。

③ minor sentence 对应零句,是吕叔湘的翻译。更早有袁家骅、赵世开和甘世福(1983)将布龙菲尔德《语言论》中的该术语译为“小型句”。丁邦新循此,也译为“小型句”。

④ 丁邦新译本将 full sentence 译为“完整句”。

⑤ 朱德熙(1982:21－22)认为:“句子是前后都有停顿并且带着一定的句调表示相对完整意义的语言形式。最短的句子只有一个词。”此定义将句调作为重要特征,具有重大意义。

⑥ 这种短语可否称为“极化短语”。所扩大的有两个方向。其中一个方向:将单词看成是短语的一种极端。设短语(phrase)为 1＋n,若n＝0,则组成员为“1＋0”。另一方向:包括任何长度的单句形式的组合。如此,极化短语就既可概括句子的主体,也可分别涵盖主语或谓语部分,还能包括任何长度的所谓的“整句”。

⑦ 布龙菲尔德认为(1933:170),“当一个语言形式作为一个较大形式的一部分出现时,它处于内部位置;否则就说它处于绝对位置,自成一句”。加了“形式”二字,便化解了可能的冲突。参考杜小红(2018:36)。

⑧ 指称与陈述是一组非常重要的解释汉语语句的句法范畴,由朱德熙通过二十余年的探索才成立。可参考朱德熙《关于动词形容词“名物化”的问题》(1961),《“的”字结构和判断句》(1978),《自指和转指——汉语名词化标记“的、者、所、之”的语法功能和语义功能》(1983),《句子和主语——印欧语影响现代书面汉语和汉语句法分析的一个实例》(1987)。之后,文炼《指称与析句问题》(2000),姚振武《指称与陈述的兼容性与引申问题》(2000),张斌《指称和陈述》(2011/2014),史有为《指称-陈述的寻访及思考——读张斌先生〈指称和陈述〉》(2011/2014)等,作了进一步阐发。

⑨ 朱德熙先生一直“以词组为基点”来定位他自己的语法体系(参看朱德熙《语法答问》,1983)。

⑩ 邢福义《小句中枢说》(1995,《中国语文》第 6 期)与史有为《小句和小句本位》(1996,《中国语研究》总 38 号,东京:白帝社),都是这一阶段的研讨论文。

⑪ 杜小红(2018)是迄今看到的唯一的一篇,能在文章中指出布氏与赵书在句子定义中缺少语调。解说并利用“零句”的文章,比较重要的有沈家煊《“零句”和“流水句”——为赵元任先生诞辰 120 周年而作》(2012,《中国语文》第 5 期)以及王洪君、李榕《论汉语语篇的基本单位和流水句的成因》(2014,《语言学论丛》(1))。

参考文献

杜小红.《语言论》的零句观与汉语零句研究[J].广东外语外贸大学学报,2018(5).

赵元任.汉语口语语法[M].节译本.吕叔湘,译.北京:商务印书馆,1979/1980.

赵元任.中国话的文法[M].丁邦新,译.香港:香港中文大学出版社,1980.

朱德熙.语法讲义[M]//朱德熙文集(第1卷).北京:商务印书馆,1982/1999.

BLOOMFIELD L. Language [M]. Chicago: University of Chicago Press, 1933/1980.

CHAO, Yuen Ren. A Grammar of Spoken Chinese [M]. Berkeley and Los Angeles: University of California Press, 1968.

(本文发表于《华东师范大学学报》2020年第6期,
题为《"零句"论述质疑》。此为删节版)

“互文”和“联语”的当代阐释
——兼论“平行处理”和“动态处理”

中国社会科学院语言研究所　沈家煊

本文拟对“互文”和“联语”，这两个中国传统文论中的术语，用当代语言学的眼光重新加以审视和阐释，借以说明汉语的组织构造和传情达意具有“平行处理”和“动态处理”的性质。

1. “互文”和“平行处理”

1.1　互文见义

互文也叫“互文见义”，过去认为是古诗文常采用的一种修辞手法，解释是“参互成文，含而见文”。具体指，上下两句或一句话中的两个部分，看似各说一事，实际是上文里含有下文将要出现的词，下文里含有上文已经出现的词，互相阐发和补充，说的是一件事，表达的是一个意思，“虽句字或殊，而偶意一也”(《文心雕龙·丽辞》)。句内、句间、隔句都能互文：

句内互文　秦时明月汉时关。(王昌龄《出塞》)

句间互文　东西植松柏，左右种梧桐。(《孔雀东南飞》)

隔句互文　十旬休暇，胜友如云；千里逢迎，高朋满座。(王勃《滕王阁序》)

排句互文　东市买骏马，西市买鞍鞯，南市买辔头，北市买长鞭。(《木兰辞》)

互文并不限于古诗文，大量的四字语是互文，含各种结构关系，是最常见最稳定的互文形式：

男欢女爱(主谓)　捕风捉影(动宾)　赶尽杀绝(动补)

油嘴滑舌(定中)　横冲直撞(状中)　牛鬼蛇神(并列)

互文是语言学中的“量子纠缠”:“男欢女爱”,“男”和“女”,“欢”和“爱”,虽然隔开,但是“纠缠”在一起,不能单独描述,只能作为整体来看待。“你来我往”不等于“你来+我往”,也不等于“你我+来往”,它的意义只有用一个二维度的矩阵才能表示,横向是接续关系,纵向是选择关系:

“你死我活”,跟“薛定谔的猫”一样,“你我”都处在“死”和“活”的叠加态。Bruza *et al*.(2009)通过词汇联想的心理实验发现,人的心理词库(mental lexicon)具有类似量子纠缠的性质,量子论可能为新的人类认知和信息处理模型提供理论基础。

互文四字语能产性极强,曹雪芹在《红楼梦》里创造的有“风情月债、女怨男痴、歪心邪意、抖肠搜肺、灸胃扇肝、喷酒供饭、国贼禄蠹”等等;1949 年以后新创的有“深耕细作,学懂弄通,兴无灭资,大干快上,赶英超美”等等;最近餐馆开展“明灶亮厨”活动,公安实施“扫黄除黑”行动,外交奉行“互利共赢”政策。大量的俗语、谚语、惯用语是口头常说的互文:

来无影去无踪|你一言我一语|前怕狼后怕虎|说一千道一万

翻手为云覆手为雨|吃二遍苦受二茬罪|前不着村后不着店

鸟无头不飞蛇无头不行|鼻子是鼻子眼睛是眼睛

生活的烦恼跟妈妈说说,工作的事情向爸爸谈谈

汉语的互文大多不能直接翻译成英文,例如:

兵临城下,将至壕边,岂可束手待毙?(《三国演义》)

Shall we fold our arms and wait to be slain when the enemy is already at the city gate?

“兵临城下,将至壕边”要是译成“when the enemy's soldiers are already at the city gate and their generals already by the trench”,不仅累赘,而且曲解了互文的原义。

传统所说的互文已经超越短语、单句、复句的区别,包含主谓、动宾、

偏正等各种结构关系，覆盖雅俗等多种语体。

1.2 广义互文(对言)

狭义的互文是上下文里有部分可以互换的字词，"天不怕地不怕"，"天"和"地"可以互换，"翻手为云覆手为雨"，"翻"和"覆"、"云"和"雨"都可以互换。广义的互文没有这个限制，例如"人向上走水向下流"，没有字词可以互换，但是仍然两句合在一起表达一个意思，或强调一个意思，单说其中一部分意思不明或不显，这样的四字语也多不胜举，如"上行下效，花好月圆，正大光明，天高地远"等。广义互文是更常见的互文：

高不成低不就|只见树木不见森林|来者不善善者不来|看菜吃饭量体裁衣|江山易改本性难移|空话连篇言之无物|大势所趋人心所向|千里送鹅毛礼轻情义重|不信由他不信事实总是事实|吃人家的嘴软拿人家的手短|车到山前必有路船到桥头自然直|国家的事再小也是大事个人的事再大也是小事

广义互文是上文含有下文的全部、下文含有上文的全部，可以"对言"或"对言见义"称之，狭义互文是对言的一种。有的对言是正反对，如"只有好处没有坏处""宁愿站着死不愿跪着生"；有的对言是类比对，如"上有天堂下有苏杭""天要下雨娘要出嫁"；有的对言是同义反复，如"无的放矢不看对象""空话连篇言之无物"。对言能表达因果、承接、转折、假设等多种语义关系，这样的对言过去叫"流水对"：

眼不见心不烦|前车之覆后车之鉴 （因果）

活到老学到老|既来之则安之 （承接）

创业易守业难|挂羊头卖狗肉 （转折）

若要人不知除非己莫为 （假设）

重叠式四字语属于同义反复的互文，互文四字语中有许多跟重叠四字语十分接近，是重叠四字语的变异形式，例如：

重叠式	互文式			
蹦蹦跳跳	活蹦乱跳	一蹦一跳	又蹦又跳	连蹦带跳
长长短短	你长我短	问长问短	有长有短	取长补短
花花草草	红花绿草	拈花惹草	弄花弄草	花败草枯

看数量重叠式“一个一个”如何变化成各种四字互文：

一个一个(数量重叠)　　七家八家(异数同名)

七个八个(异数同量)　　三番五次(异数异量)

一丝一毫(同数异量)　　丈一丈二(同量异数)

一头一脸(同数异名)　　石一石二(同名异数)

可以说**互文都是准重叠**，**重叠是最简单的互文**。重叠和重复有区别，但是也没有明确的分界，重复也是互文：

吃着吃着就倒下了。(重复)

吃着喝着就倒下了。(互文)

再忍一会儿，再忍一会儿。(重复)

再忍一会儿，再挺一会儿。(互文)

不带啥不带啥也捆了个大行李。(重复)

不带这不带那也捆了个大行李。(互文)

重叠和重复统称“重言”，都是最简单最基本的互文对言。所谓的“动词拷贝”句式，例如“喝酒喝醉、骑马骑累、读书读傻”，其实跟“靠山吃山、听之任之、有钱出钱有力出力”(并未起“名词拷贝式”的名称)一样，都是互文见义。

1.3　互文的普遍性

互文的普遍性超出上面所说的广义互文。汉语的复合词或复合字组(以双音为主)其实也都是互文对言。并列关系的不用说，可以把四字互文看作复字互文的放大版、充盈版，例如“你来我往”是“来往”的放大版、充盈版：

“来往”[来 / 往]　放大为　“你来我往”[你　来 / 我　往]

互文就是用组合序列表示类聚关系或选择关系。排句互文如“鱼戏莲叶东，鱼戏莲叶西，鱼戏莲叶南，鱼戏莲叶北”就是“东西南北”这种排字互文直接的放大充盈。

必须要说的是，非并列的复合字组也具有互文性，这是当代语言学对“互文性”(intertextuality)的认识，例如：

老骥/老笋　　白吃/白做

伏枥/伏虎　　走路/走眼

打扫房间/打扫卫生　　恢复健康/恢复疲劳

水淹/水解/水运/水浇/水葬　　火葬/土葬/海葬/树葬

“老”的意义是与“幼”相对还是与“嫩”相对，“伏”的意义是趴伏还是降伏，是它跟搭配的字互文才显现的。同样，“白、走”的意义也都是通过搭配的对字明了的。“打扫、恢复”与宾语的语义关系要靠互文推定。名词“水”哪一方面的“物性”得以凸显，是通过搭配的动词实现的。动词“葬”的词义，具体到怎么个葬法，也是通过搭配的名词得以理解的。

构词法，汉语以复合为主，印欧语以派生为主，这是常识。派生构词，英语如 wide→width，long→length，short→shorten，large→enlarge，只需两个语素简单相加，意义是透明的。复合构词，首先是并列式的，如“宽窄、长短”；其次是非并列式的，如“老骥、伏虎、水运、放大”，就不是简单相加，意义不那么透明，要靠互文见义。中国人的心目中复合词是由“成对”字构成的，不像英语派生词的词根和词缀“不成对”，可见互文见义在汉语里从构词就已经开始。从这个角度看，汉语的双音化不分虚实都是“对言化”，如“友→朋友，敲→敲打，美→美丽，已→已经，究→究竟，毁→弄坏，死→害死”等。凡是对言都是互文见义，对言的格式化是互文的格式化。双音化大大扩展了互文对言的范围，使互文对言的形式更加多样化，由此生发的变异形式也更加多样化。更重要的是，如果承认汉语的语法是以对言格式为本，汉语语法是对言语法，那么双音化应视为汉语的一种重要的“语法化”现象。

汉语不仅“对言见义”，而且“对言完形”，形式上完好的结构是对言格式。单言在形式上站不住，对言才站得住，例如“高一脚”站不住，要说“高一脚低一脚”，“人不人”站不住，要说“人不人鬼不鬼”，这已经是语法常识。不能单说的语素进入对举格式就不受不能单说的限制，如“胜不骄败不馁”里的“骄”和“败”，“你一言我一语”里的“言”和“语”。近来成为韵律语法学讨论热点的单双音节组配问题，也属于对言完形。单对单、双对双这样“成对”的都站得住，单对双、双对单这样“不成对”就经常站不住，尽管在表义上不成问题：

2+2	1+1	1+2	2+1
煤炭商店	煤店	*煤商店	煤炭店
陈旧桌布	旧布	旧桌布	*陈旧布
轻轻放置	轻放	*轻放置	轻轻放
种植大蒜	种蒜	种大蒜	*种植蒜
调查清楚	查清	查清楚	*调查清
鲜花开放	花开	*花开放	*鲜花开
道路桥梁	路桥	?路桥梁	*道路桥

上面的例子表明,成对和不成对的区分贯通所有结构类型(王远杰 2018),这表明汉语以对称为本,音节对称是汉语自身的一种语法形态。

互文对言的格式是缩放型的,缩小可至复合二字组,放大可至复句、段落,甚至语篇。从“老骥”这一复字互文放大,得到单句、复句、段落:

1 层　　老　骥

2 层　　老骥　伏枥

3 层　　老骥伏枥　志在千里

4 层　　老骥伏枥　志在千里　烈士暮年　壮心不已

注意,“老骥伏枥志在千里”不是按照英语的主谓句切分为“老骥,伏枥(而)志在千里”,而是按照互文对言的方式切分的。放大到第 4 层还是互文见义,不仅“烈士暮年”与“壮心不已”的关系必须通过跟“老骥伏枥”与“志在千里”的关系比对后才得以表达和理解,反过来也一样,不然“骥”怎么谈得上“志在”呢?

当然这是最匀称、节奏感最强的对言形式,实际言语会有很多变化,三字组和五字组从二字组和四字组变化而来,七字组和九字组从八字组变化而成,虽然有这种种变化,这个缩放型的对言互文格式是主干,变化都是在这个主干上生发的。汉语的组织构造具有对言性和互文性,这就应了克里斯蒂娃的“互文说”,符号的意义就是在文本的“互文性”中不断生成和理解的(克里斯蒂娃 2016：12)。

1.4　互文的来源

互文对言来自对话,对话是双方的互动,互动性是对话的根本特性。

单木不成林,单言不成话,这当中蕴含深刻的道理。单说站不住的,在对话回答问题的时候也能站住，加句尾语气词也能站住，如：

？今天冷。　　今天冷，昨天热。

？喝了酒。　　喝了酒，吃了饭。

？房间住人。　房间住人，仓库堆货。

问：今天冷吗？　　喝了什么？　　房间住不住人？

答：今天冷。　　喝了酒。　　房间住人。

　　今天冷呀。　　喝了酒了。　　房间住人吧。

对举、问答、语气词都有完形作用，它们之间的内在联系和深层机理是什么？回答只能是：对言见义完形植根于语言的对话性和互动性。

近年来"认知语言学"把研究的重点转向社会认知，与"互动语言学"交汇，共同关注在对话和互动的情景中如何协同行动和相互理解。Du Bois(2014)提出构建"对话句法"(dialogic syntax)的设想，其核心概念是"平行结构"(parallelism)和"共鸣"(resonance)，指对话中选择性地重复对方刚说过的话，催化激活双方的亲和性，不仅实现互相理解，还产生情绪上的和谐共振，"将心比心，心心相印"。举例，妻子 Joanne 在批评自己的母亲后与丈夫 Ken 对话：

Joanne：It's kind of like ^you Ken. (有点儿像'你呢，凯恩。)

Ken：　That's not ^all like me Joanne. ('一点不像我，裘娜。)

双方说的话有一种"镜式结构映射"，代词主语对代词主语，系词谓语对系词谓语，副词性成分对副词性成分，代词宾语对代词宾语，称呼对称呼，甚至连句末的语调也对应，这种形式象征意义对应，从而产生夫妻之间的情感共鸣。我们有一个汉语夫妻对话的实例(于晖提供)，很有意思，妻子见丈夫老在挥手驱赶什么，与他对话：

妻子：你是蚊子吧？

丈夫：我不是蚊子。

于是夫妻二人相视大笑。对话的重复和对应不仅是词汇的、句式的，还是韵律的、语调的，都起到增进互动、引发共鸣的作用。对话的"共鸣原则"与"合作原则""礼貌原则"一样都是普遍适用的语用原则。总之"对话句法"超越"线性句法"，试图揭示一种更高层次的对称耦合结构(structural coupling)。

这个研究方向突破西方传统的句法研究,意义重大,但是"对话句法"的构建还处于起步阶段,而且主要依据英语语料,还没有完全超越主谓结构,也没有考察对话的平行结构跟独白语篇之间的内在联系,因此有它的局限性。从汉语来看,"对言"这个概念既指"对话"又指"对偶"(包含对称、对照、对比、对应),对话的平行对称直接反映在语篇的平行对偶上,而且大大超出主谓结构的范围,因此研究汉语的"对言语法"和"对言格式"有广阔的前景和更加重要的意义。

对话中重复或部分重复对方刚说的话,这不仅在汉语对话里特别常见,而且直接形成独白中的互文表达,例如:

甲:啥人请客?
乙:啥人有钱?
→啥人有钱啥人请客。

甲:你为什么讨厌她?
乙:你为什么喜欢她?
→你为什么喜欢她,我为什么讨厌她。

甲:我来吧。
乙:我去吧。
→不是你来就是我去。

甲:生意不好做。
乙:生意真难做。
→生意不好做,生意真难做!

对话的选择性重复还是影响语言系统演变的一个关键驱动力,例如最近频繁出现的"被自杀"之类的说法,"被"字进一步虚化进入"元语"用法,就来自对话的引语,是对话的引用重复激发强烈情感共振的好例子:

警察:你父亲是自杀的。
某女:我父亲是被自杀。
→不是自杀,是被自杀。(正反对言)

表程度的复合副词"好不"(如"好不容易")也是这么形成的(沈家煊 1999:7.2)。汉语的互文对言格式,特别是四言格的成因,参看沈家煊(2019)。

1.5 平行处理

语言的组织构造就其本质而言一定是极其简单的。"生成语法"的新进展是,在句法操作上用"合并"(merge)取代"移位"(move)。乔姆斯基认为合并很可能是一种最简单的、自然而然的句法计算操作,就是两个要素 X 和 Y 并合(不讲次序)产生集合{X,Y}。之后 Citko(2005)进一步提出"平行合并说",论证这在理论上是逻辑的必然,而且能更好地解决许多句式过去难以解决的生成问题,包括连动句、兼语句、驴子句等等。例如汉语的连动式兼语句“买一份报看”，吕叔湘（1979：84）早就指出难以采用二分法来分析，平行合并处理可以解决这个难题，图示如下（转引自叶狂 2018）：

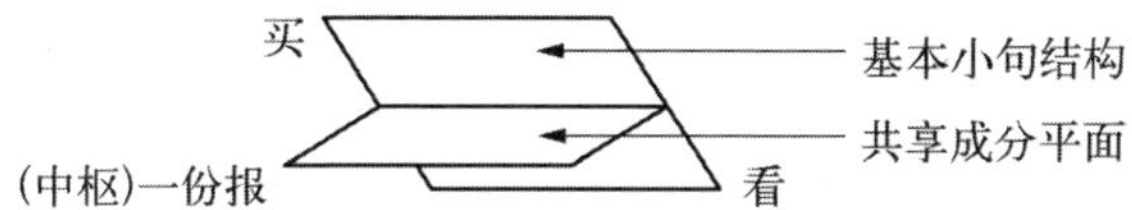

中枢成分（pivot）“一份报”处在共享成分平面上，它既与前面的成分“买”合并又与后面的成分“看”合并，这两个合并是并行的。从上图可以看出，平行合并实际是把合并操作从二维平面（基本小句结构）推广到了三维立体。合并对结构没有规定，任何成分都可以充当中枢参与到平行合并中来，这就取消了生成语法曾经提出的通过复制来实现移位的操作，从而使句法变得更加简单。

上面图示的那个三维模型是不对称的“一头重”，共享成分在次平面上，只有半面，而且主平面的基本小句结构还是以主谓结构为主干，属于非对称的递归结构。对汉语大量的互文对言来说，我们需要一个对称的三维模型。以“你来我往”为例，“你来”的合并和“我往”的合并是平行的，而且“你我”和“来往”二者互为中枢、互为共享成分，两个平面不分主次：

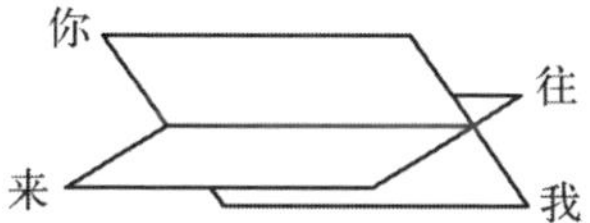

放大到“老骥伏枥，志在千里，烈士暮年，壮心不已”，处理方式一样。这个对称的三维模型能涵盖不对称的三维模型，因此也能解决递系句的生成问题，还能更好地适应“汉语式驴子句”的生成问题。英语式驴子句如“Whoever owns a donkey beats it”，汉语的相应表达是“谁有驴，谁打驴”这样的互文对言式，其中两个同形疑问代词呈对称性“互相约束”（reciprocal binding）。这种对言式在印欧语中也有，但不是主流说法。汉语式驴子句不仅以互文对言式为习惯表达方式，而且互相约束的同形疑问代词出现的位置有多种可能，例如：

有什么吃什么（abcb） 谁有钱谁请客（abac）

轮到谁谁请客（abbc） 哪里苦去哪里（abca）

"人有多大胆,地有多大产"和"自己的嘴巴,自己管不住"等是广义的驴子句,驴子句只是互文对言句式的一种。这对生成语法经典框架内的平行合并说是一个挑战。

然而更重要的是,"合并"这个概念不足以处理互文现象,因为"你来我往"不是简单的 1+1 或 2+2 的合并,而是互文见义,要作为统一的整体来看待,两个组成部分不能割裂开来。Jackendoff(2011)提出,大脑对语言的组合操作,其特性是"统合"(unification)而不是"合并"。他举例:

* John drank the apple. John drank it.

英语这种词项搭配的选择限制只能用统合来解释:drank it,it 本身并没有流汁的意义,是跟 drank 互文才获得这个意义的。本文也已指出,汉语"老骥"和"老笋","伏枥"和"伏虎","老"和"伏"的意义都是跟搭配的字互文显现的。

如果说处理是计算,那么平行处理需要平行计算。对于传统计算机来说,它处理的通常是二进制码信息,比特(bit)是信息的最小单位,它要么是 0,要么是 1,对应于电路的开或关。在量子计算机里,一个比特不仅只有 0 或 1 的可能性,它更可以表示一个 0 和 1 的叠加,可以同时记录 0 和 1,这样的比特可称作"量子比特"(qubit)。假如计算机读入了一个 10 比特的信息,所得到的就不仅仅是一个 10 位的二进制数(比方说 1 010 101 010),事实上因为每个比特都处在 0 和 1 的叠加态,计算机处理的是 2^{10} 个 10 位数的叠加。换句话说,同样是读入 10 比特的信息,传统计算机只能处理一个 10 位的二进制数,而量子计算机则可以平行处理 2^{10} 个这样的数(曹天元 2006:253-254)。从量子计算看,汉语的复合字如"来往"是一个量子,"来"=0,"往"=1,"来往"同时代表了 0 和 1,是 0 和 1 的叠加,因此是一个量子比特的信息单位。汉语以互文对言为本,非量子计算无从处理。

1.6 非线性递归

关于语言结构的递归性(recursion),正统的生成语法认为它是人类的天赋语言能力,然而 Jackendoff(2011)指出,下面的视觉图形(笔者稍作简化)也存在结构递归性:

XXXX XXXX   XXXX XXXX   XXXX XXXX
OOOO OOOO   OOOO OOOO   OOOO OOOO
XXXX XXXX   XXXX XXXX   XXXX XXXX

OOOO OOOO　　OOOO OOOO　　OOOO OOOO
XXXX XXXX　　XXXX XXXX　　XXXX XXXX
OOOO OOOO　　OOOO OOOO　　OOOO OOOO

这个图形可以看作：每行 4 个 X 或 4 个 O,先由两行组成一个含 8 个项目的单位,两个这样的单位组成一个较大的单位(含 16 个项目),这些较大的单位又构成一个 2×2 的矩阵,而且可以不断地放大扩展下去。虽然每行没有结构中心,项目不分主次,不是二分结构,但是显然存在结构递归性。线性的结构递归无法涵盖这种二维的非线性结构递归。

汉语的互文对言格式是缩放型的,如从"老骥"放大到"老骥伏枥,志在千里;烈士暮年,壮心不已",这里再举一例如下:

于兹迄今,情伪万方。佞谄日炽,刚克消亡。
舐痔结驷,正色徒行。伛偻名势,抚拍豪强。
偃蹇反俗,立致咎殃。捷慑逐物,日富月昌。
浑然同惑,孰温孰凉。邪夫显进,直士幽藏。(赵壹《刺世疾邪赋》)

"二二得四、四四十六、二四得八、八八六十四",这就是汉语语篇的缩放型对言格式,本质上具有"非线性的结构递归性"。

2. "联语"和"动态处理"

2.1 联语

联语更常见的名称是顶真、续麻,也叫蝉联、联珠、连环,过去认为是一种修辞格,指上一句末尾作为下一句开头,首尾相重,形成一种链式序列,前后意思紧扣,气势连贯而下,有"历历如贯珠"的节奏美。联语见于句内、句间、段间,描述事物情境的递承关系,推论事理的因果连锁关系,都离不开联语。联语的源头可追溯到《诗经》:

天之生我,我辰安在?(《小雅·小弁》)
其德克明,克明克美,克长克君。(《大雅·皇矣》)
相鼠有皮,人而无仪;人而无仪,不死何为。(《鄘风·相鼠》)
道生一,一生二,二生三,三生万物。(《道德经》)
出门看伙伴,伙伴皆惊忙。归来见天子,天子坐明堂。《木兰辞》

联语运用到极致的例子：

他部从，入穷荒；我銮舆，返咸阳；返咸阳，过宫墙；过宫墙，绕回廊；绕回廊，近椒房；近椒房，月昏黄；月昏黄，夜生凉；夜生凉，泣寒螀；泣寒螀，绿纱窗；绿纱窗，不思量。呀，不思量除是铁心肠，铁心肠也愁泪滴千行。(马致远《汉宫秋》剧)

老猫老猫，上树摘桃。一摘两筐，送给老张。老张不要，气得上吊。上吊不死，气得烧纸。烧纸不着，气得摔瓢。摔瓢不破，气得推磨。推磨不转，气得做饭。做饭不熟，气得宰牛。宰牛没血，气得打铁。打铁没风，气得撞钟。撞钟不响，气得老张乱嚷！(《北平歌谣·老张》)

联语分布面广，而且各种语体都有，为大众所喜闻乐见：

猪多肥多，肥多粮多，粮多猪多。(1959年上海《解放日报》)

骆驼进万家，万家欢乐多。(骆驼牌电扇广告词)

金陵塔，塔金陵，金陵宝塔第五层，五层宝塔廿只角，廿只角浪挂金铃……(《金陵塔》唱词)

指挥员正确的部署来源于正确的决心，正确的决心来源于正确的判断，正确的判断来源于周到的和必要的侦察……(毛泽东《中国革命战争的战略问题》)

放大了看，联语还见于语篇，章回小说每一回的开头是“话说……”，就是重复并接着上一回的话头往下续说。

联语在汉语里只要求首尾相重，不受其他形式束缚，不论词性，不分词、短语、小句，包容各种语法关系，甚至只要谐音就行，如江浙一带的“对子式”游戏，叫“接麻”：

侬姓啥？我姓白。白个啥？白牡丹。丹啥个？丹心轴。轴个啥？轴子。子啥个？……

联语就是一个个“对子”的链接，叫“链接对”，“我銮舆，返咸阳”一个对子，链接下一个对子“返咸阳，过宫墙”，又链接下一个对子“过宫墙，绕回廊”。每个链接对是“起说-续说对”，简称“起续对”，前一对的“续”兼为后一对的“起”。

2.2 广义递系式

把联语只看作修辞手段，这种看法过于狭隘，联语实为汉语的一种结构性的普遍格式，这可以从联语和递系式的关系来说明。

递系式是紧缩的联语格式。例如：

你通知他，他来开会。（联语） 你通知他来开会。（递系式）

我托你，你带给他。（联语） 我托你带给他。（递系式）

联语中邻接的同形语词合并后就成为递系式。递系式的名称取"递相连系"之意，后来改叫兼语式，是受主-动-宾结构分析法的影响（说前一个动词的宾语兼为后一个动词的主语），如果摆脱这个影响，还是叫递系式好，因为连系项并不受词性和句法成分类别的限制。王力先生说，"汉语和西洋语法相同之点固不强求其异，相异之点更不强求其同"，这个思想在《中国语法理论》和《中国现代语法》里都有表述，表述的重点在后一句，递系式正是按这一思想提出来的。受印欧语主谓结构观念的支配，有人想取消递系式，但一直没有取消得了。后来的进展不是取消递系式而是递系式的泛化。吕叔湘（1979：85）说，"我有一期画报丢了"，通常说是连动式，不叫兼语式，因为"一期画报"是受事不是施事，但是句子里还可以有别的关系，如：

我有办法叫他来。（工具）

我这儿有人说着话呢。（交与）

你完全有理由拒绝。（理由）

我们有时间做，可是没有地方放。（时间地点）

吕先生因此主张把兼语式和连动式都放在"动词之后"这个总问题里来考虑。朱德熙（1982：第12章）也提出兼语式应跟连动式合并为一，统称为连谓式，合并的理由很简单，汉语的主语不是以施事为主，不能因为中间的名词指施事就说是兼语式、不指施事的就看成连动式。

然而递系式的范围完全有理由还可继续扩大。王力（1984：133－144）论述的递系式范围更广，界定为"凡句中包含着两次联系，其初系谓语的一部分或全部分即用为次系的主语者"。按照这个界定，递系式还包括：

我买两个绝色的丫头谢你。（我买两个绝色的丫头＋买两个绝色的丫头谢你）

我来得不巧了。（我来得＋来得不巧）

他到得太晚了。（他到得＋到得太晚）

画线的词语尽管是动词性词语，但也是连系项，“来”“到”后的附词“得(的)”相当于古汉语“鸟之将死，其鸣也哀”里的“也”字。也就是说，王先生认为连系项不仅是名词性词语，也可以是其他词语，包括动词性词语。没有理由阻止这样的分析，因为汉语的动词本来可以做主语（实为话题），联语和同形合并不受词性的限制：

双心一影俱回翔，吐情寄君君莫忘。

翡翠群飞飞不息，愿在人间比长翼。（沈约《四时白纻歌五首》）

“君”是名词，“飞”是动词，这没有关系，合并紧缩后就是“吐情寄君莫忘”和“翡翠群飞不息”。又如：

谁重断蛇剑，致君君未听。（杜甫《奉酬薛十二丈判官见赠》）→致君未听

粝食拥败絮，苦吟吟过冬。（唐·裴说《冬日作》）→苦吟过冬

因此，广义的递系式不限于：

星垂平野阔。←星垂平野，平野阔。

月涌大江流。←月涌大江，大江流。

还包括：

飘零为客久。←飘零为客，为客久。

江雨夜闻多。←江雨夜闻，夜闻多。

还包括谓语是动补或动宾结构的句子：

枪声响不绝。←枪声响，响不绝。

大风刮山头。←大风刮，刮山头。

从汉语的流水句是可断可连的零句着眼，流水句的链接有松、紧两种形式，松式的同形部分合并，成为紧式。松式是联语式，紧式是递系式。

我銮舆，返咸阳；返咸阳，过宫墙；过宫墙，绕回廊；绕回廊，近椒房。（联语式）→我銮舆，返咸阳，过宫墙，绕回廊，近椒房。（递系式）

老王呢，又生病了吧，又生病了吧，也该请个假呀。（联语式）→老王呢，又生病了吧，也该请个假呀。（递系式）

传统有“流水对”的名称，指律诗对仗的一种，日本修辞学家叫“连绵对”，现在将它重新阐释为具有普遍性的“链接对”。这样看来，过去把递系式看作汉语的一种特殊句式，这个看法是偏狭的，应该说，汉语的结构具有广义的递系性。语言不是只有依靠“递归”才能传情达意，靠“递系”

也能传情达意(Evans & Levinson 2009)。

启功(1997：31,65)把汉语造句的递系规律表述为“上罩下、下承上”的方法。例如“两岸猿声啼不住，轻舟已过万重山”两句(实在说不出跟现代白话有什么本质的区别)，不是非要按主谓结构作层次分析才能理解，完全可以分析为若干链接对前后接续的平铺结构，同样能实现理解(笔者稍有改动)：

两岸者，猿声也；猿声者，啼也；啼者，不住也。

轻舟者，已过也；已过者，万重也；万重者，山也。

细究的话，“轻舟”也是“轻者舟也”，“已过”也是“已者过也”，但是当“轻舟”“已过”，还有“万重山”已经形成一个组块(chunk)后就不用再做内部分析。推而言之，汉语统统都是“X 者 Y 也”这样的起说-续说对，通过上罩下下承上链接成文，统统是平接型的链对格式，链接成分不限词性，不论大小。

2.3 联语的来源

联语来自对话中的一种部分重复，叫“接话头”，据陶红印(2019)对汉语对话的实际考察，这种情形十分常见，可惜汉语教材的编写者未予重视，例如：

甲 他是研究生呢。 甲 老王听说他病了。

乙 研究生怎么啦？ 乙 病了也该请个假呀。

正是这种频频的“接话头”造成过度使用话题句的“中式英语”，例如“She wants to eat dough sticks. Dough sticks where to buy?”(她偏要吃油条，油条哪儿买去？)。链接对的成因归根结底是对话具有递系性、链接性。对话中，对一个引发语的应答一经说出，自身就立刻成为一个引发语，引发下一个应答，对话依次推进。

A_1 Okay. 好吧。

B_1 Okay. 好吧。

A_2 Bye. 再见。

B_2 Bye. 再见。(转引自 Levinson1983：325)

这是对话的结束部分最常见的四话轮组合(起承转合)，为重复型的二二式，其中 A_1 的 Okay 是起问对方还有没有其他的话要说，B_1 承接回应

Okay 是表示可以结束对话了,于是引发 A_2 转而说 Bye,B_2 必须对这个引发作出回应,闭合对话。这个对话流既由两个“AB 对”对称构成,也由三个“话轮对”A_1-B_1、B_1-A_2、A_2-B_2 链接构成。就“老骥伏枥”一句而言,它是基于对话中如下的“流水对”:

甲$_1$ 老者,何也?

乙$_1$ 老者,骥也。

甲$_2$ 骥者,何如也?

乙$_2$ 骥者,伏也。

甲$_3$ 伏者,何也?

乙$_3$ 伏者,枥也。

放大到“老骥伏枥,志在千里,烈士暮年,壮心不已”也一样。这种递系的流水对意味着,对话过程中双方一般都保持部分共享的语法语义结构(Cann, *et al*. 2005: 9.3),“接话头”可以说是对话的润滑剂。

2.4 动态处理

“认知语法”新近的进展之一是“提取和激活”(access and activation)理论(Langacker 2012),可参看张翼(2018)的介绍。这个理论把句子的结构还原为语序引导下一种动态的认知处理,具体说是连续构建一个个注意视窗,语法单位在注意视窗中互相提取和激活,决定语义解读。例如下面一个英语句子:

He sadly missed his mother.

他很伤心,想念母亲。

副词 sadly 虽然在结构上修饰后面的动词,sadly 和 missed 构成一个注意视窗,但是在这个视窗之前,sadly 的词根形容词 sad 还跟前面的主语 he 构成一个注意视窗,在这个视窗中 he 和 sad 也互相提取和激活,形成概念上的主谓关系,也就是 sadly 既在前一个视窗内又在后一个接续的视窗内。这个理论模型特别适用于汉语,上面那个英语句子在汉语里的习惯表达不是“他伤心地想念母亲”而是对言式的上下句“他很伤心,想念母亲”。余光中(1987)提到英文的副词形式迁移到中文,造成“英式中文”,例如:

老师苦口婆心地劝了他半天。(应改为:老师苦口婆心,劝了他半天。)

大家苦中作乐地竟然大唱其民谣。(应改为:大家苦中作乐,竟然大唱其民谣。)

就“老骥伏枥”一句而言,连续开视窗的认知处理过程可图示如下:

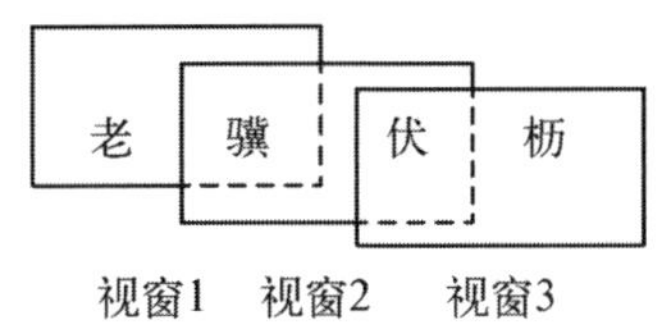

每个视窗内是一个“起续对”,上面所说的联语和递系式,其处理过程就是这动态处理方式,放大到“老骥伏枥,志在千里,烈士暮年,壮心不已”还是这种处理方式,类似动画的制作原理。不妨说汉语是一种地道的“动画型语言”。

更有形式语义学家在“动态语义学”(dynamic semantics)的基础上提出“动态句法”(dynamic syntax)的构想(参看 Kempson, *et al*. 2001, Cann, *et al*. 2005),并且设计出一种动态逻辑(dynamic logic)来刻画语句从左至右、逐次递进的组合方式,以此来解释语言普遍的结构特性。参照 Cann, *et al*.(2005: 38),“老骥伏枥”一句的组合方式和解读过程,其逻辑有如一棵树的生长(tree growth):

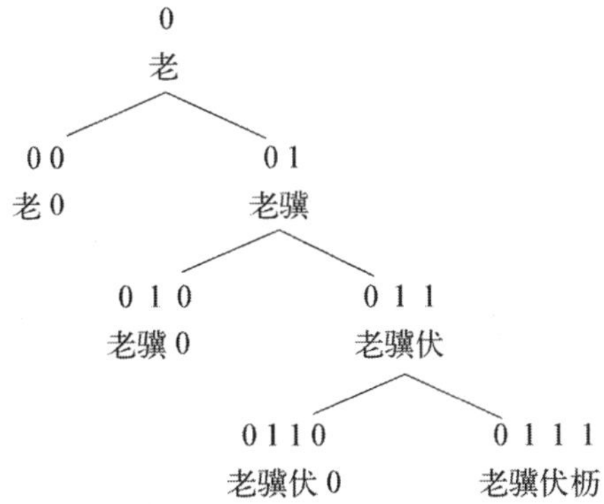

每个节点都用 0 和 1 标示,节点 n 下辖的左子节点标为 n_0,右子节点标为 n_1,也就是一次增加一个信息。注意这里的节点不仅代表字词,还代表对字词在上下文和语境中的解读。最重要的是,这棵语义-句法结构树是处

于生长中的树,表示的是递进生长的过程。语序不同,“老骥伏枥”和“骥老枥伏”,生长的次序不同,但根本都是树在生长。

注意,在这棵“生长树”中,在“老骥”这个节点,“骥”的意义包含它与“老”互文见义的成分,在“老骥伏”这个节点,“伏”的意义又包含它与“骥”互文见义的成分,依次类推。这就是说,递系式是叠加的,离不开互文见义。词语不仅在语境中获得解读而且还不断“制造”语境(Sperber & Wilson 1986)。继 Langacker(2012)之后,Langacker(2016)也强调这一点,提出类似的“起说-续说”(baseline and elaboration)一说。

3. 两种对言结构的交织

上面分节讲了“缩放型对称结构”和“平接型链对结构”,这两种结构是交织在一起的。以“老骥伏枥”为例:

老者,骥也;骥者,伏也;伏者,枥也。

老骥伏枥

老骥者,伏枥也;伏枥者,志在也;志在者,千里也。

老骥伏枥,志在千里。

老骥伏枥者,志在千里也;志在千里者,烈士暮年也;烈士暮年者,壮心不已也。

老骥伏枥,志在千里,烈士暮年,壮心不已。

从横向看,四言的链接方式是“起承转合”:“老-骥-伏-枥”是起承转合,“老骥-伏枥-志在-千里”是起承转合,“老骥伏枥-志在千里-烈士暮年-壮心不已”还是起承转合。如启功所言,“小至字词之间,中至句与句之间,大至几句的小段与另一小段之间,无不如此”。起承转合也是“起承-转合”的二二式对言。从纵向看,四言同构放大,“老骥-伏枥”放大为“老骥伏枥-志在千里”,再放大为“老骥伏枥志在千里-烈士暮年壮心不已”。这两种结构有如经纬交织,统称“对言格式”。

理论上讲,横向的递系链接是无限的,但由于递系有叠加性,实际上要受人的记忆跨度和注意力的限制,工作记忆的跨度一般在 7±2,注意跨度一般在 4±1,四项组合最便于记忆和加工。虽然递系有这样的限制,但是可以通过纵向的同构放大来表达复杂的意思。参看沈家煊(2019)。

4. 破除成见

4.1 小结

先作一小结。“对言”既指对话(dialogue)又指广义的对偶(parallel expression)。对言的格式化在汉语里形成“对言格式”,它是“缩放型对称结构”和“平接型链对结构”的交织,前者需要“平行处理”,后者需要“动态处理”。对言格式是汉语语法的结构性存在,对言的格式化是汉语的语法化。凡是对言都是互文见义,语言组织构造具有互文性。联语的普遍性表明,不只是递归性,递系性也是语言组织构造的根本特性。递归是不对称主从结构的性质,递系是对称性链接结构的性质。递归性不只是线性递归,还有非线性递归,对言格式的同构放大是非线性递归。对话是语言的基本形态,独白的互文性和递系性既来自对话的互动性和递系性,又象征对话双方的互动合作和情绪共振。

印欧语语法以主谓结构为主干,以续为主,续中有对;汉语语法是对言语法,以对言格式为主干,以对为本,对而有续。“对言语法”是“大语法”,在三个方面超越主谓结构。一,贯通字、句、章、篇,以篇为归宿,不像印欧语语法到句子(单句复句)为止。二,综合语音、语形(句法)、语义、语用,以用为目的,不是印欧语以语形为主的词法句法。三,传情和达意一体不二,意义不仅是用句子表达命题,还是意图和情绪的传递。概括起来说是:字句章篇贯通,音形义用一体,传情达意不二。

4.2 释疑

赵元任(1968)不愧是“对言语法”的开拓者,是他最先指出,汉语里主语和谓语齐全的整句是由对话的一问一答组成。这个洞见至今仍是我们从事语法研究的指路明灯。

对于“汉语以对言格式为主干”的说法,有一种普遍的疑问:说“兵临城下,将至壕边”和“你说一句,我说一言”是对言句当然不成问题,但是大量的句子还是“梅瑞买了一对玉镯”这样的主谓句呀!

你说一言,我说一语。(对言句)

We talked to each other.

梅瑞买了一对玉镯。(主谓句)

Mary bought two bracelets.

这是受先入为主的观念支配而形成的一种成见，以为语言普遍以主谓结构为主干，然而布龙菲尔德(Bloomfield 1917)早就指出这是偏见，说有的主语和谓语应作为“对等项”(equated terms)看待，主谓句为一种“等式型”(equational type)句子。汉语的事实是：整句由一问一答组成，主语就是话题，动词性词语可以做主语，谓语的类型不受限制，容纳名词性词语，流水句具有可断可连性。只要我们尊重这些事实，就可以发现“梅瑞买了一对玉镯”一句共有 8 种断连方式，分别来自 8 种对答方式：

a. 甲　梅瑞买了？
乙　一对玉镯。
梅瑞买了|一对玉镯。

b. 甲　梅瑞呢？
乙　买了一对玉镯。
梅瑞|买了一对玉镯。

c. 甲　梅瑞买了一对？
乙　玉镯。
梅瑞买了一对|玉镯。

d. 甲$_1$　梅瑞呢？
乙$_1$　买了一对。
甲$_2$　一对？
乙$_2$　玉镯。
梅瑞|买了一对|玉镯。

e. 甲$_1$　梅瑞买了？
乙$_1$　一对。
甲$_2$　一对？
乙$_2$　玉镯。
梅瑞买了|一对|玉镯。

f. 甲$_1$　梅瑞呢？
乙$_1$　买了。
甲$_2$　买了？
乙$_2$　一对玉镯。
梅瑞|买了|一对玉镯

g. 甲$_1$　梅瑞呢？
乙$_1$　买了。
甲$_2$　买了？
乙$_2$　一对。
甲$_3$　一对？
乙$_3$　玉镯。
梅瑞|买了|一对|玉镯。

h. 甲　怎么啦？
乙　梅瑞买了一对玉镯。

这正是应了《说文》“对，譍无方也”，“对”就是应对不拘方式。汉语对话是以“零句”而不是以动词为中心的“小句”(clause)为基本单位，参看完权(2018)。b 和 f 的断连方式合起来相当于英语句子“主谓宾”的切分方式，但只占 8 种断连方式中的两种。因为还有大量“你说一言，我说一语”这类句子的存在，我们应该这样来概括说明以上 8 种断连方式：汉语的句子以零句和流水句为主，以对言格式为本，a 和 g 是匀称的“正对”(遵守“半逗律”)，b 和 c 是“偏对”，d、e、f 介于正对和偏对之间，偏对是正对的

变异形式。最后的h是布龙菲尔德(1917)所说的独词句,内部不做切分。这个独词句也是潜在的对言成分,例如:

甲:李莎买了两个金戒。　　　　甲:梅瑞买了一对玉镯。

乙:梅瑞买了一对玉镯。　　　　乙:一家招来无数烦恼。

这种结构上对应的对答方式正是“你买两个,我买一对”和“捡了芝麻,丢了西瓜”这种互文格式的来源,跟双字组合的互文对言“来往”“得失”本质上是一致的。

汉语对话中有一种重复型的延伸句(关于“延伸句”,见陆镜光(2004)),在粤语中比普通话更常见(是句末语气词的历史来源),英语里则不许可:

我寻日交论文啊,我。(我昨天交论文啊,我。)

我寻日交论文啊,我寻日。(我昨天交论文啊,我昨天。)

我寻日交论文啊,我寻日交。(我昨天交论文啊,我昨天交。)

Yesterday I submitted my thesis, * I/ * yesterday I/ * yesterday I submitted.

邓思颖(2019)用此例说明粤语相比英语是“热语言”,更多地表现出对话双方之间的互动。从上例也可看出,第一刀切在哪个位置,“我|寻日交论文”只是多种切分方式的一种而已。由此可见,汉语的对言格式可以容纳印欧语式的主谓结构,但是后者无法完全覆盖对言格式。

4.3　普遍意义

对言形式实为语言的原生形态,主谓结构是派生的特例。人类语言植根于对话,原始的对话是对称形式,例如劳动号子的呼与应“嗨哟”对“嗨哟”,男女山歌对唱“种下一粒籽”对“发了一颗芽”,形成情绪上的交流共鸣。所以叶斯帕森(Jespersen 1922)说,原始人用诗性的语言来表达思想。雅各布森(Jakobson 1960)说,诗歌语言的基本特点是,把本来在纵向选择轴上的对等词语拉到横向组合轴上,使前后邻接的词语呈现出音与义的整齐和类似,即“把类似性添加在邻接性之上”。例如俄国的一首婚礼歌,唱新郎现身的情形是:

Debroj mólodec k séničkam privoráčival,

‘A brave fellow was going to the porch,’

勇敢汉子走向门廊,

Vasilij k téremu prixázival.

'Vasilij was walking to the manor.'

瓦西里奇步往住宅。

勇敢汉子和瓦西里奇都指新郎，门廊和住宅都指新房，两句表达一个意思，这就是互文见义，与白居易《琵琶行》一句“主人下马客在船”相同。诗歌语言也不乏联语对言，如法国一首民间诗歌，其中一节翻译成英语如下(转引自五十岚力《常识修辞学》，笔者加汉译)：

Life sublime in moral beauty,	快乐生活，在德之美，
Beauty that shall never be,	德之美者，遥不可及，
Ever be to lure three onward,	不可及者，诱你前行，
Onward to the fountain free.	前行行达，自由芳汀。

人类语言植根于对话，源于诗性的对言形式，语言的演化不是单线条的，而是出现分叉：从对言形式出发，汉语继续朝形成对言格式的方向发展，印欧语转而朝形成主谓结构的方向发展。印欧语虽然已经形成以主谓结构为主干的语法格局，但是仍然保留对言形式，例如狄更斯的名言就是互文：

It was the best of times, it was the worst of times.

那是最美好的时代，那是最糟糕的时代。

这种对言表达在印欧语里覆盖面很窄，远未像汉语那样达到普遍化、格式化的程度，因此只当作修辞现象看待是合理的。对于汉语式的互文对言，西人稍加点拨也不难理解，如“people mountain, people sea”(人山人海)，“no *zuo* no die”(不作不死)。唐诗英译，如“风急天高猿啸哀”(杜甫《登高》)，“风急天高”译成“The wind so fresh, the sky so high”，保留原文对言格式，曾一度引发英美意象派诗歌的浪潮。

对言互文和递系联语都为了提高语言处理的效能，这是中西相通、人类共有的语言能力。语言能力离不开语言使用，跟减轻工作记忆的负荷、减小处理的压力和成本密切相关(Hawkins 2004)。这正是我们重新阐释“互文”和“联语”、讨论“平行处理”和“动态处理”，进而构建对言语法、阐释对言格式的普遍意义所在。

参考文献

曹天元.上帝掷骰子了吗：量子物理史话[M].沈阳：辽宁教育出版社,2005.

邓思颖.句末助词的冷热类型[J].外语教学与研究,2019(5)：643-652.

克里斯蒂娃.主体·互文·精神分析——克里斯蒂娃复旦大学演讲集[M].祝克懿,黄蓓,编译.生活·读书·新知三联书店,2016.

陆镜光.说"延伸句"[M]//中国社会科学院语言研究所,《中国语文》编辑部.庆祝《中国语文》创刊50周年学术论文集.北京：商务印书馆,2004：39-48.

吕叔湘.汉语语法分析问题[M].北京：商务印书馆,1979.

启　功.汉语现象论丛[M].北京：中华书局,1997.

沈家煊.不对称和标记论[M].南昌：江西教育出版社,1999.(2015年商务印书馆新版)

沈家煊.说四言格[J]世界汉语教学,2019(3)：300-316.

陶红印.语言学本体研究与二语教学的有机结合：以语体现象为例[C].语言教学与研究前沿论坛暨《语言教学与研究》创刊40周年庆典大会报告.北京,2019(9月21—22日).

完　权.零句是汉语中语法与社会互动的根本所在[M]//方梅.互动语言学与汉语研究(第二辑).北京：社会科学文献出版社,2018：16-32.

王　力.中国语法理论[M]//王力文集(第一卷).济南：山东教育出版社,1984.

王远杰.双音节搭配限制的作用范围[J].未刊稿,2018.

叶　狂.平行合并理论及其对超局部性句法的解释[J].未刊稿,2018.

余光中.怎样改进英式中文？——论中文的常态与变态[J].明报月刊,1987(10).

张　翼.语序在认知语法"提取和激活"模型中的作用：以副词修饰为例[J].外语教学与研究,2018(5)：656-667.

赵元任.中国话的文法(英)[M].加州：加州大学出版社,1968.

赵元任.汉语口语语法[M].节译本.吕叔湘,译.北京：商务印书馆,1979.

朱德熙.语法讲义[M].北京：商务印书馆,1982.

Bloomfield, L. Subject and predicate [J]. Transactions of the American Philological Association, 1917, 47: 13-22.

Bruza, P. K. Kitto, Nelson, D. & McEvoy, C. Is there something quantum-like about the human mental lexicon[J]. Journal of Mathematical Psychology, 2009, 53(5): 362-377.

Cann, Ronnie, Kempson R. and Marten, L. The Dynamics of Language: an Introduction[M]. Oxoford: Elsevier Academic Press, 2005.

Citko, B. On the nature of merge: external merge, internal merge, and parallel merge[J]. Linguistic Inquiry, 2005, 36: 475 - 496.

Du Bois, J. W. Towards a dialogic syntax[J]. Cognitive Linguistics 2014, 25(3): 359 - 410.

Evans, N. & Levinson, S. C. The myth of language universals: Language diversity and its importance for cognitive science[J]. Behavioral and Brain Sciences, 2009, 32: 429 - 492.

Hawkins, J. A. Efficiency and Complexity in Grammars[M]. Oxford University Press, 2004.

Jackendoff, R. What is the human language faculty? Two views[J]. Language, 2011, 87(3): 586 - 624.

Jakobson, R. Linguistics and poetics[M]//T. A. Sebeok. Style in Language. Cambridge, Mass.: The MIT Press, 1960: 350 - 374.

Jespersen, Otto. Language: Its Nature, Development and Origin[M]. London: George Allen & Unwin LTD, 1922.

Kempson, Ruth, W. Meyer-Viol and D. Gabbay. Dynamic Syngtax: the Flow of Language Understanding[M]. Oxford: Blackwell Publishers Ltd., 2001.

Langacker, R. W. Access, acitivation, and overlap: Foucusing on the differential [J]. Journal of Foreign Languages, 2012, 35(1): 2 - 25.

Langacker, R. Baseline and elaboration[J]. Cognitive Linguistics, 2016, 27(3): 405 - 439.

Levinson, S. C. Pragmatics[M]. Cambridge: Cambridge University Press, 1983.

Sperber, D. & Wilson, D. Relevance: Communication and Cognition [M]. Oxford: Basil Blackwell, 1986.

语义语法与中国特色语法理论的构建*

暨南大学　邵敬敏

建立具有中国特色的语法研究理论，是新时代赋予我们的使命。我们在道路自信、理论自信、制度自信、文化自信的基础上，还需要具有足够的语言自信和研究自信。我们的目标是：汉语走向世界，汉语研究登上国际舞台，汉语应用服务于全人类。

因此，我们要探索具有中国特色的语言学理论，包括我们一直倡导的"语义语法"理论。即继承以吕叔湘、朱德熙等为代表的中国语法研究的主流优秀传统，遵循与西方语法学界不同的研究思路，即开辟从意义到形式的研究思路，主张以语法意义为语法研究的出发点和重点，并且进行多元的形式验证。

我们试图就语义语法的理论背景、形成、内涵以及研究方法等一系列重大问题进行探讨，指出语义是决定句法结构生成和变化的决定性要素，而形式只是语义的载体，是固化语义并制约语义的必备工具。两者都很重要，缺一不可，但是语义显然更为重要，是主导方。因此，我们必须改变以往的研究思路，认识到语义和形式是语法研究的双通道，但语法意义才是语法研究的关键所在。而语用尽管极为重要，但只是外因条件，语义才是内因机制。因此，如果认为语用优先、语用是关键，本质上就是外因决定论。

语义语法核心研究的内容应该包括：语义特征、语义指向、语义角色、语义范畴、语义层次、语义关联、语义的解释力、语义的认知度、语义的

---

* 本文得到国家社科基金重大项目"境外汉语语法学史及数据库建设"（批准号：16ZDA209）资助。感谢诸位同仁提出的许多宝贵意见。

形式验证、语义与情态、语义与功能的互动、歧义分化的方法、语义的双向选择、语义分析方法论,等等。语义语法的创立将为我们打开一个崭新的视野,事实将证明,语义语法将更适合汉语语法研究。

1. 汉语语法研究的简单回顾

我们的任何研究都不能割断历史。中国语言学各个分支学科中,汉语语法应该说是最活跃的,最有影响力的,尤其是语法研究的理论这些年一直在不断更新。近年来,比较有影响的当推形式语法与功能语法。

借鉴国外的语法理论,无疑是必要的,但是问题也是显而易见的,那就是各种理论流派各自为政,没有很好地学习对方的长处,每种理论往往自吹能够解决所有的问题,特别是无视汉语的特点,往往在引进时有用汉语的事实来验证某种理论的正确,甚至于有歪曲汉语事实来迁就某种理论的嫌疑。而且从描写语法开始,特别是到形式语法,语法研究的通则几乎无一例外,都是从形式出发,以形式研究为主。

形式容易辨别,形式容易分类,形式也相对容易描写。所以,语法形式成为语法研究的出发点和重点并不奇怪,尤其对形态比较发达的印欧语来说更是如此。汉语语法以往的研究,基本上遵循的就是印欧语研究的一贯思路,即重点是形式的分类和描写,有的到此为止,有的可能稍微再进一步,尝试着对这些形式做一些语法意义的解释。

无论词类,还是短语、句子的研究,出发点都是句法结构形式。从形式到意义,意义往往处于可有可无的地位。另一方面,我们也必须承认,语义的判别、语义的归纳和语义的解释往往会因人而异,缺乏统一的标准和可操作的程序。所以,结构主义语法常常被人批评为"有意无意地忽略意义",这后面恐怕也有他们的难言之隐。

现在美国主流学派非常喜欢讲"普遍语法",根据最新的修改过的"原则与参数"理论,他们认为,世界各种语言的语法应该是本质一致的,都是由某些通行的"原则"制约着,只是具体的"参数"有所不同而已。这样的一种理念,必然导致一种结论:汉语语法研究的最终目标应该是寻找这种"普遍语法",或者更加准确地说,是证明这种"普遍语法"的普遍性、合法性和必然性。

“形式语法”以形式化为标志，以追求普遍语法为目标。“功能语法”以研究语言交际中的功能为标志。这些都是从国外引进的语法理论，当然在跟汉语研究结合以后，已经或多或少带有某些中国的研究特色。但是，我们的语言学家一直在探索具有中国特色的语法理论。

无论是形式语法、功能语法、认知语法、构式语法……，都各具特色，从中我们可以而且确实学到了很多东西。我们提倡语义语法，决不党同伐异，而是主张百家争鸣，多元共存，取长补短，各取所需。我们的学术界应该培养一种多元意识，互补意识。我们坚信，没有一种理论可以包打天下。这个世界是复杂多变的，包括语言学，所以，我们需要大家集思广益，以一种宽容的态度来对待不同的意见和观点。至于某种理论是否真的有用，那不是靠自吹自擂，或者相互吹捧而能够实现的。一切要看时间的检验，要看实践的验证，要看社会的应用。

我们的语义语法，就是以语法意义的分析和解释为出发点和重点并寻求形式验证的语法研究。它的理论核心是：强调形式与意义的双向互动研究，特别是强化了语法意义的分析与验证，这将区别于形式语法和功能语法的特点。任何忽视语义或者放弃语义的研究都是注定要失败的，而且事实上对人类和社会也没有太大的用处。重视语法意义的研究，并且把它置于语言研究，乃至语法研究的最重要的位置，既是继承中国优秀的语言学传统，也是在新形势下的发展和创新。

2. “语义语法”崛起的历史背景

中国的汉语语法研究有自己的优秀传统，它吸收了传统语法、描写语法、功能语法，以及格语法、认知语法、构式语法的合理因素，根据汉语的特点和客观规律，逐渐形成以语义为研究的出发点和研究重点的语法研究理论。

国内的汉语语法学家在大量的卓有成效的研究基础上，发现如果只是亦步亦趋地运用国外的有关语法理论来研究汉语语法，往往会得出南辕北辙的结论，甚至于必须改变汉语的语言事实来迁就这些据说是“放之四海而皆准”的理论。我们要致力于建立具有中国特色的语法理论，而“语义语法”理论正是这样一种具有浓郁中国特色的语法理论。

应该承认,吕叔湘关于“从形式到意义,从意义到形式”的双通道路子,朱德熙关于“形式和意义相互验证”的双向互动观点奠定了语义语法的理论基础。此外,胡裕树、张斌关于“三个平面”的理论,胡明扬关于“句法语义”的见解,王维贤关于“语义重要性”的精辟论述,陆俭明关于语义特征和语义指向的研究,邢福义关于复句各种语义的研究以及“小句中枢说”对我们也都具有极大的启迪意义。我们提倡的“语义语法”就是继承了以吕叔湘、朱德熙为代表的语法研究思想,这实际上正是中国语法研究的优秀传统。

我们历来提倡建立具有鲜明中国特色的语言学理论,有人就误以为我们不赞成普遍语法的研究。其实,我们不但不反对探讨这种普遍语法,而且还主张要重视普遍语法的研究,甚至于主张有一部分学者可以专门去研究这些普遍语法。因为,既然人类的思维方式有本质上的共同点,各种语言可以翻译(包括人际翻译和机器翻译),可以沟通,那么各种语法也必然有其共同之处,这也就是“普遍”适用于各种语言的语法。但是,这并不意味着我们必须放弃个别语法的研究。我们,或者说大多数的语法学家理所当然应该更关心自己的母语——例如汉语的“个别语法”,或者说“个性语法”。因为:

第一,只有真正搞清楚了汉语的特殊语法规律,才能够对汉语的研究和学习起指导作用;仅仅有所谓的普遍语法,是不可能解决汉语社会的需求的,这一点在汉语母语教学、国际汉语教学以及多种语言的机器翻译、人工智能的实践中反映得相当明显。

第二,只有真正了解汉语语法的特点,才能够搞清楚汉语的个性语法规则,才有可能建立起具有中国特色的语法理论;否则用在印欧语基础上概括出来的所谓的普遍语法来套汉语,就必然会导致削足适履的恶果。

第三,只有建立起个性化的汉语语法系统,才有可能跟其他语言的语法系统进行比较研究,发现其异同,并找出背后心理认知的深层次原因。这样,才有可能对普通语言学理论,包括普遍语法作出我们自己应有的独到的贡献。

不管你承认不承认,也不管你认识不认识,汉语确实有其个性、特殊性。我们既不能夸大这一特殊性,但也不能忽视这一特殊性,问题就在于如何把握普遍性和特殊性之间的这个“度”。

在对汉语详细调查和深入分析的基础上，如何根据汉语语法的特色，一方面继承我国语言学研究的优秀传统，另一方面借鉴国外先进的语言学研究的理论与方法，在此基础上产生出具有中国特色的语言学理论来，这是摆在我们每一个人面前无法回避，也不可以回避的问题。21 世纪的汉语语法研究必将大放异彩。我们坚信：汉语语法研究必将为语言学理论的发展作出自己独特的贡献。

3. 汉语语法的总特点

现在关于汉语语法总特点的看法，主要是采用吕叔湘先生在《汉语语法分析问题》里提出来的观点：汉语语法缺乏严格意义的形态变化。实际上这一看法还是站在印欧语的立场上看问题，自觉不自觉地以有没有形态变化作为衡量某个语言的语法特点的标准。用印欧语的眼光来观察汉语，汉语就是缺乏形态变化，因为在他们看来，凡是语言就应该具备足够的形态，而汉语没有或者说很少这样的形态。我们从来也不会说，鱼缺了两条腿，也从来不会说，人缺了一条尾巴。同样的道理，如果用朴素的眼光来看汉语，摒弃“凡是语言就必定会有形态变化”这样的偏见，实事求是地认识到汉语本来就不需要这样的形态变化，所以也就无所谓“缺乏”。形态不等于形式，形态只是形式之一，虚词、句式、重叠、语序、框式，乃至韵律（包括重音、停顿、语调）、层次、变换等等都可以看作语法形式，虽然它们不是严格意义的形态。

我们现在是这样来理解汉语语法的总特点的：表现语法意义的语法形式是多种多样的，汉语语法不依赖于严格意义的形态变化，而主要借助于虚词、句式、重叠、语序、框式、韵律等其他语法手段来表现语法关系和语法意义。只有这样的表述才是真正摆脱了印欧语语法理论的束缚。其基本出发点有三点：

其一，希望用朴素的眼光来看汉语语法，尽可能地排除印欧语的干扰。

其二，把形态变化和虚词、句式、重叠、语序、框式等都看作具有平等地位的语法手段、语法形式。

其三,任何一种高度发达语言的语法,都是各有所长,也各有所短,如果它多采用某种语法手段,那么,就必然少采用其他的语法手段,这里不存在优劣、长短之分,只显示其不同的取向和特点。

4. 重新审视虚词在汉语语法中的地位和作用

4.1 汉语虚词举足轻重的地位

汉语虚词的重要性,长期以来应该是个定论,然而其重要性到底是什么,似乎没有一个准确的说法。所以到了 1985 年,朱德熙先生在《语法答问》中,就对"汉语的虚词特别重要"这一论断提出了质疑和挑战。

我们不能不佩服朱先生独到而敏锐的眼光,但是,朱先生否认虚词是汉语的主要特点之一,这一结论可能是个误解,必须表示怀疑并且进行争辩。当然这也说明,我们学界对虚词在汉语中的地位和作用还缺乏足够的深刻的认识,以至于至今也没有看到理直气壮的反批评意见。

事实上,汉语虚词还有其他语言虚词没有的特点,这主要表现在五个方面:

其一,虚词数量特别多,如果按照我们的"广义虚词"来计算,可能有 1 600 多个。

其二,关键在于,典型实词与典型虚词之间存在一个广阔的中间地带,特点是或多或少具有"封闭、黏着、定位"的特点,有些偏实,有些偏虚,主要表现各种语法意义。例如某些虚化的趋向动词:

(1) 爬起来、跳起来(开始);

(2) 说起来、写起来(提及);

(3) 热起来了、胖起来了(趋势);

(4) 说起来还是老乡、写起来不太顺手(涉及)。

其三,虚词使用频率非常高,是句法结构组成的不可或缺的成分。没有虚词的帮助,往往不能成句,或者意思完全不同。例如:

(5) 说着说着她就哭开了。(说说她就哭开了。)

其四,虚词所蕴含的语法意义极为精细、丰富、有趣。比如语气词就很有特色:

(6) 你明天去呗!(无所谓,不以为然)

(7) 你明天去哟!(出乎意外,有点惊讶和夸张)

(8) 你明天去吧!(应允,略带勉强)

(9) 你明天去哦!(亲切提醒对方注意)

其五,最为重要的是,形态变化在汉语里不仅稀少,而且并不起主导作用,多数语法意义主要依赖于虚词来承担。

这几个特点,特别是最后一点是印欧语的虚词所不具备的。我们认为:形态和虚词,两者异曲同工,殊途同归,在不同语言里分别是语法意义的主要承担者。虚词的作用在汉语中极为重要,其作用完全可以相当于印欧语里的形态变化。

4.2 "广义虚词"说及其理论意义

如何区分实词和虚词,历来争议颇大,判定的标准也是众说纷纭。目前主流的看法是采用结构主义的观点:凡是能够充当六大句子成分(主、谓、宾、定、状、补)的是实词,反之,不能充当句子成分的则为虚词(介词、连词、助词、语气词)。这一标准的好处是比较严格而且容易执行,但是问题也是显而易见的:

首先,作为语法意义重要载体的副词被开除出虚词了,这完全背离了我国语言研究的优秀传统。所谓的虚词仅仅剩下介词、连词、助词和语气词,不仅数量太少,更无视汉语的特点,实际上也放弃了对语法意义的深入探讨。

其次,虚化的趋向动词、虚化的方位词,乃至起特殊作用的助动词、代词、量词、叹词等一些非常重要的词类,其特点是往往具有"封闭、黏着、定位"的特点。而且主要显示某种语法意义。

再次,这种只按照单一形式标准区分出来的虚词与实词,在语法研究和句法分析时,几乎没有太大作用。

近年来,汉语词类"三分"的新主张开始抬头了。具体处理意见主要有两种:A. 实词、准虚词、虚词。B. 实词、半实半虚词、虚词。目前看来,虚实二分尽管一时还难以完全破局,但是已经开始松动,这一思路就催生了"广义虚词"新概念的问世。

我们把典型虚词加上半实半虚词统称为"广义虚词",这就为虚词研究提供了一个新的视野,也为汉语国际教学打开了一个新思路,因为这些正是国际汉语教学中的重点、亮点和难点。如果说印欧语的形态变化是其语法表现的主要手段,虚词只是其辅助手段,那么广义虚词就是显示汉语语法意义的最重要的载体。

5. 词语组合的双向选择性原则

语法意义的重要性是毋庸讳言的,但是,语法意义是需要在形式上加以验证的。语法意义不是一团泥巴,不可以任意捏来捏去。词与词的组合不是随意的,而是由双方的选择性所决定的。事实上,每一个词都具有一个可供组合的个体选择网络,你选择人家,人家也选择你,从而构成一个立体选择网络。这种选择关系说到底主要还是语义在起作用。句法语义的选择性原则至少应该由三个子原则构成(邵敬敏 1996):

5.1 语义的决定性原则

即语义的互动选择决定了句法组合的种种可能性。换言之,甲选择了乙,反之乙也可以选择甲,这是互动的关系。比如对动宾短语而言,我们在强调动词对名词的支配关系具有选择性的时候,也不要忘记,实际上名词的语义特征也支配了它对动词的选择。例如:

(1) 学习日语/游泳/演讲(动宾关系)

(2) 学习园地/方法/机制(偏正关系)

(3) 学习文件(动宾关系/偏正关系)

这说明"日语""园地"实际上是属于不同语义类型的名词,"日语"可以成为学习的对象,而"园地"却不可能是学习的对象,而只是一种学习的场所或其他。"文件"却既可能是学习的对象,也可能是进行学习的依据,因此产生歧义。

5.2 语义的一致性原则

比如"很"是程度副词,而"有钱、有力气、有思想"等属于抽象属性,也具有【+程度性】,所以可以修饰,但是"有水、有池塘、有房子"则是具体事物,具有【一程度性】,所以不可组合。"几个铜钱、一些杂志"之类由于加上"几个""一些"等模糊数量词语,又获得了【+程度性】,所以可以组合,而一旦改为明确的数字如"三个""四间"等,则具有【一程度性】,又不可组合了。对以上四组的合法性,只有用语义匹配的一致性原则才能够解释得清楚。

5.3 语义的自足性原则

即两个词语能不能组合起来，还要取决于语义能否自足。例如“在(上级的)指导下”可以成立，如果删除“上级的”这一定语，原来的介词结构便不能成立，关键就在于“在大树下”跟“在指导下”不同，前者指具体的位置，有“大树”作为参照物，语义得以满足。后者指抽象的行为，所以必须落实到行为的主体，否则这个结构的语义无法自足。

6. 语义语法研究的若干原则

研究语义语法，有关形式与意义的双向选择和互动机制的研究是最重要的，是基础的基础，根本的根本。

其一，在研究语法形式的时候，不忘记意义的解释；在研究意义的时候，不忘记形式上的验证。形式和意义可以互为起点和终点，也就是说是个“双通道”。我们不赞成语法研究只能从形式入手这种曾经流行然而片面的提法。语法研究既可以从形式入手，也可以从意义入手；我们提倡汉语语法研究从语义入手，并不意味着反对从形式入手。恰恰相反，我们也很希望从形式入手，然而只是因为汉语的语法形式比较隐蔽，而且往往不带强制性、普遍性，所以我们不得不从语义入手。如果能够有明确的语法形式的地方，我们会毫不犹豫地主张从形式入手。

其二，形式和意义是双向的，所以在语法研究时往往是多次双向，反复双向，不要试图一次验证就会解决问题。关键不是研究从哪一点出发，而在于相互交叉渗透性的研究，即你中有我，我中有你，真正达到水乳交融的境界。我们主张把语义作为语法研究的重点，并不意味着放弃形式的研究。我们大讲语义的重要性，却处处要求形式的验证。在我们看来，如果没有形式的证明，那么语言就不可能成为一门科学。

其三，我们鼓吹语义研究对汉语语法的决定性作用，正是充分考虑到汉语语法的特点。因为汉语在语义选择方面是决定性的，而形式则具有很大的柔性。但是我们也不同意有些人把汉语说成是语义型语言，英语是形式型语言。这样的对立性的分类，不仅会引起误导，还会让人错误地以为，汉语不必依赖于形式，语义可以直接组合；而英语似乎只有形式的需求，不必考虑语义的搭配。这种形而上学的分类是不可取的，这也是我们跟某些朋友倡导的文化语言学的语法观的根本分歧所在。

其四，对语法形式和语法意义内涵的理解要扩大，我们不必拘泥于国外语言学理论的定义，一切要从汉语的语言事实出发。应该允许语法形式研究相对的独立性，同时也应该允许语法意义研究相对的独立性，特别是当一时找不到形式的验证时。因此特别要加强对句法结构中语义的独立研究，比如我们提倡对汉语的“情态网络系统”进行深入研究。

7. 汉语语法研究的亮点与重点

汉语语法研究在21世纪将有一个新的突破。这主要变现在三个方面：

7.1 情态网络系统的构建

《坛经》中云：“时有风吹幡动。一僧曰风动，一僧曰幡动。议论不已。惠能进曰：‘非风动，非幡动，仁者心动。’”在我们看来，幡动就是形式，那么什么促使幡动呢？显然是风动。不过幡动是看得见的，风动则需要通过幡动来显示的。那么你怎么知道是风吹幡动呢？那就是心动，心动就是认知，就是主观化的出发点。

7.1.1 显示特定的视角

即主体者在观察世界时所采取的角度，同样一个行为或事件，也可能采用正反不同的方式来表达。例如：

(1) 幸亏我们及时赶到，否则就错过这班火车了。

(2) 幸亏我们及时赶到，才赶上了这一班火车。

再比如说话人站在什么立场上说话，只是指对方，还是把自己也包括在内，显得亲切关心：

(3) 这个东西，你不能吃。

(4) 这个东西，咱们不能吃。

7.1.2 表示特别的背景

这是隐藏在句子背后的背景认知，即与众不同的认知，这往往表现为某种潜台词，说话者通过某些手段，暗示了某种信息。例如：

(5) 昨天终于下雨了。

例(5)首先陈述的是一个基本客观事实：昨天下雨了。但是由于使用了副词“终于”，其背后的潜台词是“已经很多日子没有下雨了”，这一背景事实是由副词“终于”带来的。这就是主观性的“特别的认知”。

7.1.3 流露特殊感情

特殊感情主要表现为主体对客体的喜怒哀乐等情感，是附加在前面两者基础上的。比较下面两例：

(6) 昨天终于下雨了。

(7) 昨天总算下雨了。

两句都带有某种潜台词“已经很多日子没有下雨了”这一背景事实。但是，相比较例(6)的“终于”倾向于客观性描述，例(7)的“总算”则带有强烈的庆幸主观色彩。

可见，情态是汉语语法研究新的增长点。在句型、句类、句式三大系统的基础上，应该再增加一个“句态”：句子情态系统，包括“意愿系统”“感情系统”和“态度系统”。

7.2 语义的多元形式验证

语义解释往往会出现公说公有理婆说婆有理的情况，关键是需要验证。我们近些年在编撰《汉语虚词大词典》，建立义项只是第一步，关键是需要建立“定位框架”，这才是我们的最终目标，也是我们这部词典的灵魂和核心，“框架”就是出现该虚词义项的语言环境、语言条件。

建立“定位框架”是我们最主要的创新点。我们的目标就是以义项结合功能为纲，为每个虚词的每个义项尽可能地建立起“定位框架”，即指出该虚词在某个特定语境中必然表达什么样的意义，实现什么样的功能。所以，我们只要把框架描写清楚了，那个虚词的词义与功能也就豁然显示了。

比如“词汇框架”，主要是指哪些词语可以同现，而且还要特别关注哪些词语不能同现，进行正反比较。例如是非疑问句的语气词“吧”和“吗”，前者是“信大于疑”，后者是“疑大于信”，那么能不能证明呢？我们发现，“吗”可以与“难道”同现构成反问句，“吧”不行；反过来，“吧”可以跟“八成/大概”等倾向明显的估测类副词同现，而“吗”不能同现。两者形成对立互补，对疑问句的表达极为有用。如：

(8) 今天难道是星期天吗？/ * 今天难道是星期天吧？

(9) *这儿离中山公园大概有五里地吗? /这儿离中山公园大概有五里地吧?

再比如副词“淡然”(包括重叠式“淡淡然”),表示不在意,不热衷,不放在心上;不当作一回事,没有什么特别的。但是仔细分析后,就发现了一个重要的对立:在跟人的行为组合时倾向褒义,显示主体在处理事情时一种比较超脱、不在意的神态。例如:

(10) 于名于利,他就是这般淡然处之。

(11) 她平静而淡然地面对着这一切,默默地为着自己的目标而努力。

而在描述事件情况时则是贬义的,表示平平淡淡、不起波澜、没有引发热烈的反响。如:

(12) 这项活动淡然告终实在令人遗憾。

(13) 到80年代后半期,可乐型饮料已在饮料市场上淡然褪色。

可见,这里显示的是“语境框架”的话题对立。

虚词释义要求兼顾外部态度与内心情感,通常容易感觉到的是外在义,而对内在义却反而容易忽略。所以我们要特别关注“认知框架”与“情态框架”。例如:

(14) 有的被歌声打动,悄然放慢了脚步。

(15) 张庆伟悄然坐在后排。

“悄然”一般词典都解释为“形容寂静无声”,但是如果用近义副词“静静地”进行替换,例(14)明显不行,例(15)似乎可以,但是这只是静态的描写,缺少了动态,两者的区别,关键是一个描写“客观状态”,一个彰显“主观情态”。“悄”的本义是指没有声音或者声音很低,可见不是真的“寂静无声”,而是人主观上有意掌控,尽量不发出声音。显然,这里不是静态的描写,而是动态的自控,是主体人为的。准确的解释应该是:“有意识地控制自己的举止行为,尽量避免发出响声,或者把声音控制得很低。”

句法框架,即指该虚词出现在句中的前言后语的结构条件制约。比如副词“才”。《现代汉语八百词》(增订本第107页)的解释是:

① 表示事情发生或结束得晚:他明天才能到。

② 表示数量少、程度低:一共才十个。

一会儿是时间晚【也意味着数量多、程度高】;一会儿有时数量少、程度低【也意味着时间早】，似乎互相矛盾。其实关键是没有指出语言条件来。我们发现：

【1】凡是数量词或者表示时间、程度的词语，只要出现在“才”的后面，直接被“才”修饰，或者充当被“才”修饰的动词短语的一部分，全句则主观认定“数量少、时间早、年龄小、范围窄、程度浅”。例如：

（16）打扮好了，一共才花了两块二毛钱。（数量少）

（17）现在才不过五点钟，快天亮了。（时间早）

【2】凡是数量词或者表示时间、程度的词语，出现在“才”的前面，全句则表示主观认定“数量多、时间晚、年龄大、范围宽、程度深”，跟【1】形成鲜明对立。例如：

（18）一百多人才拉动这辆车。（数量多）

（19）十二点他才睡觉。（时间晚）

【比较】仔细辨析下面例句，充分显示了两者的区别：

（20）八个人才吃一锅饭（“八个人”显得多，“一锅饭”显得少）

（21）六点钟才来了三位（“六点钟”显得时间晚，“三位”显得少）

7.3 加强对汉语语法特色的研究

汉语显然不同于印欧语，属于两种不同的语言类型。在建立于印欧语语法研究的基础上的有关理论方法研究，当然有参考价值，但是我们必须要以更大的热情去关注我们汉语语法自身的特色。比如：

7.3.1 虚词类聚研究

汉语的语法意义属于词外部附加型的，印欧语属于词内部曲折变化型的，因此，中国传统语言学对虚词相当重视。这是个非常重要的研究课题，值得我们一个一个、一组一组进行深入的探讨。

7.3.2 句式系列研究

句式系列研究，尤其是汉语特有的句式，是我们语法研究的重点之一。为此，我们为汉语句式构拟了三个系列：A. 特殊结构句式，比如重动句、双宾句、主谓谓语句；B. 特殊词语系列，比如把字句、被字句、是字句、有字句；C. 特殊范畴系列，比如存现句、比较句、虚拟句。

7.3.3 框式结构研究

这是我们汉语的“特产”，比如“吃你的头”“一走了之”“连他也不认识”等等。它不是词,也不是短语,也不是句子,但是很能产,有特定的构式义,非常值得研究。

7.3.4 重叠格式研究

包括句法重叠和语素重叠。其中,最有意思的是动词重叠、形容词重叠、名词重叠、量词重叠、代词重叠等。

7.3.5 韵律研究

7.3.6 其他,例如流水句研究

总之,如何根据汉语语法的特点,一方面继承我国语言学研究的优秀传统,另一方面借鉴国外先进的语言学研究的理论与方法,在此基础上产生出具有中国特色的语言学理论来,这是摆在我们每一个人面前无法回避,也不可以回避的问题。语义语法研究的理论、原则、方法,需要几代人的努力,也需要大家共同的关心和支持。语义语法研究,跟形式语法研究、功能语法研究,不是对立的,而是互补的,各有侧重,各有特点。我们一直认为:语法是个非常复杂的,开放性的、发展着的系统,任何一种语法理论都只能解决局部的问题,不可能解决所有的问题,不可能包打天下。语法研究多元化是我们提倡,而且应该坚持的基本原则。我们欢迎挑战,也欢迎合作。只有这样,汉语语法研究才会出现辉煌的明天。

参考文献

胡明扬.句法语义范畴的若干理论问题[J].语言研究,1991(2).

胡明扬.再论语法形式和语法意义[J].中国语文,1992(5).

吕叔湘.中国文法要略[M].北京:商务印书馆,1982.

邵敬敏.形式和意义四论[M]//语法研究和探索.北京:北京大学出版社,1988.

邵敬敏.论汉语语法的语义双向选择性原则[J].中国语言学报,1996(8).

邵敬敏.“语义语法”说略[J].暨南学报,2004(1).

邵敬敏,吴立红.论从意义到形式的语法研究新思路[J].南京师范大学学报,2005(1).

邵敬敏,周芍.语义特征的界定与提取方法[J].外语教学与研究,2005(1).

邵敬敏,赵春利.关于语义范畴的理论思考[J].世界汉语教学,2006(1).

邵敬敏.汉语语义语法论集[M].上海:上海教育出版社,2007.

邵敬敏.汉语语法的战略思考[J].河南大学学报,2014(3).(《高等学校文科学术

文摘》2014 年第 5 期)

邵敬敏.关于汉语虚词研究的几点新思考[J].华文教学与研究,2019(1).

王维贤.现代汉语语法研究的一些方法论问题[M]//语法修辞方法论.上海:复旦大学出版社,1991.

朱德熙.语法讲义[M].北京:商务印书馆,1982.

朱德熙.语法答问[M].北京:商务印书馆,1985.

(本文发表于《汉语学报》2020 年第 3 期)

概述预期系统的研究内容和方法*

复旦大学　陈振宇　姜毅宁

1. 预期的定义与检验

1.1　定义

Heine 等(1991)在讨论语法化的相关问题时,明确提出了"反预期标记"(counter-expectation markers)这个术语。他谈到"共享常态"(shared norms)的概念,包括说话人所熟悉的世界的常态和规范、说话人头脑中的常态和规范及说话人认为听话人头脑中的常态和规范。这一定义偏重于常理预期。吴福祥(2004)参看国外学者的文献资料时指出,"预期是一种与人的认识、观念相联系的抽象世界,通常与一定的社会常规、言谈事件中说听双方的知识状态以及特定的话语语境(discourse context)密切相关"。

我们认为,预期是认识主体对事物真假情况的预先认识或估计,它既可以针对某一对象,也可以针对某一言语活动。预期有两个不可或缺的因素,一是认识主体在事前已获得的知识,称为"知识状态",记为 O;二是由 O 推测出特定事件 M 的概率,记为 $P(M|O)$,这是"条件概率"(conditional probability)的表达式,也就是预期的表达式,其含义是认识主体在知识状态 O 的条件下,对 M 出现概率的估计。

1.2　预期的检验格式

1) 预期格式:

① 因果式,如:"O,所以/因此/故/则/于是/便/终于/那么 M";

② "O,也就是说/也可以说/等于是/当然 M";

* 本文为本次会议论文《语言中真实存在的蕴涵关系》的一部分,受到国家社会科学基金后期资助项目"言语行为的逻辑——汉语语义和语用接口研究"(19FYYB032)的资助。

③ “O，可以得到/很可能 M”；

……

凡是可以进入这一格式的，P(M|O)就是等于 1 或接近于 1，M 是 O 的大预期。

2）反预期格式：

① 转折式，如：“O，但(是)/却/可是～M”等；

② 意外式，如：“O，竟然/居然/其实～M”等

……

凡是可以进入这一格式的，说明 P(M|O)不等于 1，存在反例(与预期不符的情况，即反预期信息)；不能进入这一格式，说明 P(M|O)等于 1，不存在反例。请注意，进入本格式，存在反例，但反例的多少并不确定，P(M|O)可能是小于 1 的任何一个值，可能是接近 1，也可能是 0.5 左右，甚至可能是 0。

3）递进格式：

① “不但 O，而且 M”；

② “(不但)O，而且/甚至 M”；

③ “(不但)O，连 M 都/也”；

……

凡是可以进入这一格式的，说明 P(M|O)小于 0.5，但是不等于 0。也就是说，在知识状态 O 下得到 M 的可能性很小，但并不是完全不行，在十分极端的反常情况下，可以进一步得到 M，这就是说，O 与 M 之间是“递进”关系。

表 1　预期的类型与检验格式的匹配

		大预期格式	反例格式	递进格式
个体条件下的大预期	全概率预期	+	−	
	狭义大预期	+	+	
个体条件下的小预期	极端小预期	−	+	+
	非极端小预期	−	+	−
无预期信息或者是类指条件下的预期		−	−	−

1.3 预期与预设

Givón(2001)把预设(presupposition)分为逻辑预设(logic presupposition)和语用预设(pragmatic presupposition)。

逻辑预设是预设研究的中心,来自语义学,指能让一个命题成立的前提,也就是命题中预定为真且不可否认的部分;涉及语言的叙实性,是属于真值蕴含的逻辑。根据 Horn(1969)对预设的定义,有"If(P→Q) and (～P→Q), then P presupposes Q"。

预期是语用性的,是语用预设中的核心部分(有的学者把二者等同)。预期与预设相同的地方是:它们都不是命题本身,而是该命题背后的作为认识前提的知识。不同的地方是:

1)(逻辑)预设是说话者发出某一命题时,作为言语活动背景的不可更改的那些认识,如说"张三是好人/张三不是好人",都有一个背景"存在张三这个人"。预期不仅仅是说话者的认识,也可能是其他主体的认识,并且可能是社会的常理,其形成多依赖于认识主体的社会常识,百科知识,社团语境,甚至道德准则……也更多关涉的是我们的交际和言语行为,因此预期一般是语用涵义,大多是可以删除的,只要有合适的条件,所以我们有反例格式。

2)(逻辑)预设是明确的命题,是论域的基础;而预期很可能是模糊的,需要语用推理,甚至可能有歧义解读。

3)(逻辑)预设有更强的背景性,一般在语篇中不必表达,而一旦质疑预设,语句的意义和价值都会失去,因为论域必然发生改变。预期则可以进入前景,在语篇中表达,并且对预期的质疑并不一定改变当前信息。

2. 简单预期的语篇配置

语篇中一个单一的预期性表达,包括四个部分,如下例所示:*

(1) [美国有世界上最先进的医疗体系],(所以)(**本来**)能够轻松应对流行病的挑战,<u>但居然在新冠病毒面前败下阵来</u>。

条件 O　　美国有世界上最先进的医疗体系

* "[ ]"内的部分是语篇中表达的个体条件 O,有下画线的则是当前信息的句子。下同。

预期 P(M|O)　　（所以）（**本来**）能够轻松应对流行病的挑战——能力情态

当前信息 P(M)　　（**但**）（**居然**）在新冠病毒面前败下阵来

预期性：反预期信息

完整的预期性表达语篇结构，至少有三个语句。即使如此，四部分中的“预期性”也并没有一个专门的语句来表达，而是依靠一些标记（如上面的“本来、但是、竟然、偏偏”），或通过语义推理得知的，也即预期性是整个语篇结构的性质。

在实际的语篇中，条件、预期或当前信息也可以隐含。其中，当前信息 P(M)是最需要用一个语句来表达的，仅在特殊的情况下可以隐含，因为没有它无法推知预期性。其次是条件 O，它有时用语句表达，有时则没有语句表达，而是在语境中隐含。预期 P(M|O)则往往是在语境中隐含的，当然有时也可以显性地用语句来表达。我们有如下等级序列：[†]

P(M)＞O＞P(M|O)。

下面是一些语篇组配：

(2) 隐含预期：美国有世界上最先进的医疗体系，**但居然**在新冠病毒面前败下阵来。

隐含条件：美国（**本来**）能够轻松应对流行病的挑战，**但居然**在新冠病毒面前败下阵来。

隐含条件与预期：美国**居然**在新冠病毒面前败下阵来！

隐含预期与当前信息：美国不是有世界上最先进的医疗体系的吗?!

隐含条件与当前信息：美国**本来**能够轻松应对流行病的挑战的，……

例中那些加粗有下画线的标记，对语篇的预期性有表达或提示的作用，它们分为两类：在条件或预期句中的称为“正/反预期触发语”，如“本来、说好的、毕竟、虽然”等；而在当前信息句中的称为“正/反预期标记”，如“但是、可、竟然、居然、果然”等。再如：

† “＞”表示需要单独的语句来显性表达的程度。实际上，如果只出现预期部分，需要有特殊的触发语才能成立。限于篇幅，这里就不再多说。

(3) a. 他**倒是**想去来着,可去不了。(“倒是”为“反预期触发语”,用在表示预期的语句上)

b. 他**本来就**该来帮忙的,看到他没什么好奇怪的。(“本来就”为“正预期触发语”,用在表示预期的语句上)

无论触发语还是标记,都有寄生的符号(本来是表达其他语义的,只不过在一定的语篇和语境中倾向于表达正预期或反预期等意义)和非寄生的符号(专门用来表达正预期或反预期意义)。如“恰好”是表达数量对应的关系,但在一定语境中表示正好满足预期值,这是寄生的主观恰量标记。“恰恰”是强调十分地凑巧,但现在几乎都用来表示这种凑巧是某方没有预料到的,因此又是寄生的反预期标记。

实际研究中发现,绝大多数我们称为“反预期标记”的语词、结构,如谷峰(2014)、陆方喆(2014)所讨论的大多数标记,都是寄生的标记,都有其原有的语义结构内容,一般都有不表达反预期意义的情况,例如“大家都去开会,我<u>偏</u>不去”,主体的人称不同,会导致语义结构的不同,此时意外和自反预期都不存在。

已经完成语法化的非寄生的反预期标记,主要是意外标记“竟然”类(竟然、居然、怎么$_1$ 等),转折标记“但是”类(反而、却、但是、可是、即使、就算、纵然等)以及话语标记“不料”类(谁知、谁承想、不料、不承想、岂知、哪里想到等)这三大类。还有一些零星的,如“倒是”用于标记不和谐语篇。另外,转折标记的预期分布有时会比较复杂,要分情况讨论。

3. 预期的性质与分类

3.1 根据预期的概率大小

分为无预期、大预期和小预期。大预期又分为全概率预期和狭义大预期,小预期又分为极端小预期和非极端小预期。

无预期是指 P(M|O)的值无法确定,或者大致为随机概率 0.5(左右),这时认识主体对事物无法判明倾向。P(M|O)接近或等于 1 为肯定的大预期,P(M|O)接近或等于 0 为否定的大预期。

极端小预期是指 P(M|O)接近于 0,或远小于 0.5,但与否定的大预

期不一样，后者强调接近于 0，凸显不会实现的一面；而极端小预期则强调数值虽小，但不等于 0，仍有实现的可能。

非极端小预期的 P(M|O)接近于 0.5，但与无预期不一样，无预期是强调没有明确的倾向；而非极端小预期则强调虽然倾向很弱，但多多少少有一点倾向，即 P(M|O)接近于 0.5 但仍然略微大于 0.5。

(4) a. 他是单身汉，所以他没结婚。

*他是单身汉，但是他结婚了。(全概率预期)

b. 很多人都来了，所以他也应该来了。

很多人都来了，但是他不应该来。(狭义大预期)

c. *他俩结婚了，所以连孩子都有了。

他俩结婚了，但是还没有孩子。

他俩结婚了，甚至连孩子都有了。(极端小预期)

d. *李四听说小王走了，所以小王是走了。

李四听说小王走了，但是小王没走。

*李四听说小王走了，甚至小王是走了。(非极端小预期)

"极端小预期"的事实性规则：当没有其他意义的影响时，直接陈述条件，意味着极端小预期为假(反事实)；如果极端小预期为真，要补充说明。"非极端小预期"的事实性规则：直接陈述条件，一般意味着非极端小预期为真为假无法判明；如果非极端小预期为真或为假，都要特别表明。

3.2 根据预期的来源

自预期，说话者，包括说话者所移情的主体的预期；他预期，听话者或第三方预期；常理预期/共享常态；主体预期，行为主体的行为目的；上文预期，如转折句等。

常理预期和自预期一般是一样的，因为说话者一般认为自己是合乎道义情理的正常人。当二者不一样时，一定要有特殊的语言表现，如"早睡早起对身体是好，但我就是要睡懒觉"。

上文预期一般是由常理预期决定的，如"她是女人，所以需要别人的帮助"；但有时可以是与常理预期不合的自预期，如"他很有钱，但他也很善良/但他对人很凶恶"。

主体预期的例子，如"坑挖深了"的歧义，合乎主体预期或偏离主体预期。

3.3 根据预期的情态类型

"预期"表达的是某个认识主体的预先估计或希望等心理状态,从本质上讲都是非现实的(irrealis):当我们用语句把预期说出来时,并不是在报道事物的情况,而是表示主观态度,应该加上与情态(modality)有关的语词。"预期"是情态表达,可分为:

意愿预期(volitional/optative expectation),表达预期的语句带有"想、希望"等情态词,如"屋顶漏了,所以不**希望**下雨,可竟然下起了瓢泼大雨"。

能力预期(capable expectation),表达预期的语句带有"能(够)、会$_2$"等情态词,如"美国有世界上最先进的医疗体系,所以本来**能够**轻松应对流行病的挑战,但居然在新冠病毒面前败下阵来"。

道义预期(deontic expectation),表达预期的语句带有"应该$_1$、会$_1$、必须"等情态词,如"妈妈要他早点回家,所以他本来**应该**早点回家,但是他竟然/偏偏很晚都不回家"。

认识预期(epistemic expectation),表达预期的语句带有"应该$_2$、(很有)可能、必定"等情态词,如"鸵鸟是鸟,所以**应该会**飞,可竟然不会飞"。

意愿预期称为"弱预期",能力预期、道义预期和认识预期称为"强预期",强弱是指预期实现的可能大小。

3.4 根据预期的条件的性质

个体条件下的预期,简称"个体预期",有确定的条件的预期,条件改变则预期改变;类指条件下的预期,简称"类指预期",没有确定的条件,即在一般条件下 P(M|O)大致一样。

(5) a. 这家饭店这么多人,所以饭菜应该好吃。
　　这家饭店人这么少,所以饭菜应该不好吃。(个体预期)
　b. (在食堂吃饭)菜里居然有虫子。
　　(在饭店吃饭)菜里居然有虫子。(类指预期)

类指预期是无标记的,个体预期是有标记的,所以凡是可用于类指预期的标记也可以用于个体预期,当然具体场景会受标记的不同性质的影响而有所限制,没有只适用于类指预期而不适用于个体预期的标记。"竟然、居然、怎么$_1$"都可以非常自由地用于个体预期和类指预期,"但是、可是、不过、然而、反而、反倒、却、偏偏"等只或主要用于个体预期。

“意外”范畴中的惊讶,都是由对说话者自己的自反预期导致的,不过包括了个体预期或类指预期,其中类指预期曾被误认为是“非预期”或“无预期”。

3.5 根据预期的内容

分为关于质的预期和关于量的预期。

(6) a. 他竟然没来!(质的预期)

b. 他竟然考了 80 分!(量的预期)

又分为:对象预期,对某一对象事物的预期;言语/社会活动预期,对言语活动或社会活动的预期。

(7) a. 居然不知道!(对象预期)

b. 妈妈:走吧走吧! 小孩:嗯嗯。 妈妈:这孩子!(言语/社会活动预期)

3.6 根据预期的语言表达形式

分为显性预期/所言预期,文中直接表达的预期;隐性预期/所涵预期,语用推导得到的预期。

(8) a. 我想他<u>应该</u>来,结果他没来。(显性预期)

b. 这衣服很好看,不过实在是太好看了一点。(隐性预期)

很好看➡想买(预期),太好看了➡过于招摇,不敢买(预期)

在实际语篇中,显性预期很少,隐性预期占绝大多数。有的隐性预期很难确认,需要进行语用推导。正是在这一意义上,我们说“预期一般都是语用涵义,而很少是字面意义”。

4. 预期与当前信息的关系

根据预期与当前信息的关系,分为三类:

当不存在预期时,当前信息称为中性信息/无预期信息。有些学者的“非预期”包括反预期(如 Heine, 1991),因此我们不再用“非预期”这个术语指不存在预期的信息。

存在预期信息,并且当前信息与之符合时,称为正预期信息,也简称为“预期信息”。但“预期”这一术语也用来表达认识主体的预先估计,所以还是改为正预期或合预期为好。

存在预期信息，并且当前信息与之不符时，称为反预期信息，也称为违预期信息。

但这一三分法，简化了语言中的实际情况，我们需要进一步考察各种复杂的类型。借鉴万光荣、余承法(2016)，我们将当前信息 P(M)与预期 P(M|O)的关系定义为反预期指数(记为 Ic-exp)，则有公式：

$$\text{Ic-exp} = |P(M|O) - P(M)|$$

“|　|”表示取绝对值。Ic-exp 的取值在 0 到 1 之间，当它等于 0，则是预期与当前信息完全符合；当它等于 1，则是当前信息与预期完全不符；但是还存在不少居于其间的数值，也就可能存在模糊的地带。

根据陈振宇、吴越、张汶静(2016)，决定语句完句性的是相对信息价值，其公式是：

$$I = \log \frac{1}{1 - |P(M|O) - P(M)|}$$

Dahl(2000)认为反预期信息的信息值最高，中性信息的信息值居中，(正)预期信息的信息值最低。相对信息价值与反预期指数成正比。所以反预期的信息价值最大，正预期信息价值最小。由于中性信息的预期为随机概率 0.5，所以其信息价值小于反预期而大于正预期。根据陈振宇、吴越、张汶静(2016)，反预期与正预期的阈值，也就是新旧信息的阈值，是偏向的，不是在反预期指数 0.5 处，而是在反预期指数 0.25 之处。因此，中性信息实际上也是较轻的反预期信息。

4.1　质的预期

正预期/合预期，凸显当前信息与预期相符的一面；反预期/违预期/偏离预期，凸显当前信息与预期不符合的一面。

(9) a. 他果然没去。(正预期)

　　b. 我想他应该来，结果他没来。(反预期)

当预期是大预期时，不可能既符合预期又与预期不符。但实际的场景比较复杂，会出现多个不同的预期角度。当预期是小预期时，可能出现正反预期同时满足的情况，如：

(10) a. 丈夫怀疑妻子有了外心,跑去问妻子闺蜜,竟果然如他所料。(非极端小预期)

b. 儿子办婚事那天,王成海果然竟连一个亲戚也没请,家里只来了亲家的几个人。(极端小预期)

按照 Heine 等(1991)的观点,正预期一般无标记,反预期才需要语法标记。汉语中的"果然"主要表达的是小预期(主要是非极端小预期)的实现,而不是大预期的实现(当然有极少的反例),所以虽然可以算作正预期标记,但标记的仍是特殊的情况。

4.2 量的预期

主观大量/超预期,事实量大于预期量;主观小量/不足预期/负预期,事实量小于预期量;主观恰量,事实量等于预期量。

主观大小量都是反预期;主观恰量可以是正预期,但常是反预期,因为正好符合要求的量是不容易达到的,因此都是小预期。另外,如果仅仅是针对客观标准而不是预期值,那么就与预期无关,仅仅是表示契合意义,如考试 60 分及格,他正好得 60 分,这就只是客观的契合意义。

(11) a. 他都已经拿到了 80 分(了),晋级毫无问题。(主观大量)
他太聪明了。(主观大量)

b. 他只/才拿到了 80 分,晋级还有很大的问题。(主观小量)
他用了一个晚上解决了这个问题,但没有完全解决,因为故障还可能出现。(主观小量)

c. 估计可以得个七八十分……没想到他恰好/正好拿到了 80 分,顺利晋级。(主观恰量)

超预期也是指当前信息中的量值大于预期量,它与主观大量在多数情况下重合,但有差异,比预期值大有两种情况:

(12) a. 我去信希望他能借点钱,相信他这人慷慨大方……果然,打开信封一看,支票上竟然有 4 个零!(极端小预期,可以是正预期,也可以是反预期)

b. 他挖了一个坑,但是挖深了,又不得不回填了几厘米。(反预期)

参见陆俭明(1989)中关于"挖深了"两个意义的分析。

齐沪扬、胡建锋(2006),单威(2017)等指出新信息对预期信息来说还可能存在大体一致又不完全一致的情况,并首次从量的角度提出了超预期量信息与负预期量信息的概念。

负预期与主观小量,大多数情况下也重合,但有的例子有一定的差异,如:

(13) 他当然是个男人,但算不上真正的男人!(负预期)

前一句指他生理上具有男人的属性,由此预期应该也具有男人的社会属性,但后一句说明他在社会属性上不符预期,如为人怯弱、小肚鸡肠等。

5. 预期研究的方法——语义结构分析法

语义结构分析法,是将语句的复杂意义,分析为一系列简单的语义命题,将这些命题放在各自所处的可能世界来分析,且命题之间要分出焦点性的差异。

(14) 他只买了笔。

<table>
<tr><th>类型</th><th colspan="2">意义结构</th><th>可能世界0(说话者S所在的世界)</th><th>可能世界1(说话者直接的意识或话语世界)≠可能世界0</th><th>可能世界2(说话者假定的意识或话语世界)≠可能世界1</th></tr>
<tr><td rowspan="6">他只买了笔</td><td>字面</td><td>意义1</td><td>S认为</td><td>他买了笔。</td><td></td></tr>
<tr><td>字面</td><td>意义2</td><td>S预期/他人预期</td><td>他应该/有可能XP。</td><td>XP:也买笔以外的东西。</td></tr>
<tr><td>字面</td><td>意义3(自反预期/他反预期)</td><td>S认为</td><td>他没有XP。</td><td></td></tr>
<tr><td rowspan="3">涵义</td><td>(在自反预期的情况下)意义4(语用否定)</td><td>S认为</td><td>XP合理。</td><td></td></tr>
<tr><td>(在自反预期的情况下)意义5(取效)</td><td>S认为</td><td>他作为行动者应该受到谴责。</td><td></td></tr>
<tr><td>(在自反预期的情况下)意义6(祈使)</td><td>S认为</td><td>他应该实现XP。</td><td></td></tr>
</table>

(15) 吃了这么多的亏,他竟然还认为李四是他的朋友!

<table>
<tr><th>类型</th><th colspan="2">意义结构</th><th>可能世界0(说话者S所在的世界)</th><th>可能世界1(说话者直接的意识或话语世界)≠可能世界0</th><th>可能世界2(说话者假定的意识或话语世界)≠可能世界1</th></tr>
<tr><td rowspan="9">吃了这么多的亏,他竟然还认为李四是他的朋友!</td><td rowspan="2">字面</td><td>意义1</td><td>S认为</td><td>(他)吃了(李四)的亏。</td><td></td></tr>
<tr><td>意义2</td><td>S认为</td><td>他吃亏的数量远大于预期。</td><td></td></tr>
<tr><td>涵义</td><td>意义3</td><td>S预期</td><td>他应该认为XP1。</td><td>XP1:李四不是他的朋友。</td></tr>
<tr><td rowspan="3">字面</td><td>意义4</td><td>S认为</td><td>他过去认为XP2。</td><td>XP2:李四是他的朋友。</td></tr>
<tr><td>意义5</td><td>S认为</td><td>他现在依然认为XP2。</td><td></td></tr>
<tr><td>意义6(意外/自反预期)</td><td>S认为</td><td>XP1与XP2不符。</td><td></td></tr>
<tr><td rowspan="3">涵义</td><td>意义7(语用否定/他反预期)</td><td>S认为</td><td>XP1合理,XP2不合理。</td><td></td></tr>
<tr><td>意义8(取效)</td><td>S认为</td><td>他作为XP2的认识者应该受到谴责。</td><td></td></tr>
<tr><td>意义9(祈使)</td><td>S认为</td><td>他作为XP2的认识者,应该改变认识。</td><td></td></tr>
</table>

(16) 大家都去开会了,他偏不去!/我偏不去!

类型	意义结构		可能世界0(说话者S所在的世界)	可能世界1(说话者直接的意识或话语世界)≠可能世界0	可能世界2(说话者假定的意识或话语世界)≠可能世界1
大家都去开会了,他偏不去!	字面	意义1	S认为	大家都去开会了。	
	涵义	意义2	S预期/常理预期	他应该XP1。	XP1:他去开会。
	字面	意义3(常理反预期)	S认为	他要反对常理预期。	
		意义4	S认为	他想XP2。	XP2:他不去开会。
		意义5(意外/自反预期)	S认为	XP1与XP2不符。	
	涵义	意义6(语用否定/他反预期)	S认为	XP1合理,XP2不合理。	
		意义7(取效)	S认为	他作为XP2的责任者应该受到谴责。	
		意义8(祈使)	S认为	他应该实现XP2。	
大家都去开会,我偏不去!(又怎么样?!)	字面	意义1	S认为	大家都去开会了。	
	涵义	意义2	常理预期	我应该XP1。	XP1:我去开会。
	字面	意义3(常理反预期)	S认为	我要反对常理预期。	
		意义4(他反/常理反预期)	S认为	我想XP2。	XP2:我不去开会。

(续表)

类型	意义结构		可能世界0(说话者S所在的世界)	可能世界1(说话者直接的意识或话语世界)≠可能世界0	可能世界2(说话者假定的意识或话语世界)≠可能世界1
大家都去开会,我偏不去!(又怎么样?!)	涵义	意义5(语用肯定)	S认为	XP2 合理,XP1不合理。	
		意义6(取效)	S认为	我作为XP2的责任者不应该受到谴责。	
		意义7(祈使)	S认为	我应该坚持XP2。	

6. 表达预期意义的语篇安排

包括单预期语篇和多预期语篇。多预期语篇,由多个预期复合而成,主要是双重预期语篇。

6.1 单预期语篇

又分为和谐语篇,当前信息与自预期或常理预期一致;不和谐语篇,当前信息与自预期或常理预期不符。不和谐关系比"反预期"这一概念的范围更大,包括各种不符合预期的情况,如小预期的实现、对他人预期的反对、对言语/社会行为中的预期的反对等。和谐主要有两种情况,一是大预期的实现,一是小预期的实现(包括意愿的实现等)。例如下面就是意愿或希望的实现和未能实现:

(17) a. 他到处求神拜佛(愿望是生儿子),终于生了一个儿子。(和谐)

b. 大军正在通过峡谷(愿望是顺利通过),一块大石头**偏偏**落了下来,挡住了道路。(不和谐)

6.2 双重预期语篇

双重预期语篇包括:

解反预期语篇,先有反预期,然后找到理由,从而说明该反预期不成立,是合乎预期的。

正反预期语篇,既是正预期也是反预期(只有小预期可以如此)。

自预期对比语篇,说话者先前的预期与当前信息相符,值得向那些拥有与此预期不同的预期主体进行推荐或炫耀。

反预期递进语篇,前一个表述已经是反预期,后面表述的反预期更为强烈等。

解反预期语篇又分为解他人的反预期和解自己的反预期。

(18) a. 王老师一大把年纪来看望同学,大家觉得很惊讶(反预期),王老师说:"抗洪是一件大事,我也是市民,**本来就**应该出一把力!(理由)"(解他人的反预期)

b. **原来**今天不上课(理由),我**还说**咋没人呢!(解自己的反预期)

c. 我不理他**不就好了**(理由),着什么急啊!(解他人的反预期)

d. 李四挨了打,很吃惊(反预期),后来发现这是上次他欺负的那个人,所谓天道好轮回(理由),他说:"**怪不得**我会挨打。"(解自己的反预期)

解反预期语篇又分为标记理由和标记当前信息两种表达方式,上面的"本来就、不就好了、原来"是标记理由,"怪不得、还说"是标记当前信息。

(19) a. 我想,今天下雨,肯定很多人不会来。赶到会场一看,**果然,竟然**连主持人都没有来!(正反预期)——"果然"与"竟然""连……都"共现。

b. 瞧瞧,瞧瞧,他是考不到一本线吧!我说什么来着!(自预期对比语篇)——我预期他考不到,事实站在我这边,而不在认为他可能考到的人那边。

c. 特朗普悍然签署行政命令,禁止有关交易,(而且)竟然还很得意地发推说,美国早就应该这么干了。(反预期递进语篇)——签署这样违反市场规则的行政命令已出乎说话者预期,更为严重的是他说早就应该这么干。

6.3 转折复句中的预期分布

设转折句的前后分句为 X、Y,X、Y 引发的预期为 X′、Y′。

在简单转折中,X、Y 直接矛盾,但矛盾的来源有所不同:

来自无预期的矛盾:X=～Y,如"他是好人,但他也没那么好"。

来自 X 的预期，即 $X'=\sim Y$，如“他应该来(预期他会来)，但他没来”。

来自 Y 的预期，即 $X=\sim Y'$，如“他是好人，但他竟然骗了你(预期他不是好人或不够好)”。

复杂转折：X、Y 不是直接矛盾，而是它们各自的预期相互矛盾，即 $X'=\sim Y'$，如“他很穷(预期他会令人疏远)，但他很善良(预期他令人亲近)”。

由于一个人不可能在表达自己意见的时候又否定自己的意见，因此无预期和来自 Y 的预期虽然是对自己意见的更正，但后分句的内容不能与前分句直接相反，而只能是在程度上有所不同，或者有不符合该性质的例外，进而说明前分句的命题是不准确的。在一种极为特殊的情况下，后分句可以直接否定前分句的命题，即当前分句是说话者引用别人的观点时，可以通过对后一分句的预期进行转折，将对方的观点完全否定，如：

(20) 甲：他真的是个好人！

乙：他是好人，<u>可</u>他连你都骗！(所以他不是好人)

转折又分为命题转折和言语活动转折，前面的例子就是命题层次的转折，下面是言语活动的转折：

(21) 总之，上述各条都是当前应该采取的策略，<u>但/不过</u>我们下面还是来看看造成疫情的原因。

X 是谈论当前采取的策略，Y 是转为谈论造成疫情的原因。前后不是逻辑矛盾关系，而是不同的言语活动(话题不同)。这两个言语活动的矛盾表现在顺序上的逆接关系，而且逆接是有可能改变上面的叙述的。如下面转化的话题是这一思路如何能让人们认识到，而如果人们不能认识到，那么所谓的思路是无法实现的，也就不再是真正的思路：

(22) 对这些严重的危机，东西方的一些有识之士提出了相互依存的思路。<u>但是</u>怎样才能让人们真正认识到谁也离不开谁呢？

如果是顺接关系，就用连贯复句，而不能用转折复句，如：

(23) a. 上面是造成疫情的原因，<u>那么/接着</u>我们来看看该采取什么策略。

b. *上面是造成疫情的原因，<u>但是</u>我们来看看该采取什么策略。

语篇中什么时候是顺接什么时候是逆接，还需要进一步仔细的研究。

6.4 预期表达的修辞选择

消极修辞，语篇的安排与有关预期的标记和谐；积极修辞，语篇的安排与有关预期的标记不和谐。前面讲的都是和谐的情况，下面看不和谐的安排：

(24) 我以为他会帮我，**没想到**他真的帮了我，而且还帮了这么一个大忙！——“以为”一般是反预期的，以为的内容不能成为事实。但在这里是正反预期语篇，出现了合乎预期的安排。

请注意，不和谐分为两种情况：一是句子或语篇不成立，二是成立，但需要进行言语行为的迁移，产生更多的意义或功能，使句子或语篇重新变得和谐。因此，此时的“不和谐”实际上是在常见的方面不和谐，但在非常规的方面是和谐的，也就是说，“重新和谐化”是基于小预期的。再如：

(25) 你以为他是富人，**其实/但是**他的豪富超出你的想象。(不和谐的一面，常规应该是他不是富人；和谐的一面，你的认识在程度上有误，而这一点是非常规的)

从信息传递的角度讲，分为顺向递增和逆向修正。文本中的每一句话，都会导致某种预期，这一预期会对语篇安排的和谐性提出要求。如果后面的话语符合这一要求，则是顺向递增；反之，如果不符合这一要求，就是逆向修正。又根据后面的话语是本话轮的还是另一话轮的，分为自我递增和他人递增、自我修正与他人修正。

(26) a. 甲：你可帮了我大忙了！改天我亲自登门道谢！(自我递增)

b. 甲：他可帮了你的大忙了！乙：改天我亲自登门道谢！(他人递增)

c. 甲：你可帮了我大忙了！都把我帮到监狱里去了！(自我修正)

d. 甲：他可帮了你的大忙！乙：都把我帮到监狱里去了！(他人修正)

6.5 反预期语境

反预期语境(context of counter-expectation)，指说话者对自己的认识不自信，产生怀疑，认为有理由相信或猜测，事实可能是与自己的认识相反的情况。

(27) a. 难道这是你干的？(猜测)

b. 不是你干的吧？

c. 怕是/怕不是你干的吧？

反预期语境规则：在反预期语境中，事物是按照不和谐的方向呈现的。如：

(28) a. 他倒是<u>应该</u>去的……(有可能没去或不会去)

b. 说起来他本来是<u>有能力</u>做到的……(有可能没做到)

c. 我是<u>想</u>去……(有可能去不了)

参考文献

陈振宇.逻辑、概率与地图分析：汉语语法学中的计算研究[M].上海：复旦大学出版社,2020.

陈振宇,邱明波.反预期语境中的修辞性推测意义:“难道、不会、怕、别”[J].当代修辞学,2010(4).

陈振宇,姜毅宁.反预期与事实性——以合理性语句为例[J].中国语文,2019(3).

陈振宇,吴　越,张汶静.相对信息价值与语言研究[M]//语法研究与探索(第十八辑).北京：商务印书馆,2016.

谷　峰.汉语反预期标记研究述评[J].汉语学习,2014(4).

陆方喆.反预期标记的性质、特征及分类[J].云南师范大学学报,2014(6).

陆俭明.说量度形容词[J].语言教学与研究,1989(3).

齐沪扬,胡建锋.试论负预期量标记格式“X是X”[J].世界汉语教学,2006(2).

单　威.现代汉语偏离预期表达式研究[D].长春：吉林大学,2017.

尹洪波.现代汉语转折复句新论[J].汉语学报,2020(1).

万光荣,余承法.反预期程度的量化研究[J].中南民族大学学报(人文社会科学版),2016(2).

吴福祥.试说“X不比Y·Z”的语用功能[J].中国语文,2004(3).

Dahl, Osten. Grammaticalization and the life cycles of construction [D]. Stockholm University, 2000.

Givón, Talmy. Syntax: An Introduction [M]. Amsterdam/Philadelphia: John Benjamins Publishing Company, 2001.

Heine, Bernd, Urike Claudi and Friederike Hünnemeyer. Grammaticalization: A Conceptual Framework [M]. University of Chicago Press, 1991.

R. Laurence Horn. A presuppositional analysis of only and even [C]. Proceedings of the 5th Chicago Linguistics Society. Chicago University, 1969.

动词短语

汉语动词复合的认知动因与信息结构*

台湾中正大学语言学研究所　戴浩一

0. 前言

传统汉语语言学的核心是文字、声韵、训诂，其研究的目的是诠释古典文献，或为作诗填词的工具书，但是对构词与语法没有固有（indigenous）的分析方法。因此，从1898年《马氏文通》问世以来，汉语构词及语法的研究都要借用从印欧语言现象引申出来的后设/上层语言（metalanguage）以及分析理论作为基础。更有问题的是把汉语翻译成英语，再用英语的语感来分析中文。尤其是在英美养成、英语能力优异的语言学家最常有这个问题。这种方法当然容易推理到普遍语法，但是代价是扭曲了汉语语法的结构本质，也忽略了人类语言的词汇与语法都会因为历史文化与社会认知的不同而有重要的差异（Tai 1989，戴浩一 2000）。

因此，汉语语法的分析应该避免套用从印欧语言发展出来的后设/上层语言以及分析框架（陆俭明、沈家煊、邵敬敏、张黎、戴浩一，等）。印欧语言是以形态为主的屈折语言（inflectional language），而汉语缺少形态屈折，而是以词汇的语意建构的意合语法（张黎 2017）。

以印欧语言为基准的构词学（morphology）可分成三部分：屈折（inflection）、衍生（derivation）、复合（compounding）。相较于其他印欧语言，英语不是高度屈折变化的语言，然而英语的名词有复数词素，如-s（book/books）与-en（chick/chicken），以及人称代名词的单复数变化，如第一人称的I/we与第三人称的he/she/they等。汉语没有真正的复数

* 本文曾于2019年10月26日在日本关西外国语大学举行的“第十届现代汉语语法国际研讨会”报告，受到陆俭明、史有为、沈家煊、邵敬敏、张黎等与会学者的指正，谨在此致以最诚挚的谢意。

词素。有时被认为是复数词素的“-们”(我们、你们、他们)并不是真正具能产性(productive)的复数词素。英语动词的屈折词素(inflectional morphemes)有-s(与第三人称单数相呼应)。这个词素是区分英语主语(subject)与施事者(agent)最重要的词素,主语是句法的概念(syntactic notion),而施事者是语意的概念;汉语没有呼应的词素,主语的句法定义,在汉语语言学界一直是个“老大难”的议题。虽然英语不如其他语言(如,匈牙利语,黎巴嫩语,及一些非洲语言),宾语与主语都有呼应的语素,但-s这个呼应词素也在句法上定义了宾语(object)。因此相较于英语,汉语的句法关系与语意关系更密切。其他英语的屈折词素还有-ed(过去式)、-ing(进行式)、-en(过去分词)、-'s(所有格)、-er(比较级)、-est(最高级)。汉语没有时式(tense),只有时貌,如“-了”“-着”“-过”。这三个时貌标记是束缚词素(bound morphemes),但是不能算是屈折词素;它们都是从实词虚化而来的,其本身的语意还是相当清楚的。例如,汉语的进行式是用表达“存在”的“在”,所有格用表达“限制”的“的”,比较级用“比”,最高级用“最”。这些词素都是语意透明的单词,也呈现出汉语的词汇与句法的分析性(analyticity)与透明度(transparency)。

汉语在衍生方面也没有英语丰富。最明显的是汉语动词与名词同形,例子不胜枚举,在汉语语法文献里是“兼类”的议题。附加词素有后缀,如“-子”(桌子,椅子)、“-头”(木头,石头)、“-化”(西化,美化)、“-学”(语言学,心理学)、“-家”(语言学家,心理学家);也有前缀,如“老/小-”(老李/小张)、“第-”(第一,第二)、“初-”(初一,初二)。但是这些都是衍生词汇,也都是汉语词汇的一部分,不会如屈折词素涉及句法。赵元任先生在《中国话的文法》第六章里也不把有附加词的词汇视为复合词。

相对地,复合(compounding)是汉语构词学最重要的部分。汉语复合词有名词复合词、动词复合词、形容词复合词、副词复合词。这四种复合词各有其复合的原则与用单词复合的分析性与透明度的不同议题。

另外,重复(reduplication)也是汉语构词的特色,也涵盖名词、动词、形容词、副词四大类。重复在汉语的拟象性(iconicity)是个重要的议题,但不在这篇文章的范围内。

本文目的在探索汉语由单字词动词构成双字词复合动词的认知动因

(cognitive motivations),以及其信息结构(information structure),并进一步以张黎所倡导的汉语意合语法来诠释汉语复合动词的分析性、透明度与隐晦性(opacity)。最后,本文对汉语教学"字本位"与"词本位"在识字与阅读的角色提出一些浅见。

1. 汉语复合动词的认知动因

关于复合词,赵元任先生《中国话的文法》第六章有非常详细的讨论。他先从结构的观点把汉语复合词归类为(1) 主谓式复合词,(2) 并列式复合词,(3) 主从复合词,(4) 动宾复合词,(5) 动补复合词,(6) 复杂复合词。在这个六大类下进一步分门别类探讨各种不同的名词复合词、动词复合词、形容词复合词、副词复合词。例如,动补复合词的补语有结果补语、方向补语、能性补语、程度补语等。重复在赵先生的书中散见各章节,没有独立成一章,大概是因为在不同词类与语意下比较方便详细讨论他观察到的细节。如果是以拟象性为出发点,汉语的词语的重复自然可成为独立的一章。

汉语的复合词如果从认知动因的观点来探讨,我们可以更进一步了解它们的本质。拟象性理论中的时间顺序就是一个语言结构中最基本的认知动因。复合动词会涉及两个单音动词的时间顺序。最明显的是表达动作(V1)与结果(V2)的动补复合词,如"打破""踢倒";其次是能不能达到目的的复合词,如"打得破""打不破","踢得倒""踢不倒";再次是带有表达方向的动补复合词,如"回来""出去"。

张丽丽(2003)就利用时间顺序原则(Tai 1985,戴浩一 1998)来解释汉语动词复合词形成的动因。她把时间顺序原则应用到中文"V1—V2"式复合动词中的概念结构,并找出与其搭配的构词结构。她先把动词概念二分为对等与不对等,然后预测 V1 与 V2 的语意及语法关系:

A　当复合动词的 V1 和 V2 概念不相当,V2 不是表目的就是表结果。

A1　若 V2 是施事者所能控制的行为,V2 作目的事件。

A2　若 V2 不是施事者所能控制的行为,V2 作结果事件。

A3　V2 为目的事件,整个结构偏近偏正结构。

A4　V2 为结果事件,整个结构偏近动补结构。

B 当复合的V1和V2概念相当、相对或相近,排序上无涉于时间顺序原则。

B1 当复合的V1和V2概念相当、相对或相近,整个结构属并列结构。

戴浩一(Tai 1985)提到不涉及时间顺序的句子是相当典型的并列结构,其组成的子句允许自由的词序。如“他一边跳舞,一边唱歌”与“他一边唱歌,一边跳舞”。但是,并列的动词复合词大部分都有固定的词序,如“呼吸”“买卖”。少数在一些方言会呈现出相反的词序,如“喜欢”与“欢喜”;汉语的“语言”在日文是“言語”。赵元任先生(1968)在并列复合词那一节从不同词类与不同语意义关系描述各大词类下的并列复合词,几乎找不到词序可自由颠倒的例子。这个构词法与句法的差异值得将来进一步探索。

再者,“目的事件”与“结果事件”的语意区分不能单靠概念不对等的V1与V2就能决定,还得靠整个句子的语意功能,如“把窗户敲破才能进屋子里去”“不小心把花瓶打破了”。然而,不管是“目的”还是“结果”,放在动作的后面都是与时间顺序原则相吻合的。

张丽丽(2003)探讨的议题之一是,除了动补与并列复合词外,还有哪些复合动词是由两个单音动词组成的。她观察到以前较少被注意到的“V有”和“V得”复合词是相当有衍生性的。前者如“带有”“放有”“住有”“建有”等;后者如“查得”“求得”“取得”“换得”等。这些复合词都固定用“有”和“得”作为V2。这些V1—V2的复合词可归类于动补结构,也符合结果概念。另外有许多动词复合词用固定的V1,“改V”“加V”“补V”“增V”“代V”“借V”“分V”等。“改V”的例子有“改做”“改用”“改写”等,“加V”的例子有“加买”“加收”“加领”等。这些V1—V2的复合词可归类于偏正结构,也符合目的概念。因此,这两种有衍生能力的动词复合词也基于时间顺序原则。

2. 汉语复合动词的信息动因

动补复合动词的信息中心是在“结果”。如“杀死”“看见”“听懂”“学会”等(Tai and Chou 1975, Tai 1984)。因此,可以说“张三杀了李四三次,李四都没死”“杀得死/不死”“看得见/不见”“听得懂/不懂”“学得会/

不会"等。问句"他跑得快不快?",回答是"快"或"不快",而不是"跑"或"不跑"。同样地,"视而不见,听而不闻"也可看出汉语从古代,就把"动作"与"结果"的单音动词划分出来。由此观之,V2 用"补语"来描述也不是很恰当,不如用"谓语中心"(center of predication)(Chao 1968, Tai 2003)来描述,而汉语的"动词"不管是在句法层面或语意层面都与印欧语言或是动词有屈折变化的语言(如日语,韩语)扮演着相当不同的角色,证明张黎所倡导的意合语法是一条正确的道路。

3. 感官动词复合词

在这一节我们利用感官动词复合词进一步检视动补复合词的构词的衍生能力。汉语的五官动词"看""听""嗅/闻""尝""触/摸"都是不具有界线(unbounded)的动作动词(action verbs)。它们需要动词补语来表达有界(bounded)的完成动词(accomplishment verbs),如"看见""听见""嗅到/闻到""尝到""触到/摸到"。"看到""听到"也可以表达完成的复合动词,而"＊嗅见""＊尝见""＊触见/＊摸见"却是不合语法。以"看"为词首的复合动词有"看懂""看破""看透""看望""看中""看轻""看重"等。以"听"为词首的复合动词除了"听懂""听清楚"外,其他能与"看"复合的都不合语法,"＊听破""＊听透""＊听望""＊听中""＊听轻""＊听重"等。很显然地,动补复合词的构词的衍生能力与两个复合的单词各有不同的语意有关,例如"看破"的"破"与"打破"的"破"有不同的意涵;"看中"的"中"与"打中"的"中"也有不同的意涵;而"看懂"的"看"与"看轻""看重"的"看"也有不同的意涵。也就是两个单词的意合并不是 1+1=2 那么简单、清楚。它们的意合有单词动词核心语意的限制,也有其延伸语意的实用,更有复合的意合语意。如何利用大数据计算应该是意合语意能更上一层楼的策略。

4. "字本位"/"词本位"的二元性的汉语教学

"字"是中文固有的语言单位,"词"是从英文"word"借过来的语言单位。中文区分"字典"与"词典",英文只有"dictionary"。因为"字"是固有的,所以在一般人的口语中"字典"是低标记性(unmarked)的,"词典"是相对于“字典”是高标记性(marked)的,因此我们会把英文的“dictionary”翻译为“字典”。虽然汉语从古代的单音节词汇发展至现代汉语的双音节/多音节词汇,现代汉语还是半数以上的“词”(word)是单音节(monosyllabic),同时又是单词素(monomorphemic),可以是三位一体(one syllable-one morpheme-one word)。又因为单音节词本身不能用语音的变化来加上附加词素,以表达句法或语意关系的变化,汉语的单词刚好可以用一个汉字来表征,因此可以说是四位一体(one syllable-one morpheme-one word-one character)。更重要的是书写的汉语是用单音的汉字来做各种依结构或语意复合而成的词汇。“字本位”(徐通锵 2008、白乐桑 1989、吕必松 2016,等)与“词本位”(赵元任 1968、陆俭明 2011,等)的分析理论与汉语二语教学就成为一个重要的议题。

汉语二语教学的传统方法是先训练口语,再逐步介绍已掌握的口语的汉字词组,进入阅读的阶段。这个方法有如小孩先学会说母语后,再进入阅读的训练。这就是“词本位”二语教学的基本精神。一般的认知也认为一开始就直接学习汉字与其发音会让学习者感到不可克服的困难,而阻碍了学习的信心。而且现代汉语的双音节字词几乎过半,一开始就直接用汉字教学,更是难上加难。

但是就如白乐桑(2020)指出,中国最早的识字教材,如《文字蒙求》《百家姓》《三字经》和《千字文》,都是直接认识单音汉字,进而进入学习阅读与书写。“字本位”的二语教学,白乐桑在法国东方语言文化学院有多年成功的实践经验。台湾许多失聪的聋人也是经过直接认字的方法学会阅读与书写,这个现象更证明识字与阅读可以不需要语音的辅助,也对识字与阅读需要基于语音的理论提出反例。

本文提出“字本位”/“词本位”二元性的汉语教学,就是单音节的字词与单音词之间语意透明(transparent)的复合词可以直接用汉字教学,如“打”“破”和“打破”,“看”“到”和“看到”。单音词之间语意隐晦(opaque)的复合词可以用“词本位”的方法进行教学,如“风流”“鞠躬”等。当然也要考虑到词频与日常沟通的需要。

汉语是分析性极高的语言(Sapir 1921, Tai 2013),名词、形容词、副词、量词的复合词结构的逐一分析不在本短文的范围内,但是本文提出的二元教学法应该也可以应用在汉语二语教学。汉语词汇系统的最大的特色是可以用单音节的字词组成双音节的语词。这种现象在词汇分析理论与汉语教学都有重要的意涵。以名词为例,我们也可以用认知语言学的角度归纳汉语复合名词的组合策略。

策略(一)是以范畴化(categorization)衍生：火车、汽车、卡车等。

策略(二)是所属关系(possession)衍生：树干、树枝、树叶等。

策略(三)是以人体代替物体：山头,山腰,山脚等。

策略(四)以动物身体部位描述植物部位：果皮,果肉。策略(三)及策略(四)是用策略(二)与比喻认知原则。

策略(五)从陆地动物到水上动物：河马,海马,海狮等。策略(五)是利用心理空间(mental space)的认知原则。从这些例子我们也可以看出汉字中文词汇系统所扮演的重要角色。

相较于印欧语言或有丰富屈折变化的语言,汉语的形态结构与句法结构比较简单,字词组合有其策略和分析性与透明性。汉语语法的重心在其词汇系统,与它们基于相对简句法结构与意合语法策略。因此,词汇的教与学该是汉语二语教学的重点。

参考文献

白乐桑.汉语语言文字启蒙[M].北京：华语教学出版社,1997.

白乐桑.华语文教材的本质性标准：一元论抑或二元论[M]//华语文教学的多元视野与跨界思考.台北：联经出版公司,2020：9－32.

沈家煊.名词和动词[M].北京：商务印书馆,2016.

吕必松.我为什么赞成「字本位」汉语观——兼论组合汉语教学法[Z/OL]吕必松的博客 http://blog.sina.com.cn/lvbisong,2016.

陆俭明.我关于字本位的基本观点[J].语言科学,2011,10(3)：225－230.

戴浩一.新世纪台湾语言学研究之展望[J].汉学研究,2000,18(特刊)：511－519.

徐通锵.汉语字本位语法导论[M].济南：山东教育出版社,2008.

张　黎.汉语意合语法学导论——汉语型语法范式的理论建构[M].北京：北京语言大学出版社,2017.

张丽丽.动词复合与象似性[J].语言暨语言学,2003,4(1)：1－27.

Chao, Yuen-ren. A Grammar of Spoken Chinese[M]. Berkeley: University of California Press, 1968.

Sapir, Edward. Language: An Introduction to the Study of Speech[M]. New York: Harcourt, Brace and Company, 1921.

Tai, James H-Y. Verbs and Times in Chinese: Vendler's Four Categories. Testen, D., Mishra, V., and Drogo, J. Parasession on Lexical Semantics. Chicago: Chicago Linguistic Society, 1984: 289 - 296.

Tai, James H-Y. Temporal Sequence and Word Order in Chinese. Haiman, J. Iconicity in Syntax, pp. Amsterdam: John Benjamins. 1985: 49 - 72.(中译本为《时间顺序和汉语的语序》(黄河译)《国外语言学》1988年第一期)

Tai, James H-Y. Toward a Cognition-based Functional Grammar of Chinese[J]. Functionalism and Chinese Grammar, Monograph Series of the Journal of the Chinese Language Teachers Association, 1989, 1: 187 - 226.

Tai, James H-Y. Cognitive Relativism: Resultative Construction in Chinese[J]. Language and Linguistics, 2003, 4(2): 301 - 316.

Tai, James H-Y. Reflections on Typological Characterization of Chinese Grammar[M]//Chiu-yu Tseng, Academia Sinica. Human Language Resources and Linguistic Typology(Papers from the Fourth International Conference on Sinology). 2013: 59 - 87.

Tai, James H-Y. and Jane Chou. On the Equivalent of "kill" in Mandarin Chinese [J].Journal of the Chinese Language Teachers Association, 1975, 10(2): 48 - 52.

其他有关 James Tai/戴浩一的文献,请上台湾中正大学语言学研究所网站师资栏下点击"戴浩一"。

“V不了”与“V不得”

日本文京学院大学　鲁晓琨

1. 引言

1.1　本文的研究范围

李宗江(1994)把“V得/不了”分为“V得了$_1$”和“V得了$_2$”。“V得了$_1$”表示“了”实现的可能性,“V得了$_2$”表示V实现的可能性。“V得了$_2$”也是刘月华(1980)所言B类可能补语。本文的研究仅限于“V得了$_2$”。

李宗江(1994)也把“V得/不得”分为“V得$_1$”和“V得$_2$”。他认为“V得$_1$”和“V得$_2$”都表示一种关于V实现的肯定或否定的结论,但二者所依据的前提不同。“V得$_1$”是“依据是否具备条件X而得出的V能否实现的结论”,“V得$_2$”是“依据动作实现可能产生的后果而得出的V宜于实现或不宜于实现的结论”。用下面两句作了比较:

(1) 车上人太多,挤得我动不得。

(2) 咱们是埋伏在敌人的眼皮底下,可万万动不得。

例(1)中的“动不得”是“V得$_1$”,指车上人多拥挤限制了人的活动;例(2)中的“动不得”是“V得$_2$”,指在特定的环境里,如果动一动就可能产生可怕的后果,因而动作不宜发生。

“V得$_1$”也是刘月华(1980)所言C_1类可能补语。本文的研究仅限于“V得$_1$”。

李宗江(1994)里“V得了$_2$”和“V得$_1$”都包括肯定和否定两种形式。由于“V得$_1$”肯定式的使用频率极低,本文仅限于否定式。简单地说,本文的研究范围是表示V不能实现的“V不得”以及与“V不了”的对比。

1.2 既往研究

关于“V不了”,鲁晓琨(2014、2016、2018)[①]曾在与助动词“能”“会”的对比中,对“V得/不了”从情态上、结构上,特别是语法意义和语用特征上进行了系统研究,本文只是应用既有结论。

关于“V不得”,李宗江(1994)认为“V得$_1$”和“V得了$_2$”同义,都表示动作V实现的可能性,因而“V得$_1$”可以用“V得了$_2$”替换。如:

吃得苦　　吃得了苦

肉吃得　　肉吃得了

这算不得什么　　这算不了什么

他等不得　　他等不了

李宗江(1994)还对“V得$_1$”与“V得了$_2$”进行了历时研究,用现在的说法就是语法化的研究。据该文考察,“V得$_1$”在唐代已经大量出现,一直到清末使用频率都很高。到了清代,“V得了$_2$”数量猛增,从《红楼梦》到《儿女英雄传》也就是一百多年的时间,在北京口语中“V得$_1$”已经完全被“V得了$_2$”替换。“另外由于‘V得了$_2$’的大量出现,也使得‘V得$_1$’失去了在系统中存在的价值。所以,无论从语言运用的实际,还是从理论上讲,都可以说‘V得$_1$’正在消失,严格地讲,它已经不属于现代汉语普通话系统中的成分,其地位已被后起的‘V得了$_2$’取代。作为替换痕迹,现代汉语书面语中表现为残存的‘V得$_1$’与‘V得了$_2$’的自由替换。”刘月华(1980)也认为C_1类“V得/不得”与“V得/不了”的意义相同,也说C_1类“V得/不得”在普通话里用得很少,往往可以变换成“V得/不了”。

就本文的研究范围而言,李宗江(1994)和刘月华(1980)都认为“V不得”与“V不了”意义相同,“V不得”可以被“V不了”替换,也都发现“V不得”使用频率极低,并且正在消失。事实果真如此吗?

福田翔(2013)对“知觉动词-不得”进行了研究。该文把“看”作为知觉动词的代表,所举例句几乎都是“看不得”,并把“看不得”和“看不了”进行了对比。该文举出了下面两类“看不得”和“看不了”的用例:

(3) 用项士信的话说,他看不得别人受苦。(CCL:1994年《人民日报》)

(4) 他自己有中央委托的很重要的事情,非常忙。我担心他看不了。(CCL:1995年《人民日报》)

该文解释例(3)“看不得”表示主体对“别人受苦”的状况难以容许、接受的感情，而例(4)“看不了”表示由于外在的原因他没有“看”的时间。因此认为“知觉动词-不得”表示“心理上不容许”，[2]而“‘知觉动词-不了’是表示即使打算实现某种行为也无法实现”。[3]

该文只发现了“看不得”和“看不了”的对立部分，却忽略了一个既往研究早已注意到的语言事实，那就是该文举出的“看不得”都可以换成“看不了”。反过来，下面例(5)的“看不了”也可以换成“看不得”。

(5) 在市场管理履行公务中，景志刚铁面无私、刚直不阿，而面对普通的群众，他一往情深，爱心无限，他最**看不了**人民群众为难。

那么，“看不得”和“看不了”可以互换的部分又该怎么解释呢？这才是问题的症结所在。

本文将通过“V不得”的使用数量及独特的语法意义证明其自身的存在价值，并进一步揭示“V不得”与“V不了”的意义关系以及其背后的认知理据。

2. “V不得”的使用频率及分布

我们使用北京语言大学BCC语料库，设定“报刊”领域进行检索。[4]检索步骤和结果如下：

(一) 设定“V不得”进行检索，共检索出782个搭配形式，9 249例。去掉非“V不得”搭配形式512个，4 070例，获得有效“V不得”270个搭配形式，5 179例。

(二) 因为“V不得”结构有两种意义，把有效“V不得”再分为两类：一类是表示V不能实现的，设为“V不得$_1$”；另一类是表示“V”不易于实现的，设为“V不得$_2$”。我们发现“V不得”共270个搭配形式，5 179例中，“V不得$_1$”有48个搭配形式，共有2 130例，约占41%；“V不得$_2$”有246个搭配形式，共有3 554例，约占68%。“V不得$_1$”与“V不得$_2$”的用例之和大于100%，是因为有17个搭配形式兼有两义。另外，在统计“V不得$_1$”时，排除了“算不得”“舍不得”“来不得”等凝固格式。

“V不得$_1$”的48个搭配形式如下(按使用频率排列)：

容不得　见不得　动不得　动弹不得　走不得　做不得　怨不得

看不得　吃不得　去不得　说不得

打不得　受不得　认不得　掺不得　下不得　等不得　穿不得　耐不得　作不得　生存不得　识不得

翻不得　回不得　死不得　登不得　住不得　安放不得　坐不得　收不得　饶不得　闻不得　休不得

抵不得　脱身不得　背不得　睡不得　抵赖不得　割舍不得　偷不得　舍弃不得　熬不得　受用不得　忍不得　兼顾不得　担不得　撑不得　制不得

根据以上统计结果,我们就可以得出下面的结论:

以上检索统计表明,"V 不得$_1$"和"V 不得$_2$"虽然不是势均力敌,但也以 41%对 68%的比例大量存在。"V 不得$_1$"并不像刘月华(1980)所言"在普通话里用得很少",也否定了李宗江(1994)的结论:失去了在系统中的存在价值,正在消失,其地位已被"V 不了"取代。

"V不得"的存在数量让我们看到了"V 不得"的研究意义。既往研究认为"V不得"与"V不了"同义,"V不得"可以替换成"V不了",那么为什么"V不得"还以相当的数量存在呢?这就说明"V不得"一定有其不可取代的作用。

3. "V 不得"的语法意义

第 2 节我们从数量上证明了"V 不得"的存在。这一节我们将揭示"V 不得"所拥有的独特的语法意义,从意义上证明其不可忽略的存在价值。需要说明的是"V 不得"后常带宾语,其意义范围也包括宾语。让我们来观察"V 不得"的三组用例:

A 组

(6) 一个老军属,瘫痪十几年**动不得**。

(7) 我深知他是因为肛周炎痛,**坐不得**,把双腿吊起,以减轻疼痛,专心致志地学习。

(8) 我那十二岁的大儿子石根,大腿上突然生了一个大脓包,火烧一样地痛,第二天就下不得床,**走不得**路。

(9) 我说:“妇女生孩子是光荣的事,不能打胎。婚姻法保护子女利益,你现在**做不得**重活,我应该帮助你。”

A组用例都是因为行为主体生理能力上的障碍,使“V”不能实现。例(6)由于瘫痪这一全身障碍使“动”不能实现;例(7)因为肛周炎使“坐”不能实现;例(8)因为大腿上生了一个大脓包使“下床”“走路”不能实现;例(9)因为怀孕使“做重活”不能实现。

值得注意的是“V”所表示的行为“动”“坐”“下床”“走路”“做重活”都是人们在正常情况下能自然实现的基本行为。如果不是这一范围的行为,就不能用“V不得”。例如:

(10) 我腰疼,走不得路。

(11) *我腰疼,打不得网球。

同样是出现了“腰疼”这一生理能力上的障碍,可以说“走不得路”,不能说“打不得网球”。“打网球”与“走路”的不同在于,它不是人们在正常情况下能自然实现的基本行为,它是一种运动能力。因此,更确切地说,A组用例都是因为行为主体生理能力上的障碍,使其基本行为“V”不能实现。

可以出现生理能力障碍的不只是人,还可以延伸到动植物等生命体。我们也检索到下面的用例:

(12) 出发前,他们已经知道尺多地方流行着相当严重的口蹄疫——牲口烂蹄,烂嘴,**吃不得**草,走不得路。

(13) 高秆长得好看,就是受不得肥,又**受不得**风,一倒伏就不结谷。

B组

(14) 有的科研人员坐不得冷板凳,汲汲于发论文抢项目。

(15) 她也许并不聪明,但是她诚挚、纯洁、天真、实心眼。她那颗心晶明透亮,掺不得一粒沙子。

(16) 可他几次刚要伸出罪恶的手,眼前就浮现了王队长的形象,使他下不得手。

(17) 我们有些同志,甚至斗争历史较长的某些同志,常常在党内经不起批评,受不得委屈。

B组用例都是因为行为主体心理承受能力上存在障碍,使“V”不能实现。例(14)因为汲汲于发论文抢项目这种心理认识上的错误,使“坐冷板凳”不能实现;例(15)因为她那颗心晶明透亮,对“掺沙子”有心理障碍,所以“掺一粒沙子”不能实现;例(16)因为眼前浮现了王队长的形象,对罪恶行动产生心理障碍,使“下手”不能实现;例(17)即使没有语境,也一定因为心理承受能力较低使“受委屈”不能实现。

“V”不能实现又具体表现为两种情况:例(14)(15)(16)“V”是行为主体的能动性行为,“V”不能实现就是“下手”“坐冷板凳”“掺沙子”等行为本身不能实现;例(17)“V”是行为主体接受一种事实,“V”不能实现是行为主体不能正常接受“受委屈”这样的事实。

心理承受的主体只能是有主观感受的人,不能延伸到动植物生命体。另外,有时“生理上的障碍”和“心理上的障碍”是共存的。比如“吃苦”这一行为的实现,就需要身心两方面的能力。例如:

(18) 工人们劝他休息,他说:“兵松松一个,将松松一伙。当干部的**吃不得大**苦,怎能领导群众大干!”

C组

(19) 听:**“华北之大,已经安放不得一张平静的书桌了!”**那是在战火纷飞的年代,清华学子为了救国救亡而奔走疾呼。

(20) 咱们后路被切断了,既当不了官,又**回不得**家,怎么办?

C组用例是因为某种特殊的障碍,使“V”不能实现。例(19)由于外敌侵略,使在华北“安放一张平静的书桌”不能实现;例(20)因为后路被切断,使“回家”不能实现。这种用例较少,为此我们把A组和B组看作是“V不得”的典型用法,把C组看作是非典型用法。

根据以上分析,我们把“V不得”的语法意义简单概括为:“V不得”表示因为行为主体生理能力、心理承受能力上存在障碍或者某种特殊障碍使“V”不能实现。

4.“V不得”与“V不了”的相同特征

既往研究的结论是“V不得”都能换成“V不了”,我们考察的结果也发现除特殊情况外,“V不得”基本上都能换成“V不了”。这种替换关系的存在有以下三点理由。

4.1 "V不得"与"V不了"有相同的结构特征

现代汉语可能表达形式可以是助动词"能""会"等，也可以是可能补语。可能补语又分为指向补语的和指向动词的两类。"听不懂""看不完"等是指向补语的，而"V不得"和"V不了"都是指向动词的，表示"V"不能实现。

另外，二者都不能构成复杂结构。鲁晓琨(2014)已经明确指出"V不了"只是可以带宾语，前加修饰语有严格的限制，我们又发现"V不得"也常带宾语，前面很难加修饰语。

于康(2004)根据否定焦点的不同，把"V不得"分为带宾语的和不带宾语的两类，发现只有表示"V"不能实现的"V不得"可以带宾语。

以上考察表明"V不得"与"V不了"有相同的结构特征，这是"V不得"可以换成"V不了"在结构上的理由。

4.2 "V不得"与"V不了"都表示非认识情态

鲁晓琨(2014)在情态上把表示V能否实现的"V得/不了"分成两个：一个表示非认识情态；另一个表示认识情态。非认识情态是说话人把自己的判断作为一种客观事实来传达(鲁晓琨2004：24)；"认识情态是说话人对某一命题为真的可能性所作出的推测"(沈家煊2001)。下面例(21)(22)表示非认识情态，例(23)(24)表示认识情态。

(21) 这么重的活，我干不了。

(22) 面前的路坏了，雪又太大，汽车开不了。

(23) 命令是何部长亲笔签了字的，假不了。

(24) 他想奶牛能产奶，奶卖些钱，搞完实验把牛卖了，也赔不了本。

与"V不得"可以互换的"V不了"都表示非认识情态，证明"V不得"也表示非认识情态。

以上考察表明"V不得"与"V不了"有相同的情态特征，这是"V不得"可以换成"V不了"在情态上的理由。

4.3 "V不了"可以涵盖"V不得"的语义范围

鲁晓琨(2014)把"V不了"的语法意义概括为：表示V不具备其实现的主体能力条件、外在条件，因此"V"不能实现。在第3节我们把"V不得"的语法意义概括为："V不得"表示因为行为主体生理能力、心理承受能力上存在障碍或者某种特殊障碍使"V"不能实现。

主体生理能力、心理承受能力是主体诸多能力中的一种,“V不了”的主体能力条件中自然包括这两种能力,“V不了”的外在条件中也自然包括某种特殊条件,因此出现行为主体生理能力、心理承受能力上存在障碍或者出现某种特殊的障碍,自然也就不具备这些条件了。所以有时同一情景既可以选择“V不得”,也可以选择“V不了”。例如:

(25) 到一簇枣树边,全身已成了一堆软泥,再也动不得。

(26) 一进这个家门,她就支持不住了,躺在这个床上再也动不了了。

以上考察表明,在特定语义范围内“V不得”与“V不了”重合,“V不了”可以涵盖“V不得”的语义范围。这是“V不得”可以换成“V不了”在语法意义上的理由,也是最重要的理由。“V不了”对“V不得”语义范围的涵盖可以用图1表示:

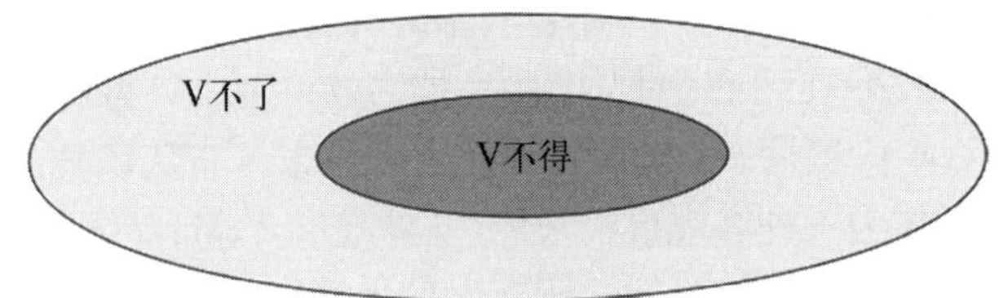

图1 “V不了”对“V不得”语义范围的涵盖

5. “V不得”与“V不了”的区别特征

5.1 “V不得”使“V不了”的部分意义得以凸显

“V不了”在特定语义范围内与“V不得”重合,在这一范围内“V不了”表示V不具备其实现的主体生理能力、心理承受能力或者特殊条件。由于“V不了”的语法意义宽泛,这一语义范围我们必须根据语境来判断。而“V不得”只表示因为行为主体生理能力、心理承受能力上存在障碍或者某种特殊障碍使“V”不能实现,用“V不得”就只限定在这一语义范围内。第4节我们说“V不了”可以涵盖“V不得”的语法意义,现在我们可以反过来说,“V不得”使“V不了”中的部分语法意义得以凸显。这就好比电影拍摄时的“特写镜头”。所谓“特写镜头”是电影中拍摄人像的面部、人体的某一局部、一件物品的某一细部的镜头。“V不得”是对“V不了”的一个细部的特写,使其得以凸显。

为了说明这一点，我们首先观察"动不得"对"动不了"的替换情况。

(27) 改革需要大家支持，现在的情况是上面不动，下面也**动不了**，主要是基层领导。

(28) 他跟记者聊起这件事情后显得很不好意思："球还是新的，我们一次都没有活动过。"……"年轻的时候不想动，现在想动却已经**动不了**。"

(29) 谢庆寿说："如果不是儿女们孝心重，坚持让我们退休，我们愿意一直干到**动不了**。"

(30) 杨玉环半睁眼欲起身，却手足无力地躺在床上**动不了**。

"动"词义宽泛，例(27)是指行动，例(28)是指运动，例(29)是指工作体能，这三例都不能换成"动不得"；例(30)"动"是指身体最低限的活动能力，只有这时才能换成"动不得"。如果把例(30)变换成例(31)就把"动"限定在身体最低限的活动能力上，把这一意义从其他意义中凸显出来。

(31) 杨玉环半睁眼欲起身，却手足无力地躺在床上**动不得**。

"V不了"的"V"单音节动词居多，单音节动词又有多义性，所以用"V不得"可以把动词限定在某一特定意义上。即使相同意义的动词，其不能实现的原因也是多方面的，"V不得"可以把其限定在一个原因上。我们来看"穿不了"和"穿不得"。

(32) 于是我把自己的一条裤子和一件衬衣给了他。但他太胖了，**穿不了**。

(33) 我说：她脚脖子粗，**穿不了**裙子。五富说：你连脚脖子都看到了？

例(32)"穿不了"是说由于身体本身不具备"穿"的条件，衣服穿不进去，可以换成"穿不得"；例(33)"穿不了"不是说穿不进去，而是说穿上不美观，因而不具备"穿"的条件，不能换成"穿不得"。这种区别我们要根据语境判断，但如果用"穿不得"就一定是因为行为主体身体上的障碍使"穿"不能实现。例如：

(34) 金太太道："你的衣服腰身本来不大。既然你**穿不得**，小玲一定可以穿的，你带她去穿了来，让我看看。"

由于"V不了"语义宽泛，"V不得"只用于特定语义范围，我们从语料中发现在二者都可以使用时，还是倾向于用"V不得"。例如：

(35) 王开焱是个老实人,**说不得**一句假话,见莫荣启追问得紧,只好说了实话。

(36) 安全调度会谁也**说不了**假话。你刚刚"吹"得挺好,一会儿会场的投影仪播放出了你那儿事故隐患的画面,那就把你搁那儿了。几次尴尬下来,再也没人敢空口说大话了。

例(35)"说不得一句假话",是因为人老实,有心理上的障碍,而例(36)"说不了假话"是因为不具备说假话的外在条件。我们检索到的另外两例"说不得假话"和"说不了假话"也是这样的分工。

这一点明显体现在"看不得"和"看不了"上。虽然检索到的53例"看不得"都可以换成"看不了",但在检索到的105例"看不了"中,只有两例与"看不得"意义相同。很显然,在表示因为心理上的障碍使"看"不能实现时,用"看不得"更清晰明了。恐怕就是这一缘故,福田翔(2013)只观察了"看不得"和"看不了",就把由知觉动词构成的"V不得"和"V不了"的意义截然分开了。

以上分析证明,在"V不得"与"V不了"都可以使用的语义范围内,"V不得"更能使这一意义得到凸显。我们还发现了"V不得"与"V不了"分工明确,"V不得"不能换成"V不了"的用例。例如:

(37) 当年苏区干部的好作风,在今天赣南革命老区的新一代公仆身上延续着。在赣南瑞金、于都、兴国等市县,许多领导干部都像刘之伦一样,"双休日"有假**休不得**。"平时忙着抓大事,假日去攀穷亲戚"。稍有空闲,他们不是到"光荣院"去探访那些曾为革命做出过贡献的革命老人,就是下乡帮着乡亲们筹划脱贫致富。

(38) 对于绝大多数国内上班族而言,带薪休假还是个难圆的好梦,在机关,在企业,一个司空见惯的现象是:有假**休不了**。据了解,《劳动法》虽然赋予了劳动者带薪休假的权利,却没有细化的规定,只是让企业根据具体条件和情况施行,参照党政机关的办法自行决定。

例(37)"有假休不得"是行为主体的"许多领导干部"不愿意休息,即对"双休日"休息有心理上的障碍,使休息不能实现,因此用"V不得";例(38)"有假休不了"显然是行为主体"上班族"想休息,但是由于机关、企业的习惯这一外在条件,使休息不能实现,因此用"V 不了"。这时二者有明显的分工,"有假休不得"是不能换成"有假休不了"的。

这种情况的出现来源于人们日常经验这一认知上的动因。因为在人们的日常经验中,作为大众认识有假都愿意休,说"有假休不了"自然理解为外在条件不具备。但是也有像例(35)那种特殊心理,这时就用"有假休不得"把其区别开来。这样的用例使我们进一步看到"V 不得"的存在价值。

5.2 "V 不得"与"V 不了"在同一语义范围内的程度差异

我们已经证明了"V 不得"与"V 不了"在同一语义范围内语法意义上的区别,虽然二者所表示的"V"不能实现的理由作为事实是相同的,但是表达的视角不同。"V 不了"从不具备主体的生理能力、心理承受能力或者特殊条件的角度来表明"V"不能实现的理由;"V 不得"从主体生理能力、心理承受能力上存在障碍或者某种特殊障碍的角度来表明"V"不能实现的理由。很显然"出现障碍"要比"不具备条件"程度深。实际用例观察也证明了这一点。

这一点明显地体现在"受不得"和"受不了"的使用上。"受"不同于一般动词,它本身就表示"承受、忍受"之义,所以不需要语境就可以断定"受不了"表示行为主体不具备生理特别是心理的承受能力。"受不得"当然表示行为主体生理能力、心理承受能力上存在障碍。显然,二者的语法意义范围相同,按理来讲二者应该基本上可以互换,但事实并不如此。让我们看一下具体用例:

(39) 由于家庭、学校教育方式的某些偏颇,有些孩子学业上有长进的同时,思想品德却出现滑坡;有的孩子心理脆弱,**受不得**一点委屈,经不起一丝挫折。

(40) 那些四体不勤、放不下官老爷架子的人,那些眼睛往上看、谋政绩不顾民生的人,那些吃不得苦**受不得**累、抱怨"官不聊生"的人,病症不同,病根却都在"良心"上。

例(39)(40)的"受不得"都可以换成"受不了",但是下面例(41)(42)(43)的"受不了"却不能换成"受不得"。

(41) 我在外国学习还可以,长期待在那儿**受不了**。因为美国虽然很富裕,可它是人家的国家呀。

(42) 调整物价,我们想得通,但无限制地涨价,工人就**受不了**。

(43) 他之所以决心逃走,不过是**受不了**“各种变故”,不过是“他却想从‘这’茫然跳出去,踏到‘那’还不可知的茫然里”罢了。

我们发现不能换成“受不得”的“受不了”,所承受的内容程度都是比较轻的。例(41)是在外国学习,例(42)是物价上涨,例(43)是各种各样的变故。而“受不得”所承受的内容程度都是比较重的。我们检索到的47例“受不得”中有46例带宾语,其宾语是:委屈、批评、刺激、训斥、伤害、冷遇、挫折、约束、表扬、考验、侮辱、牺牲、管束、累、苦、饥和寒、冻等。这些宾语所表示的承受内容显然高于例(41)(42)(43)。这就使我们看到“不具备生理、心理承受能力”与“出现生理、心理上的障碍”是有程度轻重之分的,“受不得”只能用于程度比较重的情况。

由于“V不了”与“V不得”有一个程度轻重的区别,二者同时出现时,就有一个先后顺序的问题。例如:

(44) 在秘鲁的第四场比赛中,张蓉芳的腰肌严重拉伤,**动不了**啦。她可不愿意轻易退场,举手向裁判示意:“我要系鞋带”,想借此机会喘口气,再接着打。可是,仍然动弹不得,只好被同伴搀扶下场。

例(44)张蓉芳的腰肌严重拉伤以后,虽然不能动了,但她还以为喘口气就可以动了,所以先用“动不了”,断定真的不能动了之后,用“动弹不得”。如果把二者的使用顺序颠倒过来就不合适。

为此,“V不得”不仅使“V不了”的部分意义得以凸显,而且也使这部分意义在程度上有所加强。“V不得”与“V不了”的区别特征可以表示为图2:

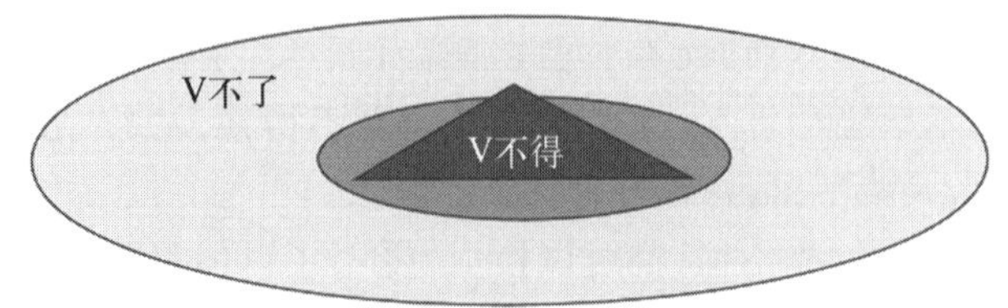

图2 “V不得”与“V不了”的区别特征

这一图形的大圆代表“V不了”的语义范围,内圆代表“V不了”与“V

不得"共同的语义范围。内圆部分凸起的三角表示"V不得"使这一意义范围得以凸显,凸起部分用深色表示"V不得"使这一意义范围在程度上也有所加强。

6."V不得"与"V不了"意义关系的认知理据

我们考察的结果证明了"V不得"仍属于现代汉语普通话系统中的成分,具有不可取代的作用。但是,在唐代已经大量出现,一直到清末使用频率都很高的"V不得"在现代汉语普通话系统中,大部分确实已经被"V不了"替代,只有当"V"不能实现的理由在于行为主体的生理能力和心理承受能力时[⑤],"V不得"才与"V不了"共存。"V不得"的作用在于凸显"V不了"的这一语义范围,并加强程度。那么,在诸多能力中,为什么只把生理能力和心理承受能力加以凸显呢?这里存在着一定的认知理据。

因为行为主体生理能力上存在障碍,使"动""坐""下床""走路""做重活"等人们在正常情况下能自然实现的基本行为不能实现,就给人带来极大的困难。如果有朋友说"我腰疼,打不了网球了",你甚至可以回答"打不了就不打呗!",但是如果朋友说"我腰疼,走不得路了",你就是开玩笑也不能说"走不得就不走呗!"。可见,因为行为主体生理能力上存在障碍使其基本行为"V"不能实现,对行为主体产生很大的负面影响。

当我们说因为行为主体心理承受能力上存在障碍使行为不能发生或不能正常接受时,实际上行为主体已经通过经验或想象感受到了这些行为给其心理带来的痛苦。例(14)说有的学者"坐不得冷板凳",学者肯定经验过"坐冷板凳"的痛苦;例(15)说"她那颗心掺不得一粒沙子",她也一定体验过"掺沙子"的痛苦;例(16)说他想作恶,却"下不得手",实际上他在作判断时已经想象到"下手"的痛苦;例(17)说我们有些同志"受不得委屈",有些同志一定感受过"受委屈"的痛苦。正因为有痛苦的体验,行为主体心理承受能力上才会出问题。可见,行为主体所经验的心理上的痛苦,同样也对行为主体产生很大的负面影响。

由于行为主体生理能力或心理承受能力上存在障碍,给行为主体带来很大的负面影响,与其他"V"不能实现的理由相比,在人们的认知经验中它的显著度最高,就需要在语义上把这一范围从“V 不了”中凸显出来,为此,在语法上就提供了一种专门用来凸显这一语义范围的句法结构“V 不得”。这应该是“V 不得”与“V 不了”语义关系的认知理据,也是“V 不了”不能完全代替“V 不得”的根本原因。

7. 结语

鲁晓琨(2014、2016、2018)与本文都是围绕着现代汉语 V(O)结构的可能表达形式进行的。在 V(O)结构的可能表达形式中,“V 得/不了”与助动词“能/不能”和“不会”“V 不得”等表现形式都有语义交叉,因此,我们以“V 得/不了”为轴心,分别理清了“V 得/不了”与其相关的可能表现的同异。施春宏(2019)就句式意义的研究方法谈到,“既需要基于构式分析的基本原则对特定句式的形式和意义做出概括,还需要关注该句式所赖以存在的句式系统及其相互关联的结构化机制,在系统中确立各个相关句式具有区别性特征的结构意义”。这种句式意义的研究方法可以推及整个语法意义的研究。我们对现代汉语可能表达结构的研究正是本着这样的思路进行的。我们对 V(O)结构的每一个可能表达形式的研究,一定关注其所赖以存在的可能表达系统,都是在和相关可能表达对比中进行的。一种可能表达形式不放在系统中观察,不与相关表达形式加以对比,也不可能概括出这种表达形式的语法意义及语用效果。

由于笔者关于现代汉语 V(O)结构可能表达形式研究的几篇论文都是局部探讨,看不到一个整体形象,而且有些问题只有在整个可能表达系统中才能解释清楚。为此下一篇我们将以“现代汉语 V(O)结构的可能表达系统”为题目,勾画出不同可能表达之间的系联关系,并揭示其中的认知理据。

附　注

① 这三篇论文除参考文献所注明的刊物以外,还分别收入 2015 年、2017 年、2019 年第 7 届、第 8 届、第 9 届现代汉语语法国际研讨会论文集《汉语语法研究新拓展》(七)(八)(九),上海教育出版社出版。

② 日文原文:〈知覚動詞-不得〉の意味を「心理的不許容」と呼ぶこととする。

③ 日文原文:〈知覚動詞-不了〉は、行為をくわだててもその事態が実現されないことを表す。

④ 没注明出处的例句皆出自北京语言大学BCC语料库报刊。

⑤ 我们把"V不得"的语法意义简单概括为:"V不得"表示因为行为主体生理能力、心理承受能力上的障碍或者某种特殊障碍使"V"不能实现。但我们发现"因为某种特殊障碍使'V'不能实现"是非典型用法,所以在探讨认知理据时,没有涉及这部分。

参考文献

李宗江."V得(不得)"与"V得了(不了)"[J].中国语文,1994(5).

刘月华.可能补语用法的研究[J].中国语文,1980(4).

鲁晓琨.现代汉语基本助动词语义研究[M].北京:中国社会科学出版社,2004.

鲁晓琨."V得/不了"与"能/不能VP"[M]//现代中国语研究(第16期).日本:朝日出版社,2014.

鲁晓琨."V不了"与"不会VP"[M]//中国语文法研究(2016卷[通卷5期]).日本:朋友书店,2016.

鲁晓琨."V不了"与"不能V""不会V"的语用特征[M]//现代中国语研究(第20期).日本:朝日出版社,2018.

沈家煊.语言的"主观性"和"主观化"[J].外语教学与研究,2001(4).

施春宏.句式意义分析的观念、路径和原则——以"把"字句为例[J].汉语学报,2019(1).

于　康."V不得"的否定焦点与语法化过程[J].语文研究,2004(2).

福田翔.心理的不許容を表す可能補語形式〈知覚動詞—不得〉[M]//中国語学,2013,260号.

[本文发表于《现代中国语研究》(日本:朝日出版社)2020年刊,第22期]

汉语不及物动词及物化：修辞与语法化叠加作用下的论元重置

上海师范大学　曹秀玲　罗彬彬

1. 引言

动词一直是语法研究的重要课题，因为“动词是一般句子里的最重要的部分，动词问题是语法研究中最复杂的问题”①。而对于动词的下位类型，“及物-不及物”是最经典的二分。王力(1944—1945/2015：52)指出，可以把必须带有目的语的叙述词叫作及物动词或及物叙述词，把不必有目的语的叙述词叫作不及物动词或不及物叙述词。与此相关，及物-不及物还有多种二分提法，如“内动词-外动词”“自动词-他动词”等。

对于汉语动词及物-不及物的区分效用，学界看法不一，同一学者前后认识也有变化。王力(1944—1945/2015：52)认为，动词及物和不及物之分在汉语里不重要，因为汉语没有必要强制的语法标准，但是这种分别似乎还没有达到不值得一提的地步——单就概念的范畴而论，及物不及物的界限虽然不明，而两个极端却是显然可见的。高名凯(1948：214)也认为，汉语动词在及物和不及物这一方面“都是中性的”，“本无及物和不及物之分别，当它存在于具体的命题或句子里头的时候，既可以是及物的，也可以是不及物的，完全视实际的情形如何而定。同样的词在汉语中往往可以两用”。吕叔湘(1946)提出，“及物不及物”概念不好，实质是动词和多种论元关系问题，后来(1979：40)又指出，将动词分为及物(外动、他动)和不及物(内动、自动)是很有用的分类，可也是个界限不清的分类，原因在于：首先，动词本身界限不清楚，一个动词有几个义项，有的能带宾语，有的不能带宾语，这个动词就属及物和不及物两类；其次，宾语的范围不清楚，是否动词后面的名词都是宾语，这样汉语动词很少是不及物的。转而又指出，如果把“宾语”限于代表受事者的名词，那么及物和不及物的分别还有点用处。

动词及物和不及物的判断标准也宽严不一。多数学者认为，应以宾语的语义属性作为区分标准：赵元任(1968：292－293)指出，不是按照能否带宾语来区分，而是按照带什么种类的宾语来区分——不及物动词只能带自身宾语(如“走两步”)以及可以倒过来做倒装主语的宾语(如“雨下了”→“下雨了”)，及物动词可以带任何宾语；朱德熙(1982：56－58)认为，不及物动词只能带准宾语②，及物动词除了准宾语之外，还能带真宾语；陆俭明(1991)指出，不能比照英语标准界定及物动词，认为绝对不能带宾语(但排除准宾语)的才是不及物动词。徐枢(1985：59)仅将能带受事宾语、判断宾语的归入及物动词。少数学者对宾语类型不做限定，如李临定(1990：123)认为凡是不能带宾语的都是内动词，凡是能够带宾语的都是外动词；王理嘉、马真等(2003：233)也认为，及物动词是能带宾语的动词，不及物动词是在任何情况下不能带宾语的动词。

与此同时，有学者对以宾语类型作为鉴定标准提出质疑。王力(1943/1985：43)谈到动词做叙述词两种“变态”的情形：一种是不及物动词后面带目的位，另一种是及物动词不带目的位。他认为前一种情形之下，动词意义发生两种可能的变化：一是行为变为使成，二是同一动词及物和不及物意义迥然不同。范晓(1991：27)认为限定宾语类型标准有很大进步，但操作中仍存在一定问题：(1) 自身宾语(动量或时量)，对区分及物不及物没有作用(因为及物不及物动词都能带)；(2) 及物动词一般不能带施事宾语。陶红印(2000)也提出，动词能带的论元类型及其范围具有开放性和流动性，一个动词越是使用频率高，其论元结构稳定性就越弱。

综上可见，尽管及物-不及物是动词经典分类，但汉语缺乏严格意义上的形态变化，动后名词性成分语义角色多元，仅以其后是否出现一定论元成分作为动词及物和不及物的判定标准，对汉语来说的确意义不大。尽管如此，汉语动词及物和不及物的两端还是相对清晰的，而且一部分不及物动词发生及物化确是不争的事实。

20世纪90年代，学界更为关注不及物动词带宾语现象，从不同视角对小类现象加以阐释：从转换生成视角的讨论，如沈阳(1995,2000)考察数量词对名词短语移位的制约作用和名词短语分裂移位条件，徐杰(2001)借鉴转换生成语法理论，提出“潜及物动词”概念；从篇章认知功能视角的考察，如郭继懋(1999)从表义规律、结构性质、语体特点、形成原因等方面观察“飞上海”类不及物动词带宾语现象，提出该现象出现在随意的口语之中，尹世超(2001)提出标题用语中动词带宾语与正文表述有所不同；多位学者对汉语“死了NP”类现象从不同角度加以解释(张伯江2002，沈家煊2006，石毓智2007，孙天琦、潘海华2012)；动宾式动词带宾语现象尤为引人瞩目(见刁晏斌1986，张博1993，高更生1998，朱军等2008)。

本文在前人时贤研究[③]的基础上，以《动词用法词典》收录的1 328个动词(“用法词典”以义项出条，共2 117条)为参照点，结合高更生(1998)、《现代汉语实词搭配词典》和《现代汉语词典》[④]不同版本考察30年来汉语不及物动词[⑤]及物化趋势规律和动因机制。

2. 汉语不及物动词及物化与论元重置

孟琮等(1987)指出，“汉语的名词没有变格形式，因而位于动词之后的名词一般只笼统地称为宾语”。《动词用法词典》按照句法变化和语义上的特点将动后名词宾语分为14类，即受事、结果、对象、工具、方式、处所、目的、时间、原因、致使、施事、同源、等同、杂类。[⑥]《用法》共收91个不及物动词，其中单音节不及物动词32个，双音节不及物动词59个，分别占不及物动词的35.2%和64.8%。发生及物化之前，不及物动词不支配论元或由介词引入论元，介词与论元组合出现在动词之前或动词之后，及物化后论元成分重新配置。下面分别加以说明。

2.1 介词介引的论元成分后移

在不及物动词前面介引名词性成分的介词主要是“向/对//为/给//与/和”等，及物化后，介词被删略，介引成分直接出现在动词之后。

2.1.1 “向”类介词介引的宾语置于动词之后

例如：

(1) 浙大学生论文致谢偶像林俊杰，导师回应亮了！[⑦](高[⑧]，7向释义)

(2) 腾讯AI翻译博鳌论坛出错，求助人工？(搭，向7例)

(3) 郑伊健罕见公开示爱老婆(向 7 例)

(4) 挑战自我/奥运会纪录(高,7)

(5) 国网为何转型综合能源服务?(高,7 由……向……)

(6) 梅西致歉中国球迷：辜负了你们我很难受

上面前 3 例中动词“致谢、求助、示爱”,《现汉》(7 版)在释义或举例时明确标明由介词“向”引入论元成分。其中“求助”和“致谢”分别在《搭配》和高更生(1998)列入可带宾语动词。例(4)—(6)《现汉》(7 版)处理各不相同：例(4)直接给出带宾语用例;例(5)中“转型”高更生(1998)认为已经带宾语,但《现汉》(7 版)仍注由“向”介引论元。例(6)中“致歉”一词《现汉》(7 版)未收。

下面看相关词项《现汉》(7 版)的标注情况：

致谢：**向**某人表示谢意：谨此～(多用于书信)。(1691)[⑨]

求助：请求援助：遇到困难**向**民警～。(1074)

转型：社会经济结构、文化形态、价值观念等发生转变：**由**计划经济**向**市场经济～。(1722)

上面各例中的动词在当下语言生活中带宾语已很常见,但《现汉》(7 版)仍标注由介词“向”引入论元。同类用例再如“道歉、致敬、致函”等。

2.1.2 “为/给”类介词介引的宾语置于动词之后

例如：

(7) 服务大众/读者(动,搭,高,为 7 释义/例)

(8) 车辆限行让路“暴走团”,宽容还是纵容?(搭,给/为 7 释义/例)

(9) 促进公平正义　护航美好生活(为 7 例)

(10) 中国电信致函相关单位主动为客户提供通信保障服务(给 7)

(11) 宋小宝丫蛋助威《向上吧！少年》(电视栏目名称)(7 呐喊～)

(12) 联合国特使说将继续斡旋荷台达战事(7 从中～)

上面各例中,“服务、让路、护航、致函”等词《现汉》(7 版)释义或举例中标明由介词“为/给”引入宾语,而“助威”“斡旋”只列举固定组合。其中,“服务”《用法》和《搭配》标注为不及物动词,高更生(1998)认定其带宾语用法;“让路”《用法》未收,《搭配》注为不及物动词。“护航、致函、助威、斡旋”等词前三种文献均未收。

下面看《现汉》(7 版)的注释：

服务：**为**集体(或别人的利益)或**为**某种事业而工作：**为**人民～｜科学**为**生产服务。(400)

让路：**给**对方让开道路◇各项工作都要**为**中心工作～。(1092)

护航：护送船只或飞机航行：～舰|专有战斗机～◇**为**改革开放保驾～。(554)

尽管上面各词释义或举例中明确由介词“给/为”引入服务对象，但时下直接带宾语已不鲜见。同类动词再如“把脉、让步、让利、助阵”等。

2.1.3 介词“与/同”类介引的宾语直接置于动词之后

例如：

(13) 怎样在三分钟内搭讪你想认识的人？(7)

(14)《非诚勿扰》史上最帅男嘉宾，成功牵手心动女生(7)[新]

(15) 42 岁的林心如撞衫 29 岁的杨颖，差距一目了然(7)[新]

(16) 路人撞脸周杰伦(7)[新]

(17) 就地理条件而言，中国相较其他国家有哪些优势和劣势？

上面各例中，除“搭讪”外，“牵手”“撞衫”“撞脸”分别是《现汉》第 5、6、7 版收录的新动词，“相较”尚未被收录。《现汉》(7 版)通过释义或举例标明上述动词“交互性”语义特征，但未认可其带宾语用法：

牵手：(1) 手拉着手；(2) 比喻共同做某事；联手：两大航空公司～开辟新的航线。(1038)

撞脸：没有血缘关系的人容貌十分相似：～明星。(1726)

撞衫：两个或两个以上的人在同一场合穿了相同或相近的衣服。(1726)

2.2 动后介宾短语介词“于/为”脱落

动词后非处所义介宾短语“于/为”省略，宾语紧邻动词出现。例如：

(18) 致力高端轮胎中国智造(搭，在 7 释义)

(19) 聚焦中国梦/“三农”/中国足球(高，于 7 释义)

(20) 发挥保险优势　助力精准扶贫(对于 7 释义)

(21) 公安部领导层再调整　副部长侍俊转岗中央统战部(为 7 例)

(22) 醉心科研无遗力　一路惊喜一路歌(于 7 例)

(23) 商务人士购车钟情大空间(7，一见～)

(24) “一带一路”助益全球经济治理(7,有所～)

上面用例中,例(18)中“致力”《搭配》和《现汉》(7 版)认定为及物动词,例(19)—(22)中的动词《现汉》(7 版)明确标注由介词引入宾语,例(23)—(24)仅举固定组合用法。高更生(1998)认为“聚焦”已经及物化。其他动词后介词省略直接带宾语的动词,如“感恩”“受制”“脱胎”“归功”“归咎”“适合”等。

下面是上述动词《现汉》(7 版)的标注情况:

聚焦:使光或电子束等聚集**于**一点:～成像。(709)

致力:把力量用**在**某个方面:“～革命/～写作”。(1691)

醉心:对某一事物强烈爱好而一心专注:他一向～**于**数学的研究。(1754)

2.3 不及物动词的使动义带宾语

不及物动词使动义带宾语用,例如:

(25) 央视曝光惊天大骗局!(7)

(26) 致残前女友(7)

(27) 激活高科技产业(7)[新]

(28) 美国为什么封杀中兴,这五个问题必须深刻反思!(7)[新]

上面例(25)—(26)为动词“曝光”和“致残”致使义带宾语;例(27)和例(28)中“激活”和“封杀”为使动义新词语⑩,所带宾语直接出现在动词之后。

下面是 4 个动词相关义项的《现汉》标注:

曝光:②比喻隐秘的事(多指不光彩的)显露出来,**被**众人知道:事情在报上～后,引起了轰动。也做暴光。(52)

致残:**导致**人肢体、器官等或残缺:因公～。(1691)

激活:[动]②泛指刺激某事物,**使**其活跃地发挥作用。(606)

封杀:[动]用封禁或封锁的办法,使人或事物在某一领域不能存在:一部优秀作品竟被～。(393)

2.4 不由介词引介宾语的不及物动词后带宾语

(29) 潍坊出台“惠台 80 条措施”,其中 30 条具潍坊特色。(高,7)

(30) 她凭一句话断定有人叛变组织,救了周总理一命!(7,～投敌)

(31) 把关装修小细节让家居生活更完美(7,把好……关,N 由……把关)

(32) 唐朝时太监是如何答应皇上的,是“诺”,还是“喳”。(7)

(33) 我国自 1987 年以来,已解密了 3 000 项国防科技成果。(7)

(34) 张杰、张靓颖、邓紫棋比拼高音,高到你想不到。(7)

上面各例,高更生(1998)认为只有“出台”已经及物化,“叛变”“答应”“比拼”等非动宾式动词不在高更生(1998)考察之列,《用法》和《搭配》也未收,《现汉》(7 版)未注带宾语用法。此类直接带宾语的新动词再如“炒作、缺阵、投注、试镜、布点”等。

3. 汉语不及物动词及物化的选择与渐进

3.1 及物化对不及物动词和义项的选择

汉语词类与句法成分之间不存在一一对应关系,业已成为学界共识。《现汉》第 5 版起标注词性,但动词并不标注及物和不及物[11]。作为一个开放的词类,汉语动词新词新义不断增加。不同时期文献追踪考察表明,汉语一些不及物动词及物化趋势是确定无疑的:“献身、导演、起草、示意”等词语《用法》标注为不及物,《搭配》认可其带宾语的用法。高更生(1998)参照孟琮(1987)《动词用法词典》和张寿康、林杏光(1992)《现代汉语实词搭配词典》进行定量分析,提出 10 年间动宾式动词带宾语增加 100 多个。《现汉》(2002 增订本)以附录形式增列新动词(含补义)415 个,《现汉》(7 版)仅排除“挤提”“复机”等为数有限的几个曾一度反映社会生活而不久现象消失的词语,其余新词新义均收为正式词条(或义项)。其中部分已经发生及物化(详见前文例证)。

然而,对于汉语不及物动词的及物化用法,辞书处理普遍比较审慎:高更生(1998)认为已经带宾语的动宾式动词,《现汉》(7 版)除“挑战”“致力”等极个别标识为直接带宾语外,其他均保留原有释义和用法,而当下频繁使用的“相较”“致歉”等词语尚未收录。

在发生及物化的不及物动词中,动宾式占有相当比例,因此备受关注。《用法》和《搭配》共收动宾式动词 171 个,去除重复收录,带宾动词 64 个,占 37%(高更生 1998)。本文的考察表明,《现汉》(2002 版附录)增列的新动词(或新义)中,动宾式(如“布点”“撤资”“搭车”“防伪”“扩容”“缺阵”“签单”“吸储”“转制”等)174 个,占增收新词新义的 41.9%,时下可带宾语的新动宾式动词并不多，能够带宾语的主要是旧词补义和比喻义；非动宾式不及物动词带宾语现象占比并不低。

新增动词比喻义的如：

(35) 搭车　淡出　淡入　割肉　雪藏[方]　造血

上面各词中，“搭车”“割肉”“造血”由动宾组合凝固成词，这类动宾式新词语较难带宾语。

再看增补新义的词项：

(36) 包装　超生　充电　出局　登陆　顶风　接轨　聚焦
开局　漫游　启动　透析　息影　下课　非礼[方]　料理[方]　演绎

上面增补新义的动词中，“充电”“出局”“登陆”“顶风”“接轨”“聚焦”“开局”“息影”“下课”等为动宾式，画线词语的补义为比喻义，只有“接轨”和“聚焦”出现带宾语的用法。相比之下，原有动宾式动词的比喻义和补义更易带宾语。

由此可见，动宾式动词及物化与该词的词汇化程度密切相关：词汇化程度高的动宾式和动补式动词，及物化程度高于词汇化程度低的动宾式和动补式动词。与此相关，动词多个义项中，泛化义项带宾语能力高于专业性强的动词义项。例如：

(37) 为什么这样说呢，原来民国时的一次盗墓事件，曝光了清人当年修祖坟的真相。（当代\史传\《中国人盗墓史》）

(38) 这一步，使中国农民企业家又站在了一个新的历史高度；这一步，使得世界一次聚焦中国农民企业家。（当代\报刊\1994年《报刊精选》）

(39) 专家把脉中国中小民营企业融资难（当代\报刊\新华社2003年11月份《新闻报道》）

上面例句中的“曝光”“聚焦”和“把脉”最初为专业术语，泛化义项发生及物化。

3.2 不及物动词及物化的“渐进状态”

汉语不及物动词及物化是一个渐进的过程。从词语自身来看，是词汇化和语法化作用“合流”的结果：前者主要表现为新词的产生，后者表现为旧词词义和用法的拓展。新词由词组经历重新分析获得“资格认证”，随后在语义演化和动宾构式强大的类推作用下发生及物化。语法是语言各组成部分中最为稳固的,不及物动词的及物化同样表现出渐变性。值得关注的是,不及物动词及物化发展过程中,初期比喻义用法常加"引号"。例如:

(40) 记者带着不解走访过保真商城,更多地走访了北京几家大型商城和一些生产企业的负责人,请他们为保真商城"把脉"。(当代\报刊\1994 年《报刊精选》)

(41) 读文献是不嫌多的,尤其要努力读外文的东西,否则自己总也摸不清楚门道,总没办法和国际学术的主流"接轨"。(当代\应用文\社会科学\《完美大学必修课》)

(42) 本报《华东写真》研讨达成共识新闻摄影要"聚焦"时代变革。(当代\报刊\1996 年《人民日报》)

汉语不及物动词及物化的渐进性还表现在多数不及物动词及物化用法仍处于发展进程之中,共时层面及物和不及物用法并存。例如:

(43) a. 假如马文革无缘世乒赛,刘国梁势必升任第二主力。(当代\报刊\1994 年《报刊精选》)

b. 他过着一种类似清教徒般的生活,◇什么三温暖、啤酒屋、电影院、高尔夫,统统与他无缘。(当代\口语\对话\《李敖对话录》)

(44)a. 提速降费:不仅直接让利百姓,更加快促进经济转型升级。

b. "十点利"说到底还是让利于消费者,达到薄利多销。(当代\报刊\1994 年《报刊精选》)

尽管上述动词业已发生及物化,但受制于宾语音节数目,有时介词必须出现。例如:

(45) 让利于民　感恩于你　聚焦于此

不及物动词及物化的渐进性也表现在不同时期辞书对及物化动词"接纳"程度的不同:以《用法》为参照点,《搭配》、高更生(1998)和《现汉》(7 版)对不同不及物动词的及物化用法看法不一。比如,"求助""致谢""让路"等众多动词不同研究处理不同,《现汉》(7 版)及物化用法收录更是有限。

3.3 不及物与及物化用法的互补分布

汉语不及物动词及物化和不及物用法共存,呈现由互补分布向从特定语体(特别是标题和广告用语)到普通文本扩展的总体趋势。例如：

(46) a. “铁打的”杨伟东落马，阿里反腐记：7 年“下课”6 位高管(标题)

b. 不完全统计发现，从 2012 年至今，七年时间里，阿里巴巴已有六位人员因腐败而“下课”。(正文)

(47) a. 黑色产业让路绿色发展(标题)

b. 目前，元氏县结合“全国休闲农业和乡村旅游示范县”的既有优势，◇让黑色产业让路绿色发展、循环发展和低碳发展。(正文)

(48) a. 护航生态农业　　保障食品安全(企业广告词)

b. 五种保险为家庭“护航”(当代\报刊\1996 年《人民日报》)

上面例(46)标题与正文中“下课”用法不同，例(47)标题和正文“让路”都采用直接带宾语形式，例(48)a“护航”与“保障”对举，直接带宾语，例(48)b 则由介词“为”引入论元成分。

尹世超(2001：136)考察报道性标题的成分删减与句式变换现象，指出作为书面语体的极致，标题语言追求简洁，比非标题语言沿袭更多古代、近代汉语的词语和句式，还提出不及物动词带宾语是一种常见的标题格式。语言事实也表明，标题、广告词等特殊语体确是不及物动词及物化的语体动因，由此逐步扩展到一般语体。

4. 汉语不及物动词及物化的动因与机制

4.1　语法意义表达形态到非形态：返祖现象

汉语语法是朝着严密、充实、完全的方面发展的(王力 1944—1945/2015：3)，古代汉语不是没有逻辑性，而是有些地方的逻辑关系可以意会而不可以言传。汉语史上一个动词或形容词可以集使动、被动、意动、为动等多种语法意义于一身[12]。随着汉语语法形态化和严密化，不同语法意义的标记和格式逐步形成。汉语语法史上的重大事件包括：系词、被动式、使成式、处置式、名词词尾、动词情貌、形容词词尾的产生及其发展，代词、单位词的发展，语气词的交替等，其中大部分与动词语法意义表达相关。

汉语不及物动词及物化看似汉语变异的新现象，实则是汉语“遗传基因”作用的结果。王力(1936/2000：353－354)指出，“中国语的绝大弹性,形成了词性的变化多端”,并将汉语“变性”规律总结为动词、名词、形容词和副词四类,其中动词最为复杂,与自动和他动相关的“变性”主要包括如下三种:(1) 外动词后无目的格者,变受动词;(2) 内动词后加目的格者,变外动词;(3) 名词、形容词、内动词在代名词之前者,皆变外动词。

张谊生(2010)也提出,“于”的错配与脱落现象古已有之,形容词、不及物动词的及物化在古代已初露端倪,此后不断发展,近代、现代一直没有中断过。二价不及物动词大多数是原 VO 型动宾短语固化而来,而这类动词语义上往往还要涉及另一对象,由“于”引入。在语法化过程中,“于”附缀化进而脱落导致原形容词和不及物动词及物化。导致“于”脱落的基本动因是“V/A 于”受到双音节音步的韵律节奏制约,次要动因是附缀“于”的功能羡余性和“V/A+X”格式表达的经济性而形成的语用需求驱动。

汉语不及物动词及物化是其自身语法化的结果,其背后是 VO 结构强大的类推铲平作用。《马氏文通》已论及古汉语处所动词前介词“于”省略的情形。随着介词脱落,原本借助介词显性标识的动宾语义关系和动词自身的使动、被动语义再度内隐于相同的动宾结构,这种变化似乎与汉语语法形态化趋势相悖,实际是汉语“基因序列”的回归。

4.2 修辞变体到语法规则:最后一公里

刘丹青(2003:65)提出,在汉语这种没有格形态的语言中,除双宾语句有间接宾语的问题,其他宾语都被看作直接宾语,带介词的则被看作状语或所谓补语;在有格形态的语言中,有些动词关涉的论元不能以直接宾语的形式出现,必须以其他某种旁格出现。同样作为论元成分,动后论元和由介词介引的论元有何区别?汉语不及物动词及物化最直观的表现是动词论元位置的改变,伴随这一位置变化的是动词结构及物性的增强。

众所周知,语言结构形式的选择与前景和背景信息安排密切相关。在叙事体中,及物性高的结构通常传递前景信息,及物性低的则传递背景信息。根据 Hopper & Thompson(1980),及物性不是动词特征,而是整个小句的特征,与一系列语义和句法参数有关,及物性高低与及物性特征数量成正比,而及物性特征包括参与者、动作性、体特征、瞬时性、意志性、肯定性、语态、施动性、宾语受影响性、宾语个体化等 10 项。显然,这种多参数赋值的小句及物性高低连续统概念比动词及物和不及物的二元对立更能揭示句法结构的复杂语义关系。然而，单就某些动词自身而言，从不带真宾语或介词引入真宾语到真宾语直接出现在动词之后，确是量变累积的质变过程。在其他参数不变的情况下，不及物动词及物化伴随参与者数目、意志性、施事性高低的改变。看下面两组例句：

(49) a. 日本舆论指出，尽管丑闻接连曝光，但产生丑闻的温床"钱权政治"并未铲除。(当代\报刊\1993年《人民日报》)

b. 中央电视台《新闻联播》等节目连续、集中曝光了各地棉花购销经营中的掺杂使假现象，看过令人触目惊心。(当代\报刊\1994年《人民日报》)

(50) a. 莫斯科盛夏，谁来为克格勃档案解密。(当代\报刊\1994年《报刊精选》)

b. 专家们一定会从对遇难者家属负责、对历史负责的高度，认真解密黑匣子调查事故的真正原因◇(当代\报刊\新华社2004年11月份《新闻报道》)

Hopper & Thompson(1980)认为，施事有效力，动作有意志，是高及物性的表现。对比上面两组用例，b句动词支配成分分布在动词之后，形成"施事-动作-受事"语义成分配位格局。施事通过动作影响受事，表现出更强的动作性、意志性、自主性。

汉语不及物动词及物化经历从语体驱动的修辞变体到语法规则的变化，是修辞动因和语法化共同作用的结果：前者表现为两种用法语体分布的互补和动词结构及物性高低表达的选择，后者则是词汇化和语法化两种历时变化的合流：一是旧词功能的"扩容"，如"服务""丰富""曝光"等；二是新词新义的"注入"，如"护航""布点""点赞"[13]。由此，形成汉语不及物动词新旧词语(含词义)、新旧用法并存的格局。看下面一组例句：

(51) 做好这件事，从此再也不用操心孩子的学习。

如果你想以后不再为孩子的学习操心，就要从现在开始做一件事。

(52)《为青春点赞》(电视剧名)[新]

因为这件小事，香港市民点赞驻港官兵。

5. 结语

综观汉语不及物动词30年来的发展,及物化范围不断扩大并逐渐得到认可:一方面及物化成员逐渐增加,另一方面分布范围不断突破语体限制。汉语不及物动词及物化一方面源自修辞上的语体促动,同时源自不及物动词系统自身的词汇化和语法化,其结果在某种意义上是古汉语动词和形容词集多种语法意义于一身的"本性"回归。

汉语不及物动词及物化呈现鲜明的渐进性表现:原有不及物动词的补义和比喻义更易发生及物化,新词带宾语现象的可接受度相对较低。共时层面,汉语不及物动词的及物和不及物两种用法叠加,但总体上呈现标题和正文互补分布的态势。当下语言生活中,尽管自媒体为语言变异"提速扩频",很多不及物动词的及物化用法已很常见,但在修辞创新与语法规范的"博弈"中,绝大多数不及物动词的及物化用法仍未得到辞书认可。

附　注

① 见吕叔湘为《动词用法词典》(孟琮等主编)所作序(上海辞书出版社,1987年)。

② "准宾语"包括表时量、动量或程度的宾语,表运动终点的处所宾语,表存在、出现或消失的存现宾语,其他宾语为"真宾语"。

③ 相关研究成果较多,受篇幅所限,文中只能列与本文讨论密切相关的部分文献。

④ 文中分别简称"《用法》""《搭配》""高更生(1998)"和"《现汉》"。

⑤ "不及物动词"的定性主要参看孟琮(1987)和《现代汉语词典》(第7版)词性标注和举例。

⑥ 凡不易归入前面13类的宾语归入"杂类"(见该书说明书第11条)。

⑦ 本文语例主要引自北京大学中国语言学研究中心语料库,另有部分语例引自互联网,网址较长未标出处。

⑧ 各辞书收词范围不同,为揭示不及物动词及物化趋势,文中例句后括号内的"动""搭""高"分别指《动词用法词典》《现代汉语实词搭配词典》和高更生(1998)注明不带宾语的词项,"X 7"表示《现代汉语词典》(7版)注需与某介词搭配使用的,文献简称加下画线表示该文献已明示该词项带宾语用法。

⑨ 括号内数字为词项所在页码,"释义"和"例"表示通过释义或举例方式标明某

词项的语法信息。

⑩ 所谓“新词语”是指《现代汉语词典》(2002 年增订本，汉英双语版）附录“新词新义”收录的词语，相关词语例句后标“[新]”。

⑪ 沈家煊(2019：53)指出，汉语动词无法在词典里标出及物不及物。

⑫ 汉语部分形容词带宾语现象同样引起学界关注，该现象与不及物动词及物化具有一定内在一致性。

⑬ “点赞”为《现代汉语词典》(第 7 版)收录的新词。

参考文献

陈昌来.现代汉语不及物动词的配价考察[J].语言研究，1998(1).

刁晏斌.也谈“动宾式动词＋宾语”形式[J].语文建设，1998(6).

范　晓.及物动词和不及物动词的区分及其再分类[J].中国语言学报，1991(4).

高更生.“动宾式动词＋宾语”的搭配规律[J].语文建设，1998(6).

高名凯.汉语语法论[M].北京：商务印书馆，1948/1986.

郭继懋.试谈“飞上海”等不及物动词带宾语现象[J].中国语文，1999(5).

黎锦熙.新著国语文法[M].北京：商务印书馆，1924/1992.

李临定.现代汉语动词[M].北京：中国社会科学出版社，1990.

刘丹青.词序类型学与介词理论[M].北京：商务印书馆，2003.

刘大为.从语法构式到修辞构式[J].当代修辞学，2010(4).

陆俭明.现代汉语不及物动词之管见[M]//语法研究和探索(5).北京：语文出版社，1991.

吕叔湘.从主语、宾语的分别谈国语句子的分析[M]//吕叔湘全集(第二卷).沈阳：辽宁教育出版社，1946/2002.

吕叔湘.现代汉语语法分析问题[M].北京：商务印书馆，1979.

吕叔湘.现代汉语八百词[M].北京：商务印书馆，1980.

孟琮，郑怀德.动词用法词典[M].北京：商务印书馆，1987.

沈家煊.“王冕死了父亲”的生成方式——兼说汉语“糅合”造句[J].中国语文，2006(4).

沈家煊.超越主谓结构——对言语法和对言格式[M].北京：商务印书馆，2019.

沈　阳.数量词在名词短语移位结构中的作用与特点[J].世界汉语教学，1995(1).

沈　阳.名词短语分裂移位与非直接论元句首成分[J].语言研究，2001(3).

石毓智.语言学假设中的证据问题——论“王冕死了父亲”之类句子产生的历史条件[J].语言科学,2007(4).

孙天琦,潘海华.也谈汉语不及物动词带“宾语”现象——兼论信息结构对汉语语序的影响[J].当代语言学,2012(4).

陶红印.从“吃”看动词论元结构的动态特性[J].语言研究,2000(3).

王　力.中国文法学初探[M]//王力语言学论文集.北京:商务印书馆,1936/2000.

王　力.中国现代语法[M].北京:商务印书馆,1943/1985.

王　力.中国语法理论[M].北京:商务印书馆,1944—1945/2015.

王理嘉,马真等.现代汉语专题教程[M].北京:北京大学出版社,2003.

徐　枢.宾语和补语[M].哈尔滨:黑龙江人民出版社,1985.

尹世超.标题语法[M].北京:商务印书馆,2001.

张　博.“动宾结构+宾语”的条件及发展趋势[J].古汉语研究,1993(3).

张伯江.“死”的论元结构及相关句式[M]//语法研究和探索(十一).北京:商务印书馆,2002.

张寿康,林杏光.现代汉语实词搭配词典[M].北京:商务印书馆,1992.

张谊生.从错配到脱落:附缀“于”的零形化后果与形容词、动词的及物化[J].中国语文,2010(2).

赵元任.汉语口语语法[M].吕叔湘,译.北京:商务印书馆,1968.

朱德熙.语法讲义[M].北京:商务印书馆,1982.

朱军,盛新华.“动宾结构带宾语”格式成因探究[J].汉语学习,2008(3).

Hopper, P. & Thompson, S. A. Transitivity in Grammar and Discourse[J]. Language, 1980 (56).

(本文发表于《高等日本语研究》,外语教学与研究出版社 2020 年)

汉语名动词的论元结构及其句法表征

巴黎大学(Université de Paris)　齐　冲

1. 前言

朱德熙(1961,1985)针对汉语中既有动词性,又有名词性的一类双音节词提出"名动词"[①]概念,并且认为这是动词里的一个小类。本文以汉语双音节名动词(V_N)为分析对象,讨论其源动词(二价动词)的论元结构对名动词在"X 的 V_N"[②]的影响,换句话说就是"X"是继承了源动词的内论元还是外论元,抑或两者皆有。例如:

(1) a. 张老师批评小明。

　　b. 张老师的批评

　　c. #小明的批评[③]

(2) a. 研究者们希望建立新的理论。

　　b. *研究者们的建立

　　c. 理论的建立

(3) a. 小明在学校学习多门课程。

　　b. 小明的学习

　　c. 多门课程的学习

例(1a)中的"张老师"是动词"批评"的外论元,"小明"是内论元。例(1b—1c)说明名动词 V_N"批评"只允许例(1a)句中的外论元的修饰,而不允许内论元的修饰。例(2)则相反,名动词"建立"选择例(2a)句中的内论元的修饰,而不选择外论元的修饰。例(3)中的名动词"学习"即和例(3a)中内论元匹配修饰关系,也和外论元匹配。和例(1)有相同选择的名动词还有"爱护""参观""适应"等;同例(2)相同的有"打倒""购买"等;例(3)类型的名动词还有"研究""讨论"等。以上的例(1a,2a,3a)都为双音节的及物动词,它们成为名动词后的名词化(nominalization)程度及其频率都很高,其论元结构在成为名动词后也并不都无标记地保存,这一点在其他语言中也有所反映(Grimshaw 1990, Alexiadou 2001, Borer 2001、2005, Huyghe, Marin 2007, Bisetto & Melloni 2007, Marin & Villoing 2012)。

汉语名动词对其源动词论元结构的继承(整体或部分)直接影响到它们的句法表征,对它的分析也可以使我们更全面地了解汉语这类动词的语义特征或词形体(Aktionsart)[④]类型。本文试图从名动词的源动词论元的语义特征和动词内部的语义特征(或词形体类型)这两个方面的分析来解释名动词的论元选择及其句法表征,也试图通过同样的分析结果来解释汉语中其他形式的名词化成分的论元结构。

2. 基于源动词论元语义特征的分析

从句法内部层面看,汉语名动词对源动词中哪个论元的保留取决于两个方面:第一是源动词论元的语义特征或语义关系;第二是源动词内部的语义特征或称词形体类型。当然,也不排除一些语用条件也会允许准名动词和其论元的特殊搭配,但那已经超出基本规律框架且尚待稳定(方梅 2011,杨旭 2019)。

我们之所以选择从语义的角度来分析名动词对其论元的取舍就是因为动词的名词化过程就是其语义特征改变的过程。这一点针对汉语已有很多讨论,王冬梅(2010)对此问题的考察和对有关文献的梳理有较为详尽的论述,本文不再赘述。Spencer(2004)认为零形派生在孤立语里(越南语)非常普遍,他认为该现象是模糊语类的类词根(pro-root)造成的。Hopper & Thompson(1984)认为动词转化成名词是可以从语义上预测的。有关理论性的文献还有 Clark & Clark(1979),Lieber(2010)。

在分析源动词论元的语义特征或语义关系之前,我们先做一些方法论上的说明。首先是如何确定名动词中哪个论元得到了保留。如以下源动词论元作为名动词的定语的例子。

(4) 老师表扬了这个学生。

a. 老师的表扬

b. #这个学生的表扬

c. (老师)对这个学生的表扬

内论元"这个学生"必须是在有标记的情况下才能成为 V_N"表扬"的论元(或得以保留),如例(4c)中的介词"对"。本文只讨论没有标记情况下的论元保留。

我们的语料来自《现代汉语语法信息词典》中的近1 000个双音节二价动词,名动词的检验也主要是在CCL上进行的。我们考察的名动词数量为673个,在这些名动词中,选择外论元的 V_N 占46%(312/673),选择内论元的占41%(277/673),选择内外论元的占2%(12/673)。

从这些语料的分析中我们发现源动词论元的语义特征确实影响名动词对其的选择,最明显也较有规律的情况是当论元的语义特征具有[有/无生],具体表现如下:

A. 如果内外论元都具有[有生]语义特征,那么名动词只选择外论元。

B. 如果内外论元都具有[无生]语义特征,那么名动词可以选择内论元,也可以选择外论元。

C. 如果外论元具有[有生]语义特征,内论元具有[无生]语义特征,那么名动词可以选择内论元,也可以选择外论元。

D. 如果外论元具有[无生]语义特征,内论元具有[有生]语义特征,那么名动词只选择外论元。

我们看到A和D的情况规律性最强。A的例子除了例(1)和例(4),还有:

(5) 你们保护他们。

a. 你们的保护

b. #他们的保护

符合A条件的动词还有"帮助""提醒""推荐""煽动",等等。

有关B的例子如下:

(6) 国家保护环境。

a. 国家的保护

b. 环境的保护

(7) 这个集团垄断了制造业。

a. 这个集团的垄断

b. #制造业的垄断

(8) 这个现象颠覆了我们的思想。

a. #这个现象的颠覆

b. 我们的思想的颠覆

例(6)运用的是和例(5)相同的动词,但我们看到例(6)中,由于源动词“保护”的内论元“环境”的语义特征为[无生],所以例(6b)是可接受的,这同例(5)是有区别的。同时,例(7)和例(8)说明当内外论元都具有[无生]的语义特征时,其论元选择并无规律可循。

有关C的例子如下:

(9) 他调查这桩案子。

a. 他的调查

b. 这桩案子的调查

(10) 我观察这件事。

a. 我的观察

b. #这件事的观察

(11) 他们降低了产量。

a. #他们的降低

b. 产量的降低

以上三例说明C的情况和B相同,当外论元具有[有生]语义特征,内论元具有[无生]语义特征时,名动词对论元的选择具有一定的任意性。

有关D的例子如下:

(12) 流行性感冒传染了他。

a. 流行性感冒的传染

b. #他的传染

例(12)印证了D的情况:当外论元具有[无生]语义特征,内论元具有[有生]语义特征时,名动词只选择外论元。

以上的分析显示当内论元具有[有生]的语义特征,名动词就只选择外论元作为其修饰语。这个规律的原因和二价动词论元结构中所拥有的语义角色的性质是有关的。二价动词中两个论元具有不同的关系,但如果内外论元都是[有生],在名动词短语中就必须有所选择,以避免歧义或反义的产生。如例中在X和Y中必选其一。一般来说内论元的语义角色是受事或客事,而名动词在没有任何体态标记或介词的情况下默认的是动作或事件的主导者或发动者,然而[有生]的语义特征在"X的V_N"中很容易就会被解读为动作或事件的主导者或发动者,这和它作为内论元的语义角色是不相匹配的。因此当内论元为[有生]的语义特征时,名动词肯定是选择外论元作为它的修饰语。

那么如何解释当内论元为[无生]的语义特征时,名动词对论元的选择就会多样化?是否能找出规律?我们认为分析名动词的源动词语义特征能够解答以上的问题。

3. 基于源动词语义特征的分析

动词的内部语义⑤可以简单地分解为过程(process)和结果(result),一些动词主要能够对过程整体进行描述,这些动词就具有可描写性(descriptivity)的语义特征;一些动词主要表结果,它们则具有终结性(telic)的语义特征,有的动词可随语法环境兼有这两种语义特征。根据这个分析,我们设计了针对三种不同的动词语义特征的测试,并观察它们成为名动词后对论元选择的规律。这三种动词语义特征为:1) 可描写性和非终结性(atelic),2) 终结性,3) 可描写性和终结性。我们对这三种动词存在的条件(包括把内论元设置成[无生]的语义特征)予以分析,得到以下结果。

第一,当V的语义中具有对事件本身的可描写性和非终结性时,V_N选择外论元。

(13) 发达国家救助非洲贫困地区。

a. 发达国家救助非洲贫困地区救助得很慢。

b. 发达国家救助了两年非洲贫困地区。

c. 发达国家的救助

d. #非洲贫困地区的救助

例(13a)显示动词"救助"具有可描写性,例(13b)说明该动词还具有非终结性的语义特征。例(13c—13d)表示具有以上语义特征的动词成为名动词后选择外论元,而不是内论元。而当动词不具有可描写性或不具有非终结性,它成为名动词后就不能选择源动词的外论元作为修饰语。

(14) 他打听这件事。

a. *他打听这件事打听得很多/少/快/慢/好。

b. ? 他打听了两年这件事。

c. *他的打听

(15) 我了却了这桩心事。

a. 我了却这桩心事了却得很快。

b. *我了却了两年这桩心事。

c. *我的了却

例(14)的动词"打听"不具备可描写性特征,而例(15)的动词"了却"没有非终结性这一特征,这两个动词成为名动词后都不能选择外论元。

一些动词,如"帮助""崇拜""等待""反对""答复""补助""支持"等都属于具备可描写性和非终结性语义特征的这一类。

第二,当动词语义具有终结性特征时,它成为名动词后选择源动词的内论元。

下面的分析中,我们采用把 V_N 带入汉语被动式来进行检测的方法,因为合格的被动式需具备一个经受事件影响的受事(affectee),因此也具备事件过程的终结。

(16) 我们纠正了路线错误。

a. *我们纠正了两年路线错误。

b. 路线错误被我们纠正了。

c. *我们的纠正

d. 路线错误的纠正

(17) 环卫工人美化了城市。

a. *环卫工人美化了两年城市。

b. 城市被美化了。

c. *环卫工人的美化

d. 城市的美化

例(16—17)中的两个动词"纠正"和"美化"都具有典型的终结性语义

特征(a—b),在转变为名动词后(c—d),它们无法和外论元进行搭配,而选择内论元作为修饰语。具有相同特征的名动词还可举“安装”“采用”“出版”“发展”“改变”“更新”“推翻”“建立”“解除”“调整”“创立”等例。

第三,选择内外论元的 V_N,其源动词语义具有对事件本身的可描写性以及对事件本身终结性的双重解读。

(18) 学院课题组研究了这个物理现象。

a. 学院课题组研究这个物理现象研究得很快/好。

b. 学院课题组研究了两年这个物理现象。

c. 这个物理现象被学院课题组研究了。

d. 学院课题组的研究

e. 这个物理现象的研究

例(18)中的动词“研究”兼有两层意义的解读:过程和结果。这也就使它在句法层面中出现两种不同的表象(18a,18b,18c),即具有可描写性和终结性两种特征。由此,它既可以选择外论元作为修饰语(18d),也可以兼容内论元作为修饰语(18e)。类似的动词还有“采购”“处理”“检查”“浪费”“评估”“翻译”“破坏”等。

这一节(§3)我们分析了当内论元为[无生]的语义特征时,名动词对论元的选择也同样有规律可循。分析结果显示当名动词的源动词语义特征为可描写性和非终结性时,名动词选择外论元作为其修饰语;当源动词的语义特征为终结性时,名动词和内论元相匹配;而当源动词的语义特征为可描写性和终结性时,名动词既可以选择外论元作为修饰语,也可以兼容内论元作为修饰语。加上上一节(§2)的分析结果,我们对整个名动词类的论元选择规律进行了梳理,做出了解释,这些分析都是在语义和句法的框架下进行的,那么,这个分析方法是否在汉语其他的名词化形式分析中具有操作性和有效性呢?

4. 名动词论元结构的扩展研究

汉语名动词是一个特殊的现象,它和其他语言的派生变化不太相同,因为不论是有标记(加缀)还是没有标记(零派生或转类),这些语言的派生操作带来的是比较固定的论元结构(经常是继承源动词的论元结构)和相对清晰的句法位置。分布形态学(distributed morphology)对于这样的派生形式具有一定的解释力。Marantz(2000)认为一些动源名词不是直接从动词转换(直接转换的例子如带-ing 的中动词,如(19))而来,而是间接从同一个词根分化而来的(如 grow>growth),所以它们的语法特征也不一样。

(19)

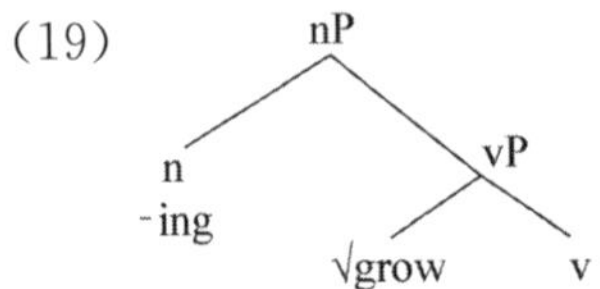

但这个解释(立足于形态和句法上)无法说明为什么汉语名动词的论元结构不仅和动词自身的语义特征有关还和论元本身的语义特征有关。汉语名动词的生成并不受音系变化的制约,其组合成分可以扩展到命题,这是形态所不能涉及的。同时,对于动词名词化后论元的增减以及一些动词无法名词化的现象也很难从中找到答案。由此可见汉语的名动词具有一定的特殊性。

我们用两个英语和法语的动源名词(deverbal noun)举例来说明这些语言的派生形式具有继承源动词的论元结构的特点,同时和汉语相比较,可以更清楚地看到汉语名动词的特殊性。

(20) They destroyed the city. (Chomsky 1972)

a. Their destruction

a′ #他们的摧毁

b. The destruction of the city

b′ 这座城市的摧毁

(21) Les Américains ont trahi les Kurdes. (美国人背叛了库尔德人)。

a. la trahison des Américains

a′ 美国人的背叛

b. la trahison des Kurdes

b′ #库尔德人的背叛

例(20)非常经典,出自 Chomsky(1972),我们看到英语中的动源名词"destruction"可以被外论元和内论元修饰(20a、20b),而汉语名动词

“摧毁”则只能被内论元修饰(20a′、20b′)。例(21)法语动源名词同样也可以被内外论元修饰(21a、21b),而汉语中的名动词“背叛”只能被外论元修饰(21a′、21b′)。经过§2—§3的分析,我们知道例(20)中的名动词“摧毁”具有[终结性]特征,和内论元相匹配;例(21)中的“背叛”论元为[有生]语义特征,因此选择外论元。

从名动词的分析中,我们也得到启示,并试图对其他名词化现象作出一个统一的解释。

(22) a 这本书的即将出版。b 这本书的反复出版。c 这本书的迟迟不出版。d *这本书的正在出版。e *出版社的出版

(23) 他不愿意儿子挨打,可又没法反抗太太的管教孩子。(老舍《牛天赐传》)

(24) 国民党政府的不抵抗使得日军如入无人之境。(CCL)

(25) 工业生产的特点和科学技术的不发达,也导致了奴隶社会和封建社会的学校教育对自然科学和技术教育的忽视。(CCL)

(26) 单就经济效率的损失角度讲,“大政府”的后果是非常严重的,而金融的不发展又恰恰逼着政府只能更大。(CCL)

(27) 遗嘱的不生效是指遗嘱已合法成立,但由于以后之事由而不能发生效力。(CCL)

(28) 徐恩曾的被撤职。当时一般人均感到莫名其妙。其实原因很简单……(CCL)

(29) 它的被兼并,并不是因为隶属关系的变化,而是由于机制弱化,生产停滞。(CCL)

上面的例子显示 V_N 的句法表征可以扩展到短语(例22)甚至小句(例23)。这些例子远未穷尽,事实上,一些动词的名词化也可被视为一种语言创新,甚至尚未具备能产性。但即使这样,它们在语言活动中的出现也遵循了汉语名词化的规律。例(22)中的“出版”可以连同副词一起名词化(22a—22c)⑥,但这个名词化也需要遵守“动词语义特征为[终结性]时被内论元修饰”的规则,所以例(22d)(副词“正在”与终结性相悖)和例(22e)(“出版社”非内论元)不成立。例(23)则相反,外论元“太太”修饰“管教孩子”,我们用例(13)来测试,可以观察到“管教孩子”这个动词语义

特征为[可描写性]和[非终结性],所以外论元“太太”可以修饰“管教孩子”。例(24—27)都和例(23)一样,修饰语为源动词的外论元。例(28—29)中的名动词都含有“被”,显然符合例(16)和例(17)的测试,应被视为具有[终结性]特征的源动词,因此这两例中的修饰语就为内论元承担。

既然“X 的 V_N”是修饰的关系,我们还可以由此来解释汉语中的其他语法现象。黄正德(2008)和邓思颖(2009)在分析“他的老师当得好”时都认为“他的”为定语/准定语,“老师当得好”这个短语则应该是名物化/名词化了。

(30) 他的「老师当得好」

(31) 他当了两年老师当得好。

(32) 他的车开得快。

(33) 他的话说得很清楚。

例(30)可以简单地分析为“老师当得好”的名词化结构,“他”是“(当)老师当得好”的外部论元。这个结构符合我们在§3 的分析,即“老师当得好”作为名词化对象具有「可描写性」(“当得好”本身就具有描写性)和「非终结性」,这后面一个特征在例(31)中可以验证。这个分析还可以扩展到其他形式,如例(32)和例(33)。

以上分析显示汉语的名词化不仅限于词类,还涉及短语和小句。我们的研究是把这些现象联系起来,作出统一的解释。

5. 结语

研究汉语名动词论元结构的特殊性可以使我们对汉语内在的体系有更多的了解。本文从对 V_N二价动词的名词化的分析开始,扩展到对动词短语和小句名词化分析。其结果是在汉语更复杂的结构中也能得到统一和简化的解释。

我们首先从名动词句法内部层面进行考察,涉及两个方面,一个是源动词论元的语义特征或语义关系,另一个是源动词内部的语义特征或称词形体类型。对于源动词论元的分析结果显示当内论元具有[有生]的语义特征,名动词就只选择外论元作为其修饰语。这个规律的原因和二价动词论元结构中所拥有的语义角色的性质是有关的。对于源动词的内部语义分析结果显示,当内论元为[无生]的语义特征时,名动词对论元的选择也同样有规律可循。其规律是当名动词的源动词语义特征为可描写性和非终结性时,名动词选择外论元作为其修饰语;当源动词的语义特征为终结性时,名动词和内论元相匹配;而当源动词的语义特征为可描写性和终结性时,名动词既可以选择外论元作为修饰语,也可以兼容内论元作为修饰语。由此,我们对整个名动词类的论元选择规律进行了梳理,作出了解释。最后,我们把分析对象扩展到短语和小句的名词化论元结构,我们运用针对名动词论元结构的分析结果来测试这些复杂形式,结果显示同样具有操作性和有效性。由此可见,不仅名动词的句法结构,其他名词化结构也都是可以通过其动词或动词短语的语义句法属性进行预测的,预测所依据的标准也可统一。

附　注

① 汉语的名动词现象属形态学中所谓的“零派生”(zero derivation)或“转类”(conversion),在汉语中是很普遍的现象。

② 关于检验汉语中动词是否转化成了名词,朱德熙(1985)概括了三条标准,但郭锐(2011)和沈家煊(2012)却对此提出不同的看法。本文参照郭锐(2002: 212)划分名词的标准,仅运用其第 4 条名词功能标准,这条标准指出 98%的名词受数词、数量词组以外的其他定语的修饰。他的分析中其他的标准识别名词的概率都没有这条标准高。这条标准也符合汉语为母语人群的语感。具体操作方法就是在论元和名动词之间插入助词“的”,即“N^{arg}＋的＋V_N”。

③ “#”字符号表示句子或短语是符合语法的,但不符合期待表达/解读的语义。本文的例子也尽量简化,仅呈现最主要成分。

④ 为了突出“了”和体(aspect)概念的不同,我们运用了 Lyons(1977)关于词形体(Aktionsart)的定义来具体指汉语动词的内部语义。他指出词形体的特征主要存在于词汇内部,而体则常常为动词的附加成分(或语法化成分)。

⑤ 这些特征也可以被纳入动词的体范畴,见 Van de Velde(2006)。

⑥ 从类型学的角度上来看,除汉语以外的 34 种语言都具有零派生现象(Stekauer et al. 2012)。而且很多语言都产生在动词(或动词短语以及小句)名词化的操作中。有些语言,如 Udihe(阿尔泰语系,黏着语)允许动词名词化后仍保留其论元结构,并可

被状语修饰。根据他们的观察,这些成分完全拥有了名词的句法形态属性。

参考文献

邓思颖.“他的老师当得好”及汉语方言的名物化[J].语言科学,2009(3): 239-247.

方　梅.修辞的转类与语法的转类[J].当代修辞学,2011(1).

郭　锐.现代汉语词类研究[M].北京: 商务印书馆,2002.

郭　锐.朱德熙先生的汉语词类研究[J].汉语学习,2011(5).

黄正德.从“他的老师当得好”谈起[J].语言科学,2008(3): 225-241.

沈家煊.“名动词”的反思: 问题和对策[J].世界汉语教学,2012(1): 3-17.

王冬梅.现代汉语动名互转的认知研究[M].北京: 中国社会科学院出版社,2010.

杨　旭.从词类的修辞构式到语法构式——以“研究”名词用法的规约化为例[J].语言教学与研究,2019(3).

俞士汶,朱学锋,刘扬.参照生成词库理论对动名兼类现象再讨论[J].辞书研究,2020(4): 1-8,125.

朱德熙,卢甲文,马真.关于动词形容词“名物化”的问题[J].北京大学学报,1961(4).

朱德熙.现代书面汉语里的虚化动词和名动词[J].北京大学学报(哲学社会科学版),1985(5): 1-6.

Aronoff, Mark and Fuhrhop, Nanna. Restricting suffix combinations in German and English: closing suffixes and the monosuffix constraint[J]. Natural Language and Linguistic Theory, 2002, 20: 451-490.

Chomsky, Noam. Remarks on Nominalization[M]//Chomsky, Noam. Studies on Semantics in Generative Grammar. The Hague: Mouton, 1972: 11-61.

Clark, Eve. V. and Clark, Herbert H. When Nouns Surface as Verbs[J]. Language, 1979, 55: 767-811.

Don, Jan. Morphological Conversion[D]. Utrecht University, 1993.

Grimshaw J. Argument Structure[M]. Cambridge, Mass.: MIT Press, 1990.

Huyghe R., Delphine Tribout. Noms d'agents et noms d'instruments: le cas des déverbaux en -eur[J]. Langue française, Armand Colin, 2015.

Lieber, Rochelle. Morphology and Lexical Semantics[M]. Cambridge: Cambridge University Press, 2004.

Lieber, Rochelle. Word Formation Processes in English[M]//P. Štekauer and R.

Lieber. Handbook of Word-Formation. Dordrecht: Springer, 2005: 375 - 427.

Lyons. Semantics[M]. Cambridge University Press, 1977.

Marantz, Alec. No Escape from Syntax: Don't try morphological analysis in the privacy of your own lexicon[C]//A. Dimitriadis et al. Proceedings of the 21st Annual Penn Linguistics Colloquium. Penn Working Papers in Linguistics, 1997, 4: 201 - 225.

Marantz, Alec. Words[R]. Paper presented at West Coast Conference of Formal Linguistics, UCLA, 2000.

Plag, Ingo. Morphological Productivity, structural constraints in English derivation[M]. Mouton de Gruyter: The Hague, 1999.

Stekauer et al. Word-Formation in the world's languages: A typological survey [M]. Cambridge: Cambridge University Press, 2012.

Van de Velde. Grammaire des événements [M]. Villeneuve d'Ascq: Presses Universitaires du Septentrion, 2006.

汉语动结式在语言类型上的两面性
——从藏缅语的自动和使动的对立谈起*

日本中央大学　石村广

1. 引言

本文试图通过藏缅语族语言(以下简称“藏缅语”)中的“自动-使动”(non-causative/causative)的对立与交替这一观点来反观汉语动结式(也称使成式,以下略记为 VR),并指出:原始汉藏语的使动形式是在动词前面黏附前缀 * s-来表达的(带星号者表示构拟的古音)。现代汉语中的 VR(使动)也具有“在 R(自动)之前添加 V”的形成模式。虽然语法手段有所不同,但是在汉语语法体系之核心,自古至今都能见到与作格语言(ergative language)的致使交替相同的机制。另一方面,汉语动结式的致使意义是通过致动用法,即 VR+O 的语序产生的。严格地说,它属于造句法,体现出宾格语言(accusative language)的类型特点。很显然,汉语原本就具有语言类型学上的两面性。如借鉴和利用藏缅语的研究成果,对汉语使动态的历时演变进行系统研究,不仅能弥补汉语语法研究领域的不足,而且有助于深化对汉藏语研究乃至语言类型学的认识。

2. 汉语与藏缅语的“自动-使动”系统对立

汉语和藏缅语之间在发生学上有亲缘关系,这是学术界的定论。徐通锵(1998: 21)认为,印欧语的基本句式是主动和被动,而汉语的基本句式是自动和使动。这里所说的使动是一种与自动相对立的传统称呼。两者的语法对立属于语态范畴。下面将讨论,在藏缅语的使动词和现代汉

* 本文是日本学术振兴会科研成果(课题编号: 15K02528)的一部分。

语的动结式之间，是否有一个共同的内在机制在起作用。

藏缅语一般用形态手段（包括语音交替变异的方式）来表示动词态范畴。藏缅语动词的使动范畴虽然表现形式多种多样，但是可以构拟到语族层次，这已经是藏缅语族界学者形成的共识。其历史演变过程应为：黏着＞屈折＞分析。戴庆厦（1990）、孙宏开（1998）等很多学者推断，原始藏缅语的使动形式是在动词前面黏附前缀＊s-来表达，而且前缀＊s-在历史演变（脱落）过程中，会使动词的词根由浊变清或变清送气。这一音变规则几乎可以涵盖整个藏缅语族数百种语言。下面的图示是彝语、哈尼语、载瓦语等这一语族屈折式使动范畴的演变链（转引自戴庆厦，2013：7；具体情况参看潘悟云，2018）：

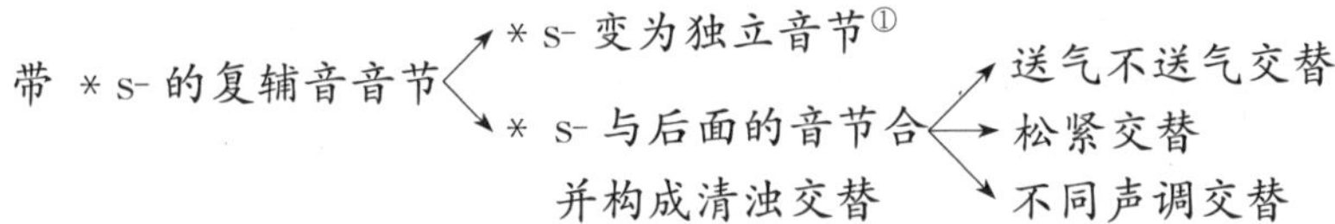

据马学良（2003：138－139）的记载，古藏语动词的使动式有两种构成方式：形态手段和句法手段。前者主要是在动词词根前附加前缀s-或b-/g-，使非使动词变为使动词。有时也用声母交替的方式。例如：

	非使动		使动			非使动		使动	
s+v	laŋ	起	s-laŋ	使起	b+v	gug	弯	b-kug	使弯
	log	回	s-log	使回	g+v	thug	遇见	g-tugs	接触，会见
	gon	穿	s-kon	使穿	浊～清	bje	开	phje	打开

戴庆厦（1990：337－338）指出，“自动，就是动词的动作行为是由主动者自己发出的，不是外力使其产生的；使动就是动词的动作行为不是主动者发出的，而是由外力引起的”。因此，使动都是自主的、及物的。自动则有自主的，也有不自主的；有及物的，也有不及物的。

汉语学界较早关注到自动词与使动词配对的现象。王力（1965）指出：“凡与使动词配对的，叫作自动词。从前有人把不及物动词叫作自动词，及物动词叫作他动词。本文所谓自动词不是那个意思。无论及物不及物，只要它是与使动词配对的，都叫自动词。”Bodman（1980）受原始藏文非致使动词跟带＊s-前缀的致使动词配对的启发，认为上古汉语可能也有致使前缀＊s-。其后，梅祖麟(1988)、潘悟云(1991)、金理新(2006)等对此挖掘了一批有力的证据。梅祖麟(2008)推断，在藏缅语族的诸多语支中都能看出原始汉藏语的致使前缀＊s-，它的清化作用产生了上古汉语的声母清浊交替，而致使后缀(包括声调交替)也是从前缀形式衍生出来的：

"败"　＊brads　自破　　＊s-b＞＊s-p＞＊prads　破他
"断"　＊duanx　绝也　　＊s-d＞＊s-t＞＊tuans　断绝

梅祖麟的推论极为重要。从形态类型上来看，藏缅语属于黏着型语言，远古汉语也用同样的方式来表达致使义(吴安其1996、2002)。属于分析型语言的现代汉语也不应例外。据石村广(2016)分析，汉语动结式具有"给R添加V"的形成模式，它是以表示结果的"自动"(不及物动词或形容词)为重心所形成的，例如(不符合语法的例句前加星号)：

(1) a. ＊孩子碎了水杯。　➡　a'. 孩子打碎了水杯。
　　b. ＊弟弟断了绳子。　➡　b'. 弟弟拉断了绳子。
　　c. ＊他亮了杯子。　➡　c'. 他擦亮了杯子。
(2) a. ＊小宝宝醒了妈妈。　➡　a'. 小宝宝哭醒了妈妈。
　　b. ＊我破了鞋。　➡　b'. 我跑破了鞋。
　　c. ＊小王坏了肚子。　➡　c'. 小王吃坏了肚子。

从现代汉语的动词系统来看，"补语"是缺乏及物动词用法的一类(它通常是单音节词，偶用双音节词)。如果仅使用结果补语，句子会不通顺。上述"碎、断、亮"等词语如果要带对象宾语，必须在前边加上表示原因(方式)的"打、拉、擦"之类的动词。如以往研究所指出的，动结式的成立与第一动词是否及物没有必然的联系。比如说，例(2a')中的第一动词"哭"是不及物性质的。尽管如此，这个句子是符合语法的，而"＊小宝宝醒了妈妈"是不能成立的。这说明R(不及物)、VR(及物)是汉语动词的一对语法范畴。具有中立性意义的、代替性很高的虚动词之所以频繁地被作为第一动词来使用，原因大概就在于此。例如"弄坏、弄脏、弄死、搞碎、搞破、搞明白"等。"弄、搞"虽表示向对象物施加的影响，但是那是怎么样的动作行为并不明确。这种动词是为了表达致使情景才被置于V的位置上的。基于上述观点，我们尝试在现代汉语中导入汉藏语系语言研究中的语态系统框架：

(3) R(自动)→ VR(使动)

VR 中的 V 是不可或缺的语法成分，它在本质上表达引起状态变化的一种原因力量(外力)。例如，我们只能说“打破了球”，不能说成“ * 破了球”，“打”这个力量使球破了。反之，没有“打”这个动作，就不会发生“球破了”这一结果。上面(3)的自动与使动交替属于不及物动词跟及物动词之间的转换关系。但是及物和不及物是就动词是否带宾语而言的，而使动和自动(即致使和非致使)是就动词的主体和客体关系而言的，两者并存，实质上并不矛盾(金理新 2006：59)。动结式的“使动”实际上是“致动”(后面详谈)。汉语的典型动结式是以“补语”为重心所形成的。

3. 使动与致动

上述观点正符合汉语动结式产生和发展的内在规律。典型的汉语动结式来自“致动用法”。王力(1958：403)认为，“由致动用法发展为使成式，是汉语的一大进步。因为致动只能表示使某事物得到某种结果，而不能表示用哪一种行为以达到此一结果”。他举了例子来说明致动用法和动结式的对应关系，例如“小之-削小它”“正之-纠正它”“死之-杀死他”“活之-救活他”等。

所谓致动用法，实际上是用动宾结构的形式(如“惊姜氏”)来表达兼语式(如“使姜氏惊”)的内容，应属句法范畴(王力 1965)。为避免与自动对立的“使动”和传统语法所说的“使动用法”的混淆，本文将这一语法手段叫作“致动”，跟“使动”区别开来[②]。据余健萍(1957/1992)的分析，使成式(即动结式)发展的主要程式是：B→A 而 B→AB(A 表示动结式的前一成分，B 表示后一成分)。蒋绍愚(1999：339)进一步指出，只有以因果关系为基础的并列式才能发展成为动结式，如“射杀一鱼”(《史记·秦始皇本纪》)。他认为，到了南北朝时期，并列式的后一成分不用作致动，和后面的宾语不再构成述宾关系后，才发展成为动结式，如“主人欲打死之”(《太平广记·卷第九十一》)。很多学者也持有同样的看法[③]。

古代的致动用法已经衰落、消失，这是学术界的共识。但是致动用法的“消失”给研究动结式带来了很大的困难,这导致我们无法说明其致使义之所在。这是在以往的研究中未深入探讨的课题。如上面例(1)和例(2)所示,“*孩子碎了水杯”等说法都不能成立。石村广(2016)针对这一本质性的问题提出了新的看法,即“致动用法的双音化”。该文主张:古代汉语基本上是“一字=一音节=一词”,但是中古汉语之后这种情况改变很大,很多词汇都变成了双音节。致动用法也不应例外。无论是单音节还是双音节,致动用法都是利用“动+宾”这一语序来表示致使义的。例如:

(4) a. [孩子打水杯]致使[水杯碎了] → 孩子[打碎了]水杯

b. [老张刷墙壁]致使[墙壁白了] → 老张[刷白了]墙壁

“水杯-碎”“墙壁-白”的语序被颠倒了过来,结果形成了符合上述语法的句子④。也就是说,在北京官话中,动结式的这种无标记的致使义是由V和R结合后构成的动宾结构(即VR+O)的语序所致的,因此,在整体结构上,具有“使得宾语产生某种结果”这一符合致使概念的意义。表示结果的R即使在VR结构的内部也并未改变其词性。这样一来,VR就涉及词和短语两个层面:从结构上看,它是短语,属于语言类型学所说的一种“动词连用结构”(serial verb construction);从功能上看,它在句中起着一种致使动词的作用。因此可认为,带宾语的是VR整体⑤。如上所述,使动和致动是两个不同语法层面上的概念,前者是相对于自动而言的,本来属于形态构词法。而后者则属于造句法,即它是(狭义的)使动用法,两者不能混为一谈。需要强调的是,语序和致使程度之间存在很密切的联系,这在很大程度上是现代汉语的共时特征。石村广(2016)指出,北京官话中的兼语式所具备的致使性比动结式的低。它们的最大区别在于兼语式中的受使者为施事者,它保留着较高的自控度,如“他逼我打扫房间”等。

综上所述,作格性是藏缅语和汉语的一个本体特点,藏缅语现在仍保留着“自动-使动”的形态变换,上古汉语也曾用*s-前缀来表示使动,也可通过音变来表示自动和使动。汉语使动范畴的历史演变过程大致如下:

形态变化(以前缀 * s-为代表)>语音变化(清浊交替、声调交替[6])>单音节致动(1)(传统的致动用法)>单音节致动(2)(并列式的后一成分)>双音节致动(动结式)

动结式的"使动"实际上也是"致动"。汉语具有语言类型上的两面性,但是各个时代有所侧重。尽管如此,从总体上看,我们可以认定汉语和藏缅语的自动是原型的,使动是后来派生出来的,作格性是"自动-使动"态系统的本源。[7]

4. 汉语是一种混合型语言

4.1 "自动-使动"态系统与作格语言的关系

综合上述内容,汉语动结式的语法特点可以归纳为如下两点:(一) R(自动)、VR(使动)是汉语态系统中的一对语法范畴。汉语具备"在 R 之前加上 V"的结合定式。从功能上,VR 可视为一个词。这体现出汉语的作格性特征。(二) 从语义上看,动结式的致使义是由 V 和 R 结合之后所构成的动宾结构(即 VR+O)的语序所致的。这体现出汉语的宾格性特征。这两个类型特点并非独立存在,而是互相关联的。汉语动结式所具有的"亦词亦语"的特殊性正来自于此。陈其光(1996: 28)指出,"汉语在词汇方面比较接近藏缅语,而在语法、语音方面则接近苗瑶语和侗台语"。他的见解很值得深思。下面我们将分别讨论动结式在语言类型学上的语法地位。

上述(一)是有关"自动-使动"对立的。我们已经看到,虽然汉语缺乏格形态系统,但动结式的形成机制跟作格语言格系统的内在规律是平行的:自动是基本结构,使动是衍生结构。藏缅语大多是作格语言或部分具有作格性的语言(长野泰彦 1986)。藏缅祖语也被认为是作格语言(DeLancey 1987)。在藏缅语中有标记的使动态很发达,这无疑是与作格系统有着密切联系。Dixon(1994: 9)用及物动词的两个论元(A 和 O)以及不及物动词的唯一论元(S)这三个句法要素分析了语言特点,并以此为出发点,分出宾格语言和作格语言(表 1 中的 A 为及物动词的主语;S 为不及物动词的主语;O 为及物动词的宾语):

表1 宾格、作格语言的格系统

	A	S	O
宾格语言	主格		宾格
作格语言	作格	通格	

从格标记的角度来理解,宾格语言中的S和A具有相同的格标记,而O具有不同的格标记;作格语言中S和O具有相同的格标记,A具有不同的格标记。即宾格语言的A和S都带主格(nominative),O带宾格(accusative);作格语言的S和O都带通格(absolutive),A带作格(ergative)。Dixon(1994:16)称其为形态作格。从语序的角度理解,凡是O容易转换为S的语法现象为作格性;凡是O不容易转换为S的语法现象为宾格性(Lyons1968:352;金立鑫、王红卫2014;叶狂、潘海华2017等)。

在作格语言中的通格,常常是无标记的,通格和谓语动词构成组合关系(syntagmatic relation),动词的种类由加不加有标记的作格成分决定。比如说,藏语的形态标记系统比较保守,强意愿性的主语带有作格标记(下面的书面藏语的例句转引自长野泰彦1986:123):

(5) stag-ϕ shi-pa-red. (老虎死了)
tiger-ϕ die-PFT-AUX

(6) kho-s stag-gcig-ϕ gsad-pa-red. (他杀死了老虎)
he-ERG tiger-one-ϕ kill-PFT-AUX

在藏语中,通格动词的主语(例5)和作格动词的宾语(例6)采用同一形态标记(无标记)。作格动词的主语用另一个标记,在此采用作格标记-s(例6)。Trask(1979:388)指出,藏语是一种分裂作格(split-ergative)⑧语言,它的作通格系统常常出现在过去时或完成体中,而主宾格系统出现在非完成体中。

值得一提的是,自动的本质是反身态(孙宏开2007:158)。在现代汉语中,如"吃饭、穿衣服、打扫房间、写毛笔、走累了、跑了一个小时、洗了一身汗"等所表达的,不是使别的事物产生某种情况,而是使自己产生某种情况。结果都是主体内部自我产生的。本文把它看作自动。据项开喜

(2010)的分析,像"我吃西瓜吃撑了"那样的重动句(也称"动词拷贝句")表示一种自作性致使义,句子的主语,即事件的主体既是使因行为的实施者,同时也是致使结果的承受者。虽然在形式上发生了变化,但是其中仍保持着汉语自身的结构原理。汉语的语法系统自古至今以自动、使动的配对为核心,如表 2:

表 2 汉语、藏缅语中不及物、及物和自动、使动的对应关系

<table>
<tr><td>不及物动词</td><td colspan="2">及物动词</td></tr>
<tr><td colspan="2">自动态</td><td>使动态</td></tr>
<tr><td colspan="2">反身语义(－外力)</td><td>状态变化(＋外力)</td></tr>
</table>

关键在于,自动是动词的动作行为是由主动者自己发出的;使动则是由外力引起的。本文认为,受事主语句、"把"字句等句式实际上是"使动"的一种历史变异。这一领域的研究还有待进一步开拓。

除了少数几个个例外,描述汉语之作格性的研究几乎没有引起汉语学者的注意。20 世纪 80 年代,吕叔湘(1987)敏锐地指出了汉语的作格性,但是汉语学界似乎一直不停地向西方借鉴语言理论和研究方法,把汉语看作一种单纯的宾格语言。随着中国境内的语言类型学的普及和进展,这一情况才有了变化。近来有不少学者讨论汉语的作格性问题。杨作玲(2014)主张,在语言类型上,远古汉语与藏语一致,均为语义作格型语言。到了先秦时期,形态变化已经不是能产的语法手段了,因为此时通过句法运作形成使动句法结构更为常见。金立鑫(2016),叶狂、潘海华(2017)等人讨论汉语中的分裂作格现象。他们认为现代汉语处于从作格语言演变为宾格语言的中间状态。

4.2 致动用法和语言类型的关系

上述(二)是有关动结式的致使义的。前面已经看到,无论是单音节还是双音节,致动用法都是利用"动＋宾"这一语序来表示致使的。但是新的问题出现了。以往的研究表明,作格语言基本上是 SOV,也有 VSO,在严格的 SVO 语言中,几乎没有作格语言(Trask 1979: 385)。汉藏语有两种对立的语序类型:藏缅语基本上是 SOV 型语言(某些名词和动词短语的语序与典型的 SOV 型不和谐),而汉语则是以 SVO 为基本语序的,而且形态上几乎没有格标记功能。这该如何解释?对于该问题,笔者未能做出令人满意的解释,只能论及形态-句法的互相作用对汉语的语序造成影响的这一因素。

根据以往的研究,产生出"类型上的不一致"是由于动词语序的变化,即动词的位置从句末变为句中。Greenberg(1966)提出的共性之一表述为,"如果在一种语言里占主导地位的语序是动词位于名词主语和名词宾语之后,那么这种语言几乎一定有一种格系统"(第 41 项共性)。在这样的 SOV 语言中,区别主语和宾语的格系统的消失会导致动词居尾的语言出现更多的歧义,但如果这个动词不是位于句子末尾而是置于主语和宾语之间,从而形成 SVO 语序,就可以防止产生这种歧义。也许在语言总体的历史上,一直存在这种侵蚀形态系统的倾向。吴安其(2002:9-10)认为,"汉语、侗台语和苗瑶语是典型的分析形成的语言。但原始汉语的形态可能与原始藏缅语相近,具有黏着的特征,从《诗经》中还可以看到汉语的动词、名词和形容词带前缀音,战国之后就很少见了"。可见,汉语经历了一个从形态手段丰富到形态手段逐渐简化的过程。

原始汉藏语的基本语序是 SOV(这个语序不一定是固定的),SVO 是后起的。但关于汉语属于哪一类,学界向来有不同的意见。依笔者管见,目前学界的看法大多是,汉语大体上属于 SVO 型,但不是典型的 SVO 型。刘丹青(2003:102)指出,"汉语的 SVO 可能来自汉藏祖语的 SOV,它遗留 SOV 语言的部分特点是可以理解的"。上古汉语确有 VO 语序优势的倾向,但从总体上看 OV 和 VO 语序在上古时期就已经交融混合。桥本万太郎(1978/2008:28-33)把上古汉语看作是一种较严格的 VO 语言,然而 OV 语序在汉语的每个历史阶段都存在。如太田辰夫(1958:259)所指出的,处置句在古代汉语中也有,是用"以"来代替"把"的。例如:

(7) 天子不能以天下与人。(《孟子·万章上》)

(8) 齐侯以许让公。(《左传·隐公十一年》)

(9) 复以弟子一人投河中。(《史记·滑稽列传》)

在《论语》中,"动词+介宾词组"的数量占优势,但用于动词前边的介词也很发达。据何乐士(1992：253－255)的统计调查,在《左传》中"介宾词组＋动词"语序出现 2 228 次,"动词＋介宾词组"语序占 3 570 次,出现比率为1∶1.6。而在《史记》中这个比率为 1 466 次和 469 次,即比率变为 1∶0.32,"介宾词组＋动词"成为优势语序。

另外,我们可以发现上古汉语一句之中就有 OV 和 VO 两种语序的例子。例如：

(10) 不患人之不己知,患不知人也。(《论语·学而》)

(11) 子曰："莫我知也夫!"子贡曰："何为其莫知子也?"(《论语·宪问》)

在典型的文言句法中,疑问句、否定句的代词宾语是放在谓语动词前面的。这一现象或许也能说明当时的民族迁徙造成的语言接触产生了重大影响(详见吴安其 2002)。

本文设想北方阿尔泰语系的 OV 语序有可能对汉语的 OV 语序起到了加固作用。Dryer(2017：78－80)认为,如果由 OV 语序转变为 VO 语序的话,"关系小句-名词""介宾词组-动词"两种语序也应该在很短时间内演变成"中心语-修饰语"(即"名词-关系小句""动词-介宾词组")的语序。虽然汉语自古以来以 VO 为优势语序,但是它仍保持着那种违背"和谐语序原则"的状态。究其原因在于原始汉藏语为 OV 语言。

笔者再次强调,汉语的语言类型并不是非此即彼的问题,OV 语序与 VO 语序并存从古至今是汉语的常态。这种罕见现象有可能源于地域因素。金立鑫、于秀金(2012)讨论了普通话中的句法组配模式。他们的分析结果如下：

(一) OV 和 VO 大致均等：前后置词、附置词短语位置、方式状语的位置、比较句结构

(二) 倾向于 OV：领有成分位置、关系从句、疑问标记

(三) 倾向于 VO：冠词的位置、从属连词、want 类动词的位置

以上 10 种语序组合中,4 种组合是 OV 型和 VO 型兼而有之的,另外倾向于 VO 型的有 3 种,倾向于 OV 型的也有 3 种。就以上句法组配的模式倾向上来看,在普通话中,OV 和 VO 大致上均等,可以证明普通话属于一种较为典型的 VO 和 OV 语序类型共存的混合语。本文认为这一看法触及了汉语语序类型特点的核心。

5. 结语

本文基于藏缅语中的“自动-使动”的对立与交替,讨论了汉语动结式的语言类型特点。我们得出的结论是:汉语语法的核心是作格性。这是最重要的内在规律。VR(使动)也是由R(自动)派生出来的。汉藏语的使动态起源于致使前缀 * s-。因此汉语和藏缅语之间存在着根源性类似的致使交替方式。另一方面,典型的汉语动结式是通过致动用法的双音化产生的。致动用法并没有衰退、消失,其实相反,通过双音化延续到现代。显然,它属于造句法,体现出宾格语言的类型特点。

汉语原本就具有语言类型上的两面性,而且通过上述分析可知,这一类型特点在动结式的语法结构中显现了出来。藏缅语和汉语均出自西北地区或者黄河中上游地区的古羌语(江荻 2002:12)。汉语形成的历史可归为民族交融与语言接触的历史。为了摆脱印欧语的研究框架,寻找汉语自身的语法特点,藏缅语(作格语言)研究中的“自动-使动”态系统可以提供一个新的参照系。

附 注

① 这表示前置辅音与后面的成分分离,变为“一个半音节”,如景颇语的前缀[ʃă^{31}-]。

② 致动用法(或称使动用法)是陈承泽(1922/1982:73-75)正式提出的。但陈承泽原本并未重视造句法。他本人的研究最想阐明的是,古代汉语的“字类”,也就是词汇的分类及其用法。参看石村广(2016)。

③ R的不及物化至今还未彻底完成,比如“看懂、听烦、玩怕”等动结式中的补语仍用于及物用法,但这类补语数量有限,并且不是一种能产的类型。本文姑且不探讨与确定词性相关的问题。

④ 本文这样分析,只是为了便于了解动结式致使义的出处,不是说动结式是由兼语式(所谓的隔开式)改造过来的,其实是相反的。中古时期隔开式的出现是一种过渡性语法现象,这一途径并非主流。参看施春宏(2008:323-331)。

⑤ 要是R是双音节词,我们就明显地意识到它的分离性,不会有一个词的感觉。如“洗干净”“说明白”等。另外,在现代汉语中,受事主语句中的VR同样具有致使意义,比如“打碎了杯子”和“杯子打碎了”两句话中的“打碎”都表示致使意义。本文认为,后者相当于无标记被动句,它是通过致使者(动作者)的降级(demotion)派生出来的。

⑥ 迟于清浊交替而出现的声调交替是由“非去声-去声”的对立而形成的交替现象。这一对立被认为主要是由后缀 *-s 的作用诱发了去声化而形成的。参看金理新(2006：291-293)。

⑦ 汉语和藏缅语的使动范畴的历史演变过程基本上一致，即“黏着＞屈折＞分析(孤立)”。但是它们的内涵不一定是一致的。这一方面还有待进一步研究。

⑧ 这是 Dixon(1994：70)的说法。他认为影响分裂作格性的因素有四个：核心动词语义、核心名词语义、小句的主从地位及时体语气。有的语言表达涉及单一因素，有的受多个因素的共同影响。

参考文献

长野泰彦.チベット・ビルマ系诸语における能格性をめぐって[J].言语研究(日本)，1986，90.

陈承泽.国文法草创[M].上海：商务印书馆，1922.

陈其光.汉语源流设想[J].民族语文，1996(5).

戴庆厦.载瓦语使动范畴的形态变化[M]//藏缅语族语言研究.昆明：云南民族出版社，1990.

戴庆厦.再论汉语和非汉语结合研究的方法论问题[J].民族语言，2013(6).

何乐士.《史记》语法特点研[M]//程湘清.两汉汉语研究.济南：山东教育出版社，1992.

江　荻.汉藏语言演化的历史音变模型——历史语言学的理论和方法探索[M].北京：民族出版社，2002.

蒋绍愚.汉语动结式产生的时代[M]//国学研究(第六卷).北京：北京大学出版社，1999.

金理新.上古汉语形态研究[M].合肥：黄山书社，2006.

金立鑫.语言类型学探索[M].北京：商务印书馆，2016.

金立鑫，王红卫.动词分类和施格、通格及施语、通语[J].外语教学与研究，2014(1).

金立鑫，于秀金.从与 OV-VO 相关和不相关参项考察普通话的语序类型[J].外国语，2012(2).

刘丹青.语序类型学与介词理论[M].北京：商务印出版社，2003.

吕叔湘.说“胜”和“败”[J].中国语文，1987(1).

马学良.汉藏语概论[M].北京：民族出版社，2003.

梅祖麟.内部拟构汉语三例[J].中国语文,1988(3).

梅祖麟.上古汉语动词浊清别义的来源——再论原始汉藏语*s-前缀的使动化构词功用[J].民族语文,2008(3).

潘悟云.上古汉语使动词的屈折形式[J].温州师院学报,1991(2).

潘悟云.汉藏语的使动态——兼评 *Old Chinese*[M]//汉语史与汉藏语研究(第3辑).北京:中国社会科学出版社,2018.

桥本万太郎.语言类型地理论[M].东京:弘文堂,1978.(中译本:《语言地理类型学》,余志鸿译,北京:世界图书出版,2008年)

施春宏.汉语动结式的句法语义研究[M].北京:北京语言大学出版社,2008.

石村广.动结式的致使意义和使动用法的双音化[J].当代语言学,2016(3).

宋亚云.汉语作格动词的历史演变研究[M].北京:北京大学出版社,2014.

孙宏开.论藏缅语动词的使动范畴[J].民族语文,1998(6).

孙宏开.藏缅语族[M]//孙宏开,胡增益,黄行.中国的语言.北京:商务印书馆,2007.

太田辰夫.中国语历史文法[M].东京:江南书院,1958.

王　力.汉语史稿(中册)[M].北京:科学出版社,1958.

王　力.古汉语自动词和使动词的配对[J].中华文史论丛,1965(6).

吴安其.与亲属语相近的上古汉语的使动形态[J].民族语文,1996(6).

吴安其.汉藏语同源研究[M].北京:中央民族大学出版社,2002.

项开喜.认识性使成范畴及其语法表现[J].汉语学习,2010(2).

徐通锵.自动和使动——汉语语义句法的两种基本句式及其历史演变[J].世界汉语教学,1998(1).

杨作玲.上古汉语非宾格动词研究[M].北京:商务印书馆,2014.

叶　狂,潘海华.从分裂作格现象看汉语句法的混合型[J].外语教学与研究,2017(4).

余健萍.使成式的起源和发展[M]//北京语言学院语言教学研究所.现代汉语补语研究资料.北京:北京语言学院出版社,1992.

Bodman, Nicholas C. Proto-Chinese and Sino-Tibetan: Data towards establishing the nature of the relationship[M]//F. van Coetsem and L. R. Waugh. Contribution to Historical Linguistics: Issues and Materials. Leiden: E. J. Brill, 1980: 34-199.(中译本:《原始汉语与汉藏语》,潘悟云、冯蒸译,北京:中华书局,1995年)

Comrie, Bernard. Language Universals and Linguistic Typology (2nd edition)[M]. Oxford: Blackwell, 1989.(中译本:《语言共性和语言类型》(第二版),沈家煊、罗天华译,北京:北京大学出版社,2010年。)

DeLancey，Scott. Sino-Tibetan languages[M]//Bernard Comrie. The World's Major Languages. New York：Oxford University Press，1987：799 - 810.

Dixon，Robert M. W. Ergativity [M]. Cambridge：Cambridge University Press，1994.

Dryer，Matthew S. Word Order in Sino-Tibetan Languages from a Typological and Geographical Perspective (2nd edition) [M]. G. Thurgood and R. J. LaPolla. The Sino-Tibetan Languages. New York：Routledge，2017：70 - 82.

Greenberg，Joseph H. Some Universals of Grammar with Particular Reference to the Order of Meaningful Elements [M]//Greenberg，Joseph H. Universals of Language. Cambridge：MIT Press，1966：73 - 113.

Lyons，John. Introduction to Theoretical Linguistics[M]. Cambridge：Cambridge University Press，1968.

Trask，R. Larry. On the Origins of Ergativity [M]//Plank，F. Ergativity：Towards a Theory of Grammatical Relations. London：Academic Press，1979：385 - 404.

（本文发表于《世界汉语教学》2019 年第 4 期，略加删节）

新兴重叠式VVV的句法分布与其增量意义

武汉大学文学院/中国语情与社会发展研究中心　覃业位

探究人类语言能力的生成语法学派一直以描述“可能的人类语言”(possible human language)这一概念为核心目标(Newmeyer 2005：1)。在某一具体语言系统的内部，核心语言现象自然是“可能语言”最直接、最显著的实现形式。但是，有研究者认为(如李亚非 2009)，边缘语料(如接受度低的现象)是客观存在的事实，它也必然在某些方面反映语言的本质，忽略这类语料可能会延迟甚至误导理论的发展。

徐杰、覃业位(2015)注意到，一些特殊的语言使用平台(该文称为“语言特区”)往往是边缘语料(该文称为“创新现象”)产生的温床，是语言接触、语言习得之外促使语言创新的又一个重要因素。比如，网络的出现就催生了大量全新的语言形式，包括多类与现代汉语核心规则相偏离，甚至是背离的现象。同核心语言现象一样，网络中出现的新的语料也应该是语言能力的外化展示，具有重要的语言学价值(施春宏 2010；覃业位 2016，2018 等)。一个经常被提及的例证是“被XX”结构(例1)，虽然形式上是“被”带了不及物动词(“就业”)、形容词(“隆重”)、名词(“潜规则”)等及物动词以外的成分，但它本质上是现代汉语轻动词短语的被动化，是古代汉语的句法结构在现代汉语中的复古式创新用法(黄正德、柳娜 2014)。

(1) 被就业、被隆重、被潜规则

本文将讨论最近流行于网络的“VVV”现象，进一步探索上述背景下网络边缘语料具有的语言学意义。本文的基本框架为：第一节区分动词的两类VVV型叠用式，指出流行于网络的VVV有其语法特点；第二节和第三节参照重叠的类型学特征和汉语动词重叠的情况，讨论网络VVV

格式的语义和句法分布；第四节从语法体系角度对这类新兴格式的出现给出解释；最后给出文章的基本结论。本文所有不带“ * ”的语料都来自新浪微博（2015 年 9 月 1 日至 2017 年 12 月 31 日）和 BCC 语料库。

1. 两类 VVV 格式

作为一种语法手段，一般认为重叠作用于动词时能造成语义上的变化，即重叠式可以拥有基式无法表达的意义（朱德熙 1982：66，石毓智 1996，李宇明 1996，张敏 2001，Inkelas & Zoll 2005，Inkelas 2008，刘丹青 2012 等）。比如普通话的 VV 具有 V 没有的“短时”“少量”义。在此背景下，学界通常把普通话动词的三叠格式 VVV 处理为一种语用格式（如例 2 的“吃吃吃”），认为它没有独立的语法意义，并不是重叠的结果，如王芳（2012：5）。

（2）成天吃吃吃，什么事也不做！

非常有趣的是，近些年在网络中盛行一类与 VVV 极为类似的现象，示例如下：

（3）果然不适合吃吃吃的我，在连续吃了两顿大餐后吐了……

（4）今年万圣节，要不要和我相约香港一起吃吃吃？

（5）今年“双 12”再次让武汉人嗨起来，凌晨零点，就有市民跑去 24 小时超市采购了，许多爹爹婆婆带着儿女的手机在超市里买买买。

（6）谁在为买买买推波助澜？

尽管两类结构同形，都表现为 VVV，但本质差异明显。本文将例（2）这样的普通话原有三叠式记作 VVV_1，将例（3—6）中后起的格式记作 VVV_2。

1）叠用部分的连续性差异。VVV_1 内部动词之间可以有语音上的停顿，如例（2）可说成“吃啊吃啊吃”。VVV_2 内部连续性很强，一般不能停顿或插入其他成分。

2）情感色彩的差异。VVV_1 多偏向厌恶色彩（李宇明 1996），如例（7）带有明显的不满情绪，例（8）中“饿死鬼”也能体现语句的负面色彩。VVV_2 相较中性（如上文例 3—6），许多情况还可与积极意义相关，如例（9）（10）中的“愉快”“兴奋”可与之共现。

（7）今天争的是你将来的活路呀！还在这吃吃吃！

(8) 吃吃吃！就知道吃！你是饿死鬼投胎的？

(9) 看剧追番的时候手怎么能闲着呢？推荐一些小巧美味，吃起来不费力的零食，从此可以一边刷剧一边愉快地吃吃吃啦。

(10) 没有什么比走走走和买买买更让人兴奋的事情了～

3) 基本语义差异。VVV_1被V替换后不会改变句子的基本意义和合格性，不具有独立的语法意义。如将例(7—8)可以改为例(11—12)。而VVV_2被V替换后，要么是句子变得不合格，要么基本意义有变化。例(13—14)是对例(3—4)的变换，此时，两句的可接受度都很低，意义也有明显的变化。

(11) 今天争的是你将来的活路呀！还在这吃！

(12) 吃！就知道吃！你是饿死鬼投胎的？

(13) *果然不适合吃的我，在连续吃了两顿大餐后吐了……

(14) ？今年万圣节，要不要和我相约香港一起吃？

4) 句法分布差异。其一，VVV_1后往往可以出现句末助词"的"，VVV_2不可以，如例(15—16)。其二，VVV_1多做主句的谓语(包括独立成句)；VVV_2的句法分布则宽泛得多，除了出现在主句谓语位置外，它还可以充当主语小句、宾语小句、定语小句中的谓语(详见第3节)。其三，VVV_1的修饰语通常只能是高频、长时义的成分，VVV_2的修饰语语义限制较少(详见第2节)。

(15) 今天争的是你将来的活路呀！还在这吃吃吃的！

(16) *今年万圣节，要不要和我相约香港一起吃吃吃的？

综上所述，VVV_2与VVV_1存在本质差异。由于VVV_2不仅在网络中使用非常广泛，一些严肃的平面媒体(如《人民日报》《光明日报》，见例17—19)和年轻人的日常语言也常常使用这些形式。可见，VVV_2结构不再局限于某一网络小社群的使用，它越来越被普通大众接受，有进入主流语言的趋势。

(17) "买买买"背后藏着经济新变化。(《人民日报》2015-11-12)

(18) 但物品之丰富、网购之便利，很快让"买买买"不再是众多国人的专享。(《人民日报》2017-11-20)

(19) 中国游客旅游最早是"看看看"，就是到知名景点观光拍照，后

来消费能力提高后就变成了“买买买”，购物消费成了主要目的。(《光明日报》2017-08-11)

需要指出的是，从本文第 2—3 节可知，VVV_2有着独立的增量语义和句法分布。因此，本文认为该形式是动词 V 受重叠操作的结果，即 VVV_2是语法层面的多重重叠式。①

2. VVV_2的增量意义

刘丹青(1986)在综合多家说法的基础上提出，重叠是一种抽象的语言手段，它和具体的语言单位结合后会产生一个新的形式。由此观之，VVV_2已经具备了重叠的一些基本形式表征，如它是动词的多次叠用。而在语义上，形态-语义类重叠(即语法意义上的重叠)能够标记意义变化，比如重叠式的语义是基式的相似性函数(iconic function)(Inkelas & Zoll 2005, Inkelas 2008)。亦即动词重叠式其语义能够标记基式动词 V 在动量或时量上的增加。因此，判断某一格式是不是典型的重叠式，除了形式上的叠加表征外，另一要点是看它是否具有独立的、表增量的基本语义。

以下讨论表明，VVV_2是基式动词 V 长时持续或多次反复的一种描述，具有明显的增量特征。

2.1 能与表高频、长时义的词汇共现

例(20—22)显示，“每天”“经常”“一直”等都可以出现在 VVV_2做谓语的句子中，表明 VVV_2不具有减量特征，也不排斥多量。这一点它与 VVV_1是一致的。

(20) 好吧，再忍一天我就可以开始每天买买买了。

(21) 经常在 IOPE 艾诺碧买买买，攒了多少积分你知道吗？Check 一下，说不定你会是个“隐形富豪”哦！

(22) 机票就跟不要钱一样……一直买买买，这段时间买了 22 张机票了……

2.2 VVV_2事件所呈现出的结果无量少特征

尤其是当 V 为及物动词时，其作用的结果(受事)一定呈现出多量义，如例(21)的“(许多)积分”，例(22)的“22 张机票”，例(23)的“成本”

“成套”“成箱”,例(24)的“网红店”(表示关注量非常高)。因此,VVV_2一般不与带有少量义的结果共现。

(23) 只负责买买买的爸爸,从成本、成套,升级到成箱了。

(24) 喜欢写写写的理科生,写出了一家网红店。

2.3 无长时或高频义成分依旧显示多量义

当长时或高频义成分不出现或无法补出时,VVV_2依然能解读出明显的长时持续或多次反复的语义。例(25)中“买买买”的结果是“燕麦片手机壳……”等一大堆商品。例(26)“在上海吃吃吃”与后文“经常去港澳”进行对照,二者都是美食点评者“主要”记录的内容,因此“在上海吃吃吃”无疑也是常常发生的活动。例(27)中三个考试科目都需要大量书写,“写写写”与此呼应。与单个动词V谓语句比较,它们在语义上的持续、反复特征非常明显。这表明VVV_2具有独立的、表增量的语义。

(25) 今天跑了四公里多,然后兴奋地买买买……燕麦片手机壳钢化膜帆布袋,还想来条腰带,一堆待发货和待收货。

比较:? 今天跑了四公里多,然后兴奋地买。

(26) 有兴趣的小伙伴可以去大众点评关注我。主要就是在上海吃吃吃,然后经常去港澳,去年好像去了四次。

比较:? 主要就是在上海吃,然后经常去港澳。

(27) 今天考了写写写的《大学语文》《马原》《毛概》。

比较:* 今天考了写的《大学语文》《马原》《毛概》。

是否具有独立的增量义是VVV_2与VVV_1主要区别之一。尽管VVV_1也可呈现出V的持续性或反复性(李宇明1996),但这种意义应该来自该结构前后的高频或长时义状语。最直接的证据是,几乎所有VVV_1谓语句均可以出现也仅能出现长时或高频义的附加成分,而上述VVV_2谓语句则不是一定。VVV_1的叠用效果更多的是起强调作用。

3. VVV_2的句法分布与句法关系

VVV_2在句法分布上比较广。同时,它既与重叠前的基式V有许多差异,也与普通话和北方方言中分布最广的VV型重叠式不大一致。

3.1 VVV_2的句法功能

作为动词的重叠式，VVV_2的主要句法功能是做谓语，可以出现在主句(如例 4—5)、主语小句、宾语小句、定语小句和状语小句的谓语位置，所示如下。而 VV 式重叠在进入这几类小句时有较大限制，往往须以“情态动词＋VV”的形式才能出现(石毓智 1996，李宇明 1998，隋娜、胡建华 2016 等)。

主语小句：

(28) 可是现在好想睡啊，吃吃吃都提不起我精神。

(29) 男朋友疯狂给自己买买买原来是这种感受，随口一提个啥三天之内必到手。

宾语小句：

(30) 奉承着旅行就是换个地方吃吃吃的我，终于整理一份满满值得吃的功课来了！

(31) 虎扑很多球迷，还认为首富是肆意地买买买，想得太简单了。

定语小句：

(32) 每天都过着吃吃吃的生活，好累！

(33) 天啦噜，一直让我吃吃吃的人，现在都说我胖了！

状语小句：

(34) 今天一路吃吃吃买买买地去到目的地，这才是郊游的正确出行方式，开心！

(35) 就这么吃吃吃地度过了台风天

3.2 VVV_2出现的句类环境

VV 型重叠式主要用在祈使句中，一般不出现在陈述句和疑问句(如刘月华 1983、刘丹青 1995)。根据观察到的语料，本文所讨论的 VVV_2没有这样明显的句类限制。

1) 用于陈述句。VVV_2以充当陈述句的谓语最为常见，其主语可以是第一人称代词，如“我”(例 36)、“我们”(例 37)，也可以是第三人称的，如例(29)的“男朋友”、例(38)的“手术室护士”。

(36) 京东有毒，一点进去我就不由自主地买买买。

(37) 我们买买买的钱也大概不够人家一个月利润额。

(38) 手术室护士除了递刀刀、钳钳的,还要写写写!

2) 用于疑问句。VV 出现在疑问句中必须加情态动词,但 VVV_2 无需任何手段即可较为自由地做疑问句的谓语。

一般疑问句:

(39) 你们以为我这次出门只是吃吃吃吗? 不能够!

(40) 今年双 11,你有哪些收获? 马上要到的双 12,你还买买买吗?

特殊疑问句:

(41) 我请客! 亲们谁跟我一起吃吃吃去?

(42) 好久没你消息了。什么时候约起来吃吃吃啊?

3) 用于祈使句。同 VV 式一样,VVV_2 也可用于表要求、命令语气的句子中,如例(43—45)。

(43) 如果你认为牛市来了,那么请你买买买! 我绝不拦着!

(44) 很明显,大主力资金在抄底,小伙伴们赶紧选好股票,买买买!

(45) 哎呀呀,今天心情特不爽,什么都不说了! 走,去吃吃吃!

3.3 VVV_2 与主语、宾语的句法关系

1) VVV_2 不能带宾语和补语。及物动词发生 VVV 型重叠后会丧失带宾能力,符合重叠去及物化的类型学特征(石毓智 1996、王芳 2012:35、覃业位 2018)。[②]因此,单个及物动词 V 的语义宾语只能以其他方式出现在句中,如例(46)中与前一个动词"买"共宾语,例(47)中宾语"德庄火锅"以话题形式出现。

(46) 姐要去买蛋黄月饼吃吃吃。

(47) 我要吃火锅! 德庄火锅! 我要吃吃吃!

2) 与 VV 出现在关系小句中必须与情态词共现不同,VVV_2 句的关系化比较自由。如例(48—50)。

(48) 新年出国买买买的人注意了! 个人提现有新规,每年不超 10 万。

(49) 每天都按部就班写写写的老吴今天又 get 一篇英文。

(50) 有两名同事赢取了俄罗斯世界杯 1/4 决赛的门票,一直在苦逼写写写的我立刻关切地问:路费凑够了吗?

同时,发生了关系化的主语还可以省略,整句以"VVV_2 的"的形式出现。

(51) 像我这样,把花养死了,继续再买买买的有几个?

3.4 VVV_2的其他句法特征

1）体貌特征。VVV_2一般不能带“了、过、着”，不能被否定词“不、没”否定。语料显示 VVV_2后可以出现句尾“了”，但绝大多数情况“了”能替换成语气词“啦”（如例 52），应该是语气词“了$_2$”或“啦”的变体，[③]而非体貌标记的“了$_1$”。也有一些情况下，比如有明确的表已发生的时间词汇时，“了”似乎是“了$_1$”“了$_2$”的合体，如例（53）。

（52）哈喽哈喽～我又来上海吃吃吃了（啦）。

（53）下午出去买买买了，超兴奋的超开心的。

2）不能带句尾助词“的”。第 1 节指出，VVV_1谓语句多数可以在句尾添加“的”而不改变句子的基本意义和功能，VVV_2则不然。这与两类句子 VVV 的功能有关。吕叔湘（1999：162－163）认为句末“的”有强调原因、条件等背景信息的作用。事实是，VVV_1谓语句往往须与后续句一起使用，为后续句的叙述提供铺垫，能够带句末“的”正好符合前述观点。而 VVV_2谓语句与背景信息并不必然关联，它经常独立使用，其句尾自然也无法添加“的”。

4. VVV_2兴起的语法解释

如果本文关于 VVV_2的观察及分析正确，即 VVV_2是普通话中一类新起的动词重叠式，那它所带来的一个重要问题是：汉语中已经有了 VV 这一被普通话和诸多方言广泛使用的重叠式，那 VVV_2在重叠体系中有什么样的语法地位？亦即，如何从语法体系的角度对 VVV_2的出现给出合理的解释？

4.1 从普通话的重叠系统看 VVV_2的兴起

在普通话中，部分名词、动词、形容词、量词等词汇语类都可以进行重叠。研究表明，它们重叠的层面和类型是不同的。根据 Inkelas & Zoll（2005）的重叠理论，胡伟（2017）对这些重叠进行过分析，认为名词的重叠能产性很弱，不产生意义的变化，是出于音系目的的重叠，属于音系复制；动词、形容词和量词重叠的能产性较强，并附带产生独立的语义，属于形态-语义复制。也就是说，普通话的名词不能进行语法层面的重叠，只有动词、形容词和量词重叠属于语法操作。

如果考虑到语义,普通话中现有的重叠体系可能还要进一步微调。跨语言的研究显示,重叠是人类语言比较常见的一种语法手段,其基本意义之一往往是表示量的增加,体现出相似性函数特点(Moravcsik 1978,张敏2001, Gil 2005, Inkelas & Zoll 2005, Inkelas 2008 等)。形容词重叠式AA具有程度深的语义,量词的重叠式ClCl带有遍指意义,都符合增量特征。

动词重叠式,目前使用最广、研究成果最多的为VV式。主流观点认为,它是古汉语动词带表动量的同源宾语"V—V"历时演变的结果,因此依然保留着原结构的基本语义(范方莲1964、王姝2016),即"短时""少量"。这表明,动词重叠式VV的语义并不符合具有类型学意义的增量特征,[④]至少在语义上与形容词、量词的重叠还不平行。即目前普通话最为常见的VV并不是最典型的动词重叠式。因此,理论上表1中动词一栏还存在事实上的空缺。

本文所观察到的VVV_2既符合语法重叠的形式特征,也具有表多量的语义,属于典型的语法重叠。它的出现使得普通话动词有了和形容词、量词平行的重叠形式,使得普通话词汇语类的重叠体系更加完整。

表1 普通话中词汇语类的语法重叠体系[⑤]

	名词	量词	形容词	动词
形式	—	ClCl	AA	?
[+增量]语义	—	+	+	?
示例	—	个个	红红(的)	?

4.2 从汉语动词的重叠系统看VVV_2的兴起

汉语是重叠手段使用非常丰富的语言,除了普通话,许多方言都存在不同形式的动词重叠式。研究显示,汉语方言的动词重叠体系可以分为南方方言和北方方言(包括普通话)两类(石毓智2007、李文浩2007)。北方方言动补结构发达,对动词重叠影响大,因此重叠后的语义基本与时量短、动量小相关;南方方言动补结构不太发达,对动词重叠影响不大,因此重叠保留中古汉语格局,其基本语义多与多量相关。如张敏(2001),王红梅(2009),匡腊英、杨怀源(2017)等所讨论的方言动词重叠均为南方方言，因此会得出汉语方言动词重叠式意义方面的共性主要是“动作行为或状态的持续或反复”的结论。

同时，汉语方言中动词的重叠式还存在层次差异，有原生重叠式和次生重叠式之别（刘丹青 2012）。原生重叠式是由重叠手段直接作用而产生的结构，如“个个”由量词“个”重叠而成。次生重叠式则是非重叠现象历时演变、经重新分析而形成的结构，如古汉语的动量结构“V—V”发展为现代汉语的动词重叠式 VV、正反形式的并列结构发展为 A-不-A 型重叠式正反问等，都是次生重叠现象。

根据上述研究所得出的现代汉语动词重叠的两种层次，可大致上将汉语动词的语法重叠体系表示如表 2（“+”表示存在，“?”表示暂时空缺）。即普通话或北方方言中动词的重叠受动补结构影响大，与使用最为广泛的 VV 式（由同原结构“V—V”发展而来）关系密切，属于次生范畴；而南方诸方言中的动词重叠基本保留了原始格局，是重叠直接操作的结果，属于原生范畴。至于北方方言/普通话的原生重叠和南方方言的次生重叠，从以往的调查与研究来看，似乎还未出现符合相关特征的重叠式，存在理论上的空缺。即处于“当有却无”的状态。

表 2　现代汉语动词的语法重叠体系

	原生重叠	次生重叠
普通话/北方方言	?	+
南方方言	+	?

如果将上述格局结合 Inkelas & Zoll（2005）的重叠理论进行观察，不难得出如下结论：

（现代汉语动词的）原生重叠必然遵守语义增量特征，次生则不一定。即原生重叠是典型的语法重叠操作，次生重叠则不是。比如，以表“短时”“少量”的 VV 为代表的次生重叠显然与形态重叠理论（morphological doubling theory，MDT，Inkelas & Zoll 2005）不符，不属于典型的重叠范畴。这一论断与熊仲儒（2016）高度一致。该文认为，普通话现行的 VV 式并不属于语法重叠，依然保持着“动-量”的性质。[⑥]

现在来看网络中兴起的VVV_2。它兴起于网络、流行于网络，其来源与方言似无关联，因而把它视为普通话一类非典型语法现象并无不可。同时，本文第二节和第三节分析显示，VVV_2无论是语义还是句法分布，都应该是动词受重叠直接作用的结果，应该是原生重叠形式。因是之故，它的出现就可以填补普通话动词在原生重叠这个层面所留下的理论空缺位置。[7]如果结合汉语方言中动词的重叠类型具体示例，同时也考虑动词短语重叠实际情况，表2可表示为表3。

表3 现代汉语动词、动词短语的语法重叠体系

	原生重叠		次生重叠
	动词	动词短语	
普通话/北方方言	VVV_2	VVVO	$V_{重}V_{轻}$
南方方言	VV、VVX、VXVX[8]	VOVO、VVO	?

动词的原生重叠：

(54) 普通话：今年万圣节，要不要和我相约香港一起吃吃吃？(VVV_2)

绍兴话：伊街里去去勿来了。她去街上后就没回来(VV，寿永明1999)

泉州话：门户关关嘞，里面敢是无侬伫嘞。门窗都关着，里面可能没有人(VVX，李如龙1996)

岳阳话：油瓶扶起扶起还是倒落哒。(VXVX，方平权1996)

动词短语的原生重叠：

(55) 普通话：大熊猫一生有55%的时间都是在吃吃吃竹子。(VVVO，覃业位2018)

海南屯昌话：卖菜卖菜妚大嫂卖菜的那位大嫂(VOVO，钱奠香2002：64)

卖卖菜妚大嫂卖菜的那位大嫂(VVO，钱奠香2002：65)

本文曾留意到，VVV_2不仅在网络中使用非常广泛，一些严肃的平面媒体(见例18—20)和年轻人的日常语言也常常使用这些形式。这表明，尽管为新创现象，它仍然比较容易被网络之外的普通群体接受。VVV_2较高的可接受度正是它符合汉语动词重叠体系的有力体现。

5. 结论及余论

本研究以网络语言特区中出现的一类特别的动词叠用（VVV_2）现象为关注点，探究其句法语义表现，讨论它应有的语法地位和语言学价值。本质上，网络中的 VVV_2 与普通话已有的 VVV_1、VV 都不一样。它具有稳定的、明显的增量语义，是对基式动词 V 长时持续或多次反复的一种描述。在句法分布上，VVV_2 表现出不少特殊之处：它能较为自由地充当所有小句（如定语小句、状语小句、主语小句等）的谓语，同时也没有明显的句类选择性；它丧失了带宾语的能力，不及物性显著，一般也不与体貌标记、否定标记以及句末助词“的”共现。

就其语义和句法表现来看，VVV_2 属于典型的语法重叠式。无论是普通话的重叠体系，还是整个现代汉语的动词重叠体系，VVV_2 的出现动机都可以找到相应的语法解释。一方面，它可以填补普通话词汇语类重叠体系中无典型动词语法重叠的空缺；另一方面，它也能补充现代汉语动词重叠体系无原生重叠的局面。这两者都可以使汉语的重叠体系架构更加完整，也说明将汉语动词重叠体系从“原生-次生”“南方-北方”两个维度同时进行观察和分类具有相当的合理性。

根据 MDT 理论，如果是讨论跨语言的动词重叠，应该优先讨论这些原生的重叠才最具代表性。因是之故，要讨论动词重叠的本质，可能将已有关于现代汉语动词重叠的研究从目前的关注焦点 VV 式（属于次生重叠式）转移到原生的 VVV_2（或南方方言中的重叠式，见表 3）会更有启发性。一个侧面印证就是熊仲儒（2016）和隋娜、胡建华（2016）的研究。同为探讨 VV 型重叠，二者得出了截然不同的结论：熊文认为它不是构形形态，第二个 V 实为一个同源量词，并进行了详细论证；而隋、胡文实质上是从形态角度来处理的，第二个 V 直接生成在功能语类 Asp 的位置，然后与第一个 V 合并形成 VV。由此观之，动词原生重叠体系的具体特点还值得进一步探究，新出现的 VVV_2、VVVO 这样的“可能的语言”现象极可能是较为合适的切入点。

附　注

① 某一形式是否是语法意义上的重叠式，需要进行多方的证明。覃业位（2018）以 VVVO 为例做过细致的论证。就本文而言，根据已有的证据，将 VVV_2 定性为多重

重叠式无疑是成立的。由于这一定性不是本文的重点,因此不做详细论述。相关过程可比照覃业位(2018)。

② 覃业位(2018)认为,只有原生动词重叠才会表现出丧失及物性的特征,次生重叠不一定。

③ 网络中的文字书写比较随意,不像正式的书面语那么规范严谨。比如,许多时候就存在"了""啦""嘛""吗"不分的情况。

④ 从胡伟(2017)讨论的对象来看,该文的动词重叠属于普通话/北方官话流行的"重-轻"型 VV,具有公认的典型减量语义特征。然而,胡文却没有注意到汉语南北方言动词重叠的层次性,引用讨论南方方言的例证(如张敏 1997、王红梅 2009)来支撑"重-轻"型 VV 也具有增量语义,实在是一个疏忽。

⑤ 名词不能构形重叠属于理论上的空缺。相关解释可参考储泽祥(2018)。

⑥ 熊仲儒(2016)认为 VV 不是语法重叠,不过并不代表所有的次生重叠不能演变(如通过重新分析改变语义)为原生重叠的可能。

⑦ 从表 3 看,普通话/北方方言的 VVV_2 其语义表现不符合石毓智(2007)提出来的北方方言动词重叠的特点(即与时量短、动量小),该如何解释?本文认为,VVV_2 不是动补结构类推而来(或其形成不受动补结构影响),自然不会产生类似 VV 那样的基本语义。这也说明,网络这种跨语言/方言的语言运用平台,其中出现的创新现象极有可能会突破现存的一般规则。

⑧ 方言中的重叠许多都带有助词/词缀或语缀,类似普通话 VV/VVV 的简单格式比较少。

参考文献

储泽祥.汉语构词重叠与构形重叠的互补分布原则[J].世界汉语教学,2018(2).

范方莲.试论所谓"动词重叠"[J].中国语文,1964(4).

方平权.岳阳方言的动态助词[M]//伍云姬.湖南方言的动态助词.长沙:湖南师范大学出版社,1996.

胡　伟.汉语重叠音系的分布形态学分析[J].中国语文,2017(2).

黄正德,柳　娜.新兴非典型被动式"被 xx"的句法与语义结构[J].语言科学,2014(3).

匡腊英,杨怀源.动词重叠的方言分布及类型学特征[J].重庆理工大学学报,2017(6).

李如龙.泉州方言的体[M]//张双庆.动词的体.香港:香港中文大学出版

社，1996.

李文浩.动词重叠式的源流[J].汉语学报，2007(4).

李亚非.从并列结构的句法条件看边缘语料的理论意义[J].当代语言学，2009(4).

李宇明.论词语重叠的意义[J].世界汉语教学，1996(1).

李宇明.动词重叠的若干句法问题[J].中国语文，1998(2).

刘丹青.语义优先还是语用优先——汉语语法学体系建设断想[J].语文研究，1995(2).

刘丹青.原生重叠和次生重叠：重叠式历时来源的多样性[J].方言，2012(1).

刘月华.动词重叠的表达功能和可重叠的动词的范围[J].中国语文，1983(1).

吕叔湘.现代汉语八百词[M].北京：商务印书馆，1999.

钱莫香.海南屯昌闽语语法研究[M].昆明：云南大学出版社，2002.

施春宏.网络语言的语言价值和语言学价值[J].语言文字应用，2010(3).

石毓智.试论汉语的句法重叠[J].语言研究，1996(2).

石毓智.汉语方言中动词重叠的语法意义和功能的差别[J].汉语学报，2007(4).

寿永明.绍兴方言中的动词重叠句[J].浙江师范大学学报，1999(5).

隋　娜，胡建华.动词重叠的句法[J].当代语言学，2016(3).

覃业位.汉语诗歌中介宾状语"在＋NP"的后置及相关句法问题[J].语言教学与研究，2016(1).

覃业位.新兴动宾短语多重重叠式 VVVO 的句法语义结构[C].第 30 次北美汉语语言学讨论会论文集，2018.

王　芳.重叠多功能模式的类型学研究[D].天津：南开大学，2012.

王　姝.现代汉语动词重叠式何以会表量减[J].语言教学与研究，2016(5).

王红梅.动词重叠研究的方言视角[J].方言，2009(2).

熊仲儒.动词重叠的句法分析[J].世界汉语教学，2016(2).

徐　杰，覃业位."语言特区"的性质与类型[J].当代修辞学，2015(4).

张　敏.从类型学和认知语法的角度看汉语重叠现象[J].国外语言学，1997(2).

张　敏.汉语方言重叠式语义模式的研究[J].中国语文研究，2001(1).

朱德熙.语法讲义[M].北京：商务印书馆，1983.

Gil, David. From repetition to reduplication in Riau Indonesian[M]//Hurch B. Studies on Reduplication, 28. Berlin: Mouton de Gruyter, 2005.

Inkelas, Sharon, and Cheryl Zoll. Reduplication: Doubling in Morphology[M]. Cambridge: Cambridge University Press, 2005.

Inkelas, Sharon. The dual theory of reduplication[J]. Linguistics, 2008, *46*(2).

Moravcsik, Edith A. Reduplicative constructions[M]//Greenberg Joseph Harold et al. Universals of Human Language. Vol. 3. Stanford: Stanford University Press, 1978.

Newmeyer, Frederick. J. Possible and Probable Languages: A Generative Perspective on Linguistic Typology[M]. Oxford: Oxford University Press, 2005.

(本文发表于《华文教学与研究》2019 年第 4 期)

说动词前与工具相关的四类名词性成分*

澳门大学　张　帆

0. 引言

动词前与工具相关的名词性成分可能充任“主语”“话题”和“状语”三种语法角色，以如下例句说明：

a. 卤水点豆腐，一物降一物　　（《人民日报》1982 年 2 月 9 日）

b. 另一只皮箱装了几件男式服装（严歌苓《寄居者》）

c. 他在水中双脚乱踢乱蹬　　（《读者》总第 93 期《天南地北(5 则)》）

d. 回头咱们电话联系　　（王朔《千万别把我当人》）

语义上，“卤水”“皮箱”“双脚”“电话”都与工具相关。语法上，传统的分析思路不区分 a 类与 b 类，认为“卤水”和“皮箱”都是主语；不区分 c 类与 d 类，认为“双脚”和“电话”都是状语；明确区分 a 类与 c 类，认为“卤水”的语法角色与“双脚”的有显著区别。我们却认为，a 类与 b 类显著不同，前者的工具成分可以处理为主语，后者是典型的话题；c 类和 d 类显著不同，前者的工具成分是临时充任状语，后者是真正的名词状语；a 类和 c 类的工具性成分性质相同，属于同类用法。下面将分章节阐明我们的观点。

1. 主语与话题

早在《汉语语法分析问题》中吕叔湘先生已经指出，“主语可以分别为

* 本文初稿是在与导师张伯江老师、副导师刘探宙老师、同门刘小辉师兄和王倩倩师姐的讨论中成文的，受到了四位良师益友的无私帮助，尤其是两位老师，对本文观点从形成与完善贡献良多。后在第十届现代汉语语法国际研讨会上受到陈振宇、孙天琦等老师指导，致以诚挚感谢。

施事、受事、当事、工具等等”(吕叔湘，1979：538)。工具论元[①]可以充当句子主语，这一观点得到了广泛认可(朱德熙，1982；范继淹，1984；陈平，1994)。近年来，一些学者对“工具主语”这一概念提出质疑，其中以范晓(1998)和陈昌来(2001)为代表。虽然二人对于工具主语句的处理结果不同，两人的基本思路却有相似之处：认为处于动词前的工具实际上已经转化成了其他论元角色(如“施事”)。本文主要讨论动词前工具相关名词的句法属性，其语义角色不是重点关注的对象，因而在下文中继续沿用“工具主语”这一称谓。

工具主语具有话题性算不得笔者的创见。朱德熙(1982)和王书贵(1984)观察到，主语指工具的主谓结构有两个特点：“第一，主语往往是有定的或周遍性的，第二，谓语往往是复杂的，就是说不只是一个单独的动词”(朱德熙，1982：99)；徐默凡(2003)在二人的基础上进一步指出这两个特点分别对应于“话题”和“说明”，提出“工具主语都是主题”的论断(徐默凡，2003：124)。我们在讨论动词前工具相关名词的时候，有没有必要区分主语与话题呢？且看a组例句与在其基础上改编的b组例句：

① a. 卤水点豆腐　　　　(《人民日报》1982年2月9日)

b. 卤水点了三百斤豆腐

② a. 红盖箱装纸类垃圾　　　　(《人民日报》1996年8月4日)

b. 红盖箱装着纸类垃圾

③ a. 刀切菜　　　　(《人民日报》1974年1月10日)

b. 刀切菜了

a与b动词前的名词性成分，即“卤水”“红盖箱”和“刀”，前面可以加介词“用”而语义基本不变，是典型的工具论元，句中也没有其他可以充当主语的成分，按照传统观点，这些名词性成分是典型的工具主语。

实际上，a和b在句法形态、语义和语用层面存在重大差异。形态上，a和b都是“工具＋VP”结构，然a句的VP简单，不含结果补语、情态词，也没有“着、了、过”；b句的谓语相对复杂，如例①b带有结果补语和了$_1$。

语义上，b句是叙述性的，表明工具现今的使用状况，语义蕴含有主语所指的工具被消耗、占据的意味(王书贵，1984)，语义与“工具＋拿去＋使用状况”句式等价：

④ b. 卤水点了三百斤豆腐　　b_1. 卤水拿去点了三百斤豆腐

⑤ b. 红盖箱装着纸类垃圾　　b_1. 红盖箱拿去装纸类垃圾了

⑥ b. 刀切菜了　　b_1. 刀拿去切菜了

作为证明，世界上独一无二、无法被占据也无法被消耗的工具不能进行由 a 到 b 的变换：

⑦ a. 太阳发电　　? b. 太阳发了三千度电

＊b. 太阳正发电呢

＊b. 太阳发电了

常识中，太阳是永恒且独一无二的事物，不可能因为发电而"使用掉"，因而例⑦b 句不合法。

在此我们讨论的 a 句，是评述性的，用于阐明工具主语的性质与用途（王书贵，1984；陈昌来，2001；徐默凡，2003），语义与"工具＋用于＋用途"句式等价：

⑧ a. 卤水点豆腐　　a_1. 卤水用于点豆腐

⑨ a. 红盖箱装纸类垃圾　　a_1. 红盖箱用于装纸类垃圾

⑩ a. 刀切菜　　a_1. 刀用于切菜

事实上 a 句的语义还有另一种解读：

⑧ a_2. 卤水要点豆腐

⑨ a_2. 红盖箱要装纸类垃圾

⑩ a_2. 刀要切菜

a_2表示工具主语即将用于某种活动，与 b 是一体两面。a_2是未然态，表示工具主语即"将被使用"，b 默认是已然态，表示工具主语"已经被使用"（王书贵，1984：18），概言之，二者均表示事态变化，具有一致性。事实上，a_2后均可添加表示事态变化的了$_2$且意义维持不变：

⑧ a_2'. 卤水要点豆腐了

⑨ a_2'. 耳机要听歌了

⑩ a_2'. 刀要切菜了

与 b 相似，无法被占据、消耗的工具同样不能进行由 a 到 a_2的变换：

⑪ a. 太阳发电　　＊a_2. 太阳要发电（了）

综上可见，表示 a_2意义的 a 实际上与 b 同类，因此我们有必要将这种解读从 a 中成系统地剥离出来,a 句的语义因而具有了明确的、唯一性的解读。a 评述工具用途,b 叙述工具使用状况,二者的语义差异非常明显,借用一组自拟例句说明:

⑫ a. 小张的刀切菜,不切肉

b. 小周的刀(要)切菜了,不切肉

依照句意,小张的刀只能切菜用,不可以切肉,而小周的刀可以切肉,只是(即将)用于切菜而无法用于切肉。这是因为例⑫a 前后两小句限定了小张的刀的性质,而 b 的前后两小句只叙述了小周的刀的状况,没有触及小周的刀的性质。

语用上,两者的交际功能迥异。一般而言,a 句用于回答关于工具主语作用的询问:

⑬ -刀干什么?　　-刀切菜

b 句用于回答关于工具主语状况的询问:

⑭ -刀怎么了?　　-刀(要)切菜了

可见,"刀切菜"与"刀切菜了"看似只有一字之差,实际上服务的交际目的和传递的信息属性截然不同。

鉴于 a 与 b 在语义与语用层面存在如上差异,我们认为二者的语法结构同样存在差别:只有 a 句动词前与工具相关的名词性成分可以称作主语,b 句中的所谓"工具主语"其实是话题。接下来我们将证明这一观点。

陈平(1994)指出,一些主语是工具的句子,如果宾语既是动作对象又是主语通过此动作抵达的地点,如"砖头垫墙了"。该句主宾语调换位置形成的"地点-对象+V+了+工具"句一般也可以成立,如"墙垫了砖头"。受其启发我们发现,b 类句式均表现出上述灵活性,而 a 类句式主宾语易位后却变得不合语法,a 与 b 两类句式呈现出如下不对称性:

⑮ a. 砖头垫墙　　*墙垫砖头　　b. 砖头要垫墙　　墙要垫砖头

⑯ a. 杠子顶门　　*门顶杠子　　b. 杠子顶着门　　门顶着杠子

⑰ a. 钉子铆钢板　　*钢板铆钉子　　b. 钉子铆钢板了　　钢板铆钉子了

⑱ a. 人参泡酒　　酒泡人参　　b. 人参泡了酒　　酒泡了人参②

a 与 b 的主干都是"NP_1+V+NP_2"结构,而 a 句施加给 NP_1 的语义限制与 b 不同。a 的 NP_1 允许工具论元填充,不允许"对象-地点"论元填充,进入 a 的 NP_1 位置的指称语会被强制性地解读为施事或者工具等论元角色，当该指称语不能充当这些语义角色的时候，句子便不合语法。这一点可由例⑱a 证明：该例 NP_1 与 NP_2 易位后依然成立，不是因为 a 的 NP_1 位置允许"对象-地点"论元填充，而是因为"酒"相对于动词"泡"既可以作为对象论元，也可以作为工具论元，且在 a 的 NP_1 位置时只能解读为工具论元：

⑲ 酒泡人参 ＝用酒泡人参

≠用人参泡酒

可见 a 的 NP_1 只能接受工具论元。与 a 不同，b 的 NP_1 可以接受工具论元，也可以接受"对象-地点"论元，这暗示我们这两个传统上认为都是主语的位置可能有本质性的区别。

陈平(1994)通过对经验事实的细致观察描写，归纳出两条优先序列：

充任主语的语义角色优先序列(宾语相反)：

施事＞感事＞工具＞系事＞地点＞对象＞受事

充任主题的语义角色优先序列：

系事＞地点＞工具＞对象＞感事＞受事＞施事

可以看到，主语的优先级序列上，无论是地点论元还是对象论元，充当主语的优先级都要低于工具论元，而在充当主题的优先级序列上，地点论元的优先级要高于工具论元和对象论元。我们认为，例⑮—⑱所示的语法现象都在两条经验性优先级序列的解释能力之内：b 前后句均能成立，前句是工具话题句(宾语为对象)，后句是地点话题句(宾语为工具)，两者均符合"充任主题的语义角色优先序列"；a 句后句不能成立，是因为地点或对象论元充当主语、工具论元为宾语的句子违反了充任主语和宾语的语义角色优先序列——正因为 a 句是主谓结构，b 句是话题说明结构，a 与 b 的句法变换才会呈现出不对称性。

从指称性上来看，a 句的 NP_1(工具成分)是光杆名词时可以是定指的，也可以是非定指的(周遍性的)，b 的 NP_1 是光杆形式时只能是定指的：

⑳ a. 刀切菜 ⇒ 特定一把刀或几把刀可用于切菜；所有刀都可用于切菜

b. 刀切菜了 ⇒ 特定的一把刀或几把刀拿去切菜了；*所有刀拿去切菜了

如上所示,b 句的工具成分虽然是光杆形式,却不能表示周遍性的意义,只能是会话中有定的、可操作的对象,足见 b 对于 NP_1 有定性的要求比 a 高。汉语中,话题一般是有定的,从这一视角观察 a、b 两类句式,可以认为 b 句的结构接近典型的"话题-说明"结构,而 a 句不是典型的"话题-说明"结构。

a 句是一个单位,而 b 句却是两个单位。赵元任(1968)指出,汉语的一个整句是由一问一答两个零句构成,这一观点与 b 句具有极佳的相性,却很难用于解释 a 句的构成:

㉑ a. -刀呢? -? 切菜。

b. -刀呢? -切菜了。

上两例问答"刀呢?"中的"刀"是言谈涉及的对象,必然都是有定的。例㉑ b 的问答相当自然,a 的问答却只在询问功能的特殊问答语境下才能成立:

㉒ 小张:肉拿手撕。

小周:刀呢?

小张:切菜。

一问一答两个零句之间是"话题-说明"关系,以上两例同样可以说明,b 句的"话题-说明"关系比 a 句更加典型。

种种迹象显示,b 句的工具主语实际上是话题。汉语中话题和主语是一对纠缠不清的概念。学界基本认可汉语的语法是语用凝结的结果,一个合理的推断是:不同句式中语用关系凝结为语法关系的程度是不同的:a 句的凝结程度高,NP_1 与 VP 的关系更紧密,更接近于西方语言语法中的主谓关系;b 句的凝结程度低,NP_1 与 VP 的关系相对松散,更接近于我们认识中的"话题-说明"关系。据此,我们可以将 a 句称作"工具主语句",将 b 句称为"工具话题句"。

在此,以语义上的论元关系和语序确定语法关系的思路受到了挑战,因为论元关系是确凿无疑的,但动词前的名词性成分究竟是作为主语还是话题却是可变的(徐烈炯、刘丹青,1998):相对于动词"切",名词"刀"是工具论元,但"刀"却既可以作为"切"的主语,也可以作为"切"的话题,因此我们无法依据"刀"与"切"的论元关系断定"刀"是什么句法成分。

用“主语”和“话题”测试前人归纳的工具主语句的各个类别就会发现：“工具主语句”的外延很窄，而“工具话题句”的外延很宽。王书贵(1984)归纳了4类工具主语句，各引一例罗列如下：

A_1. 这支枪打猎

A_2. 那台缝纫机做了三百套衣服了

A_3. 敌敌畏灭蚊

B. 这把椅子坐过许多人

C. 这把斧头我用来砍柴

D. 锉刀慢慢地挫着

B类的工具主语其实是话题，张伯江(1989)根据施事宾语句的一般特点，给出了有力论证；C类和D类是典型的“话题-说明”结构。可见，除了A_1和A_3外，其他各例句中动词前的工具成分都是典型的话题，足见徐默凡(2003)提出工具主语都是话题的论断是非常有见地的。

带着“主语-话题”这一区分去看“工具主语句”，很多问题都可以得到更为合理的解释。例如，陈昌来(2001)指出，当“工具主语句”中含有“着、了、过”或带表结果的补语时(对应于本文讨论的工具话题句)，一些“工具主语”前不能添加介词“用”。例如：

㉓ 采购员的两条腿都快跑断了　　＊用采购员的两条腿都快跑断了

㉔ 眼睛都望酸了　　＊用眼睛都望酸了[③]

陈文提出，这些工具性成分其实已经转喻为施事，性质为施事主语，因此无法使用“用”引导，我们对此表示怀疑。陈观点的前提是：在“工具”转喻为“施事”前可以由“用”引导，而事实上，在真实话语中“采购员的两条腿”几乎无法作为工具充当“用”的宾语。针对该类现象，比“范畴转化”更为合理的解释是“采购员的两条腿”和“眼睛”本质上都是话题，话题并不总是可以添加“用”转化为动词的修饰性成分。此外，陈文还指出，“棍子都打折了”“斧子砍钝了”等句的“工具主语”是“受事主语”，因而不可以用“用”引导，其实都可以用话题结构统一进行解释。

2. 状语与主语

近年来，名词前附于动词做状语的情况有增加的趋势(张伯江，

2018)。一般认为,名词做状语和工具主语句是两种毫不相干的句式,其实两者间的差别并不如我们预想中那样大,试看 a 组例句与在其基础上改编的 c 组例句:

㉕ a. 卤水点豆腐,一物降一物
(《人民日报》1982 年 2 月 9 日)
c. 咱们卤水点豆腐

㉖ a. 红盖箱装纸类垃圾,黄盖箱装塑料类
(《人民日报》1996 年 8 月 4 日)
c. 建筑队红盖箱装纸类垃圾

㉗ a. 加工主副食全靠手工操作,刀切菜,手和面
(《人民日报》1974 年 1 月 10 日)
c. 专业厨师一般小刀切菜

上面 a 类的工具性成分均处于"工具+VP"对举格式中,c 类句式的工具性成分均处于"施事+工具+VP"格式中。徐默凡(2003)指出,a 类句式在非对举的环境中较难成句,这一观察是有一定道理的。对举格式之所以可以增强"工具+VP"结构的合法性,是因为其将工具成分置于对比焦点的位置,工具成分的显著度得以增强,相对于谓语更加独立,因而语法角色趋近于主语。反观"施事+工具+VP"结构,由于高显著度施事性成分加入,工具成分的显著度降低,工具性成分与谓语的整合度增强,因为语法角色更趋近于状语。有趣的是,从表达语义的角度来讲,a 句和 c 句中的"工具+VP"并无不同;形象地说,c 句中的"工具"和 VP 像是被施事"挤"到了一起一样。

这里的 c 句,亦即"施事+工具+VP"格式和传统讨论的名词作状语有微妙的区别,试比较 c 类与 d 类,d 类来自张伯江(2018)名词作状语的例子:

㉕ d. 咱们电话联系吧!

㉖ d. 公司一个姓董的同事弄了我之前用过的手机号,把信用卡开通了,从里面恶意透支了三万多。

㉗ d. 那些暂时"中断"学业的志愿者们还是会笑脸迎接着每一个宾客的问询。

c 与 d 最直观的区别在于:c 类的工具成分可以作为状语理解,也可

以作为主语理解，而 d 类却只能作为状语理解，因此 c 类施事成分空缺合法性较高，d 类如果施事成分空缺（空缺不同于省略）合法性很低：

㉘ c.卤水点豆腐　　　　　　　　　＊d.电话联系吧！

经考察我们发现，c 类句的工具成分是动词语义框架中的核心成分，d 类中的名词状语则不然，“电话”“恶意”“笑脸”都只是对应动词和 VP 语义的附属成分。具体而言，从 c 类动作行为倒推动作的参与角色，“点（豆腐）”的动作不能没有卤水，“装”的动作不能没有容器（木桶），“切”的动作不能没有刀，“卤水”“木桶”和“刀”是对应行为动作语义上的必然参与者。王书贵（1984）指出，有些工具主语句的主语并非常规意义上的工具：

㉙ 肉包子打狗

㉚ 中草药治病

㉛ 山葡萄做酒

常识中，“肉包子”是食品，“中草药”是药材，“山葡萄”是植物，然而“打狗”“治病”和“做酒”却必须要有工具（原料），为这些常识中不是工具的事物套上了“工具”的外壳。与 c 类形成鲜明对应，d 类中的“电话”“恶意”和“笑脸”不是动作语义框架的核心，只是伴随性成分。由于“电话”和“笑脸”前同样可以添加通常用于引介工具论元的介词“用”，孙德金（1995）认为它们同样是工具。事实上，“电话”“恶意”和“笑脸”并不是工具，仅仅是动作执行的方式，语义可以解读为“以电话/恶意/笑脸的形式”总是伴随性的。综合以上两点可见，两种“名词状语”的语法和语用性质有显著差异，应当加以区分。

由于 d 类动词前的名词只能做状语，我们可以将这些名词为“真名词状语”；相应地 c 类中的工具成分只有受到施事挤压时才倾向于识别为状语，其实本质上仍是主语，可以称为“假名词状语”。我们认为，两类动词前成分来源不同，产生机制也不同：d 类组配限制大，只有少数固定的用例，能产性较低，且具有成语化、词汇化的倾向（例如“电话联系”“恶意透支”），性质上属于语言发展过程中沉淀下来的固定用法；c 类组配限制小，能产性高，属于语言使用过程中浮现出的临时性组配，从这个角度来看，c 类可以称为动词的“临时名词状语”，d 类可以称为动词的“专属名词状语”。

做出这种区分后我们进一步确认，a类和c类中的“NP(工具)＋VP”性质从语法、语义、语用层面上来说完全相同，我们对于两者工具成分的“语法性质”会有不同的解读，只是因为两者处于不同的环境中。因为序列配置不同，a类中的工具性成分显著度提升，相对而言更加独立；c类中工具性成分显著度受到抑制，独立性弱，成为其后动词的附庸，几乎凝结成为一个成分。这一结果指向一个离经叛道的结论，对于汉语而言，完全相同的结构在不同环境中会被赋予完全不同的“语法性质”，结构成分的“语法角色”可以随语言序列配置而变化，可见这里我们看到的“主语”“状语”这些“语法角色”是次生性的，不是真正的“语法角色”，更不是汉语语法的基础性概念。

3. 工具指称语的独立性

由上文结果可知，当听话人接收到一个“工具＋VP”序列，对于其中的工具名词可以做出话题、主语和状语三种解读，他该如何分辨呢？我们认为，工具名词的独立性是决定听话人作何理解的重要因素。延续上文的思路，我们主动扬弃“话题”“主语”和“状语”这些先入为主的标签，得到了更为简洁的结果：所谓话题、主语和状语，其实是与VP关联度不同的三类指称性语，话题的独立性最强，主语次之，状语最弱。

工具指称语的独立性主要由其所处的环境(句子配列)决定的。当工具指称语后接一个完整的叙述语(常见的有带有“着、了、过”，情态词或结果补语等“完句成分”的VP)时，两者可以直接组成自足的“话题-说明”结构，各自维持自身独立：

工具性指称语＋完整叙述语→ [工具性指称语话题] ＋ [完整叙述语说明]

此时工具指称语与VP的关联最松散，上文称该工具指称语为“话题”。当工具指称语后接一个不完整的叙述语(没有完句成分的VP)时，工具指称语优先与不完整叙述语结合，构成复合叙述语，以确保叙述语的独立性：

工具性指称语＋不完整叙述语→ 带有工具性指称语的复合叙述语

复合叙述语中，工具指称语与VP的关联相对紧密，上文称之为“主语”。

当这一复合叙述语整体用于说明居前的其他指称性成分时：

其他指称语＋带有工具性指称语的复合叙述语➡

[其他指称语话题]＋[带有工具性指称语的复合叙述语说明]

工具性指称语与 VP 就会结合得更紧密，指称语和 VP 的联系最密切，上文称之为“状语”。汉语最基本的句法结构是“话题-说明”结构，单独的指称语或叙述语是无法自足存在的，因而上述结构中“工具指称语＋完整叙述语”是自足的，可以独立成句，而带有工具性指称语的复合叙述语较难独立成句，需纳入并置结构。至于以其他“指称语”为话题，以“带有工具性指称语的复合叙述语”为说明的句子，一方面其具有“话题-说明”结构，另一方面句中没有常规意义上的完句成分，和完整的叙述语有差距，因此就自足性而言处于中间状态，独立成句的合法性比较低，一般仍需要后续句支持。

工具指称语的独立性也受自身显著度的影响，这种变化比较微妙，在此仅略作探讨。在特定配列中，工具指称语的独立性以及与不完整叙述语关联的密切程度并非一成不变的，以一组自拟例句说明：

㉜ 刀切菜，棒擀面

㉝ 这把刀切菜，这根棒擀面

㉞ 青龙偃月刀切菜，如意金箍棒擀面

以上三例均属于 a 类结构。例㉝和㉞增强了刀的定指性，两者工具指称语的显著度更高。我们发现进行这些操作后，结构整体的自足性有增强，以至于可以独立成句：

？㉟ 刀切菜

㊱ 这把刀切菜

㊲ 青龙偃月刀切菜

工具指称语与不完整叙述语的关联减弱了，以至于可以允许话题化：

？㊳ 切菜，刀

㊴ 切菜，这把刀

㊵ 切菜，青龙偃月刀

我们认为，这是由于随着工具指称语的显著度增强，其与不完整叙述语的关联程度被迫削减，从而使得“工具指称语＋不完整叙述语”的配列更趋近于“话题-说明”结构，因而趋于可以独立成立的句子：

显著工具性指称语＋不完整叙述语➡ 显著工具性指称语话题 ＋ 不完整叙述语说明

b类结构中也有类似的趋向，下列自拟例句㊶—㊷中工具指称语的独立性均强于例㊶：

㊶ 刀切菜了

㊷ 那把刀切菜了

㊸ 刀切昨天剩的黄花菜了

㊹ 刀我切菜了

比较例㊷与㊶，“那把刀”的显著度高于“刀”，因此前一工具指称语的独立性“主动地”强于后者；例㊸、㊹的工具性指称语同例㊶一样，都是“刀”，只是因为前两者的叙述语更显著，更充分、“完整”，受叙述语的作用，但前两者工具指称语的独立性“被动地”强于后者。可见“独立性”既是一种内在性质，也是一种相互作用。一方面，指称语或叙述语本身的显著度提高可以增强独立性；另一方面，指称语和叙述语中任一方独立性增强，两者的关联随之减弱，受关联度影响，另一者的独立性也会随之被动提升。

可见汉语的句子的构成就像是以构成“话题-说明”结构为目的一场合作博弈，指称性成分和叙述性成分都是这场博弈的参与者，分别参与建构话题与说明，只要话题或说明中的一方取得足够的独立性，“话题-说明”结构就可以建立起来，整个句子的稳定性和自足性也就得到了保障。

附　注

① 本文对“工具论元”采取广义的理解，包括“材料论元”。感谢陈振宇老师在第十届现代汉语语法国际研讨会上指出该处存在定义模糊的问题。

② a、b组例句引用、改编自陈平《试论汉语中三种句子成分与语义成分的配位原则》(1994)。

③ 例㉓、㉔引自陈昌来《工具主语和工具宾语异议》(2001)。

参考文献

吕叔湘.汉语语法分析问题[M].北京：商务印书馆,1979.

孙德金.现代汉语名词做状语的考察[J].语言教学与研究,1995(4).

张伯江.施事宾语句的主要类型[J].汉语学习,1989(1).

张伯江.汉语句法中的框-棂关系[J].当代语言学,2018(2).

徐烈炯,刘丹青.话题的结构与功能[M].上海：上海教育出版社,1998.

徐默凡.现代汉语工具范畴的认知研究[D].上海：华东师范大学,2003.

朱德熙.语法讲义[M].北京：商务印书馆,1982.

王书贵.工具主语句[M]//语言学论丛(第13辑).北京：商务印书馆,1984.

范　晓.汉语的句子类型[M].太原：书海出版社,1998.

范继淹.多项NP句[J].中国语文,1984.

陈　平.试论汉语中三种句子成分与语义成分的配位原则[J].中国语文,1994(3).

陈昌来.工具主语和工具宾语异议[J].世界汉语教学,2001(1).

(本文发表于2020年《汉语学习》第2期)

单音节"手"部动词的时空要素分析*

北京语言大学汉语进修学院　骆健飞

1. 引言

汉语的单音节动词因其动作性强，动作较为具体，可以清晰地描述出其动作所凭借的工具、动作发生的方式、动作所指向的方向、动作发生的处所、该动作所要达到的目的以及产生的原因等，而对应的双音节动词则不能达到如此精细的程度，往往会在不同程度上取消这些"时空特征"，以"唱-歌唱"为例，在《现代汉语词典》(第7版)中，对二者是这样解释的：

(1) a. 唱：口中发出(乐音)，依照音律发出声音。

b. 歌唱：用唱歌、朗诵等形式颂扬。

二者在语义上均与"唱"有一定联系，在"唱"的词条中，我们会发现需要凭借工具"口"，要依照"音律"才能完成"唱"这个动作，而"歌唱"则不必须用口，甚至不用完全按照音律，可以通过多种形式来表现，只要表达出"颂扬"的意义即可。因此我们才有了"唱美声"与"歌唱祖国"的对立，"唱美声"表示依照"美声"的音律来发出声音，而"歌唱祖国"则可以理解为"为祖国而歌唱"，只要表达出"颂扬"的意义即可，并不需要这些具体的时空要素。

冯胜利(2012、2015)，王永娜(2011、2012、2013)以及王永娜、冯胜利(2015)，骆健飞(2017)，冯胜利、施春宏(2018)，王丽娟(2018)的系列研究均指出了单音节词的"具时空化"与双音节词的"泛时空化"，比如：

(2) a. N单→N双：家→家庭，眼→眼睛，国→国家

b. V单→V双：编→编写，改→改造/修改，造→创造/建造

---

* 本成果受北京语言大学院级科研项目(中央高校基本科研业务专项资金)资助，项目编号为21YJ010201。

这些单音节词具有很具体的时空属性，与之对应的双音节词则很难充分地描绘出这些时空属性，以动词“拃”为例：

(3) 拃：张开大拇指和中指(或小指)来测量长度。

这个动作的目的是“测量长度”，在汉语中有很多动词在意义上可以与之对应，比如“测量”“丈量”等，但它们均无法体现出“张开大拇指和中指”这样具体的时空属性。

在汉语的单音节动词中，到底有多少时空要素，哪些时空要素更多，哪些更少，它们的数量和比例是多少，又由此带来了哪些汉语词汇和句法上的特点，仍然缺乏系统性的研究。

基于以上原因，本文以汉语单音节“手”部动词为研究对象，穷尽性地考察其所携带的所有时空属性特征，并将其分类、量化，据此分析汉语单音节动词的时空特点以及由此带来的语法和语体上的规律。

2. 单音节“手”部动词所关涉的时空要素

本文以《现代汉语词典》(第 7 版)中所有“手”部动词为研究对象[①]，共计 373 个词条，逐条分析其释义方法，并将这些动词所涉及的时空要素逐一进行描写，将其归类并统计每个类型的数量，最后对这种现象进行了解释。

首先，我们看单音节“手”部动词所涉及的“时空要素”，这里所说的时空要素，包括动作所关涉到的工具、方式、方向、处所、目的及原因等。看下边的例子：

(4) a. 挂：借助于绳子、钩子、钉子等使物体依附于某处的一点或几点。

b. 挖：用工具或手从物体的表面向里用力，取出其一部分或其中包藏的东西。

c. 搽：用粉末、油类等涂(在脸上或手上等)。

d. 擦：用布、毛巾等摩擦使干净。

e. 摔：(身体)失去平衡而跌倒。

f. 托：手掌或其他东西向上承受(物体)。

g. 揉：用手反复推压搓弄东西，使变软或成球形。

在以上例子中，有表示该动作所凭借工具的要素，比如“挂”所凭借的工具是“绳子、钩子、钉子等”,“挖”凭借工具是“工具或手”,“搽”用“粉末、油类等”,“擦”用“布、毛巾”等,“托”则用“手掌或其他东西”。有表示动作发生方式的要素,比如“揉”发生的方式是“反复”,需要“反复”推压、搓弄才能完成该动作;有表示该动作方向的要素,比如“挖”的方向是“从物体的表面向里”,“托”的方向是“向上”;有表示该动作发生处所的要素,比如“搽”发生的处所一般在“脸上或手上”;有表示该动作目的的要素,比如“挂”的目的是“使物体依附于某处的一点或几点”,“挖”的目的是“取出其一部分或其中包藏的东西”,“擦”的目的是“使干净”;也有表示该动作发生原因的要素,比如“摔”发生的原因是“(身体)失去平衡”。

汉语中的单音节动词因其动作性强,因此具备丰富的时空属性,以上动词均具有一个或多个时空要素,通过释义我们能充分感受其动作特点,下文根据汉语“手”部动词,分别从“工具”“方式”“方向”“处所”“目的”“原因”等六个方面,考察汉语单音节“手”部动词的时空要素及其主要特点。

3. 单音节“手”部动词时空特征的主要类型

3.1 工具类时空特征

由于本文的研究对象是“手”部动词,当然其所凭借的工具应该与“手”有关,然而通过我们的观察,除了直接与“手”相关的工具外,还会出现与“手”相关的其他身体部位,以及可以“手持”的各种工具,甚至包含了部分不可手持的工具,还包含了意义较为抽象的工具,以下分别进行描述。

首先是直接与手相关的工具,称为“A 类”,在 A 类中,分为两种小类,一类是直接用手,另外一类则是用手的某个部位,如手指、手掌、手臂等。

A 类:用“手”或与“手”有关的某个部位,这类工具共有 50 例,根据使用“手”的部位的不同,可以分为 A1 和 A2 两个次类,如下所示:

A1 类:直接用手。这类共有 24 例,其中,释义为“用手”的共 18 例,释义为“用两手/用双手”的共 6 例。比如:

(5) a. 扶:**用手**支持使人、物或自己不倒。

b. 捧:**用双手**托。

A2 类:与“手”有关的某个部位。这里主要有三种部位,一个是与

"手指"有关的部位,一个是与"手掌"有关的部位,另外一个是与"手臂"有关的部位,以下分别说明:

首先,与"手指"有关(共 13 例),包括:用手指(8 例),用两三个手指头(1 例),大拇指、中指(或小指)(1 例),用拇指和别的手指(1 例),用拇指和另一个指头(1 例),五指(1 例)。比如:

(6) a. 拈:**用两三个手指头**来夹取(东西);捏。

b. 掐:**用拇指和另一个指头**使劲捏或截断。

其次,与"手掌、手掌中的某些部位"等有关(共 4 例),包括用手掌(1 例),用巴掌(1 例),用手的虎口(1 例),两个手掌(1 例)。比如:

(7) a. 批:**用手掌**打。

b. 搓:**用两个手掌**反复摩擦,或把手掌放在别的东西上来回揉。

再次,与手相关的其他部位,如"手臂、胳膊"等(共 9 例),包括手臂(2 例),用肩膀(3 例),胳膊(4 例)。比如:

(8) a. 抱:**用手臂**围住。

b. 挎:**胳膊**弯起来挂住或钩住东西。

表 1 "手"或"手"的某个部位作为工具的数量和百分比

类型	A1 类		A2 类			总计
要素	手	双手	手指	手掌	手臂等	
数量	18	6	13	4	9	50
百分比	36%	12%	26%	8%	18%	100%

第二大类是使用可手持的工具,称为 B 类。

B 类:使用可手持的工具。这类共有 37 例,根据所持工具的不同,又可以分为 B1—B4 四个次类。

B1 类:绳子、棍子、钩子、刀子等协助工作/劳动类工具,共计 17 例,这些器具以四种为代表,分别是"棍子""绳子""刀子"以及其他相关劳动工具,如下所述:

首先,是与"棍子"有关的工具,共 5 例,比如"捣":**用棍子等的一端**撞击。

其次,是与"绳子"有关的工具,共 4 例,比如"捆":**用绳子等**把东西缠紧打结。

再次,是与“刀子”有关的工具,共4例,比如“搿”:**用刀子等**刮。

最后,是其他相关劳动工具,如“钩子、锥子”等,共4例。

B2类:可用于清洁、洗刷类的工具,共8例,比如:

(9) a. 扫:**用笤帚、扫帚**除去尘土、垃圾等。

b. 掸:**用掸子或别的东西**轻轻地抽或拂,去掉灰尘等。

c. 搋:**用搋子**疏通下水道。

B3类:可用于搏斗、惩戒他人的工具,如“鞭子、棍棒、刀剑”等,共5例。比如:

(10) a. 挞:**用鞭子、棍子等**打人。

b. 揕:**用刀剑等**刺。

B4类:生活辅助及运动类工具,如“拐杖、毛笔、筷子、球拍”等,共7例。比如:

(11) a. 拄:为了支持身体**用拐杖等**顶住地面。

b. 掭:**用毛笔**蘸墨后斜着在烟台上理顺笔毛或除去多余的墨汁。

c. 抽:**用球拍**猛力击打(球)。

表2 可手持类工具的数量和百分比

类型	B1类				B2类	B3类	B4类	总计
要素	棍子	绳子	刀子	其他	清洁洗刷	搏斗惩戒	生活运动	
数量	5	4	4	4	8	5	7	37
百分比	14%	11%	11%	11%	22%	14%	19%	100%②

第三大类是不可手持的工具,称为C类。

C类:使用不可手持的工具,这类共6例,包括“清水、车、粉末、油类、松软干燥的东西、衣襟”等。比如:

(12) a. 投:**用清水**漂洗(衣物等)。

b. 拉:**用车**载运。

第四大类是意义抽象的工具,称为D类。

D类:用意义抽象的工具,这类共4例,包括“用劳动、用尖刻的话、用某种语言、方言”等。比如：

(13) a. 挣：**用劳动**换钱。

b. 损：**用尖刻的话**挖苦人。

我们将以上所有A、B、C、D类工具及其子类进行梳理，归并到表3中。

表3 单音节“手”部动词所关涉的“工具”类时空特征分类及数量汇总

<table>
<tr><th colspan="3">类 型</th><th>数量</th><th>小计</th><th>合计</th></tr>
<tr><td rowspan="5">A类：与手相关</td><td rowspan="2">A1：手</td><td>手</td><td>18</td><td rowspan="2">24</td><td rowspan="5">50</td></tr>
<tr><td>双手</td><td>6</td></tr>
<tr><td rowspan="3">A2：与手有关的部位</td><td>手指</td><td>13</td><td rowspan="3">26</td></tr>
<tr><td>手掌</td><td>4</td></tr>
<tr><td>手臂等</td><td>9</td></tr>
<tr><td rowspan="7">B类：可手持工具</td><td rowspan="4">B1：工作、劳动类</td><td>棍子</td><td>5</td><td rowspan="4">17</td><td rowspan="7">37</td></tr>
<tr><td>绳子</td><td>4</td></tr>
<tr><td>刀子</td><td>4</td></tr>
<tr><td>其他</td><td>4</td></tr>
<tr><td colspan="2">B2：清洁、洗刷类</td><td>8</td><td>8</td></tr>
<tr><td colspan="2">B3：搏斗、惩戒类</td><td>5</td><td>5</td></tr>
<tr><td colspan="2">B4：生活、运动类</td><td>7</td><td>7</td></tr>
<tr><td colspan="3">C类：不可手持工具</td><td>6</td><td>6</td><td>6</td></tr>
<tr><td colspan="3">D类：意义抽象工具</td><td>4</td><td>4</td><td>4</td></tr>
</table>

3.2 方式类时空特征

这类时空特征表示该动作所关涉的方式，包括该动作的力度、速度，也包括该动作所伴随的状态、态度等，同时包括做该动作的不同方式，下文分为五个类型进行分析。

A类：强调用力大或速度快，共19例，包括用力(10例)，猛(2例)，猛力(1例)，紧紧(4例)，使劲儿(1例)，猛然(1例)。比如：

(14) a. 扑：**用力**向前冲，使全身突然伏在物体上。

b. 抽：用球拍**猛力**击打(球)。

c. 掐：用拇指和另一个指头**使劲**捏或截断。

d. 撞：运动着的物体跟别的物体**猛然**碰上。

B类：强调用力小或程度低，共9例，包括轻轻(7例)，稍稍(1例)，稍微(1例)。比如：

(15) a. 抚：**轻轻地**按着。

b. 抿：(嘴、耳朵、翅膀等)**稍稍**合拢；收敛。

C类：表示动作所伴随的状态(与手有关)，共15例，包括伸手、垂手、拱手、侧手、举手、摆动手臂、五指拳曲聚拢等，比如：

(16) a. 招：**举手**上下挥动。

b. 提：**垂手**拿着(有提梁、绳套之类的东西)。

D类：表示做事的方式，共19例，包括顺着、挤着、弯起来、反复、均匀地、照底样、重复地、替换着等，比如：

(17) a. 抄：**照着别人的作品、作业等**写下来当作自己的。

b. 摞：把东西**重叠地**往上放。

c. 描：在原来颜色淡或需要改正的地方**重复地**涂抹。

E类：表示做事的态度、时间等，共10例，包括莽撞地、匆忙地、不顾一切地、同时、顺便等。比如：

(18) a. 撞：**莽撞地**行动；闯。

b. 拼：**不顾一切地**干；豁出去。

表4 方式类时空特征的数量及百分比

类型	A类	B类	C类	D类	E类	总计
要素	用力大/速度快	用力小/程度低	伴随状态	做事方式	做事态度	
数量	19	9	15	19	10	72
百分比	26%	13%	21%	26%	14%	100%

3.3 方向类时空特征

我们在观察动作所关涉到的方向类时空特征时发现，其内容十分丰富，所涉及的方向包括向上、向下、向左、向右、向前、向后、向里、向外、向一端、向一侧、向自己、聚拢、散开等诸多方向，根据这些方向的特点，将其分为 A、B、C、D 四类。

A 类：上下左右前后等方向，共 21 例，包括向上（5 例），向下（5 例），向前（3 例），从下向上（1 例），由上往下（1 例），从后边（1 例），向后（1 例），上下（2 例），左右（1 例），斜着（1 例）。比如：

（19） a. 托：手掌或其他东西**向上**承受（物体）。

b. 扭：身体**左右**摇动（多指走路时）。

c. 探：**向前**伸出（头或上体）。

B 类：与“里外”有关的方向，共 6 例，包括从里往外（4 例），从外向里（2 例）。比如：

（20） a. 抠：用手指或细小的东西**从里边往外**挖。

b. 挖：用工具或手从物体的表面**向里**用力，取出其一部分或其中包藏的东西。

c. 排：物体**从内部**释放出来。

C 类：从某一端/侧到另外一端/侧，共 3 例。比如：

（21） 拉：刀刃与物件接触，**由一端向另一端**移动，使物件破裂或断开；割。

D 类：与自己有关的方向类，共 8 例。比如：

（22） a. 拉：用力使**朝自己所在的方向**或跟着自己移动。

b. 搂：**向自己的方向**拨；扳。

E 类：聚拢、散开类，共 2 例。比如：

（23） 揽：用绳子等把松散的东西**聚拢到一起**，使不散开。

表 5　方向类时空特征的数量及百分比

类型	A 类	B 类	C 类	D 类	E 类	总计
要素	上下左右前后	里外	一端/一侧	与自己有关的方向	聚拢/散开	
数量	21	6	3	8	2	40
百分比	53%	15%	8%	20%	5%	100%

3.4 处所类时空特征

这类时空特征主要表述该动作发生的处所,既包括具体的场所,也包括抽象的场所,可分为如下四个类型。

A类:事件发生的具体处所,共10例,包括在公文、契约上,凉水里,砚台上,炉灶里,等等。比如:

(24) a. 押:**在公文、契约上**签字或画符号,作为凭信。

b. 拔:把东西放**在凉水里**使变凉。

B类:事件发生的抽象场所,共6例,包括心里,黑暗中,拥挤的环境中,等等。比如:

(25) a. 摸:**在黑暗中**行动。

b. 抱:**心里**存着(想法、意见等)。

C类:事件发生在身体的某一部位,共4例,包括在肩背上,在脸上,手上,手里,等等。比如:

(26) a. 搽:用粉末、油类等涂(**在脸上或手上**等)。

b. 披:覆盖或搭**在肩背上**。

D类:事件发生在物体上或物体的某一部位,共5例,包括在物体上(2例),乐器的某一部分,衣服的口袋、袖管、衣襟等处。比如:

(27) a. 揣:手或物品藏**在穿着的衣服的口袋、袖管、衣襟等处**。

b. 描:**在原来颜色淡或需要改正的地方**重复地涂抹。

表6 处所类时空特征的数量及百分比

类型	A类	B类	C类	D类	总计
要素	具体处所	抽象处所	身体部位	物体或物体某一部位	
数量	10	6	4	5	25
百分比	40%	24%	16%	20%	100%

3.5 目的类时空特征

这类时空特征表述该动作所要达到的目的,或造成的结果,根据目的性的不同,可以分为如下七个类型。

A类：表示"使位移"的目的，共19例。比如：

(28) 拖：拉着物体**使挨着地面或另一物体的表面移动**。

B类：表示"使变化"的目的，共9例。比如：

(29) 揉：用手反复推压搓弄东西，**使变软或成球形**。

C类：表示"使附着"的目的，共5例。比如：

(30) 挂：借助于绳子、钩子、钉子等**使物体依附于某处的一点或几点**。

D类：表示"使去除"的目的，共7例。比如：

(31) 掀：**使遮挡覆盖的东西向上离开**。

E类：表示"使受益"的目的，共7例。比如：

(32) 挣：用力**使自己摆脱束缚**。

F类：表示"使受损"的目的，共4例。比如：

(33) 撅：当面**使人难堪**；顶撞。

G类：表示其他目的，共4例。包括使美观(2例)，使发声(1例)，使制成(1例)。比如：

(34) a. 捋：用手指顺着抹过去，**使物体顺溜或干净**。

b. 拉：牵引乐器的某一部分**使乐器发出声音**。

表7 目的类时空特征的数量及百分比

类型	A类	B类	C类	D类	E类	F类	G类	总计
要素	使位移	使变化	使附着	使去除	使受益	使受损	其他	
数量	19	9	5	7	7	4	4	55
百分比	35%	16%	9%	13%	13%	7%	7%	100%

3.6 原因类时空特征

这类时空特征表示该动作所发生的原因，这类时空特征数量极少，只出现两例：

(35) a. 抖：指人**因为有钱有地位等**而得意(多含讥讽意)。

b. 摔：(身体)**失去平衡**而跌倒。

通过穷尽性地分析汉语373个单音节"手"部动词，我们共发现了291个时空要素，表8列出了所有时空要素的数量、百分比及总量。

表 8　汉语单音节“手”部动词的全部时空要素数量及比例

类型	工具	方式	方向	处所	目的	原因	总计
数量	97	72	40	25	55	2	291
百分比	33%	25%	14%	9%	19%	1%	100%

4. 六种时空要素的对比与分析

上文通过穷尽性地分析汉语 373 个单音节“手”部动词，共发现了 291 个时空要素，上文表 8 列出了所有时空要素的数量、百分比及总量。

我们认为，表 8 中的六种时空要素，可以分为不同的句法位置，看下边的三个句子。

(36) a. 怎么张三会去香港?

b. 张三怎么会去香港?

c. 张三会怎么去香港?

例(36a)的意思是“为什么张三会去香港”，句子所问的信息是“原因”；例(36b)的意思是“张三为(了)什么会去香港”，句子所问的信息是“目的”；例(36c)的意思是“张三会采用什么工具去香港”，句子所问的信息是“工具”。通过对比这三句话，我们发现，不同的时空要素所处的句法位置并不相同。具体来说，表示“原因”的时空要素位于主语前，表示“目的”的时空要素位于主语和谓语之间，而表示“工具”的时空要素则位于主语和助动词之后，因此可以有例(37)的示意图：

(37) a. [原因]+主语+助动词+动宾结构

b. 主语+[目的]+助动词+动宾结构

c. 主语+助动词+[工具]+动宾结构

据此可以推断，“工具、方式”等时空要素，是与该动作直接相关的要素，具有非常强的时空性，可以准确地描写出该动作的细节以及与其他动作的区别所在，因此其数量也最多；而“目的”则是关涉到动词的外部特征，只是描写该动作所要达成的目标，因此并不是在具体地刻画该动作的细节特征，但由于动作一般具有目标性，因此数量也较多；“原因”类特征由于与动作本身距离太远，相关度不高，因此数量也有限，几乎不作为单音节动词的常设时空特征。

5. 结论

本文通过对 373 个单音节"手"部动词的考察，分析了动词时空要素的类型及其数量分布，并通过句法、语体等手段对其分布进行了解释，得到如下结论：

首先，汉语动作动词的时空要素主要分为六种类型，其出现的数量并不相同：工具、方式出现频率最高，表示目的的时空要素也达到一定数量，表示原因的时空要素最少。

其次，时空要素的类型与句法位置有关：工具、方式类时空要素出现在"内状语"的位置，距离动词较近；目的、原因类时空要素出现在"外状语"的位置，距离动词较远。时空要素的类型在句法上对应不同的位置。

附　注

① 在词典中，主要显示为"扌"部，即提手旁。其中同音词、同形词处理为不同词条，如"挨"，虽然同形，但它有两个完全不同的义项，在词典中也分为两个词条，分别是：

挨 āi 靠近；紧接着。

挨 ái 遭受；忍受。

同时，异形词按同一词条处理，如："捍/扞"，二者虽然在词典中列为两个词条，但实际上二者语义完全相同，这种情况就处理为同一词条。根据以上标准，我们确定了 373 条"扌"部动词作为研究对象。

② 因采用四舍五入取数值，本文表格中部分总计数值与各类数值相加之和稍有出入。

参考文献

蔡维天.论汉语内、外轻动词的分布与诠释[J].语言科学，2016(4).

邓昊熙.试析论元增容与施用结构[J].语言教学与研究，2014(6).

邓思颖.形式汉语句法学[M].上海：上海教育出版社，2010.

冯胜利."写毛笔"与韵律促发的动词并入[J].语言教学与研究，2000(1).

冯胜利.汉语韵律语法研究[M].北京：北京大学出版社,2005.

冯胜利.论韵律文体学的基本原理[J].当代修辞学,2010(1).

冯胜利.语体语法:“形式-功能对应律”的语言探索[J].当代修辞学,2012(6).

冯胜利.语体语法的逻辑体系及语体特征的鉴定[M]//汉语应用语言学研究(第4辑).北京：商务印书馆,2015.

冯胜利.《单双音节对应词词典》编纂的理论与实践[C]//第13届对外汉语国际学术研讨会(新疆大学),2016.

冯胜利.论音系的语体属性：正式语音和非正式语音的对立[R].天津语言学年会发言稿.天津：天津大学,2017.

冯胜利,施春宏.论语体语法的基本原理、单位层级和语体系统[J].世界汉语教学,2018(3).

骆健飞.论单双音节动词带宾的句法差异及其语体特征[J].语言教学与研究,2017(1).

马文津.单双音节动作动词的义素与语体对应关系研究[D].香港：香港中文大学,2019.

孙天琦.谈汉语中旁格成分作宾语现象[J].汉语学习,2009(3).

孙天琦,李亚非.汉语非核心论元允准结构初探[J].中国语文,2010(1).

王丽娟.汉语旁格述宾结构的语体鉴定及其语法机制[J].语言教学与研究,2018(6).

王永娜.书面语体“V+向/往+NP”的构成机制及句法特征分析[J].华文教学与研究,2011(3).

王永娜.书面语体“和”字动词性并列结构的构成机制[J].世界汉语教学,2012(2).

王永娜.谈书面语中“动词性成分名词化”的语法机制[J].华文教学与研究,2013(3).

王永娜.汉语书面正式语体语法的泛时空化特征研究[M].北京：中国社会科学出版社,2016.

王永娜,冯胜利.论“当”、“在”的语体差异——兼谈具时空、泛时空与超时空的语体属性[J].世界汉语教学,2015(3).

副词研究

对立式主观副词的意义和用法*
——以“早晚”“大小”和“反正”为例

广东外语外贸大学　石定栩
郑州大学　孙嘉铭

0. 引言

“早晚”“大小”“反正”一般都分析为副词，在句子里充当状语，但它们其实并不描述谓语的性质，也不修饰、限制谓语。这些复合词都由两个意义相反的语素构成，文献中通常称为“反义对立式语气副词”或“反素情态副词”（张谊生 2004：319；董正存 2005：57），它们的整体意义与内部语素的概念义有些关联，但主要表达说话人对某一命题的态度或情感，是所谓的“主观副词”（石定栩、孙嘉铭 2016、2017）。这几个副词的意义比较抽象，而且用法的差别有时候非常细微，可以像例（1）和例（2）那样互换。

（1）a. 他想问问有没有他的信，又想到问也是白问，反正学校那些人会转给他的。

b. 他想问问有没有他的信，又想到问也是白问，早晚学校那些人会转给他的。

（2）a. 大小是个官，总比挑水卖菜的强。

b. 反正是个官，总比挑水卖菜的强。

词典或工具书对这些副词的解释往往大同小异，例（3）、例（4）、例（5）中的“无论怎么”“无论大小”或“在任何情况下都……”等总括性表达，体现的也是这种共同点。

---

* 本文是国家社科基金重大项目“生成语法的汉语研究与新时代汉语语法理论创新”（18ZDA291）的中期成果。

(3) 早晚：表示事情和情况无论怎么变化、发展，最终总会出现某种预想的结局。(张斌主编，2001：691)

(4) 大小：无论大小，即便较小(可毕竟是某类对象)。(朱景松主编，2007：91)

(5) 反正：1) 强调在任何情况下都不改变结论或结果……2) 指明情况或原因，意思与“既然”相近，而语气较强。(吕叔湘主编，1999：199)

文献中关于这种副词的语义类别和功能的讨论很多(张谊生 2004；董正存 2005)，关于词汇化及语法化历程的研究也不少(李宗江 2009；罗耀华、周晨磊 2011；于立昌 2017)，但像李宏(1999)那样讨论具体语义及交际语用功能的，则相当少见。这在很大程度上是由语法研究的目标驱动的。这些副词在日常交际中的使用频率很高，相关的用法一般汉语母语者到了一定阶段就会自然习得，似乎没有太大的理论价值。不过，对于缺乏汉语语感的外国学生来说，这些却是必须经过学习才能掌握的知识；对于教他们的老师来说，说清楚这类副词的主观意义和实际用法，提供准确的使用指引，是课堂教学的基本要求之一，而要真正把这些都说清楚，牵涉到的理论问题其实非常多。

本文从“早晚”“大小”“反正”所在命题和语篇的互动入手，探讨这些副词的本质语义，分析形容词量级表达的差异及其对词汇义的制约，以及语用原则对主观意义的影响，并探讨这些副词的句法表现与层次。语料来自北京大学 CCL 语料库及北京语言大学 BCC 语料库。

1. “早晚”“大小”“反正”的主观意义

说话人使用“早晚”“大小”及“反正”，不是对谓语进行修饰、限制，而是表示对小句命题的评价，或者表明自己的态度。这些副词表达的主观意义都比较抽象，而且语用意义差别很大，直接描述有一定的难度。副词在汉语语法研究中通常归入虚词(马真 2004：3－6)，而“虚词研究的重点不只是语法意义分析，关键在于形式上给予验证”，从而为每个虚词的意义建立“定位框架”(邵敬敏 2019)。“早晚”“大小”“反正”的相同之处是对命题的主观评注，而差别在于“定位框架”的不同，而且评价的内容也不相同。

1.1 “早晚”的主观意义

“早晚”的主观意义与共现成分密切相关。

1.1.1 “早晚”与情态动词共现

实际语料中，“早晚”常常与表示判断、预测的认知情态动词(epistemic modal)“会”“要”“能”共现：

(6) 票子发多了、总需求膨胀了，早晚会反映到物价指数上来。

(7) 晋见太后皇帝时，建议赶快开发“满洲”，否则早晚要让日本抢了去。

(8) 她说把丁丁安插到她要让他去的那个重要部门，是个早晚能成的事情，只要打通关节就行。

“会”“要”“能”在这里表示的是非现实事件，因此与表示命题为真的标记有冲突(李命定、袁毓林 2018)。例(9)中出现了“已经”和“了”，表示小句命题的内容在参考时间之前业已成为事实，例(10)中的“没”表明命题事件一直到参考时间都不曾发生，所以出现了“会”的例(9b)和用了“能”的例(10b)是不能说的。

(9) a. 四个现代化已经实现了。

b. *四个现代化会已经实现了。(转引自李命定、袁毓林 2018)

(10) a. 美国在两次世界大战中，得天独厚，战争没有打到本土，反而得到好处。

b. *美国在两次世界大战中，得天独厚，战争能没有打到本土，反而得到好处。

“早晚”可以与“会”等情态动词匹配，说明其所在命题描述的是非现实事件。

1.1.2 “早晚”与表示未来的时间成分

汉语不用形态标记表示动作时间与说话时间的关系，而是采用句法或其他手段来表示这种关系，例(11)、例(12)中的时间状语就表示动作是将来才会发生的。

(11) 假如不尽早重视这一问题，早晚有一天会有人尝到它的苦果。

(12) 我相信《镜花缘》早晚将为影视界所垂青，会把李汝珍笔下的人物搬上屏幕的。

还有些状语性成分提示相关事件在说话时间之后才会发生。例(13)中的“再这样下去”和例(14)的“从长远看”都说明所在小句描述的是未然事件,体现的是非现实性(Palmer 2001: 124-125;王晓凌 2009: 34;张雪平 2012)。

(13) 再这样下去,骗局早晚会被识破的。

(14) 从长远看,月票早晚要取消,但必须有一个过程。

在这两种句子里使用“早晚”,是常见的用法。

1.1.3 “早晚”与复句的后句

语料库中有不少使用“早晚”的假设复句和让步复句,而且“早晚”大多出现在复句的后句:

(15) 假如不尽早重视这一问题,早晚有一天会有人尝到它的苦果。

(16) 谁家有这样一个女人,即使有万贯家财,早晚也扑腾光了。

假设和让步都以假设的条件为根据,推测在参考时间尚未发生但可能会出现的非现实事件。

1.1.4 “早晚”与非叙实动词

有一些“早晚”所在小句是非叙实动词的宾语,这种宾语小句的真值是无法确定的,既不能预设为真,也不能预设为假(Kiparsky & Kiparsky 1970; Leech 1983: 301-303;李新良 2015)。例如:

(17) 他坚信,跟在市场后面跑,早晚要被市场甩掉。

(18) 可以预料,争端双方早晚会做出妥协。

非现实情态动词、表将来的时间成分、假设条件以及非叙实动词等,语义学文献中通常分析为非现实算子或者非言真算子(non-veridical operator)(Giannakidou 2002、2006),表示相关命题的真值不能确定。“早晚”所在的命题具有非现实性,但说话人认定该命题必然会成为现实,因此用“早晚”划定一个范围,表示命题成真的时间点在此范围之内。

1.2 “大小”的主观意义

“大小”的主观意义与命题的内容相关。

1.2.1 “大小”与量级

“大小”所在命题都有表示程度差别或者层级性(gradable)的内容。例(19)中“政府官员”的官阶有大有小,可以按大小排成序列。例(20)的“缺点”也有大有小,都可以形成程度语义学里所说的量级(scale)(Kennedy & McNally 2005;罗琼鹏 2018)。

(19) 我大小是个政府官员,要见市长比你容易些。

(20) 不过,大姑娘一辈子没坐过花轿,大小是个缺点。

1.2.2 “大小”与副词“也”“还”

“大小”与副词“也”或“还”共现的情况很多,就像下面的例(21)、例(22)那样。

(21) 自己在市里大小也是个头面人物,怎么好同他们混在一起呢?

(22) 在群专队我大小还是个领导,跟正式工人一起劳动我反而成了众目睽睽下唯一的监督对象。

“也”和“还”的基本功能之一是将“焦点项置于语用量级的较低点,从而同处于较高点的其他成员形成对比”(邓川林 2017、2018)。这就意味着例(21)和例(22)都表示命题内容是处于量级的较低点,而“大小”与这种让步意义是兼容的。

1.2.3 “大小”句与后续句

“大小”所在小句有时候在并列复句中充当前句,后续句往往表示在量级中地位较低的命题。例(23)中的“一年还有 400 块工资”在说话人眼中算不了什么,例(24)中的“日子也还过得下去”则含有将就和无奈的意思。

(23) 村民组长管着三十几户人家,大小是个干部,一年还有 400 块工资。

(24) 有的觉得自己大小是个集团公司,而且日子也还过得下去,对投奔上汽、一汽、东风不感兴趣。

“大小”所在命题含有显性或隐性的量级,后续句也往往包含等级较低的意思。说话人用“大小”来划定一个量级作为范围,表示命题中的某一成分在这个量级中的位置较低。“大小”是对命题内容量级地位的主观判断。

1.3 “反正”的主观意义

“反正”表示说话人对命题的态度。

1.3.1 “反正”与已然标记

不少“反正”所在小句带有表示已然的标记。例(25)中的“已经”表示小句内容在参考时间已经成真,例(26)中的“了$_2$”表示小句描述的事件在参考时间前完成,事件的后果延续到参考时间。这两句的命题因此都表示既成事实,有确定的真值。

(25) 反正老师已经对我有看法了,做得再好也没有用。

(26) 他最会读人眼色,知道盼焦了心的事有眉目了。眉目好或坏,他反正盼到头了。

1.3.2 “反正”与熟语、谚语

语料库里有很多“反正”与熟语或谚语共现的例子。熟语或谚语体现的是民间智慧,背后的哲理大多数人都耳熟能详,可以当作格言不加解释而直接使用:

(27) 这些企业经营者的共同心态是:反正“会哭的孩子有奶吃”。

(28) 反正“有福同享,有难同当”,主意大家拿,过错大家担,集体负责。

与熟语类似的还有援引句,也就是别人说过的话或者业已存在的观点,说话人不需要对其是否为真负责,可以不加评判而直接使用。“反正”有时候会与这种句式搭配,表示说话人的特殊态度,就像例(29)那样。

(29) 反正“房价会降”,不如等等再买房。

(30) a. *早晚“房价会降”,不如等等再买房。

b. 房价早晚会降,不如等等再买房。

例(29)中作为原因分句的援引句与“反正”兼容,但在例(30a)中却与“早晚”不相容,因为说话人用“早晚”对命题做出了会成真的判断,而说话人用援引句是不想对命题的真假负责,所以例(30a)是自相矛盾的。如果像例(30b)那样将“房价会降”改为普通小句,说话人用“早晚”表示命题必然会成真,复句就可以接受了。

1.3.3 “反正”和主观意愿句、祈使句

例(31)和例(32)是主观意愿句,例(33)和例(34)是祈使句。从命题逻辑的角度分析,这两类句子的真值条件在通常情况下是不需要考虑的。说话人在这种句子中使用“反正”,直接表示自己对命题的主观态度或意愿,并不关心命题的真假。

(31) 这活儿吃力不讨好,又没啥实惠,谁愿干谁干,反正我是不干。

(32) 不管大伙儿怎么“强烈要求”,他反正不唱。

(33) 怎么解决是你的事,反正你想法子出来。

(34) 没容我说话,她又说道:“反正你以后周末就到我这儿来。”

“反正”可以用于表示既成事实的句子，也可以用来评价谚语和熟语，这两类命题都有着确定的真值；“反正”还可以用于本身无法判断真值的意愿句和祈使句。这就说明虽然“反正”表示说话人对命题的评注，表达他的主观意愿和态度，但并不涉及对命题真值的评价。

2. 量级表达、语用原则与主观意义

“早晚”“大小”和“反正”都是由两个反义形容词构成的，但属于两种不同的类型。“反”和“正”是“互补型”的，将一个概念域一分为二且不留中间地带，是无层级形容词。另外一类是“反义型”，概念域由一端到另一端形成一个渐变连续统，因而存在中间地带（Lyons 1968：460－464；Cruse 1986：197－206），是有层级形容词。“大”和“小”、“早”和“晚”就属于这一类。“早晚”“大小”和“反正”都表达主观意义，差别在于其内部形容词划定的范围不同，而且用在不同的语境里，有着不同的语用义。

2.1 “早晚”与弱预测

形容词“早”和“晚”表示未来时间与参考时间的关系，离参考时间近的是“早”，离参考时间远的是“晚”。“早”和“晚”之间形成一个量级，说话人借助这个量级来衡量小句的命题，认为命题会在选定的量级范围内实现为真，并且用“早晚”来表达这一预测。

文献中有不少“早晚”表示事件最终状态的分析。侯学超（1998：728）指出“早晚”表示“或早或晚，表示深信事情最后必然会如此”。张斌（2001：691）也说“早晚”“表示事情和情况无论怎么变化、发展，最终总会出现某种预想中的结局”。李宗江（2009）也认为“早晚”的意义更多地偏向于“晚”的一方，因而含有“最终”“免不了”的意思。

“早晚”的确表示命题成真的时间偏向于“晚”，但这并不是“早晚”的词汇义，而是在实际使用时产生的语用义。按照Grice（1975）的观点，人们在交流时会遵循合作原则，特别是“适量准则”，即说话人要提供“足量”的信息，但又不能“过量”。Horn（1984）将“足量准则”称为“Q(uantity)准则”，即提供的信息以满足当前交流的最小量为准；将“不过量准则”改为“R(elevance)原则”，也就是信息要与当前的交流“相关”。

说话人认为命题会成真,并且用“早晚”为成真的时间点划定范围。虽然“早”和“晚”都以参考时间为基准而没有准确的值,但“早”可以无限接近参考时间,所以“早”的范围相对确定;而“晚”与参考时间的距离可大可小,甚至可能是无穷大,所以并没有确定的值。如果说话人明明预测成真时间非常接近参考时间,也就是心目中有个近乎肯定的时间点,却偏偏不明确说出来,而是绕个圈子用“早晚”给出一个开放的量级,就会违反 Q 原则和 R 原则。很显然,如果说话人按照正常的交流方式使用了“早晚”,就意味着他偏向于不确定的“晚”,用一个含糊甚至遥遥无期的时间点对预测进行弱化。“早晚”所表达的预测因此比“绝对、肯定、必然”弱,但要比“恐怕、可能、大概、或许”强。

2.2 “大小”与量级评价

形容词“大”和“小”描述对事物的“体积、面积、深度、强度”等方面进行比较而得出的结果(吕叔湘 1999: 139),还可以是以比喻的方式对力量、主意、官职等抽象事物进行比较得出的结果。比较的参照物可以是同类事物中较为常见的那个,也可以是说话人心目中选定的那个。低于参照物标准的是“小”,高于标准的是“大”。

“大小”的基本义源自形容词“大”和“小”的基本义,但在实际使用中体现最多的是语用意义。说话人以“大”和“小”为界划定一个量级,用“大小”表示命题内容处于量级之内,确认命题在量级范围内为真。说话人用“大小”做评价时往往将命题置于量级的低端,表示命题内容属于“小”。例(35)的说话人接受“居民委员会的主任”也算“官儿”这一说法,但用“大小”说明这是偏“小”的职位。例(36)的基本命题是“三号井冒顶是个责任事故”,说话人用“大小”来确认并说明事故偏“小”,然后用后句做补充说明。

(35) 林阿五这些年来当居民委员会的主任,大小也是个官,讲话的语气总是有点不慌不忙,总是带点拖腔,还要附加许多“研究”与“考虑”。

(36) 三号井冒顶大小是个责任事故,尽管井下矿工最后都成功升井了。

这种偏“小”的用法是由语用原则决定的。例(35)说的是“官儿”的分量。现行的公务员制度形成一个量级,从最低的二十七级二级科员到一级的正国级都是“官儿”。高端的国级、省部级是否算“官儿”是个不值得讨论的问题,反而是级别最低的公务员以及不在系列里的"居民委员会主任"是否算"官儿",才是需要关心的常见问题。从R准则和Q准则的角度去分析,说话人在例(35)中使用"大小",是要表示"再小也是个官儿"的评价。同样地,例(36)说的煤矿事故也有个量级,高端的重大伤亡事故有完整的管理制度,而没有造成伤亡的"冒顶"处于低端,说话人因而按照R准则和Q准则用"大小"来评价,意思是"再小也是个事故"。也就是说,基于语用原则的要求,说话人使用"大小"是要肯定命题内容在量级范围之内,而且命题内容往往位于量级的低端。

"大小"的语用义在人际交流中十分常见,但并没有完全取代其词汇义,所以例(37)那个"大小"既可以理解为"或大或小"的词汇义,又可以理解为"再小也……"的语用义。

(37) 每个社员大小负一点特殊责任,一来容易对社务关心,二来也容易锻炼自己的做事能力。

2.3 "反正"与态度确认

"反"和"正"是一对非此即彼的反义形容词,所以不构成量级。主观副词"反正"的基本意义与"反"和"正"间接相关,大致相当于"正着说反着说都一样",与吕叔湘(1999:199)所说的"强调在任何情况下都不改变结论或结果"有些相似,而且使用"反正"的小句中,也确实有一些是像例(38)那样表示"结论"和例(39)那样表示"结果"的。

(38) 余校长说,反正长不大了,早点挖还可以多种一季白菜。

(39) 不管是因为勒农坐的,还是因为我的坝没打好,反正坝是倒了,戽出来的水又流回去,鱼全泡了汤。

问题在于这类句子在实际语料中只占很小的一部分。出现"反正"的例(40)是表示主观意愿的,例(41)则是祈使句。主观意愿和祈使内容在参考时间都未实现,不是"结论"也尚未成为"结果"。

(40) "反正我不参加!我的气已经受够了!哪怕明天让我也劳教哩!"

(41) 顾太太想了一想,又道:"反正你别跟他闹。"

说话人在主观意愿句里使用"反正",是表示坚信意愿无论如何都会实现,将原本可能只是说说而已的意愿变成了必定要做到的决心。说话人在祈使句里使用"反正",则表示无论原本表示的是要求、请求还是乞求,现在都成了必须执行的强制命令。说话人用“反正”从正反两方面表明自己对小句命题的确认,相关命题既可以是已然的事实,也可以是尚未发生的事件。

有不少分析将“反正”处理为表示逻辑关系的连接成分,比如认为“反正”“指明原因或情况,意思与‘既然’相近,而语气较强”(吕叔湘 1999:199),或者认为“反正”表示并列关系、解注关系、承接关系和转折关系等(宗守云、高晓霞 1999;王秀廷 2016)。这些分析都有各自的事实基础,但做出的归纳则有点以偏概全。比如例(42)(吕叔湘 1999:199)的确表示因果关系,但去掉“反正”的例(42′)仍然是因果复句。说例(42)的人用“反正”表示“路过南京”无论如何都会发生,并非因为“替你办这件事”而特意为之,所以“反正”弱化了“去南京”和“替你办事”之间的因果关系。如果将“反正”换为“既然”,得到的例(43)反而很难接受。如果改用典型的因果连接成分“因为……所以……”,得到的例(44)则表示比例(42)强得多的因果关系,而且还可以像例(44′)那样将“反正”用在原因分句里。

(42) 我反正要路过南京,可以顺便替你办这件事。

(42′) 我要路过南京,可以顺便替你办这件事。

(43) ?? 我既然要路过南京,可以顺便替你办这件事。

(44) 我因为要路过南京,所以可以顺便替你办这件事。

(44′) 我因为反正要路过南京,所以可以顺便替你办这件事。

这就说明“反正”本身与因果关系并没有关联。之所以既可以“强调在任何情况下都不改变结论或结果”,又可以“指明原因”,是因为与“反正”关联的是有确定真值的已然事实命题,或者是必定要实现的决心或愿望,而这些句子往往可以在复句中表示原因或结果。只要语境符合,“反正”也可以出现在其他复句里。王廷秀(2016)用例(45)来说明“反正”表示客观情况的并列,但去掉“反正”的例(45′)仍然是并列复句。“反正”与并列没有直接关系。

(45) 下午反正要下雨,我没事干,正好前来赶考,也好去支援红领巾气象站哪!

(45′) 下午要下雨,我没事干,正好前来赶考,也好去支援红领巾气象站哪!

准确地说,“反正”可以用在表示因果、转折、条件、并列、解注和承接等复句里,但“反正”并不表示这些逻辑关系,要防止“将虚词所在的格式的语法意义归到那虚词身上”(马真 2004：213)。

3. “早晚”“大小”“反正”的句法分析

副词“早晚”“大小”“反正”在语义上有一定的相似之处,但所表达的主观意义有不小的差别,评注的内容和使用的语境也不相同。有些是对命题为真的可能性进行判断,有些是对命题内容的量级地位进行评价,还有些则是传递说话人对命题的态度。这些主观意义的异同,带来了同中有异的句法表现。

从句法角度来分析,“早晚”“大小”“反正”句法功能并不完全相同,结构位置也因此并不相同,这会影响到它们出现在同一个小句时的顺序。语料库里找到了一些“反正”用于“大小”或“早晚”之前的例子：

(46) 比比看,反正早晚都得买一个。

(47) 顾客找不到商品原来的位置,就近一放,反正早晚会有人来收拾。

(48) 反正他大小是个老板,有资金有实力,以后还可以再创业。

(49) 反正大小是个工作,总比在家闲着好,挣不挣钱倒是其次。

CCL 语料库和 BCC 语料库中没有发现“早晚”和“大小”共现的例子,很可能是因为“早晚”和“大小”适用的语境都比较狭窄,而且两个语境基本上不会有交集,所以对同一个命题进行评注的可能性极低。

这几个副词在嵌套小句与根句中的使用情况也不同。语料库中发现了一些像例(50)和例(51)那样,“早晚”出现在嵌套小句中的例子,但没有发现“大小”和“反正”出现在嵌套小句中的例子。如果像例(52)和例(53)那样,把“大小”或“反正”放在嵌套小句中,得到的结果是不能说的。

(50) 与其把大量精力投入早晚要淘汰的技术上,不如投入最新技术。

(51) 他们一直包围在蒋孝武身边,为他筹谋划策,想及早建立一个以他为中心但自己早晚也能进来的政治体系。

(52) * 那个大小是个老板的人。

(53) * 那位反正已经对我有看法的老师。

句法成分能否在嵌套小句中使用,与这些成分的结构位置密切相关,比如句末助词大多只能用于根句末端,而不能出现在嵌套小句末端(汤廷池 1989：235;邓思颖 2010：163)。只在根句中出现的成分结构位置较高,可以在各种小句中出现的成分结构位置较低。“早晚”与“反正”“大小”的分布差别,表明它们的句法位置不同。句法位置的不同与这些副词表达的主观意义密切相关,可以借鉴制图理论中的分层结构处理(蔡维天 2015;石定栩、孙嘉铭 2017),细节会另撰文讨论。

4. 余论

汉语主观副词的意义抽象,而且同语境的关系密切,要准确定位不同副词的意义和用法,必须仔细考察这些副词使用的句式、格式,以及语篇语境等。与此同时,还要注意不能将副词所在的句式、格式乃至特定语境中的语义或语用义,归结到副词身上(张谊生 2016)。本文采用对比分析,将意义相近的一组反素副词放在一起分析,考察它们和所在小句命题的关系,与所在小句内部成分的关系,所在小句与复句中其他小句的关系,以及相关的特殊语境,精准描述每个副词的主观意义和功能,并且厘清词汇义和语用义的界限。主观副词的句法地位和语用功能是留学生学习汉语时的难点,也是考察句子结构的重要视角,值得进一步深入探索。

参考文献

蔡维天.从微观到宏观——汉语语法的生成视野[M].北京：商务印书馆,2015.

邓川林.副词“也”的量级含义研究[J].中国语文,2017(6).

邓川林.副词“还”的语义—语用接口研究[J].世界汉语教学,2018(4).

邓思颖.形式汉语句法学[M].上海：上海教育出版社,2010.

董正存.反素情态副词的差异比较[M]//中国人民大学对外语言文化学院.汉语研究与应用(第三辑).北京：中国社会科学出版社,2005：57-71.

侯学超.现代汉语虚词词典[M].北京：北京大学出版社,1998.

李　宏.副词“反正”的语义语用分析[J].语言教学与研究,1999(4).

李命定,袁毓林.信念与概率：认识情态动词的语义差异及其功能分化[J].世界汉语教学,2018(1).

李新良.立足于汉语事实的动词叙实性研究[J].世界汉语教学,2015(3).

李宗江.若干反义联合短语的副词化[J].南京师范大学文学院学报,2009(1).

罗琼鹏.量级结构与汉语形容词的极性对立问题[J].语言研究,2018(2).

罗耀华,周晨磊."反正"类反义复合副词的认知阐释[J].华中学术,2011(1).

吕叔湘.现代汉语八百词(增订本)[M].北京:商务印书馆,1999.

马　真.现代汉语虚词研究方法论[M].北京:商务印书馆,2004.

邵敬敏.关于汉语虚词研究的几点新思考[J].华文教学与研究,2019(1).

石定栩,孙嘉铭.频率副词与概率副词——从"常常"与"往往"说起[J].世界汉语教学,2016(3).

石定栩,孙嘉铭.客观副词与主观副词——再论"常常"与"往往"的区别[J].现代外语,2017(1).

汤廷池.汉语词法句法续集[M].台北:台湾学生书局,1989.

王晓凌.非现实语义研究[M].上海:学林出版社,2009.

王秀廷.语气副词"反正"探析[J].浙江万里学院学报,2016(4).

于立昌."早晚"的词汇化与主观化[J].语言科学,2017(4).

张　斌.现代汉语虚词词典[M].北京:商务印书馆,2001.

张雪平.现代汉语非现实句的语义系统[J].世界汉语教学,2012(4).

张谊生.现代汉语副词探索[M].上海:学林出版社,2004.

张谊生.30年来汉语虚词研究的发展趋势与当前课题[J].语言教学与研究,2016(3).

朱景松.现代汉语虚词词典[M].北京:语文出版社,2007.

宗守云,高晓霞."反正"的语篇功能[J].张家口师专学报,1999(1).

Cruse, D. A. Lexical Semantics[M]. Cambridge: Cambridge University Press, 1986.

Giannakidou, A. Licensing and sensitivity in polarity items: from downward entailment to nonveridicality[J]. *CLS* 38, 2002.

Giannakidou, A. Only, emotive factive verbs, and the dual nature of polarity dependency[J]. Language, 2006, 82(3).

Grice, P. Logic and conversation[M]//Cole, P. & J. Morgan. Syntax and Semantics 3: Speech Acts. New York: Academic Press, 1975: 41-58.

Horn, R. Toward a new taxonomy for pragmatic inference: Q-based and R-based implicature[M]//Deborah Schiffrin. Meaning, Form, and Use in Context: Linguistic Applications. Washington, D.C: Georgetown University Press, 1984: 11-42.

Kennedy, C. & L. McNally. Scale structure, degree modification, and the semantics of gradable predicates[J]. Language, 2005, 81(2).

Kiparsky, P. & C. Kiparsky. Fact[M]//Bierwisch Manfred & Karl Heidolph. Progress in Linguistics. The Hague: Mouton, 1970: 143 - 173.

Leech, G. Semantics: The Study of Meaning[M]. Penguin Books, 1983.

Lyons, J. Introduction to Theoretical Linguistics[M]. Cambridge: Cambridge University Press, 1968.

Palmer, F. R. Mood and Modality[M]. Cambridge: Cambridge University, 2001.

(本文发表于《华文教学与研究》2021 年第 1 期)

汉语中的饰句时间副词及相关问题*

华中师范大学语言与语言教育研究中心　匡鹏飞
战略支援部队信息工程大学洛阳校区　曹亚敏

由于时间副词具有的时体特征，学界一般着眼于时体角度对其进行分类，例如黎锦熙(1924)首次对时间副词进行了分类，将其分为过去时、现在时、未来时、不定时四类。陆俭明、马真(1985)把时间副词分为了两类，定时时间副词和不定时时间副词。马庆株(2000)利用参照时间与说话时间的对立统一关系，把时间副词分为先时、后时和同时三种。张谊生(2004：171)从时间副词的表达功能入手，把时间副词分为表时副词、表频副词、表序副词三个次类，三个次类又分出不同的层级和小类。张亚军(2002：216－221)根据时间副词表达的时间先后关系，将现代汉语的时间副词分为先时时间副词、后时时间副词和同时时间副词；根据时间副词表达的时段和时间延续关系，将现代汉语的时间副词划分为短时副词、长时副词和延续时间副词。邹海清(2010)从体功能出发，把时间副词分为过程义时间副词、界变义时间副词和量化义时间副词三类。杨荣祥、李少华(2014)运用语义特征分析的方法，通过对52个副词所表示的时间意义的特征描写，给时间副词再作分类，共分先时、后时、延时、瞬时四个基本类11个下级小类。

有少数学者从句法位置的角度对时间副词进行了分类考察，杨德峰(2008：76－80)对《汉语水平词汇与汉字等级大纲》中的副词进行了考察，其中，64个时间副词中，能够位于主语前的有35个，约占54.7%，其占比仅次于语气副词。杨德峰(2016)据此进一步指出时间副词中既有饰

* 本文受到国家社科基金一般项目“汉语‘超词形式’关联词语的体系建构及理论探讨(项目编号19BYY010)”的资助。

句副词也有饰谓副词,能位于主语前的时间副词属于饰句副词,其数量在饰句副词中仅次于语气副词。方梅(2017)讨论饰句副词时,也较多关注了时间副词。但总的来说,从饰句和饰谓角度对于时间副词相关特点进行探讨,尚无专题性研究。已有研究有些观点也不完全一致。比如,尹洪波(2013)在讨论饰句副词时并未提及时间副词,但杨德峰(2016)、方梅(2017)均明确提到了饰句副词中有很多是时间副词。基于已有研究和语言事实,我们认为,有相当数量的时间副词可以修饰句子,饰句时间副词在饰句副词中占有相当大的比重。所以,对饰句时间副词的研究,可以深化我们对时间副词乃至整个饰句副词的认识。饰句时间副词是饰句副词的次类,指修饰对象为句子或大于句子的语法单位的时间副词,例如曾经、偶尔、有时、忽然、猛然、顿时、霎时、然后、随后、随即、从此等[①]。本文尝试对饰句时间副词的形式特征、修饰辖域、话题化表达等问题进行描写分析,探讨饰句时间副词修饰辖域大于饰谓时间副词的原因,以及饰谓时间副词转化为饰句时间副词的条件。

1. 饰句时间副词的形式特征、修饰辖域和话题化

1.1 饰句时间副词的形式特征

从句法位置上看,尹洪波(2013)指出,饰句副词的修饰对象是整个句子,可以位于谓语前,也可以位于主语前,张谊生(2014)、赵彦春(2001)与尹文持类似看法。我们赞同这一观点。此外,方梅(2017)指出在形式标志上,饰句副词与表达从属关系的连词共现时,必须居于连词前面。作为饰句副词的一个次类,饰句时间副词均符合上述特征[②]。

饰句时间副词可以和饰句语气副词连用。黄河(1990:494-523)通过对大量实例的调查,指出不同种类的副词在句子主要谓语之前的状语位置上出现时,基本上遵循如下规律:(">"表示先于)语气>时间>总括>限定>程度>否定>协同>重复>方式。张斌(2011:160)指出"语气副词同其他副词共现时有一个显著的特点,那就是前置性"。饰句时间副词和饰句语气副词连用时,一般确实是语气副词位于时间副词之前。例如:

(1)"好,那下次再聊。这是我的名片,有空打电话找我,也许偶尔我

可以介绍你赚外快呢!"递出一张精美得有如金卡的明信片,她挟着一身香气走人了。(《纯属意外》)

(2) 各大影楼不但在繁华闹市争抢地盘招徕顾客,而且早已开始在各种报纸上争抢版面了。甚至有时几个影楼的广告同时刊登在一个版面上。(《报刊精选》1994)

例(1)中,饰句语气副词"也许"和饰句时间副词"偶尔"前后连用;例(2)中,饰句语气副词"甚至"和饰句时间副词"有时"前后连用。

根据对语料的检索,我们发现一些时间副词也可以位于语气副词的前面。例如:

(3) 那就是她曾经也许知道了他的沦落,但终于不说,还是救他回来的原因吧?(《务虚笔记》)

(4) 众人偶尔甚至会听见天边传来凄厉的嘶鸣声,一抬头就看见一只巨大的天鹅飞越天际。(《魔戒》)

例(3)中,"曾经"和"也许"前后连用,例(4)中,"偶尔"和"甚至"[③]前后连用。从二者的连用看,尽管语气副词是副词系统中最为虚化的小类,当语气副词和时间副词演变为更为虚化的饰句副词时,二者的虚实并非绝对,有时很难进行清晰的区分。

1.2 饰句时间副词的修饰辖域

从总体上看,饰句时间副词既可以修饰由一个小句构成的整句,又可以修饰复句中的一个或多个分句,还可以修饰由多个分句构成的复句等。饰句时间副词修饰辖域的结束往往有标志时间转移或事件结束的标记词,例如:

(5) 巴雅齐一听……口里就骂开了:"老子不怕他努尔哈赤,早晚老子非宰了他不可!"(《努尔哈赤》)

(6) 向来王守东上项目胃口颇大,这次却像换了个人似的,迟迟不见动静。(《报刊精选》1994)

(7) 向来,印度被西方资产阶级哲学家认为是唯灵论和神秘主义的故乡,传统的印度哲学家也将诸如"解脱"、"业"和"瑜珈"这样一些唯心主义哲学概念视为印度哲学的光荣和骄傲。恰托巴底亚耶不怕"得罪流行的感情"……(《读书》)

例(5)中,饰句时间副词“早晚”分布在句首,修饰其后的句子“老子非宰了他不可”,“早晚”所在句为话轮结束句,标志着“早晚”修饰辖域的结束;例(6)中,饰句时间副词“向来”修饰复句的第一个分句“王守东上项目胃口颇大”,时间状语“这次”标志着“向来”修饰辖域的结束;例(7)中,饰句时间副词“向来”独用,修饰其后由两个小句构成的复句,新主语“恰托巴底亚耶”的出现标志着“向来”修饰辖域的结束。

此外,饰句时间副词饰句辖域的大小和其句法位置的分布密切相关。一般来说,位于句首的饰句时间副词的修饰辖域大于句中的饰句时间副词,独用的饰句时间副词的修饰辖域又大于句首的饰句时间副词,饰句辖域大小可形式化为“独用＞句首＞句中”。以“偶尔”的不同句法位置用法举例说明如下:

(8) 阿飞却笑了又笑,道:“每个人偶尔都会发一次疯的,有时这并不是坏事。”(《小李飞刀》)

(9) 我专心地拍照并笔记任何可以成为写作材料的事物,偶尔作一点写生,以及为林中那些麦鸟、皋鸟、鹦鹉、水鼠甚至蚊子所发出的声响录音。(《四喜忧国》)

(10) 偶尔,如果幸运的话,我把手轻轻地放在一棵小树上,就能感到小鸟放声歌唱时的欢蹦乱跳。(《假如给我三天光明》)

以上三例中,饰句时间副词“偶尔”分别位于句中、句首和独用。例(8),“偶尔”的修饰辖域为小句“每个人都会发一次疯的”;例(9),“偶尔”的修饰辖域为复句中的两个小句“作一点写生,以及为林中那些麦鸟、皋鸟、鹦鹉、水鼠甚至蚊子所发出的声响录音”;例(10),“偶尔”的修饰辖域为复句“如果幸运的话,我把手轻轻地放在一棵小树上,就能感到小鸟放声歌唱时的欢蹦乱跳”。

1.3 饰句时间副词的话题化表达

分布在句中的饰句时间副词可以前置在句首话题化,在各类副词中,时间副词能够话题化的相对较多(杨德峰 2016)。时间特征是饰句时间副词最典型的语义特征,而且跟饰句时间副词的话题化表达密切相关。当句子表达的时间视点具有单一性即句子的时间因素只由饰句时间副词体现时,饰句时间副词往往能够话题化;当句子的时间因素具有双重性或多重性时，饰句时间副词表达的时间义如果与其他时间成分在时间视点上基本一致，饰句时间副词也较易实现话题化。例如：

(11) 她有时埋怨自己不该让孩子们离开她。(《苦菜花》)

(12) 我年轻流浪的时候，曾经在山里迷过路。(《风云初记》)

例(11)，句子只有单一时间视点，即饰句时间副词“有时”，“有时”可以前移至句首实现话题化。例(12)，句子中有两个体现时间因素的成分，一个是“年轻流浪的时候”，另一个是“曾经”，两者都是表示过去时间，在时间视点上具有一致性，所以，饰句时间副词“曾经”可以前置到主语“我”之前话题化，只是一般还要添加逗号才显得更自然。

但是，分布在句中的饰句时间副词不能无条件前置句首话题化。杨德峰(2016)认为影响饰句副词话题化的既有句法因素，也有语义因素，还有语用因素，是属于综合影响的结果。饰句时间副词的话题化，与饰句时间副词最本质的特征是表达时间密切相关，同时也受多种因素影响。就其时体特征而言，当句子的时间因素具有双重性或多重性时，若句中存在主要时间视点，而饰句时间副词表达的时间视点是句子的次要时间视点，两者不太一致；或者两者都位于主语之后，且后者处于前者辖域范围之内，饰句时间副词一般不能话题化。例如：

(13) 他对这位曾经击败过青城、华山、嵩阳三大高手的少年剑客，并不十分客气，后来丁鹏才知道他无论对谁都不大客气。(《圆月弯刀》)

(14) 我现在跟北京的朋友讲话偶尔会讲出来北京话。(《李敖对话录》)

例(13)中，句子表达有三重时间视点：过去、现在和后来，饰句时间副词“曾经”修饰过去已经发生的事件“少年剑客击败过青城、华山、嵩阳三大高手”，而句子叙事的主要时间视点是现在，所以，饰句时间副词“曾经”不能前置到句首话题化④。例(14)中，出现了两个表达时间的成分“现在”和“偶尔”，饰句时间副词“偶尔”处于“现在”的辖域范围内，由于两者都位于主语“我”之后，“偶尔”若前置到句首，则会反过来管辖“现在”，造成语义上的不和谐。类似情况下，如果表示主要时间视点的成分位于主语之前，那么饰句时间副词也可以移至主语之前，但不能居于句首(如“以前她偶尔会在开学之前来找我们”可以说成“以前，偶尔她会在开学之前来找我们”，不能说成“偶尔，以前她会在开学之前来找我们”)。

其次,从句法结构的角度看,当饰句时间副词分布在主从关系句中的从句中时,其修饰辖域只限于从句,因此饰句时间副词不能提升到主句并前置到主句的句首话题化。例如:

(15) 她想了想,又道:"我知道绍兴有个鬼曾经把人家埋在地下的十二坛女儿红全都偷偷喝了,再把清水装进去……可是天上地下,绝没有一个鬼能把一个活生生的大姑娘变成母狗。"(《圆月弯刀》)

(16) 他盼望忽然会发现意想不到的奇迹。(《上海的早晨》)

例(15)中,饰句时间副词"曾经"所在句为宾语从句,它在宾语从句的范围内可以位移至主语之前,即"曾经,绍兴有个鬼……",但不能跨越从句、前置到整个主句"我知道……"的句首进行话题化。虽然将"曾经"前置到句首,句子仍然成立,但句子的各种时间关系和意义都会发生变化,不再属于话题化讨论的范围。例(16)也是如此。此外,例(13)也存在这一因素,只是该句中"曾经"处于定语从句。

2. 饰句时间副词和饰谓时间副词修饰辖域的大小

不同饰句时间副词的修饰辖域不同,但在理论上都大于饰谓时间副词的修饰辖域。饰句时间副词的修饰辖域大于饰谓时间副词的原因,主要是分布语体具有叙事性倾向、语义具有稳定性。此外,两者修饰辖域的大小与各自强调功能的强弱具有关联性。

2.1 饰句时间副词分布语体的叙事性倾向

语体差异对汉语的词汇、语法和语音等的发展有重要影响,汉语研究要重视语体特征的差异,不少学者已经进行了相关探索(参见胡明扬1993;陶红印1999、2010;张伯江2007、2012;冯胜利2006、2010、2018;方梅2007、2013;汪维辉2020;齐沪扬、邵洪亮2020等)。饰句时间副词和饰谓时间副词虽同属时间副词这一词类范畴,但饰句时间副词出现的语体往往是叙事语体(刘小辉2012、方梅2017),有时也可以出现在对话语体中;饰谓时间副词则没有这一明显倾向性,它比饰句时间副词更容易出现在对话语体中。方梅(2007)指出,叙事语篇具有过程性、事件性特征,对话语体重在交换信息和观点，现场性和评论性更为突出。事件的展开常常以时间因素为线索，完整事件的呈现往往是需要多个句子构成，时间因素贯穿整个事件构成的始终。所以饰句时间副词分布在叙事语篇中时，多突出整个事件表达的整体性、完成的过程性，其修饰辖域往往是包含完整时间表达的多个句子，叙事语篇为饰句时间副词修饰辖域大于一个句子提供了语体条件。而饰谓时间副词因为常分布的语境为即时的对话，时间因素就是当下的、及时的，对话中时间因素的重要性退居次要地位，会话参与者的反馈性和互动性是需要考虑的重要指标，每个话轮中包含的句子多比较简短，这一特点对饰谓时间副词的修饰辖域造成了一定限制。例如：

(17) 霎时，鲜血染红了衣服，染红了大半个水田，要不是有人发现，段永霞恐怕永远走不出那块耕耘多年的土地。(《作家文摘》1997)

(18) “不要，我要回去了。我们之间已经没有任何瓜葛了，放开我。”“没有瓜葛？你忘了我还没签字吗？”(《红苹果之恋》)

例(17)，饰句时间副词“霎时”处于叙事语体，修饰辖域为其后的两个分句“鲜血染红了衣服，染红了大半个水田”。例(18)，饰谓时间副词“已经”处于对话语体，修饰辖域为句子谓语“没有任何瓜葛了”，其后的小句“放开我”明显不在其修饰辖域的范围内。

2.2 饰句时间副词语义具有稳定性

饰句或饰谓之别是时间副词句法功能差异性的表现，与时间副词自身的语义密切相关。和饰谓时间副词相比，饰句时间副词的语义具有稳定性，这也是饰句时间副词的修饰辖域大于饰谓时间副词的原因之一。Ernst(1984)提出了一种“宽松适配理论”(tight-fit theory)，认为有些副词可能具有固有意义，有些副词没有固有意义，副词意义的固有与否跟其句法表现密切相关，如果一个副词拥有一个固有语义，它的句法位置不会影响对它的理解，而且预计它将相当自由地分布。饰句时间副词也是如此，其句法位置具有灵活性与其语义具有稳定性密切相关。就权威辞书中的义项设立而言，饰句时间副词和饰谓时间副词一般只有一个义项，很难从这个方面进行比较。但饰谓时间副词的主观性一般强于饰句时间副词，常常表达主观时量[5]，分布在程度义明显的语句中，从而沾染了一定附加意义。饰句时间副词无论分布在何种语境中,一般表示客观时间,语义更为稳定。所以饰句时间副词的句法分布更为灵活,可以分布在句中、句首和独立使用,进而造成了饰句时间副词和饰谓时间副词修饰辖域的不同。例如:

(19) 我曾经看见过疏林的落日,踏过良夜的月光;玩赏过春初的山花,秋后的枫色。(《巨像》)

(20) 这农夫哀求着:"它曾经是一匹好马,我起誓它是。它见过大场面。"(《矛盾交响曲》)

(21) 在韩家大院,郭全海、白玉山和李大个子带领二十来个农会小组长和积极分子,日日夜夜地工作,已经三天了。(《暴风骤雨》)

(22) 以生意人的直觉,他感到,光提到律师二字,已经将自己牵涉进去,到很深的地步。(《红玫瑰与白玫瑰》)

例(19)和例(20)中,"曾经"分别处于叙事语体和对话语体,但不论它出现在哪一语体中,其语义往往较为客观,都是从过去时间角度对被饰句进行客观的修饰。例(21)中,"已经"表达主观大量,强调工作持续时间久;例(22)中,"已经"具有负向强调意义(曲殿宇 2012),强调情况的糟糕程度,其修饰辖域明显小于"曾经"的修饰辖域。由此可见,时间副词语义(包括概念意义和附加意义)对其修饰辖域大小有重要影响。

2.3 修饰辖域的大小与强调功能的强弱

饰句时间副词辖域较大,往往强调由一连串行为构成的整个事件,被饰的每一个小句都是强调的对象,因此其强调功能明显弱于饰谓时间副词。饰谓时间副词辖域较小,主要聚焦于句子的谓语部分,因此强调的重心突出,强调功能强于饰句时间副词。另一方面,饰谓时间副词的主观性强于饰句时间副词,特别是饰句时间副词修饰多个常规行为组成的事件而饰谓时间副词凸显负向强调意义时,两者的强调功能强弱对比十分明显。例如:

(23) 我常以我那位朋友的屋子为我的烦忧的托庇所,因为在那里我可以找到平静、友谊和莫逆于心的谈话。有时我们一同缓步在那些曲折的多尘的小胡同里,或者在那开着马缨花的长街上。(《连环套》)

(24)“我也知道你跟乃文的一切都是假的。为什么你要一直缠着乃文,他根本不爱你,你是他继母啊!为什么……”(《红苹果之恋》)

例(23)中的“有时”语义客观,同时强调两个小句“我们一同缓步在那些曲折的多尘的小胡同里,或者在那开着马缨花的长街上”。例(24)中的“一直”强调谓语“缠着乃文”,焦点明显,具有负向的强调作用,强调说话人对受话人“缠着乃文”行为的反感或厌恶。

3. 饰谓时间副词演变为饰句时间副词的条件

饰句时间副词区别于饰谓时间副词,饰谓时间副词演变为饰句时间副词受到一系列因素的制约,但在共时层面,一些饰谓时间副词也可以在一些条件的作用下,直接转化为饰句时间副词。

3.1 饰谓时间副词转化为饰句时间副词的限制性因素

饰谓时间副词转化为饰句时间副词的标志表现为分布位置能够从句中位移到句首或独用,修饰辖域由修饰谓语到修饰句子或比句子更大的语法单位。限制饰谓时间副词转化为饰句时间副词的因素主要包括外在的语境制约和内在的语义、韵律、功能等制约。Jackendoff(1972)指出副词的句法位置决定修饰辖域。杨德峰(2008:76 - 82)对《汉语水平词汇与汉字等级大纲》中的64个时间副词在语料库中的使用情况进行了详细的统计,认为影响时间副词位置的因素主要是句子的主语。制约饰谓时间副词的分布位置从句中前置到句首的语境因素跟语体、语义、韵律等密切相关。就分布的语体而言,饰谓时间副词比饰句时间副词相对较多分布在对话语体中。语义方面,饰谓时间副词的语义缺乏稳定性。韵律方面,饰谓时间副词中有很多单音节的词语形式,单音节韵律是饰谓时间副词转化为饰句时间副词非常重要的限制性因素。

3.2 饰谓时间副词转化为饰句时间副词的可行性条件

从词语发展演变的规律看,尽管饰谓时间副词转化为饰句时间副词有很多制约性因素,随着时间的推移,饰谓时间副词语义逐渐虚化,语法功能逐渐增强,最终可能会演变为更为虚化的饰句时间副词。但是,在共时层面,一些饰谓时间副词在一定条件下也可能直接转变为饰句时间副词,实现修饰辖域从修饰谓语动词到修饰整个句子的转变。首先,在句法位置上,饰谓时间副词需要放置在句首,且使用逗号和其后的核心句分离,这种形式上和其后句子的隔离使时间副词失去了修饰谓语动词的句法位置。逗号还充当语调提示。Dixon(2005：385)认为,这种同位语调或逗号语调是用来表示偏离句子中副词标准原型位置的。其次,在语表形式上,饰谓时间副词其后往往需要添加状位标记"的/地"体现其功能上的唯状性和语义上的程序性,如"渐渐—渐渐的/地""常常—常常的/地"[⑥]"逐渐—逐渐的/地",我们将这类特殊的饰句时间副词称之为有标记的饰句时间副词,以区别于常规饰句时间副词。这种状位标记"的/地"的添加实质上是"饰谓时间副词+的/地"由谓语前的句法位置,前置到句首独用的表现。如果饰谓时间副词在句中修饰谓语时,不能和状位标记"的/地"组配,则不能直接前置在句首独用,如"已经"等饰谓时间副词。例如:

(25) 我底下还有两个妹妹没出阁,三哥四哥的几个女孩子也渐渐地长大了,张罗她们还来不及呢,还顾得到我?(《倾城之恋》)

(26) 渐渐地,岸上的杨柳与水面的波光都现出了模糊的形状,江中的渔舟,撑起了帆篷,现出迎着晚风归去的样子。(《仲夏夜之梦》)

例(25)中的"渐渐"是典型的饰谓时间副词,修饰谓语动词"长大了",但其前置到句首,且添加上状位标记语独用时,由饰谓时间副词转变为了饰句时间副词,例(26)中的"渐渐地"修饰其后的由几个小句构成的整个句子。

值得说明的是,"渐渐"类饰谓时间副词添加状位标记语"的/地"后,跟状貌类饰句时间副词具有相似性,如"忽然、猛然、骤然"等都具有动态性、过程性、样貌性和画面感,形成了一致的表达特征,张谊生(2014)将具有这些功能的副词称之为描摹性副词。

汉语是缺乏形态变化的语言,从词语的发展演变看,形成了汉语词语的同形异类或兼类等情况,但是,一部分词语转类的时候具有形式上的区别,这一点尚未引起学者们的关注。主要表现为,句法成分在发展演变的过程中,常常添加语气词或其前添加助词等虚词,或者使用标点符号将词语跟其后的句子隔开,形成独用,凸显源词和演变后词语的不同,跟饰谓时间副词演变为饰句时间副词具有相似性。例如,汉语中名词演变为叹词或叹词化的话语标记时往往需要添加语气词或者表示定中关系的“的”等虚词，以区别源词，如名词“天”和“妈”演变为话语标记时，需要在其后添加语气词或其前添加特殊限定语，形成“(我的)天啊/哪/呀”“(我的)妈啊/哪/呀”等。再如，一些主谓短语或动词性短语从充当句子成分演变为插入语时，往往在形式上表现为，从句中位移至核心句的句首，形成独用。这与饰谓时间副词转变为饰句时间副词具有一定的相似性。饰谓时间副词演变为饰句时间副词的相关形式变化都是实现韵律和谐和句法“合法”的表现。

4. 结语

通过本文的研究可知，饰句时间副词在句法位置上能够分布在句首、句中和独用，饰句时间副词的修饰辖域可以是小句，还可以是大于小句的复句等。饰句时间副词可以话题化，但有时会有一些制约条件。饰句时间副词的修饰辖域大于饰谓时间副词，其原因主要是饰句时间副词分布语体具有叙事性倾向、语义具有稳定性，两者修饰辖域的大小与各自强调功能的强弱具有关联性。从语法化的角度看，一部分饰谓时间副词随着时间的变化会逐渐演化为饰句时间副词，从共时的层面看，饰谓时间副词转化为饰句时间副词有一系列的限制因素，但个别带状位标记的饰谓时间副词可以前置到被饰句的句首，且在形式上运用标点使副词和被饰句隔开，形成独用形式，即在共时层面，只需要发生一定的形式变化，可以直接转化为饰句时间副词。此外，饰句时间副词与饰谓时间副词相比还有哪些有区别性特征，饰句时间副词和汉语中其他饰句成分存在哪些异同等问题，都值得做进一步研究。

附　注

① 学界对时间副词和频率副词的分合问题存在一些争议。本文采取广义的“时间观”，认为只要表示与时间有关语法意义的副词就是时间副词，因此将频率副词也都归入时间副词。

② 有时一些饰句时间副词的句法位置受语义、句法、语境等的制约，只能分布在句中，将会影响饰句时间副词的话题化，详见下文有关论述。

③ 辞书中一般将“甚至”定性为连词，本文依据张谊生(2014：21)的分类，将其视作语气副词。如果将“甚至”看作连词，它与“偶尔”连用能够互换位置，“甚至”表递进关系，属于等立关系，则可以印证方梅(2017)提到的饰句副词与表达等立关系的连词共现，两者位序自由。

④ 此句“曾经”可以前置句首，但不属于话题化现象，下文即将讨论这一现象。

⑤ 饰句副词中语气副词最多，以表达情态为主的饰句语气副词比一般饰谓副词的主观性更强。但仅就时间副词而言，饰谓时间副词的主观性多强于饰句时间副词。

⑥ 方梅(2017)认为该类“单音节重叠式＋的”构成的副词和韵律独立密切相关，它比不含“的”、韵律不独立的饰句副词辖域更大。

参考文献

方　梅.语体动因对句法的塑造[J].修辞学习，2007(6).

方　梅.谈语体特征的句法表现[J].当代修辞学，2013(2).

方　梅.饰句副词及相关篇章问题[J].汉语学习，2017(6).

冯胜利.论汉语书面正式语体的特征与教学[J].世界汉语教学，2006(4).

冯胜利.论语体的机制及其语法属性[J].中国语文，2010(5).

冯胜利，施春宏.从语言的不同层面看语体语法的系统性[M]//冯胜利，施春宏.汉语语体语法新探.上海：中西书局，2018.

胡明扬.语体和语法[J].汉语学习，1993(2).

黄　河.常用副词共现时的顺序[M]//北京大学中文系.缀玉二集.北京：北京大学出版社，1990.

黎锦熙.新著国语语法[M].上海：商务印书馆，1924.

刘小辉.副词的分布及其跨语体的语义-功能分析[D].北京：中国社会科学院研究生院，2012.

陆俭明，马　真.现代汉语虚词散论[M].北京：北京大学出版社，1985.

马庆株.略谈汉语动词时体研究的思路——兼论语法分类研究中的对立问题[M]//语法研究与探索(九).北京：商务印书馆，2000.

曲殿宇.“已经”和“曾经”的语用功能及对句类的选择[J].学术交流，2012(4).

齐沪扬，邵洪亮.交流性语言和非交流性语言[J].语言教学与研究，2020(3).

陶红印.试论语体分类的语法学意义[J].当代语言学，1999(3).

陶红印，刘娅琼.从语体差异到语法差异——以自然会话与影视对白中的把字句、被动结构、光杆动词句、否定反问句为例[J].当代修辞学,2010(2).

汪维辉.汉语史研究要重视语体差异[J].南京师范大学文学院学报,2020(1).

杨德峰.面向对外汉语教学的副词定量研究[M].北京：北京大学出版社,2008.

杨德峰.也说饰句副词和饰谓副词[J].汉语学习,2016(2).

杨荣祥,李少华.再论时间副词的分类[J].世界汉语教学,2014(4).

尹洪波.饰句副词与饰谓副词[J].语言教学与研究,2013(6).

赵彦春.副词位置变化与相关的句法—语义问题[J].汉语学习,2001(6).

张　斌.现代汉语描写语法[M].北京：商务印书馆,2011.

张伯江.语体差异和语法规律[J].修辞学习,2007(2).

张伯江.以语法解释为目的的语体研究[J].当代修辞学,2012(6).

张谊生.现代汉语副词探索[M].上海：学林出版社,2004.

张谊生.现代汉语副词研究(修订本)[M].北京：商务印书馆,2014.

张亚军.副词与限定描状功能[M].合肥：安徽教育出版社,2002.

邹海清.从时间副词的功能看其范围和类别[J].华文教学与研究,2010(1).

Dixon，Robert. A Semantic Approach to English Grammar[M]. Oxford：Oxford University Press，2005.

Ernst，Thomas. Towards an Integrated Theory of Adverb Positions in English [D]. Indiana：Indiana University Linguistics Club，1984.

Jackendoff，Ray S. Semantic Interpretation in Generative Grammar [M]. Cambridge，MA：The MIT Press，1972.

功能扩展与“可算”的副词化
——兼论近义副词“可算”与“总算”的表达差异

华中科技大学　谢晓明
中共四川省委省直机关党校　梁　凯

1. 问题的提出

现代汉语里，“可算”有以下四种用法：

第一种：“可”是助动词，动词“算”表“计算”义，“可算”是个偏正短语，表“可以计算”义，记为“可算 1”。例如：

(1) 野猪养殖让戈发芝家每年都有账可算，赚得财富满钵。(新浪微博 2016－09－16)

第二种：“可”是助动词，动词“算”表“算是、算作”义，这种用法的“可算”是个跨层结构，表“可以算是(算作)”义，记为“可算 2”。例如：

(2) 说起体育的热心支持者，北京龙泉驾校年轻的女校长高扬可算比较突出的一个。(《人民日报》1998 年)

第三种：“可”是语气副词，动词“算”表“算是、算作”义，“可算”也是个跨层结构，记为“可算 3”。例如：

(3) 我可算不上什么学者，我知道研究的水有多深，还有很多事在等着我去做……(《人民日报》1995 年)

“可算 2”和“可算 3”虽然都是跨层结构，但是“可”的性质不同。“可算 2”中的“可”是助动词，“可算”之间一般没有语音停顿。“可算 3”中的“可”是语气副词，表强调，用于限定后面的谓词性成分“算 X”，与“算 X”之间可有短暂的语音停顿。如例(3)，“可”用于修饰后面的否定能性述补结构“算不上”，与“算不上”之间可有短暂的语音停顿。

第四种：“算”的语义虚化，“可算”整体具有语气副词的用法，记为“可算 4”。例如：

(4) 奶奶又说：“加利，我的好儿子，你在说话！你可算说话了！”(《作家文摘》1997 年)

(5) 可算体会到牙疼疼得人寝食难安是个什么感受了，希望明天能好点。(新浪微博 2019－10－30)

上述两例中的“可算”已经副词化，不是“可＋算”的语义组合。其中，“算”语义已经虚化，因后接谓词性成分“说话”，其动词性特征已不明显，可以省而不说，而表语气的成分“可”不能省去，否则句子不能成立。两例中，“可算”并非对命题真假做出客观评价，而是对所述事件进行主观评价，整体具有语气副词的用法。例(4)，“可算”用来表示“儿子说话”是言者主观期待的结果；例(5)，“体会牙疼”并非言者主观期待的结果，而是自己经历了牙疼后对这一事件有了深刻的体会。这两例中的“可算”虽然都有语气副词的用法，但是语义表达上一个符合言者预期(例(4))，一个与言者预期无关(例(5))。为便于下文讨论，我们把例(4)这种用法的“可算”记为“可算 4a”，把例(5)这种用法的“可算”记为“可算 4b”。

我们注意到，《现代汉语词典》(第 7 版)和常用虚词词典均未收录语气副词用法的“可算 4”，已有研究中只有李宗江、王慧兰(2011)和尚国文(2013)把“可算 4”归为语气副词。李宗江、王慧兰(2011：345)将其语义笼统概括为“确实是”，意即“可算”是个表示确认或强调语气的副词，但是例(4)和例(5)中的“可算”似乎都没法用“确实是”来解释。尚国文(2013)将“可算 4”的语义归纳为“表示经过漫长的努力或等待，好不容易实现或达成某个目标”。“目标”是人们预期想要实现的结果，例(4)中的“可算说话了”符合这种理解，但例(5)中的“体会牙疼”显然并非言者想要达成的“目标”。可见，目前关于“可算 4”是否已经副词化，其语义和表达特点如何，还有很多问题需要进一步细究。

本文主要讨论以下几个问题：“可算”是否发生了副词化？如果已经发生了副词化，其副词化过程如何？副词化的动因是什么？“可算 4”与近义副词“总算”相比有何表达差异？

2. “算”的功能扩展与“可算”的副词化

2.1 “可算”的副词化

根据北大CCL语料库的检索情况,“可算”连用共现最早在六朝时期。CCL语料库中共有3例,其中有2例位于句末,表示“可以(能够)计算”义,属于“可算1”。例如:

(6) 凡鬼道惑众,妖巫破俗,触木而言怪者不可数,寓采而称神者非可算。(六朝《全刘宋文》)

(7) 弭节言旋,禽不可算;周施眺览,足为京观。(六朝《全梁文》)

例(6)中的“非可算”与前句的“不可数”对举,表“可以(能够)计算”义;例(7)中的“禽不可算”表示“禽类(的数目)不可以计算”,“可算”表“可以(能够)计算”义。

另外1例,“可算”表“可以算是(算作)”[①]义,是“可算2”。例如:

(8) 至于轩岐鼓吹,汉世铙挽,虽戎丧殊事,而并总入乐府,缪袭所制,亦有可算焉。(六朝《文心雕龙》)

例(8)表示“缪袭所改编制作的音乐也有可以算作《乐府》的曲子”。“可算”应是“可以算是(算作)”之义。

从唐五代到宋代,“可算”的用例并不多见。五代仅见2例,宋代仅见4例,均为表“可以(能够)计算”义的“可算1”。但用法上,宋代出现了“可算1”后接体词性成分做宾语的用例(如例(12)),由于计算的对象通常是数目,其后宾语多是表“数目”义的“数”。由不带宾语到带宾语,这是动词“算”的第一次句法功能扩展。例如:

(9) 东西不可算,男子女人,相合一半。(五代《敦煌变文选》)

(10) 镂花之叠何穷,起突之舡连莫数。见钱等尖可算,杂彩并海水方齐。(五代《敦煌变文集新书》)

(11) 今自初政以来,日月未久,费用赏赐,已不可算。(北宋《资治通鉴》)

(12) 见囚人,或著枷锁,露头散腰,或坐立行住。如是不可算数。(北宋《太平广记》)

明代,“可算”在语料库中出现了6例,其中“可算1”有5例。例如:

(13)“这铁锚够用了,尽你是多少号数船,每船上尽你放上几根,放

到了，取到了，只是不可算数。”三宝老爷道：“怎么不可算数？”（明《三宝太监西洋记》）

另外1例，“可算”后接抽象体词性成分做宾语，表“可以算是(算作)”义，应属“可算2”。例如：

(14) 汝既思报，明日午时，皇帝要亲幸你观中，你可舣一舟，至后湖鬼门外伺侯。迎请到观，便可算汝之报。（明《续英烈传》）

例(14)表示“(把皇帝)迎请到观中就可以算是你的恩报”，表义抽象的体词性成分“汝之报”做“算”的宾语。可见，随着动词“算”的语义变化，其所带宾语成分开始由表“数目”义的“数”范围扩展，出现了表义抽象的体词性成分，这是动词“算”的第二次句法功能扩展。

清代至民国初期，“可算”在语料库中的用例开始大量增多，清代有276例、民国初期有203例。这些用例主要仍是“可算1”和“可算2”。“可算1”的用例如：

(15) 算数精密，即河道闸口流水，亦可算昼夜所流分数。（清《熙朝新语》）

(16) 吾想天地间，大鬼、小鬼、新鬼、故鬼，鬼生子，鬼又生孙，族类繁伙，不可算数。（清《蕉轩随录》）

用法上，这一时期“可算2”后不仅可以接体词性成分做宾语(如例(17))，还出现了谓词性成分做宾语的用例(如例(18))。例如：

(17) 我们那日瞧见楼窗口有三个女子，长得绝类无双，真可算天下第一佳人，世间罕有。（清《济公全传》）

(18) 大众本家可算花钱费钞，白白闹了个大风潮，一些好处不曾得到。（清《续济公传》）

动词“算”后开始出现谓词性成分做宾语，这是“算”的第三次句法功能扩展：宾语由体词性成分扩展到谓词性成分。

除了动词“算”的句法功能扩展，这一时期“可算”的连用共现也出现了一些新情况，主要表现在：

A. 跨层结构用法的“可算3”开始出现，以带谓词性宾语为主。“可”作为语气副词修饰后面的“算X”部分，如果删去不影响句意表达，而“算”作为句子的主要动词，不能删去。例如：

(19) 幸而人家没定亲,假如那时候他竟有个三妻四妾,姐姐叫我跟了他走,我也只好跟了他走。我到他家,可算甚么?(清《侠女奇缘》)

(20) 须知我等弟兄长幼,伤在他手的,不可数计。以此相报,可算不得残酷。(清《八仙得道》)

(21) 你这个人哪,也可算厉害极了。(清《八仙得道》)

例(20)中语气副词“可”修饰后面的否定能性述补结构“算不得残酷”,例(21)中两个语气副词“也可”连用,一起修饰后面的谓词性部分“算厉害极了”。

清末民初时期,类似例(21)这种用例出现频次还比较少,“可算”的词汇化程度还很低。

B. 出现了可作“可算 3”和“可算 4a”两可分析理解的用例。这些用例中的“可”和“算”可分别删去:当“可”删去时,“可”是语气副词,“算”是动词,表“算是、算作”义,这种用法的“可算”是“可算 3”;当“算”删去时,“算”的语义已经因泛化而不明确,“可算”在功能上整体具有语气副词的用法,可以分析为“可算 4a”。例如:

(22) “这屋里那块四乐堂的匾,可算挂定了!不然,这‘春深似海’的屋子,也就难免‘愁深似海’!”(清《侠女奇缘》)

(23) 每遇上来的酒菜,必是山寇先吃。二人大乐说:“你我这可算脚踏实地了。”(清《小五义》)

(24) 他已经有了要好的男人,乃是个当道士的,和你们老二算是同行。将来要是配成夫妻,可算门当户对咧。(清《八仙得道》)

例(22)中,“这屋里那块四乐堂的匾,可算挂定了!”一句,既可以省略“可”说成“这屋里那块四乐堂的匾,算挂定了!”,也可省略“算”说成“这屋里那块四乐堂的匾,可挂定了!”。省略“可”是“可算 3”的用法,省略“算”是“可算 4”的用法。其余两例可类推。

C. 只具有语气副词用法的“可算 4a”用例还不多见。北大 CCL 语料库中清代仅见 4 例,民国初期仅见 1 例。因为使用频度较低,这种用法的“可算”我们认为还只能看作是一种准语气副词用法。具体用例如:

(25) 施公闻听,心下着忙,腹内说:“罢了!罢了!可算入绝地了!”(清《施公案》)

(26) 我也不怕人笑话我奴才亲戚混巴高枝儿,我今日可算认定了干娘咧!(清《儿女英雄传》)

(27) 刘良惊喜道:“我的儿!看不出你竟有这样的才干!汉家可算又出一个英雄了!”(民国《汉代宫廷艳史》)

现代汉语里,“可算”用作语气副词的用例明显增多,在北大CCL语料库现代汉语部分检索到54例。因为使用频次的提升,“可算”的语气副词用法开始逐渐稳定下来。具体用例如:

(28) 白展堂:(哭出来)小姬,你可算来了!(《武林外传》)

(29) 哎呀,何处长,可算找到你了!你让我和罗维民都急疯了。(张平《十面埋伏》)

(30) 来人一听,别提多高兴啦:“哎呀,李太太,可算把您找到啦。”(《中国传统相声大全》)

2.2 副词化的动因

2.2.1 使用频率的不断提升

“句法线性序列上邻接的两个单音词因为经常在一起出现,语言使用者就有可能把它们看成一个整体来处理,而不再对其内部结构做分析,这样就容易使得二者之间原有的语法距离缩短或消失,从而走向词汇化。”(左双菊2015)根据北大CCL语料库,从六朝到明代“可算”的使用频率都比较低,六朝3例,五代2例,宋代4例,明代6例。这段时间内,因使用频率较低,“可算”的副词化倾向不明显。从清代开始,“可算”的用例开始逐渐增多,CCL语料库中出现了276例,民国初期出现了203例。这段时间内因使用频率的提高,“可算”逐渐开始副词化,出现了准语气副词的少量用例。现代汉语里,“可算”用例进一步增加,北大CCL语料库中有1 082例(其中,54例具有语气副词用法),可见,使用频率的提高客观上推动了“可算”的副词化发展。

2.2.2 功能扩展下韵律与双音化促发的重新分析

历时考察表明,动词“算”的句法功能经历了“不带宾语→带‘数’类体词宾语→带抽象体词性宾语→带谓词性宾语”三次功能扩展。动词“算”后带谓词性宾语成分,句法组合上出现了语气副词“可”后有两个谓词性成分连用的情况,这就为句法上的重新分析提供了条件。随着动词“算”

的语义泛化和虚化,“可算”逐渐一起居于非语义重心位置,处于非语义重心的语段最容易发生句法成分的边界失落。另外,“可算”后接的谓词性宾语长度一般较长,如果把“算”看成是依附于后面的谓词性成分,句子的韵律就会失调,因此,“算”只能与“可”构成一个语音单元。在汉语韵律和词汇双音化趋势的合力推动作用下,“可算”逐渐被重新分析为一个词,即由“可+(算+VP)”→“(可+算)+VP”。

2.2.3　语境义吸收的固化作用

Langacker(1987)指出,所有语言单位都依赖语境,并从语境中派生出本身大量的含义。“可算”的副词化也受其所在语境的影响。“可算”后一般接某种结果,当它所在的前后句描述了当事人为实现这一结果的努力付出和不易时,“可算”因为受到前后句的语境感染,逐渐吸收其语境义并获得了“好不容易实现某一结果”的语义。例如:

(31) 公子道:“母亲,哪知这才闯进鬼门关去了!”当下又把那自进庙门,直到被和尚绑在柱上,要剖出心肝的种种苦恼情形,详细说了一遍……“小子在你吃这一场苦,送这银子来,可算你父亲没白养你。”(清《侠女奇缘》)

例(31)中的“可算”是“可算3”,句中画线部分说明了实现“送这银子来,你父亲没白养你”的不易,在这种语境下,“可算”吸收并获得了“好不容易实现某一期望的结果”的临时语义。随着“可算”在这种语境中的使用频率增加,语境吸收进一步惯常化,这种语义逐渐被“可算”吸收固化,慢慢发展成为“可算”的词汇语义。

3. 副词“可算”的功能扩展

当代汉语里,语气副词用法的“可算”使用频次还在不断提升,词义逐渐泛化,功能出现了进一步扩展,主要表现在:“可算”不仅可以后接言者主观期待的如意结果,也可以后接一些不如意甚至消极的事态或结果。功能扩展后,副词“可算”的后面常常出现了一些体验类和知晓类的动词②,如“体会”“见识”“理解”等。根据CCL语料库和BCC语料库的统计结果,“可算4b”后接动词情况如下表:

表 1 “可算 4b”后接动词情况考察统计表

后接动词	见识	体会	知道	明白	理解	其他[③]	合计
用例数/占比	73/ 34.76%	46/ 21.90%	43/ 20.48%	23/ 10.95%	6/ 2.86%	19/ 9.05%	210/ 100%

这些动词所带的宾语部分通常不是言者主观期待的结果，而是动词施事无意经历某种事情后所致的一种结果。这种结果可能是如意的（符合预期），也可能是不如意的（与预期不符）。随着这种用例的增多，“可算4b”逐渐形成了表示“经历某一事件后，对某个问题有了新的或更为深刻的认识和体会”的意思。具体用例如：

（32）可算见识了东北的办事效率，网上审批看似快，所有审批还必须来现场核实……什么办事效率，注册个公司都这样，公司开起来不得更费劲??！（新浪微博 2019－09－20）

（33）可算见识到天猫客服的不作为了，非常别致的一次购物体验，尿不湿上贴口香糖还是吃过的口香糖算是质量问题？（新浪微博 2020－02－16）

上述两例中，“见识了东北的办事效率”“见识到天猫客服的不作为”均非言者主观期待的结果，而是言者经历了“注册公司”“购买尿不湿”这些事情后对这些问题形成的主观认识和体会。

随着语气副词“可算”的功能扩展，“可算”的主观意愿和如意情态的强弱也发生了变化。主要表现在：

第一，主观意愿的弱化。“可算 4a”后面的限定成分是期待出现的结果，如例（28）和例（29）中的“你来了”和“找到你了”，都是言者主观希望出现的结果，这种情况言者的主观意愿较为强烈。副词“可算”的功能扩展后，其后限定的范围进一步扩大，可以表达一些相对客观的情况，描述的事情可能与言者的主观意愿和立场表达关系不大。例如：

（34）香港的暴力可算让我们见识到西方的洗脑功力和所谓的自由民主了。（新浪微博 2019－09－24）

（35）以前真没觉得下雪的时候南方人多激动，今天可算见识到了，朋友圈全是下雪的 vlog。（新浪微博 2020－02－11）

(36) 现在可算明白安倍怎么不敢禁止全中国人入境了，心斋桥这条街因为中国人不来起码得倒闭一半啊。(新浪微博 2020-03-07)

上述三例，“可算”后描述的事件都是基于客观事实的表述，言者的主观意愿明显弱化。

第二，如意情态的淡化。副词“可算”的功能扩展后，感情色彩和评价意义也在逐步发生变化，主要表现为“可算”后所描摹限定的部分开始由如意、积极的事情转向不如意甚至消极的事态或结果。例如：

(37) 我可算体会到“身心俱疲”的概念了，切切实实地感受到，无力到虚脱。(新浪微博 2019-09-12)

(38) 可算见识了晚高峰的北京地铁四号线……第三趟才勉强挤上车。挤成肉饼。窒息了要。(新浪微博 2020-01-03)

(39) 可算见识到了牙疼的力量，真的疼死啦!!! 又是一个和牙疼相伴的不眠夜。(新浪微博 2019-05-21)

以上三例中，“体会身心俱疲”“见识晚高峰的地铁”“见识牙疼的力量”均非言者期望的如意结果，而是一种消极的客观事态。

结合前面的讨论，我们将“可算”的副词化轨迹和功能扩展情况图示如下：

“算”的语义变化　“可”由助动词发展出语气副词用法　词汇化　功能扩展

可算1 → 可算2 → 可算3 → 可算4a → 可算4b

(偏正短语)　(跨层结构)　(跨层结构)　(语气副词)　(语气副词)

4. 副词“可算”与“总算”的表达差异

现代汉语里，语气副词“可算”与“总算”的语义和用法相近，容易发生混用。语气副词“总算”也有表示“经过较长时间以后某种愿望终于实现”(记为“总算 a”)和“经历某一事件后，对某个问题有了新的或更为深刻的认识和体会”(记为“总算 b”)两种语义表达。很多情况下，副词“总算”和“可算”可以互换使用。例如：

(40) 你就是 50 年前的小力立，我总算(可算)找到了你!(1994 年《报刊精选》)

(41) 总算(可算)体会到忙到连口水都喝不上是什么感觉了……(新浪微博 2020-03-18)

上述两例中的“总算”都可以用“可算”来替换表达。但是,仔细考察,不难发现二者在表达上仍然存在一些细微的差异。这里我们将“可算”与“总算”的相应用法分别比较如下。

4.1 “可算 4a”与“总算 a”的主要区别

4.1.1 语义倾向不同

“可算 4a”倾向于表达言者实现某种愿望后欣喜和释然的情态,上下文中常有对言者主观情态的描述词语出现;“总算 a”倾向于表达实现某一愿望或结果的过程之难和时间之久,上下文中常含有形容条件难、时间长、困难多这类描述性词语。例如:

(42) 陈白露:(欢悦地)哦,你醒啦,可算醒啦!(曹禺《日出》)

(43) 中李村一个地主听到蒋军来了,欣喜若狂地对他的闺女、儿媳妇说:“国军可算来了,赶快去欢迎!”(《人民日报》1946 年)

(44) 女人们高兴地拍着手说:“罢、罢、罢,可算挤走啦!可活出来啦!”(马峰《吕梁英雄传》)

上述三例中画波浪线的部分,都描述了言者实现某种愿望后的欣喜和释然的情态,这种情况言者更倾向于使用副词“可算”。

(45) 他并不熟悉该走的具体路线,时而穿过大街,时而进入小巷……他一边驾车,一边探路,曲曲弯弯地总算到达了目的地。(《人民日报》1993-04-26)

(46) 我同她谈了七八个小时,她给我出了许多难回答的题目,我总算通过了考试。(《人民日报》1985-10-17)

(47) 从此,他上班不安心,下班到处转,托朋友、找亲戚,最后总算在朋友的帮助下,在一辆货车车厢里度过了新婚之夜。(《人民日报》1983-04-22)

上述三例中画波浪线的部分,均描述了实现某种期望结果的过程之难与时间之久,这种情况言者更倾向于使用副词“总算”。

二者的这种语义偏向在句法分布上也有表现:“总算 a”可与副词“才”相邻共现,而“可算 4a”不能与副词“才”相邻共现。例如:

(48) 第二天他又接到通知去外地参加会议,一直持续到晚上8点多他才总算有了休息的机会。(《人民日报》2003-07-05)

(49) 马俊仁又哄又劝,买了5打乐百氏,才总算把马宝带回了家。(《1994年报刊精选》)

(50) 直到总公司打来电话,请他回办公室,他才总算刹住车。(刘玉民《骚动之秋》)

上述三例中的"总算"与"才"共现,均不能用"可算"来替换使用。

产生这种句法表现的原因是:表主观大量的副词"才"表示事件完成所用的时间超过了主体预期的时间,暗含了对事件完成时间久而略带不满的感情。"总算a"倾向于表达过程难和时间久的语义与"才"表示时间久的语义和略带不满的感情色彩一致,因而可以相邻共现;而"可算4a"倾向于表达欣喜和释然的情态,与表示时间久而略带不满的副词"才"在情感色彩上不相容,因而不能相邻共现。

4.1.2 表达预期不同

"可算4a"和"总算a"都是含有言者预期的,由于"可算4a"倾向于表达实现愿望后的欣喜和释然的情态,因而"可算4a"的言者预期通常需要完全实现,"可算4a"后接的事件结果通常需要与预期完全一致;而"总算a"侧重于表达实现某种愿望的过程之难和时间之久,而非实现某种愿望或结果之后的主观情态,因此,实现的结果不一定要与原来的预期完全相同,只要是有利的结果,无论是与原预期完全相同,还是实现了原预期的部分结果,都可以出现在"总算a"后。部分实现愿望的情况下,"总算"不能替换为"可算"。例如:

(51) 他在医院躺了两个月,总算拄着拐杖、拖着腿出院了。(陈一水《模拟人》)

(52) 站立那么几天下来,樊胜美从最初的腰酸背痛,到现在的稍感不适,总算稍微挺了过来。(《欢乐颂》)

(53) 两年以后,我十岁了,又去考学,这次总算勉强收下了。(《人民日报》1976-08-29)

(54) 后来由于种种原因,她没有先去中国留学,而是去了朝鲜。但总算到了东方,离那个她向往的古老大国近了许多。(《人民日报》1998年)

上述4例中的"拄着拐杖、拖着腿""稍微""勉强""到了东方(朝鲜)",都是只实现了预期的部分结果,因而均不能用"可算"替换表达。

4.1.3 主观性强弱不同

"可算4a"倾向于表达言者欣喜和释然的情态,是基于言者的主观态度和表达立场而来的,主观性较强;"总算a"倾向于表达过程之难和时间之久,是言者基于相对客观的事态分析和表达立场得出的,主观性较弱。例如:

(55) 在西安整整住了八年,还是要感谢这里的人民,他们总算在陕西活下来了。(李准《黄河东流去》)

(56) "你总算达到了逃避相亲的目的。你父母也会从这次教训中重新考虑的,是不是今天该回家去啦?"(渡边淳一《无影灯》)

(57) "青楚,我不虚与委蛇,我心里一直有个希望,想请你做我的代理人。""你总算把真实目的说出来了。"(《我的青春谁做主》)

上述三例中,用"总算"分别是言者基于"他们在陕西活下来"用时之久、"逃避相亲"付出之多和"说出真实目的"的迂回曲折而做出的客观描述,言者的主观态度和表达立场不明显。如果换成副词"可算"来表达,则表示"他们在陕西活下来""逃避相亲""说出真实目的"是一种言者主观期待的结果。

二者主观性强弱的原因可能有两个方面:一是受历时来源的影响。尚国文(2013)指出,"总算"来源于"汇总计算"义,"可算"来源于语气副词"可"和"算是"义的"算"。"汇总计算"是较为客观的行为,而语气副词"可"表强调,主要表达了言者的主观情态。另外,"算是"与"计算"相比也是较为主观的行为。二者语义来源的主客观性差异影响到其副词化后的主客观性强弱。二是受适用语体的制约。"可算"常出现于口语对话中,而"总算"不仅可以出现在口语对话中,也常出现在较为客观的书面语体中,如小说中的客观叙述语。口语表达的主观性通常要高于书面语体,因此二者适用语体的不同也影响了它们主观性的强弱。

4.2 "可算4b"与"总算b"的主要区别

"可算4b"与"总算b"一般可互换使用,但前者更能突显言者主观评价的语气。历时考察表明,语气副词"可算"来源于语气副词"可"与表"算是”义的动词“算”的词汇化和语法化。语气副词“可”通常用于表达强调语气(吕叔湘 1980),言者的主观评价性强。与副词“总算”比较,副词“可算”因受其历时来源影响,更能突显言者的主观评价语气。例如:

(58) 今天总算见识到什么叫戾气重了。你好好跟人讲话,人家却夹枪带炮炮轰你。(新浪微博 2020-01-13)

(59) 今天总算见识到了什么叫春运,人多的连空气都升温好多度,热死宝宝了。(新浪微博 2019-02-04)

(60) 我可算体会到农民工要不到工资的心情了,一堆领导哭穷卖惨。(新浪微博 2019-02-25)

上述三例中,副词“总算”和“可算”虽然可以互换使用,但使用“可算”比“总算”要更能突显言者主观评价的语气。

5. 结语

功能扩展在语气副词“可算”的形成和语义演变中发挥了至关重要的作用。首先,在“可算”的副词化过程中,动词“算”的组合功能经历了“不带宾语→带‘数’类体词宾语→带抽象体词性宾语→带谓词性宾语”三次扩展,“算”后 VP 成分的出现,造成“可”后两个谓词性成分连用,使“可算”的重新分析成为可能。其次,语气副词“可算”形成后,在当代汉语里,功能又出现了进一步扩展,“可算”后不仅可以是言者主观期待的如意结果,也可以是一些不如意甚至消极的事态或结果。伴随这种功能扩展,语气副词“可算”逐渐发展出了新义。功能扩展是就同词项构成组合关系的成分的语义特征而言的,单个词项从来不会孤立发生语法化。词项的语法化离不开一定的组合环境,要重视词项所在环境(构式)的考察(彭睿 2009;吴福祥 2005)。

附　注

① 王晓燕(2011)指出,动词“算”的本义是“计算、计数”,这时,“算”的对象一般是数目,当其后宾语进一步扩展到时间名词、抽象名词等时,“算”衍生出了“包括进去”义;而“包括进去”是把事物当作某一范畴的成员,当“包括进去”义由行域投射到知域便衍生出了“算是、算作”义。

② “可算 4b”后多是体验类和知晓类动词,这可能是受到了“可算 4a”的语义制

约。“可算4b”由“可算4a”功能扩展而来，“可算4a”表示“经过一段时间后终于实现言者期望的结果”，通常其后接对言者有利的结果。而源词的意义往往仍然控制或影响着新词的意义或新词分布的句法语义环境（储泽祥、谢晓明2002），因此，尽管随着使用频率的提高，“可算”发生了功能扩展，限定范围进一步扩大，但受到“可算4a”的影响，其功能扩展后的用法在一定程度上也倾向是对言者有利的结果。“可算”后接体验类和知晓类动词，虽然经历的事件是中性或不如意的，但事物是对立统一的，以前没有体验、知晓，无意经历某一事件后，现在具有了某一体验、知晓了某一事件，在某种程度上讲也可以算是一种收获，因而，“可算”功能扩展至这两类动词。

③ 这里的“其他”类动词包括“懂、领悟、尝到、领略、体验”等。

参考文献

储泽祥，谢晓明.汉语语法化研究中应重视的若干问题[J].世界汉语教学，2002(2).

李宗江，王慧兰.汉语新虚词[M].上海：上海教育出版社，2011.

刘　丞.“好在”的演化过程与功能扩展[J].世界汉语教学，2012(4).

吕叔湘.现代汉语八百词[M].北京：商务印书馆，1980.

彭　睿.语法化“扩展”效应及相关理论问题[J].汉语学报，2009(1).

尚国文.“X算”的用法特征及词汇化[M]//汉语史学报(第13辑).上海：上海教育出版社，2013.

石定栩，孙嘉铭.客观副词与主观副词——再论“常常”与“往往”的区别[J].现代外语，2017(1).

苏俊波，余　乐.语气副词“可”的核心语义[J].汉语学报，2018(3).

王晓燕.现代汉语“算”的多角度考察[D].北京：北京语言大学，2011.

吴福祥.汉语语法化研究的当前课题[J].语言科学，2005(2).

吴　佳.“可”、“可算”、“可算是”的叠加强化探析[J].淮南师范学院学报，2017(3).

张谊生.“总(是)”与“老(是)”的语用功能及选择差异[J].语言科学，2005(1).

张谊生.现代汉语副词研究[M].北京：商务印书馆，2014.

左双菊.句尾“才是”的词汇化[J].古汉语研究，2015(1).

Hopper，Paul J & Traugott，Elizabeth C. Grammaticalization[M]. Cambridge：Cambridge University Press，1993.

Langacker，Ronald W. Foundations of Cognitive Grammar. 1987.（中文版：R.W.兰盖克.认知语法基础[M].牛保义，等译.北京：北京大学出版社，2013.）

已然/未然范畴与“果真”的分化

宁波大学　聂仁发　葛子岚

目前虚词词典编纂基本沿用传统的训诂方法，主要靠编者内心语感的自省。邵敬敏建议，虚词词典编纂应努力寻找制约虚词词义与功能的语言条件，并且把它“框架化”。[①]虚词框架分析不仅有助于更准确描述词义和功能，还能查漏补缺，使义项归纳更全面，功能定性更准确，最终使虚词词典更科学、更好用。不过，编纂这样的虚词词典，其前提是要对虚词逐个进行研究，任务相当繁重，需要学界共同努力。

关于“果真”，《现代汉语八百词》给出的解释是：同“果然”。(1) 副词，表示事实与所说或所料相符；(2) 连词，假设事实与所说或所料相符。[②]其他虚词词典也给出了类似的解释。但都没有列出这两个义项及其功能的语言条件。此前已有一些研究涉及“果真”的词汇化与语法化、“果真”与“果然”“真的”的比较等。[③]在上述研究基础上，本研究基于CCL语料库“果真”用例，分析制约“果真”词义和功能的语言条件，并分析其理据，以进一步厘清“果真”的义项与功能。

1. 已然语境下的“果真”

“已然/未然”在意义上类似于“实现/未实现”“现实/非现实”。汉语中存在已然/未然对立的表现形式，已然/未然比时—体—情态更为显赫。[④]比如普通话“不”和“没有”分别否定未实现和实现，[⑤]泰如片江淮方言“V＋在＋L”结构“在”的隐现体现未然/已然的对立等。[⑥]

《现代汉语八百词》认为“果真”同“果然”，这其实只是在已然语境中的情况。例如：

(1) 人既到了这地步，只能死马当成活马医，我便问他能不能给我找本《易经》来，我还一直未曾读过。过了一天，他果真拿来了这本《周易正义》。

(2) 记得幼年写作文，总爱写“光阴似箭，日月如梭”，不知从哪里找来这些词句，……直到鬓边有了白发，才蓦然惊觉光阴果真似箭如梭，去了永不再来。

“过了一天，他果真拿来了这本《周易正义》”“直到鬓边有了白发，才蓦然惊觉光阴果真似箭如梭，去了永不再来”都是已然句，其中“果真”都能用“果然”替换。进一步观察，“果真”跟“果然”一样，也是先有某种说法或料想，然后有与所说或所料相符的事实出现。比如例(1)先说“给我找本《易经》”，后有“果真拿来了这本《周易正义》”；例(2)先说“光阴似箭，日月如梭”，后有“光阴果真似箭如梭”。据此，“果真”的语义框架可以简单描述为：

A，果真 B。(其中 B=A，B 已然。)

这里“=”是语义上的。形式上为避免重复，B 常常用概括的方式提及 A。例如：

(3) 马克·吐温希望在自己临终之前，能再次见到这颗彗星。他的愿望果真实现了！

(4) 北京来的曹女士说，很久以前就从媒体上看到贵州气候宜人，来了以后感觉果真名不虚传。

(5) 如果在揭露这事件之后，确实很快得到改正，报纸当然有责任做连续报道。变坏事为好事，这是大家都喜闻乐见的。事态的发展果真如此。

例(3)和例(4)“愿望实现”“名不虚传”都是概括提及相关事件。例(5)“如此”则是用代词指代上文。B 还可以零形式出现，即“果真”独用。例如：

(6) 殷勤好客的主人说：“这里的空气新鲜着哩！新鲜得可以出口创汇。”果真，我们呼吸着最纯净的古代空气和多色多味的现代空气。

(7) 一次在幼儿园，老师问，谁的头发最脏？我说是我，老师不信，我便说，我头上长虱子。老师来看，果真。

例(6)“果真”=“这里的空气果真新鲜”;例(7)“果真”=“我头上果真长虱子”。

在上面的语义框架中,B是对A的重复,只有“果真”是新信息,是句子的焦点所在。B可以不出现,但“果真”是必不可少的。

“果真”的上述意义和功能同“果然”基本一样。但“果真”还可以用于未然句,而“果然”不用于未然句。

2. 未然语境中的“果真”

在已然句中,B已经是事实,“果真”表示B符合所说或所料并予以确认。但如果是在未然句中,B不是事实,“果真”就无法表示B符合或不符合所说或所料了。例如:

(8) 于是我对自己立下了一个誓言,待将来至少是中年以后,并有了闲适的条件时,再动手翻译吧。但是,我何尝相信在自己的一生中果真会有那样的日子!

(9) 同样地,我也希望你在得到一个看来确凿不移、果真就是答案的东西的时候,容有片刻的迷失。

(10) 善于工作的人往往不善言辞,在此刻多半只会哑口无言,脸色灰暗得有如自己果真犯了大错。

这几例中B都不是已然事实。由于B不是已然事实,所以无从断定其符不符合所说或所料。此时“果真”主要用于主观上确认B的真实性,与“真的”相当。其语义框架及意义可以描述为:

若:A,果真B。(其中B=A,B未然。)

则:“果真”=“真的”

疑问句也是一种未然句,其中“果真”也用来确认B的真实性。例如:

(11) 程乐宇说:“你快开了门,我不打你。”他说:“果真不打我?先生,你发个誓,我才开门。”

(12) 记者思考着这样一个问题:毒品果真像传说的那样能给人带来某些意想不到的快乐吗?回答是,不!

(13) 统计数据虽是这样显示,而每一个关心环境状况的人心里却直犯嘀咕:果真如此吗?

(14) 常常谈到的,明代内阁,“无宰相之名,而有宰相之实”。事实是否果真如此?若非如此,则其因何在?

上述“果真”能用“真的”替换,但不能用“果然”替换。例如:

(8′) *于是我对自己立下了一个誓言,待将来至少是中年以后,并有了闲适的条件时,再动手翻译吧。但是,我何尝相信在自己的一生中果然会有那样的日子!

(11′) *程乐宇说:“你快开了门,我不打你。”他说:“果然不打我?先生,你发个誓,我才开门。”

综合前述两种情形,“果真”的语义框架及相应的意义可以描述为:

义项(一):

若:A,果真B。(其中B=A,B已然。)

则:“果真”=“果然”

即,已然语境中“果真”与“果然”大体相同,表示事实与所说或所料相符。

义项(二):

若:A,果真B。(其中B=A,B未然。)

则:“果真”=“真的”

即,未然语境中“果真”与“真的”大体相同,表示对事件的主观确认。

3. 语义框架及相应意义的理据

从共时平面来看,“果真”紧缩自“果然真的”。“果然”“真的”都是副词,可以连用。如:

(15) 雪儿道:“好,就算我疯了,所以我现在还要叫。”她果然真的又叫了起来。

(16) 他的父亲果然真的在台湾,已经写信给大陆的有关部门,找儿子来了。

(17) 乔峰向他查问了几句,知他果然真的丝毫不会武功,不由得啧啧称奇。

“果然”表示事实与所说或所料相符,“真的”表示对情况或事件的确认。[7]它们从不同角度评述同一事件。如例(15)“果然”表明“她叫了起来”符合所说,“真的”表示对这件事的确认。“果然”“真的”为一个复合焦点。

相同的句法位置、相同的语用功能,促使它们缩略成一个双音节词“果真”。

需要强调的是,“果然”用于已然语境,不用于未然语境。据李冰调查,[8]在2 300多万字的当代小说语料中发现“果然”用例1 204例,其中1 202例用于已然语境,2例用于假设句(即未然语境)。后者如下:

(18) 梁爱诗一时措手不及,说:“我现在没有什么好说的,假如公布之后,我果然担任律政司司长,我便会举行记者招待会。”

(19) 有一天晚上去看茅威涛的《西厢记》,坐在楼下四排,真是喜出望外啊。可惜身后有一个多嘴女人,台上的一招一式、一笑一颦,她都要讲解,倘若你果然是金圣叹的夫人,我们姑妄听你的高见,结果句句都是废话。

作者就这2个用例作了语感调查,被调查者普遍认为这样的句子不自然。可见,“果然”与未然不相容。

现在可以解释“果真”在已然/未然语境下的表现了。“果真”源于“果然真的”,在已然语境中,“果然”与已然和谐共振,得以突出。在未然语境中,“果然”被语境压制,“真的”得以突出。这就是上文给出的“果真”的语义框架及相应的意义。

需要指出的是,“果然”能被压制与其在“果真”中的地位有关。语素“果”已经融合在词里面了,缺乏独立性,可以被压制。而作为词的“果然”是很难被压制的,例(15)—(17)“果然”都用在已然语境中。

但“果真”并不全然等同于“果然”或“真的”,否则“果真”就没有存在的价值了。已然语境下,“果真”还含有“真的”的意义与功能。据厉霁隽,[9]“真的”具有焦点属性,或者提示其后为焦点,强调将说的新信息是真的,如例(20);或者其本身是焦点,表示事件或命题的确然性和强调口气,如例(21)。

(20) 我真的很喜欢大海。

(21) (我们老爷还没有起来……)我们老爷真的还没有起来。

第二种情况与“果然”语义框架吻合。“真的”与“果然”同现,能增加确认意义和强调口气,如例(15)—(17)。“果真”保留有“真的”意义,这是“果真”与“果然”的不同之处。

同时,在未然语境中,“果真”也保留有“果然”的语义基础。如例(11)

先有“我不打你”，后面才有“果真不打我”。例(12)“那样”、例(13)和例(14)“如此”等都是回应上文相应内容的。也就是说，“果真”保留有与所说或所料相符的预设。“真的”则不必然有这种预设，如例(20)。

4. 虚拟语境下的“果真”

《现代汉语八百词》里“果真”还有一个义项：连词，假设事实与所说或所料相符。这其实是“果真”用于虚拟语境的情况。从CCL语料可知，“果真”用于虚拟语境有两种情形：一是“果真”小句另有表示假设或者条件的词语。例如：

(22) 由此可想，文学鉴赏就不只是一种单向的文本解释或鉴赏，倒有点像探险者跋涉于群峦渐登奇峰的意思，若果真如此，那么这实在是足以使学者穷其一生的一种事业了。

(23) 结构论是一种方法，而不是一种教义或哲学，倘若它果真是这样的话，那它早就被弃而不顾了。

(24) 他担忧的是，如果莫天良果真一去不返，凭他“狸猫”的威信手段恐怕难以驾驭手下这帮弟兄。

另一种情况是，“果真”小句没有表示假设或者条件的词语。

(25) 从字面含义来看，这里的“故意犯罪”似乎指一切故意犯罪，但果真如此，则不利于减少死刑的执行，也不符合死缓制度的精神。于是，人们认为刑法第50条规定的“故意犯罪”过于宽泛，应当修改。

(26) 1987年，我们联系了一家为IBM做代理的香港公司，当时IBM有个促销计划，如果我们能够有100万美元的订单，就可以获得40%的回扣，这是一个非常大的“折”呀！果真能得到这笔钱，我们可就赚大了，想到这些，大家都兴奋得不得了。(张冰2009)

(27) 老韩倒是觉得他是在为身后考虑的。果真要把权力交给那些人，那确是没几个人服气的，他老韩就不干。

这种句式由三个小句构成，“果真”在中间小句，即：

A，果真B，C(其中A=B，B→C。)

其中A是所说或所料,B与A相符,B、C之间是条件关系。词典认为其中“果真”表示假设条件,其实不然。实际上这些用例中的“果真”可以删去,B、C之间依然有条件—结果关系。如:

(22′) 由此可想,文学鉴赏就不只是一种单向的文本解释或鉴赏,倒有点像探险者跋涉于群峦渐登奇峰的意思,若[~~果真~~]如此,那么这实在是足以使学者穷其一生的一种事业了。

(25′) 从字面含义来看,这里的“故意犯罪”似乎指一切故意犯罪,但[~~果真~~]如此,则不利于减少死刑的执行,也不符合死缓制度的精神。

也就是说,B、C之间的条件—结果关系与“果真”无关。词典说“果真”表示假设条件,这是把语境意义加到虚词上面去了,这是虚词释义应当尽量避免的。[10]总之,不管B句有没有表示假设条件的词语,“果真”都不表示假设条件。[11]

那么,虚拟语境下“果真”的词义是什么呢?虚拟语境中“果真”有“果然”的语义基础,有“真的”的主观确认意义,也不能替换为“果然”,如例(27′)。对比上面给出的语义框架及相应释义,“果真”与“真的”相当,毕竟虚拟的也是未然的。

(27′) *老韩倒是觉得他是在为身后考虑的。果然要把权力交给那些人,那确是没几个人服气的,他老韩就不干。

还有一种观点认为,虚拟语境中“果真”相当于“如果真的”,即把“果”解释成“如果”。[12]但是把“果真”换成“真的”,没有“果”,句子也有虚拟意义,如例(27″)。可见这个观点也是站不住的。

(27″) 老韩倒是觉得他是在为身后考虑的。真的要把权力交给那些人,那确是没几个人服气的,他老韩就不干。

总之,虚拟意义来自两个小句之间的条件—结果关系,与“果真”无关。

5. “果真”的定位框架

上述分析澄清了对于“果真”意义和功能的一些认识:

第一,笼统地说“果真”同“果然”是不准确的。“果真”只在已然语境中同“果然”一样,表示事实与所说或所料相符。但即使在已然语境下,

“果真”也还有对事件予以确认的意思，主观性比“果然”强。

第二，“果真”在未然语境中相当于“真的”。这一点《现代汉语八百词》没有提及。在未然语境中“真的”保留有与所说或所料相符的预设，即有“果然”的语义基础，“果真”也不全然等同于“真的”。

第三，虚拟也是未然。“果真”在虚拟语境下和在未然语境下一样，相当于“真的”。“果真”不表示假设条件，也不等于“如果真的”。因此“果真”也不是连词。

参照邵敬敏的研究，[13]“果真”的定位框架及相应的意义与功能可描述如下：

【框架 1】

已然句：A，果真 B。（其中 B=A，B 已然。）

功能与释义：副词，表示事实 B 与所说或所料 A 相符。相当于“果然”，但有主观确认意义。

例句：他说昨天晚上会下雨，昨天晚上果真下雨了。

【框架 2】

未然句：A，果真 B。（其中 B=A，B 未然。）

功能与释义：副词，表示对 B 的主观确认。相当于“真的”，同时呼应上文所说或所料。

例句 1：昨天晚上果真下雨了吗？

例句 2：明天晚上果真下雨了，我们就取消出游安排。

注意：“果真”不表假设条件，不是连词。

总之，“果真”的意义和功能源自“果然真的”。由于已然/未然语境的共振或限制，“果然”意义有所隐显，“果真”表现为不同的义项。各义项实际上是同一义位在已然/未然下的不同变体。“果真”的分化为汉语存在已然/未然的对立提供了又一例证。

附　注

①⑬ 关于语法“框架化”，参看邵敬敏(2013：69－78)。

② 参考《现代汉语八百词》(增订本)，第 244 页，对“果真”的释义。

③ 根据叶建军(2015：23－27)，李冰(2009：100－105)，潘明洁、曾传禄(2014：

8－12)的文章。

④ 关于汉语时-体-情态问题,参看于秀金(2016：680－692)。

⑤ 关于否定词“不”与“没有”的语义特征,参看聂仁发(2001：21－27)。

⑥ 关于泰如片江淮方言中的“V+L”和“V+在+L”结构,参看张亚军(2003：45－50)。

⑦⑫ 参考《现代汉语虚词词典》,第 715 页、第 216 页,对“真的”“如果”的释义。

⑧ 关于“果然”和“果真”的用法对比考察,参看李冰(2009：100－105)。

⑨ 关于“真的”用例研究,参看厉霁隽(2003)。

⑩ 关于虚词意义与所在格式意义的区分,参看马真《现代汉语虚词研究方法论》,第 212 页。

⑪ 关于“果然”只是语气副词,参看张超、李步军(2010：176－178)。

参考文献

李　冰.“果然”与“果真”的用法考察及对比分析[J].汉语学习,2009(4).

厉霁隽.“真”和“真的”论析——句法、语义、语用功能及其语法化过程和机制分析[D].上海：上海师范大学,2003.

吕叔湘.现代汉语八百词[M].北京：商务印书馆,1999.

马　真.现代汉语虚词研究方法论[M].北京：商务印书馆,2007.

聂仁发.否定词“不”与“没有”的语义特征及其时间意义[J].汉语学习,2001(1).

潘明洁,曾传禄.副词“果真”与“真的”的用法初探[J].通化师范学院学报,2014(6).

邵敬敏.《汉语虚词框架词典》编撰的创新思路[J].语言文字应用,2013(3).

叶建军.“果真”的词汇化及其语法化[J].通化师范学院学报,2015(3).

于秀金.汉语(非)现实范畴的显赫性与扩张性——跨语言原型范畴化视角[J].外语教学与研究,2016(5).

张　斌.现代汉语虚词词典[M].北京：商务印书馆,2011.

张　超,李步军.“果然”是连词吗？[J].辞书研究,2010(1).

张亚军.泰如片江淮方言中的“V+L”和“V+在+L”结构[J].语言科学,2003(4).

(本文发表于《宁波大学学报(人文科学版)》2019 年第 5 期)

论数字化时代汉语新兴高程度词
——言语的私人定制、语境管辖与高程度表达的语体风格倾向*

暨南大学　杨海明

0. 引言

私人定制(personal customization)本指“针对个人消耗品的制作或服务”,本文指个人的言语表达。语境管辖(context control),指言语交际的具体制约,包括情景、目的、对象、原则等。高程度表达的磨损(wear and tear)表现有:(1) 高程度词与有程度性状表达重叠(如:很雪白、非常蔚蓝)(吴丽红,2005);(2) 高程度词与强化词共现(如:最主要、基本根除)(李胜梅,2006);(3) 高程度叠加(如:很本末倒置、很根本);(4) 高低程度共现(如:很稍微、稍微有些很)等。这些都导致:一些表高程度的词语久用而失去了锋芒,如“很”就一点不“很”了,“怪”也早已不“怪”了,“太”也不再表示“超过极限”了。旧的夸张没落了,新的夸张跟着起来,但不久又就平淡无奇了(吕叔湘,2002:149)。这些“磨损”是普遍的、持续的,甚至是前赴后继的(周静、肖童,2019),但对“磨损”的“补偿”则有时代印迹,私人定制与语境管辖共同起作用。本文拟在前人研究的基础上从汉语新兴高程度表达切入,以“很 X”为参照,通过观察汉语新兴高程度词在不同平台[①]的数据表达,揭示其背后所体现出来的语体风格本质。

* 本文得到国家社科规划项目“汉语动名组合的生命度定位与摆度研究”(项目编号:14BYY123)、国家社科基金重大项目“境外汉语语法学史及数据库建设”(项目编号:16ZDA209)的资助。

1. 行为词与新兴高程度词

1.1 “超”高出一般的高程度

从语义发展上看“超：跳也”(东汉·许慎《说文解字》)发展为“超越[由某物的后面赶到它的前面](《现代汉语词典》2016：152,下同)”指行为变化。而“超越”则是高程度的源概念,其发展线索为“超越→高出一般之上→达到很高的程度→程度极高”。

从数据来看,“超＋$X_{性状/行为}$”出现频次因平台不同而有很大差异：(1) 北大平台中“超”多在专业词汇中出现,多用于区别,如“超大规模、超高压、超低空、超短期”。此时,“超X”充当谓语的功能已经萌芽,如“婚礼超多”。(2) 人民网平台“超”多修饰谓词,多作谓语,如“颜值超高、功能超大、出场率超低、载货超长”。但分布不平衡,且大多集中在表高度、体积等领域。(3) 自媒体平台“超X”功能分布相对均衡,已完全具备程度副词的功能。且“超＋夸赞/喜爱”类词语搭配频次高,这揭示出线上自媒体平台交流互赞、直言喜爱行为大大增多。

宏观来看,离数字化时代越近,文本的正式程度越低,越是在线平台,“超”的出现频次就越高,覆盖领域也就越广。其序列分“北大语料库平台＜人民网平台＜新浪微博平台”。

微观来看,人群的年龄、关心的话题、语言游戏化心态等不同,其使用“超X”的频次与领域就不同。从个例来看“超赞”从无到有,特别是在自媒体平台中频次很高,这反映出在这一平台互赞互赏和相互拔高特别多。这折射出了不同人群在用新兴高程度词表达上有很强的互动性与主观性。

1.2 “爆”瞬间充盈的高程度

从语义发展上看,“爆：灼也”(东汉·许慎《说文解字》),即“烧、烫”发展为“炸弹爆炸、物体爆裂的瞬间破裂迸出”,如“核弹爆炸”(冲击波、光辐射、超高温、核辐射)。这是高程度的源概念,其发展线索为“猛然破裂迸出(炸弹爆炸)→数量在瞬间达到极高程度(爆多)→性质在瞬间达到极高程度(爆好)”。

从平台数据看,不同平台差异很大：(1) 北大平台极为罕见。(2) 人民网平台搭配项及搭配增多。从行为“爆炒”到事件“爆发”;从数量“爆多”到性状“爆好”。“爆”作为新兴高程度词由“瞬间充满”物理空间覆盖三维实体，扩展到数量、性状领域瞬间达到极高的程度。这些都是源概念“猛然破裂迸出”渗透的结果：有性状瞬间达到高程度的特征。(3)在新浪微博自媒体平台，“爆 $X_{性状}$”所覆盖的范围就更广了，搭配最多的领域是实体物质瞬间达到高程度，同时也扩展到心理感觉“爆喜欢”。

宏观来看，“爆＋$X_{性状/行为}$”晚出，多见于在线与自媒体平台，“曝”所修饰的性状多为数量、评价与点赞行为，这是源概念“瞬间充满”辐射的结果。

微观来看，这是年轻人群在线表达，猎奇追新，语出惊人等心态造就。从个例来看“爆好”“爆多”“爆赞”占据人民网前三；“爆多”“爆喜欢”“爆大”占据自媒体平台前三。这表明，性状的主观评价与数量统计高程度表达的新奇追求是主因。

2. 性状与新兴高程度

2.1 “巨”渗透空间量的高程度

从语义发展上看，“巨”原始概念是“规巨也”(东汉·许慎《说文解字》)，即画直角或正方形、矩形用的曲尺。发展为“占据空间多(大、很大)”，这是高程度的源概念，其发展线索为“巨大(很大)→抽象力量强大(巨无霸)→程度极度高(巨多/高)”。

从数据上看，“巨＋$X_{性状/行为}$”在不同平台出现的频次差异也很大：(1)北大平台仅1例。(2)人民网增加到10位数。(3)自媒体平台从数量“多”到心理感觉“喜欢”，从速度“慢”到点赞，“赞”都能跟“巨”搭配。这表明“巨”已经成为一个能够独立修饰性状和心理行为的新兴高程度词。在有的平台搭配项极多，既可是三维实体“盘子”也可以是零维性状“退学率、泪点”，还可与表示“距离、性状、时间、速度、高度”等的词语搭配。

宏观来看，“巨X”晚出，所修饰的性状多为评价与空间性状，这是源概念“巨大”强势渗透的结果，有强烈的语境管辖倾向。微观来看，受使用人群年轻，表达语带夸张，语言表达自娱自乐，个性张扬等影响严重。从个例来看“巨好”“巨多”占据人民网与自媒体平台的首位。这表明，性状主观评价与数量统计领域的空间化表达是主动因。这折射出有的人群也乐用因强化空间大而产生的新兴高程度表达。

2.2 “暴”渗透力度与强度的高程度

从语义发展上看,原始概念“暴:晞也”(东汉·许慎《说文解字》),即“暴晒”发展为“突然、猛烈、凶狠”,这是高程度的源概念,其发展线索为“突然猛烈凶狠(暴君、暴风、家暴)→突然猛烈地发生(暴涨、暴怒)→性状突然而猛烈地达到极高程度(暴好)”。

从不同平台的数据看,(1) 北大语料这一平台只有1例,是认定性质“使人满意”。(2) 人民网平台扩大到了人体器官、数量、距离、评价、抽象距离、心理活动等。(3) 自媒体平台的范围进一步扩大,从体积到数量,从距离到速度,从时间到心理呈现出搭配面广、搭配项分散的特点。

宏观来看“暴+$X_{性状/行为}$”晚出且频次少于“爆X”,“暴”表程度高,且分布在物体、行为、性状、心理活动等领域,但不同平台出现频次差异较大。源概念“突然猛烈”渗透的结果,“暴”所修饰的性状多为距离、数量和喜爱行为。微观来看,使用人群大都是在自媒体平台猎奇、游戏、语出惊人的人。从个例来看“暴高”“暴多”占据人民网前二,“暴多”“暴喜欢”占据自媒体平台前二,这表明,对距离和数量的主观估计与对某人或事感兴趣的程度判断,是从力度猛烈性状用作新兴高程度表达的主因。

2.3 “狂”渗透失控义与极端的高程度

从语义发展上看,原始概念“狂:狾犬也”(东汉·许慎《说文解字》),即“狗朝着目标物疾速奔行”发展为“精神失常、疯狂;猛烈、声势大;纵情地、无拘无束地;狂妄”,是高程度源概念,其发展线索为“精神失常疯狂(狂人)→类似失常的现象(狂风狂怒)→性状像失常一样的极端高程度(狂好)”。

从不同平台的数据看,(1) 北大平台。“狂”成为高程度词刚刚萌芽,仅与空间体积“大”、数量“多”等组合。(2) 人民网平台。稍有增加,能与数量“多”与心理感觉“喜欢”,兴趣好感“好”组合。(3) 自媒体平台。进一步增加速度、体积、速度、时间、褒扬“赞”评价等搭配项。

宏观来看,“狂+$X_{性状/行为}$”晚出且频次少于所有新兴高程度词,仅见于在线的自媒体平台,且“狂”所修饰的性状多为数量和喜爱行为,这是源概念“精神失常”渗透的结果。这表明“狂”主要是指人的行为,所以作为新兴高程度词“狂”搭配项也受制于源概念而倾向于“不可控而失常”的“极端”程度。

微观来看，这是自媒体平台，相关人群在线表达猎奇、游戏，要语出惊人等心态造成。从个例来看，人民网前三位为“狂多”“狂喜欢”“狂大/好”；自媒体平台前三位为“狂多”“狂好”“狂赞”。这表明，数量、喜好行为、点赞的新兴高程度，是在不可控且出现“极端”的情况下而产生的高程度。

3. 新兴高程度的私人定制与语境管辖

3.1 用作新兴高程度词

新兴程度词能使高程度表达形象生动、丰富多彩，更能使高程度表达多样化。行为词“超：超越”成为新兴高程度词后，既有“程度极高”义，还有“超越平常”义，这两种语义叠加，说“超好”就比说“很好、极好”要形象。“爆：突然破裂迸出”用作新兴程度词后，既有“程度格外高”义，还有“瞬间充满空间地”义，这两种语义叠加，说“爆好”就比“很好、格外好”生动。

同样，源于性状的高程度词也如此，如“巨：很大”用作新兴高程度词，既有“程度非常高”义又有“因空间巨大而超乎寻常”义，这两种语义的叠加，就比“很好、非常好”要生动。“暴：暴烈急躁”用作新兴高程度词后，既有“暴：程度特别高”义，又有“因突然猛烈而程度高”义，这两种语义的叠加，就比抽象的“很好、特别好”要生动。“狂：人精神失常”用作新兴高程度词，既有“狂：程度极端高”义，还有“因精神失常而不同一般”义，这两种语义的叠加，就比抽象的“很好、极端好”要生动。

除“超”成为新兴的程度副词(《现代汉语词典》2016：152 页)外，“爆”的瞬间迸发表达高程度充满了动态感；“巨、暴、狂”表达高程度分别渗透了空间、猛烈与人精神失常等渗透的源概念义。

3.2 私人定制的言语

新兴高程度表达中的“私人定制”色彩。如说“体积很大”适合介绍一般情况；说“体积超大”就叠加了超过一般的意思；说“体型巨大”就叠加了“占有空间很多”义；说“压力爆大”就叠加了“突然一下大起来”义；

说“眼袋暴大”就叠加了“与众不同而程度极高”义;说“风狂大”就叠加了“因失常而程度极端高”义。这体现了言语“私人定制”的三个基本倾向:

(1) 彰显个性倾向。在传统近现代书面语(北大平台)、正式媒体语(人民网平台)中,因有二次编辑(secondary editing)的制约,语言表达严格遵循的原则顺序是信息准确、结构经济、表达丰富多彩、内容创新、言语有趣原则。但在自媒体平台,没有二次编辑的制约,语言表达则有强烈的个体特征:自娱自乐、游戏化、追求新异、猎奇等主观化强烈的特点也成为个人的语用目标。新兴高程度表达正好符合这些追求,因此在新浪微博平台,新兴高程度表达出现频次远远超过前面两个平台。

(2) 多样化(many forms)倾向。有意用新兴程度词源概念(source notion)义渗透到程度义中,使源义决定(source determination)的语义叠加倾向越明显。以凸显新兴高程度词群使汉语性状的高程度表达形象生动、丰富多彩。多角度表达高程度:“超”从动态超越角度表达高程度,“巨”从体量巨大角度,“爆”从速度迅猛角度,“暴”从力度猛烈角度,“狂”从人失常而极端且不可控角度表达高程度。其频次为:超$_{\text{动态超越}}$＞巨$_{\text{体量巨大}}$＞爆$_{\text{速度迅猛}}$＞暴$_{\text{力度猛烈}}$＞狂$_{\text{人失常极端}}$。

(3) 移情补偿(empathy compensation)倾向。即因情感倾向而产生的“从情感认同的角度弥补高程度失去的锋芒”。如“生意很好”本指“生意的满意程度相当高”,但也可以只是一种磨损后的表达,指“生意一般”,而“生意超好”一定指“生产的满意程度超过一般的极高”,这就避免了用“很”而“失去锋芒”且全面地补偿了传统抽象的绝对程度副词“很”的程度磨损。

其总倾向为:越没有二次编辑制约的平台,言语的私人定制倾向就越强烈,新兴高程度表达就越多,主观性就越强,新兴高程度表达就越生动丰富,个性渲染就越强。

比较目标项“很”与“超”“爆”“巨”暴“狂”与搭配项“大、小、多、少、长、短、好、坏、早、晚、快、慢、高、低、喜欢、讨厌、愿意、想、赞”在不同平台的搭配(见表1—3)。

表 1　北大平台高程度表达比较表(●多/◎少/? 可疑/○无)

	很	超	巨	爆	暴	狂		很	超	巨	爆	暴	狂
大	●	●	●	○	◎	●	小	●	◎	◎	○	○	○
多	●	◎	◎	○	○	◎	少	●	○	○	○	○	○
长	●	●	◎	○	○	○	短	●	●	○	○	○	○
好	●	◎	○	◎	◎	○	坏	●	○	○	○	○	○
早	●	◎	○	○	○	○	晚	●	○	○	○	○	○
快	●	●	○	○	○	○	慢	●	◎	?	○	○	○
高	●	●	◎	○	○	○	低	●	◎	○	○	○	○
喜	●	◎	○	○	○	○	厌	●	○	○	○	○	○
愿	●	○	○	○	○	○	想	●	○	○	○	○	●
赞	○	●	○	○	○	●							

表 2　人民网平台高程度表达比较表(●多/◎少/? 可疑/○无)

大	●	●	●	○	◎	●	小	●	●	◎	○	○	○
多	●	●	●	●	●	●	少	●	●	◎	○	○	○
长	●	●	●	◎	○	○	短	●	●	◎	○	◎	○
好	●	●	●	●	◎	◎	坏	●	◎	○	○	◎	○
早	●	●	○	○	○	○	晚	●	◎	○	○	○	○
快	●	●	●	○	○	◎	慢	●	●	●	○	○	○
高	●	●	●	●	●	◎	低	●	●	◎	●	○	◎
喜	●	●	◎	◎	○	●	厌	●	●	◎	○	○	◎
愿	●	○	○	○	○	○	想	●	●	◎	○	◎	●
赞	●	●	●	●	●	●							

表 3　新浪微博平台高程度表达比较表(●多/◎少/? 可疑/○无)

大	●	●	●	●	●	●	小	●	●	●	◎	○	●
多	●	●	●	●	●	●	少	●	●	●	●	◎	●
长	●	●	●	◎	●	○	短	●	●	●	●	●	●
好	●	●	●	●	●	●	坏	●	●	●	●	◎	◎
早	●	●	●	●	●	●	晚	●	●	●	●	●	●
快	●	●	●	●	●	●	慢	●	●	●	●	●	●
高	●	●	●	●	●	●	低	●	●	●	●	●	●
喜	●	●	●	●	●	●	厌	●	●	●	●	○	○
愿	●	●	●	●	○	○	想	●	●	●	●	●	●
赞	●	●	●	●	●	●							

3.3　语境的管辖

3.3.1　源概念管辖

新兴高程度词群的源概念与新兴高程度义发展路径为：

(1) 超：超越→不受限→囊括所有个性特征的,概约化综合程度高→极。

(2) 巨：很大→空间大,体积不一般,达到最高程度→极度。

(3) 爆：突然→突然破裂迸出→瞬间充满速度快→极其。

(4) 暴：突然猛烈→强度高→极为。

(5) 狂：精神失常,疯狂→失控→极端。

表 4　"很"与"超、巨、爆、暴、狂"比较表(●多/? 可疑/○无)

-快	-不赖	-喜欢	-会办事	-接近	-知道	好得-	-快
很	●	●	●	●	●	●	●
超	●	●	●	●	●	●	○
爆	●	●	●	?	?	?	○
巨	●	●	●	?	●	○	○
暴	●	○	●	○	○	○	○
狂	●	○	?	○	○	○	○

用程度副词“很”的7个典型搭配项与高程度副词化倾向词群组合：能接受匹配值为1，可疑为0.5，不能接受为0(完全接受为1；介于二者之间为0.5；完全不能接受为0)。在自媒体平台统计结果(截至2019年7月22日)为：“很7>超6>爆＝巨4.5>暴2>狂1.5”(见表4)，那么“超”与“爆”就从动态角度，顶层管辖与瞬间爆发速度极快的、出乎意料的角度填补了“很”所没有涉及的被磨损了的高程度。

数字化时代，新兴高程度表达也受到底层代码(bottom code)“程度极高”的语境管辖。新兴高程度词群有一个共同的特点，能从语境进行顶层管辖(top control)，即从最高程度表达上制约，如“超、巨、爆、暴、狂”等高程度表达，语用选择灵活，还排斥磨损框架(wear frame)，如“＊很超高、＊超有一点、＊超没什么、＊超稍微”等。因此，“超”是在全面补偿“很”的磨损。而“爆”就是瞬间迸发，轻而易举地改变了恒量的距离、时间和数量，这需要极高的能量才能引发，从瞬间行为迸发达到极高的程度。如“爆好”指没有原因的就瞬间好起来，“爆赞”指像爆裂似地点赞。如“现在如果放到Airbnb上去绝对会被爆赞”(人民网)。当然“爆赞”也指“极好”，如“特效爆赞达好莱坞水平”(人民网)。

3.3.2 原则管辖

程度表达的新奇追求是语用驱动。但这一追求要受到语言表达准确、经济原则的管辖。首先，形象与幽默追求不能违背原则的管辖。因为汉语的程度副词由纯粹的高程度“很、非常、极、格外、分外……”渗透进了行为、体貌、运动、精神等元素，将抽象的程度形象化、可视化从而实现了语言表达的生动形象。其次，多样化的受限管辖。这也是表达丰富多彩与幽默的结果，用“超、巨、爆、暴、狂”在一定语境下取代“很、非常、极、格外、分外”表程度，既有新兴的高程度义，又叠加了渗透着源概念义的动态、性状义，故显得风趣幽默，还能使交际显得和谐新异，吸引对方注意力，但不能超越表达原则。最后，性状与程度跨越距离的管辖。由表性状修饰人、事、物；由涉及人、事、物的行为发展到修饰性状表程度，正是由源概念的“超越、爆炸、巨大、暴虐/暴雨、疯狂/猛烈/狂妄”形象化和表达丰富多彩，但准确与经济是第一位的。

3.3.3 认知管辖

新兴高程度表达用“超、巨、爆、暴、狂”等在一定语境下取代“很、非常、极、极度、极其、极为、绝顶、极端、异常”等表达高程度,要么受语言游戏化心理驱使,要么追求语言的新奇、特殊、出位效果。从根本上讲,也是一种语用驱动。此时满足追新猎奇是第一位的;表达形式的多样化和吸引对方注意,避免表达形式的一成不变带来认知疲劳是第二位的,或只是一种附带效果。但语用口的也并非漫无边际,也是受到制约的。

新兴高程度词群的表达,动态与性状词能表达高程度,从认知角度看,多体现为维度的消减(reduce)与领域转移(domain transfer)。如“超越”行为是主体在一维时间纵轴上的延续,而“超好”则是零维的程度,“超”的高程度义就是由一维时间维度的消减而成为零维的。“巨”由空间大到程度深,是从占据三维空间到零维的程度,是更高层次的维度消减。“爆”从动态“突然迸出”到“瞬间充盈而突发程度极高”,是由动态的瞬间充盈空间而形成零维高程度。“暴”由零维突然猛烈强度到零维的“程度极高”,自然物或人的力度强到程度高,是维度的领域。“狂”由主体的“精神失常疯狂”到“因行为极端而成的高程度”,是从行为到性状程度的维度领域转移。从具体的行为抽象的性状到更为抽象的程度极高,是维度或领域转移。

这些既是认知的维度消减与领域转移在推动,也要受到认知的制约。即使在出现频次最高的自媒体平台,“爆长、爆小;暴小、暴坏;狂坏”搭配极为罕见,而“狂长、狂愿意、狂讨厌”“暴愿意、暴小、暴讨厌”也没有。因此,新兴高程度表达,也要受到人们认知的制约。

4. 语体风格与程度表达

某类语体风格说到底是言语的私人定制与表达的准确经济和丰富多彩竞争妥协的结果。就汉语高程度表达而言,大致有以下一些。

4.1 传统程度副词“很”

4.1.1 精细风格

为追求精细而叠加高程度。这使得“很”的语义磨损,这又可细分为五类:

第一类,修饰低程度词或与低程度词连用。如:a. 荨麻疹的症状因人而异,有的人很稍微,不会痒而只有红疹子。b. 怪不得觉得自己很稍微洁癖。c. 有时候甚至还会稍微有些很恰当的回应。[本文例句除标明外均来自北大语料库(1916—2006)、人民网新闻(2010—2019)、新浪微博(2011—2019)]。

第二类,“很”修饰高程度副词。如:a. 当事人情绪失控或是警察出警制服,则很极其容易导致伤害事件发生。b. 以后所有的非洲象都事先切掉外面的长牙不行么?很根本地解决问题耶。

第三类,“很”修饰本有程度的性状词。如:很蔚蓝、非常雪白(吴立红,2005)。

第四类,“很”修饰本无程度差异的。如:每天上班第一件事就是刷积分很本末倒置啊!

第五类,“很”修饰级差层次固定的性状词。如:但是保险行业给人的刻板印象并不是很良好。

第一类:a. “稍微:程度不深”跟“很”矛盾;“恰当:合适”“稍微有些很恰当”语义矛盾。这类用例多为过于猎奇,故意出错或笔误,虽罕见但存在。b. “洁癖”指“过分讲究清洁的癖好”,已经包含了很高的程度,“很”修饰“稍微洁癖”语义矛盾。c. “稍微有些”是低程度,“很恰当”是高程度肯定,二者矛盾。第二类:a. “极其:非常、极端”与“很”重复。b. 副词“根本”源概念为“事物的根源或最重要的部分”,后发展为指“彻底”本身就具有高程度义用“很”修饰语义重复。这一种可接受程度次低。第三类:“蔚蓝”“雪白”本有程度,用“很”修饰为冗余信息。可接受程度次低。第四类:“本末倒置”比喻“把主要事物和次要事物或事物的主要方面和次要方面弄颠倒了”,这本身就是性质错误,用“很”修饰,语义重复。第五类:“良好:满意、好”多为三级评价“优秀-良好-及格”等级中的第二级,用“很”修饰有跟第一等级“优秀”混淆之嫌。

4.1.2 强调

为强调形式上的整齐或气势,连用相同的结构。这也使“很”的语义磨损。

(1) 一向颇为自傲的美国队主教练迪西科开口就夸赞中国队,连说“很好!很好!很好!”

(2) 在国华,我的幸福感真的很高很高。

(3) 现在确实是高科技了,很不错很不错,以后都要是机器人做手术了。

例(1)“很好！很好！很好!”是句子形式的连用。例(2)“很高很高”是谓语连用。例(3)“很不错很不错”是小句形式连用。这些连用的初衷是强调,但久用之后第二个或第三个“很(程度相当高)”反而成为冗余信息,降低了程度,造成磨损。其实这种磨损早在清代就萌芽了。如:

(4) 父亲大人意思想请曾香海,很好很好。(《曾国藩家书》)

(5) 唯有你,确实是一块很好很好的材料……(《雍正剑侠图》)

4.1.3 委婉

为凸显委婉而低程度前加“很”,使得“很”磨损。如:

(6) 我今年年初带着年轻人去白俄罗斯比赛,突然间给我这个任务还让我有点很兴奋。(人民网)

(7) 很多报友几年前可能对张晋不太很熟悉,就算知道有这么一个人,对他的印象大致也就是“蔡少芬老公”。(人民网)

例(6)“有点很兴奋”就是降低“很兴奋”的程度。例(7)“不太很熟悉”也是降低“很熟悉”的程度。这些也是一种委婉,客观上磨损“很”的高程度。这也在清晚期就有了。如:

(8) 这酒不大很好,王八羔子对了水啦(清《三侠剑》(中))(北大语料库)

数字化时代汉语的高程度磨损是普遍的、前赴后继的[②]。不仅“很”磨损了,而且“巨大”久用也失去了锋芒,甚至“超”也开始了。如:

(9) a. 比如于田县距离郭扎错仅200公里,有克里雅河利用,工程并不太巨大;……b. 我昨天新认识的一个男朋友他是个男神,但是他的爱情鸟太不巨大了,我该怎么办吧? c. 两次车臣战争,俄军伤亡是不是太巨大了?

(10) 作为唐嫣的中国好闺蜜杨幂,她的肌肤也是超好超好滴《亚洲十美角逐Queen中韩女星美肌谁最靓》(人民网/北方网2015年10月3日)

例(9)a,b,c都因有“不太/不+巨大”而使“巨大”磨损了。例(10)因“超好”重复使用而磨损。

由此看来，磨损的本质是语用层面的信息冗余，从修饰与中心语的关系看，充当修饰成分的“很”去掉而意思基本不变。这语用层面的磨损引发了句法层面的变化，这种变化的初衷正是风格的兴起。

总的来说，数字化时代语用层面的“追求精细、一味强调、凸显委婉”等风格，牺牲了传统抽象的高程度，使“很”失去锋芒造成磨损。

4.2 新兴高程度表达

这些有很强烈的私人定制倾向的新兴高程度表达，一个总的风格特征就是生动形象、丰富多彩。如：

(11) 大：体积超大　体型巨大　压力爆大　眼袋暴大　风刮得更加狂大起来

(11) 小：声音超小　脸巨小　决战圈爆小　信息量暴少　胆子狂小

(12) 多：人超多　工作巨多　车潮真的爆多　人口暴多　饭点人狂多

(12) 少：人口超少　人口巨少　银行人爆少　吃得狂少

(13) 长：时间超长　通话时间巨长　片尾爆长　剑光暴长

(13) 短：医生问诊的时间超短　答题时间巨短　头发剪到爆短　伽马射线暴短　狂短的发型

(14) 早：超早　进行干预回来得巨早　今天爆早　起得暴早　起得狂早

(14) 晚：昨晚超晚睡　每次来机场都巨晚　加班到爆晚　回家暴晚了　火车狂晚

(15) 好：形象超好　情况巨好　生意爆好　单机游戏暴好　精神狂好

(15) 坏：我这几天脾气超坏　我脾气巨坏　女主性格爆坏　业绩暴坏　心情狂坏

(16) 多：排队人超多　年轻人巨多　趣味点爆多　住户和游客人口暴多　吃得狂好、美食狂多

(16) 少：穿得超少　放映厅人巨少　水上乐园更快乐人爆少　这几天又吃得暴少　里面东西狂少

(17) 快：节奏超快　网巨快　车速都爆快　游得暴快　施工速度狂快

(17) 慢：树獭先生那动作超慢　前面的车巨慢　网络爆慢　网速暴慢　我开得狂慢

(18) 高：人气超高　平时泪点巨高　性价比爆高　收益率暴高　耗油狂高

(18) 低：地下水位超低　笑点巨低　颜值爆低　收视率暴低　收视率狂低

(19) 喜欢：巨喜欢这首歌　姐姐爆喜欢你　但是暴喜欢你　狂喜欢今天画的眼线

(19) 讨厌：巨讨厌这种男生　爆讨厌下雨天　暴讨厌

(20) 想：巨想开学　爆想哭　突然暴想家　狂想喝水

(21) 愿意：超愿意　我妹巨愿意　爆愿意去放下姿态对待

(22) 赞：巨赞　疯狂爆赞　校园广播放的歌我暴赞　竟被网友狂赞

这些大多出现在自媒体平台上，如将这一平台看作一条河流，那么它将永远处在动态变化中。其中泡沫往往多于主干的水流，由泡沫成为主流的毕竟是少数。在新兴高程度词群中，仅有“超”在 2016 年被《现代汉语词典》(第七版)认定为【副词】，且还限定在口语中。这反映出一个明显的倾向就是越是正式的语体这类搭配项越少，反之则越多。

5. 结语

数字化时代，汉语传统绝对程度副词“很”的磨损与新兴高程度词“超、巨、爆、暴、狂”的多样化补偿。言语的本质是“私人定制”的，而言语的实现是“语境管辖”的。程度副词“很”是抽象的绝对程度，是语境顶层管辖的结果；新兴高程度词“超、爆、巨、暴、狂”是具体的行为或性状的源概念渗透的语义，有语境下沉管辖的痕迹。私人定制与语境管辖的互动，构成了数字化时代汉语新兴高程度表达的现状；“很”抽象绝对是位于顶层的管辖。而由新兴高程度表达所形成的语体风格则是因私人定制与语境管控竞争妥协的结果。

汉语的新兴高程度表达体现出“风起于青萍之末，浪成于微澜之间”的趋势，这风正是程度表达的多样化与丰富多彩。其动因之一是自媒体语言的自娱自乐；这浪是人们语言运用的追新猎奇心态、游戏化。这风浪是通过词语源概念义的源义决定，平台的相互影响而掀起微澜，通过一系列的动因叠加和语言使用的补偿机制，具体表现为言语的私人定制、表达的语境管辖，最终驱动了汉语的发展。新兴高程度词的出现与在不同平台的一系列数据揭示了数字化时代汉语高程度表达的发展特点：既准确，又有张力；既遵循经济原则，又丰富多彩；既准确经济有继承性，又要有创新性。这既是汉语高程度表达的现状，也是当代汉语充满活力的体现之一。

附　注

① 不同平台包括：1. 近现代书面语体。代表为北大现代汉语语料库（CCL）5.8亿字（1916—2006）。2. 当代在线正式语体。代表为人民网新闻 38 亿（2010—2019）。3. 自媒体语体。代表为新浪微博 5 353 亿（2009—2019）。

② 如：北大现代汉语语料库"很有点儿＋X"3 例：军事-布置、-疑心、-振作。"很没什么＋X"0 例。人民网"很有点儿＋X"1 例：-意思。"很没什么＋X"3 例：-特别元素、-效力、-耐心。新浪微博"很有一点＋X"168 例：-本末倒置、-痞气、-蒸汽朋友的风格、-麻烦、-小激动、-嘻欢绍绍呢……"很没什么＋X"311 例：（1）做谓语：或许-、实在-、真的-、不联系-、-耐心、-可信的、-新意、-安全感、-意思、-关系、-大不了的、-好炫耀、-可称道的、-创意、-内容/（2）做宾语：我们都觉得-、这话看上去-。

参考文献

蔡　冰.新兴程度副词"狂"的语法化程度[J].语言科学，2013(6).

陈超敏."狂"与语素"狂"参构词语的语义分析和修辞阐释[D].福州：福建师范大学，2015.

储泽祥，肖　扬，曾庆香.通比性的"很"字结构[J].世界汉语教学，1999(1).

顾　铭.现代汉语"超"的多角度研究[D].扬州大学，2013.

胡丽珍.再论三个程度副词"巨"、"狂"、"奇"[J].修辞学习，2008(3).

李胜梅.词义强化程度的"磨损""衰减"及相关语用现象[J].当代修辞学，2006(6).

吕叔湘.吕叔湘全集・中国文法要略[M].沈阳：辽宁教育出版社，2002：149.

麻彩霞.新兴"暴"类程度副词＋动宾词组考察[J].汉字文化，2017(20).

牛　庆.高量级绝对程度副词的主观性与主观化研究[D].济南：山东大学,2017.

彭小川,严丽明.广州话形成中的程度副词“超”探微[J].广西社会科学,2006(2)：158-162.

邵敬敏,周　芍.语义特征的界定与提取方法[J].外语教学与研究,2005(1).

邵敬敏,赵春利.关于语义范畴的理论思考[J].世界汉语教学,2006(1).

邵敬敏.主观性的类型与主观化的途径[J].汉语学报,2017(4).

王梦瑶.新兴程度副词当代使用观察与思考[D].广州：暨南大学,2018.

王思逸.新兴程度副词“超”“巨”的功能用法及语义特征[J].西北成人教育学院学报,2018(6).

吴立红.状态形容词在使用过程中的程度磨损[J].修辞学习,2005(6).

吴立红.现代汉语程度副词组合研究[D].广州：暨南大学,2006.

杨海明,李振中.名词性状因子的构成与“副＋名”框架提取的动因分析[J].语言科学,2004(2).

杨荣华.“狂”类词新兴用法中的程度量级差异考察[J].修辞学习,2007(5).

袁　晖,路　越,邓　春.语体风格研究和语言运用[M].合肥：安徽大学出版社,2013.

张国宪.现代汉语形容词的典型特征载语言问题再认识[M].上海：上海教育出版社,2001.

张凯倩.“巨X”格式探究[J].现代语文,2019(2).

张谊生.程度副词“到顶”与“极顶”的功能、配合与成因[J].世界汉语教学,2013(1).

张谊生.从到顶义述宾短语到极性义程度副词[J].语言科学,2015(4).

赵春利.形名组合的静态与动态研究[D].广州：暨南大学,2006.

赵　芳.试论当代新兴的程度副词“巨、恶、狂、超、暴”[J].海外华文教育,2006(4).

周　静,杨海明.语言表达的缺位与补位[J].语言文字应用,2007(1).

周　静,肖　童.从大数据看话题标记“就/从X来说”的差异性与趋同性[J].当代修辞学,2019(1).

周　娟.“暴”类新流行程度副词的多维考察[J].修辞学习,2006(6).

朱　磊.新兴程度副词及其功能拓展研究综述[J].汉语学习,2017(4).

Claude Hagège. Adposition[M]. Oxford：Oxford University Press，2010.

Hopper P. J. and Elizabeth. Closs. Traugott. Grammaticalization[M]. Cambridge：Cambridge University Press，1993.

Josef Eessberger. English Preposition List[EB/OL]. EnglishClub.com，23 King Street，Cambridge CB1 1AH，England UK(http://www.englishclub.com)，2009.

Lyle Campbeel and Richard Janda. Introduction：Conceptions of Grammaticalization and Their Problems[J]. Language Science，2001.

Lehmann C. Thoughts on grammaticalization[R]. Seminar für Sprachwissenschaft der Universität Erfurt，2002.

Patrick Saint-Dizer. Syntax and Semantics of Prepositions[M]. Netherlands：Spinger，2006.

（本文发表于《当代修辞学》2019 年第 5 期）

估危副词“险些”的话语关联与语义情态*

暨南大学　赵春利　阮秀娟

0. 引言

正如陆俭明、马真(1999)所言,“把握虚词的意义和考察虚词的用法是虚词研究的两项重要内容”,但二者并非毫无关系的两张皮,而是意义决定并解释用法,用法反映并制约意义;离开用法的精确定位和正反验证,虚词意义的提取容易陷入单凭语感的主观主义的泥潭,而缺乏科学性;离开意义的准确界定和认知解释,虚词用法的分类容易陷入单凭逻辑的机械主义的泥潭,而缺乏系统性。

本文试图根据北京大学 CCL 和北京语言大学 BCC 语料库的调查,采用归纳主义与正反对比相结合的研究思路,通过精确定位估危副词“险些”句的话语关联以及“险些”的句法分布,来提取并验证其语义指向类型及其语法意义。

1. 前人关于副词“险些”的研究

“险些”并不是汉语口语中使用频率高的副词,前人的研究大致可以分成两个阶段:一是比附解释阶段,即 1978 年开始通过比附“差一点、几乎”来解释“险些”的语义情态及其羡余否定。二是独立描写阶段,即 2009 年开始从历时与共时角度描写“险些”的句法和语义。

* 本项研究得到 2017 年度国家社会科学基金一般项目“汉语情态副词的语义提取与分类验证研究”(17BYY026)、中央高校基本科研业务费专项资金(暨南领航计划 19JNLH04)、广东省高等学校珠江学者岗位计划资助项目(2019)、国家社科基金重大项目“境外汉语语法学史及数据库建设”(16ZDA209)和“生成语法的汉语研究与新时代汉语语法理论创新”(18ZDA291)的资助。

第一,比附解释阶段。朱德熙(1959/1980)最早从“说话人的企望或不企望”角度解释“差一点”的语法意义及其肯定与否定的对称与不对称,以此为比附对象,引发学者们对“险些”语义情态和羡余否定的解释。

一是在语义情态上,《现代汉语词典》(1978/1983)认为“险些”的语义是指“差一点(发生不如意的事)”;马黎明(2000)则根据吕叔湘(1980/1999)对“差点儿”语义与“庆幸”情态的界定,把“险些”定义为“表示后边的动作几乎实现而没实现,有庆幸的意思”;而陈荣(2004)、杨红梅(2010)则把“不如意”与“庆幸”结合起来,提出“只表示庆幸没有发生不如意的事情”。无论是比附还是语感,“险些”语义的提取必须根植于整个命题及其话语关联,而情态的验证则必须植根于认知语义。

二是在羡余否定上,石毓智(1993)根据述补结构之间是否存在可分离性来区分积极成分和消极成分,并解释“消极成分”所引发的羡余否定现象;后来张谊生(2005)把“险些”类羡余否定归入“表回顾与表推测”;而陈秀清(2017)借鉴袁毓林(2012)的动词内隐性否定理念,提出当VP只能单向可测时就与“险些”组合形成羡余否定。无论说话人企望说、积极消极说或者双向单向说,都必须植根于“险些”在实际口语中的句法分布并能得到形式上的正反验证,否则就只是一种语用层面的认知解释,比附“差一点”而顺带性地讨论“险些”并不能揭示其独立的句法语义特征,相反,可能会掩盖其真实的存在状态。事实上,“险些”的羡余否定现象在实际语料库中缺乏普遍性,比如“险些”在CCL语料库中共出现1 362例,而“险些+没”羡余否定形式只有11例,仅占0.8%,且都带有夸张性,如“她险些没把鼻子气歪了”。而一个词的语义性质是反映在其普遍的分布规律上而非特殊的个性组合上。

第二,独立描写阶段。自2009年前人开始从历时和共时两个角度把“险些”作为独立的研究对象来描写其语义句法。

一是在历时方面,陈霞(2009/2010)和邵则遂、陈霞(2011)主要考察“险些”类句式的形成历史,并认为“险些”一词和“险些+否定式”最早见于宋代,而肯定式在元代比较普遍,但清代以前都“不接如意的结果”,清代可接“如意结果”,并认为“险些”类句式有非常强的接消极结果的倾向。而杨红梅(2010)则认为“险些”最早出现于元代,车录彬(2017)认为“明代以前,……

‘险些’只限于接消极义的谓语”。最近,陈秀清(2018)考察了“险”模仿“争些”而双音节化为“险些”的词汇化过程。可以说,“险些”句式的历时形成过程较为清晰,但对句法、语义、语用的关联性还需更多的共时研究成果。

二是在共时层面,杨红梅(2010)认为“险些”“要求后面的 VP 或者包含结果义,或者表述一个完整事件”,但又提到“一般不能用于说话人期望发生的事情”,并从短语选择、句法位置、副词同现角度描写其分布规律。而姜庆玲(2016)强调“险些”的语义是“对结果的主观推测”,具有“[+感叹][+接近][+可能][+推测]”等语义特征,并从句法位置、副词同现、句类选择和语体分布角度描写其句法分布。可以说,他们都是按照从语义到句法的顺序对“险些”进行了全面细致的考察,可惜的是,既没有把句法和语义结合起来,把句法分布作为验证手段从正反角度提取语义,也没有从话语层面验证分析“险些”的语用选择。

总的说来,在早期的比附解释阶段,无论是仅凭语感的语义情态界定,还是比附羡余否定的解释,都缺乏对“险些”句法分布的全面调查和正反验证;而在近期的独立描写阶段,无论是历时句式和词汇化的追溯,还是共时句法分布的细致描写,也都缺乏对“险些”句法选择的深入分析和系统解释,没有把话语关联、句法分布、语义特征和语法意义四者结合起来。因此,本文试图以语义语法理论为指导,根据语料库的调查,按照从宏观到微观的研究思路,逐层定位“险些”句的话语关联和“险些”的句法分布,据此揭示“险些”句谓语动词结构的语义特征及其语义类型,再综合“险些”后果句的后续话语关联,提取估危副词“险些”的语义情态。

2. 副词“险些”句的话语关联

话语关联是由一组存在着一定语义功能与逻辑关系而线性排列的句子构成的交际单位,一方面,具有一定语义功能的句子与前后句子能组成什么语义关系的话语关联是有规律的;另一方面,反映一定语义关系的话语关联会对其中各个句子的话语分布及其语义功能具有制约性。如果能提取出“险些”句的话语关联,就可以从宏观话语层面直接约束“险些”句的话语分布及其语义功能,而从微观句法层面间接定位副词“险些”的句法分布及其语义特征。

根据 CCL 和 BCC 两大语料库的调查，可以从因果关系角度把“险些”句的话语关联概括为“因情估危”，这可以从线性排序、逻辑关系的形式层面和时体特征、语义功能的语义层面得到验证，如表 1 所示：

表 1 “险些”句的话语关联

话语关联		因情估危	
形式层面	线性排序	前句	后句(“险些”句)
	逻辑关系	原因命题	结果命题(“险些”句)
语义层面	时体特征	已然正然	未然将然(“险些”句)
	语义功能	情状	危险后果(“险些”句)

首先，从形式层面看，“险些”句的前后线性排序与因果逻辑关系通常是一致的。从正面来说，“险些”句在排序上通常作为后句，与前句构成话语关联，前句命题表示原因，而后置的“险些”句则表示结果，前后句子构成因果关系。“险些”句因果关系可以表现为包含原因或“使、让、叫、把、将”等致使关系的单句形式，如例(1)，但多数表现为因果复句形式，如例(2a)，可带有“因、因为、由于、为了、若不是、因此、结果、以致”等因果标记，如例(2b/c/d)。

(1) a. 记者一个不经意的动作却险些酿成大错。

b. 小船被水浪摇曳得险些翻了。

c. 在一次井下事故中，他险些丢了性命。

d. 剧烈的疼痛使她好几次险些昏死过去。

(2) a. 金斗焕的左腿突然一软，险些摔倒。

b. 因为吸毒，我险些丧命。

c. 这个配电箱由于超负荷，险些酿成火灾。

d. 柳德米拉想借此敲他一笔钱，结果险些引来杀身之祸。

从反面来说，“以便、以免、借以、旨在、目的”等引导的后置性目的关系(例 3a)、“无论、不论、不管、任凭、假如、只有、只要、除非”等引导的条件关系(例 3b)、“一边……，一边……”所表示的并列关系(例 3c)、“或者、

要么、与其……不如”所表示的选择关系(例 3d)等非因果关系都不能插入“险些”句,否则不合法。比如:

(3) a. 不要发电报,以免泄露。 —*险些发电报,以免泄露。
b. 只有倾听客户意见,才能卖掉产品。 —*只有倾听客户意见,才能险些卖掉产品。
c. 他一边叩头,一边道歉。 —*他一边叩头,一边险些道歉。
d. 他或者提前退休,或者接受审查。 —*他或者提前退休,或者险些接受审查

即使是因果关系,也并非所有的因果关系都可以在结果句上插入副词“险些”,如例(4)是不合法的,这是因为“险些”因果句还受到时体特征和语义功能等因素的制约。

(4) a. 因为他有钱,所以她嫁给他了。 —*因为他有钱,所以她险些嫁给他了。
b. 两队实力接近,故而争夺非常激烈。 —*两队实力接近,故而争夺险些非常激烈。
c. 学校管理科学,因此能发展壮大。 —*学校管理科学,因此险些能发展壮大。
d. 她受伤了,所以必须休息。 —*她受伤了,所以必须险些休息。

其次,从语义层面看,时体特征和语义功能会对“险些”因果句构成一定的约束性。一般来说,原因命题是已然或正在存在的情状,而作为结果命题,“险些”句则表达一种通过动作而导致的未然或将然的危险性后果。因此,原因句与结果性“险些”句所构成的因果性话语关联可以概括为:因为已然正然的原因性情状而估测未然将然的危险性后果的“因情估危”,如例(5)。当然,整个“险些”句因果事件如果发生在过去,那么,在时态上,原因句属于过去完成体,而“险些”句则是过去未然体,如例(6):

(5) a. 他曾因社会关系问题,险些被清洗出军工企业。
b. 他为这个案子奔走,险些遭到暗杀。

c. 他身子摇晃了几下,险些要倒下了。

d. 巧巧觉得膝盖发软,险些就要站不住了。

(6) a. 为了恢复非洲大陆的和平,他奔走于各战乱国家,曾经3次险些付出了生命。

b. 马尔蒂奇半年前险些被撞在汽车里的炸弹炸死。

c. 在这十年当中,我起码有三次险些结婚。

d. 健二幼年时曾经患大病,险些被病魔夺去生命。

那么,在"因情估危"话语关联中,引发说话者"估危"判断而指称"原因情状"的原因句可以分成哪些语义类型呢?

3. "因情估危"中原因句的语义类型

无论是客观世界处于一定时空的事物行为,还是主观世界的心理活动,因果关系是呈现和维系世界有序性的根本逻辑链条,那么,从表达客观世界和主观世界的语言层面来看,一般说来,引发说话者运用"险些"对人事物做出"濒危判断"的原因有哪些语义类型呢?根据CCL语料库的统计和调查,以"被动性、主动性"为两极,以外因驱动还是内因驱动为参照标准,根据原因句的动词、介词、副词、名词等,可以把引发"险些"后果句的原因概括为四个语义类型:被动遭受类、应急行为类、意外事故类、主动对抗类。

第一,被动遭受类。通常情况下,主体或物体因遭受某一动作行为的影响而极易处于危险境况。根据调查,原因句中经常出现标记"被动"的介词或动词:"被、遭、受、给、让、叫、挨、遭到、遭遇、受到"等,如例(7);常见的短语有:"被否决、被引诱、被出卖、被拦劫、被干扰、被洪水围困、被暴徒砍伤、遭雷击、遭遇伏击、遭到反对、遭人绑架、受到警告、受了重伤、挨打、挨了一顿好揍"等,动词具有自主性。就受事来说,其被动经受的动作通常会出乎意料而具有较强的意外性。

(7) a. 宣传部长被叛徒出卖,险些被敌人抓住。

b. 近日,总统连续两次遭到袭击,险些丧生。

c. 散打王一上场便受到外国选手的冲击,险些大意失荆州。

d. 有一回他让仇家给暗算了,险些赔上老命。

第二,应急行为类。主体会对内外的各种危险情状做出一定的应急性反应,从而导致自身处于一定的危险境地,常见的有:"发抖、大叫、惊叫、躲避、一跳、一红、一塞、一晃、一仰、一个趔趄、一个踉跄、大叫一声、气得、恶心"等,如例(8a/b),这种应急反应以非自主动词为主,体现了被动险境中的一定能动性。即使是主体主动实施或有意为之的行为也会导致意外的危险后果,常见的有:"生孩子、攀岩、布置、上山采药、收拾房间、建定居点、出席会议、使用电脑、吸毒、拖欠学费"等,如例(8c/d)。

(8) a. 灭绝师太身子一晃,险些摔倒。

b. 小凤一个趔趄,险些晕倒。

c. 她上山采药,险些丧命。

d. 单收拾这件厨房,险些没累断了我的腰。

第三,意外事故类。主体或物体会因发生意外事故而处于危险境地。根据CCL语料库统计,原因句中突显"意外"的词语主要有两类[①]:一是意外副词,如:"竟、竟然、突然、猛地、不慎、不小心、不经意、不承想、不料"等;二是不定数量词,如:"一次、一场、一宗、一顿、一阵、一下、一个"等;而常见的事故名词或动词有:"事故、车祸、大病、大火、重伤、噩耗、故障、剧痛、发软、贫寒、险恶中毒、休克、爆炸、走火、地震、漏电、缺氧、倒塌、失误、失足、失事、打滑、跌落、踏空、出错、走投无路、昏迷"等,其中动词具有非自主性。如例(9),就事故主角来说,意外事故类因出乎预料而本质上都具有较强的被动性。

(9) a. 球队在2比0领先的情况下,竟然连失两球,险些被对手反超。

b. 他不慎跌入江中,险些丧命。

c. 不料,他回到家来生了一场大病,险些死去。

d. 他因一宗小手术出错,险些不能离开医院。

第四,主动对抗类。主体之间的对抗行为因目的性和主动性最强,也非常容易导致某种危险性后果,体现目的性的主要是介词,如:"为、为了、怕VP、舍不得VP"等,体现主动性的就是自主动词,如:"进攻、歼灭、击中、追查、追击、反击、反攻、反对、对峙、争执、争吵、抗争、抢救、破坏、违反、诱捕、开火、批斗、斗殴"等。如例(10):

(10) a. 为了抢救书籍,他险些被烧死。

b. 我因为怕耽误工作,险些把她送给了别人。

c. 皇马队一开始就发动了猛烈进攻,两次险些攻破对方球门。

d. 各成员国因农业补贴问题激烈争吵,险些酿成欧盟的重大政治危机。

可以说,被动遭受类和意外事故类在语义上倾向于被动,主要是意外的外因驱动而导致危险后果的,而应急行动类和主动对抗类在语义上倾向于主动,主要是能动的内因驱动而导致危险后果的,因此,原因句的四种语义类型的逻辑关系如表 2 所示:

表 2 原因句的语义类型

语义倾向	被动性 ←→ 主动性			
动因来源	外因驱动 ←→ 内因驱动			
动词特征	自主性 ← 非自主性 → 自主性			
语义类型	被动遭受类	意外事故类	应急行为类	主动对抗类
典型标记	被、围困	竟、车祸	发抖、上山	为了、反击

无论原因句的哪种语义类型,都可以导致说话者用副词"险些"表达危险后果,那么,就"险些"后果句而言,"险些"在"险些"句中的句法分布如何呢?"险些"选择什么语义特征的谓语动词呢?"险些"句有哪些语义类型呢?

4. 副词"险些"的分布规律

要精确定位副词"险些"的句法分布规律,就需要按照从外到内、从大到小的逻辑顺序,从句子功能、句法位置、状位排序角度设计一个筛选程序,逐层定位副词"险些"的句法位置。

4.1 副词"险些"的句子功能分布

从句子功能的选择来看,姜庆玲(2016)认为,副词"险些"可以分布于陈述句、疑问句②、感叹句,排斥祈使句。但是,根据 CCL 和 BCC 的调查,可以发现,"险些"只能分布于陈述句(例 11)、排斥感叹句(例 12)、祈使句

(例13)、疑问句(例14),如:

(11) a. 她回到家来生了一场大病,险些死去。

b. 因装扮丑女,女王险些进不了王宫。

c. 这个配电箱由于超负荷,险些酿成火灾。

d. 韦庭锋开场一个冲天炮,险些击倒对手。

(12) a. 多么难过啊! ——*险些多么难过啊!

b. 真糟糕! ——*险些真糟糕!

c. 腻烦透了! ——*险些腻烦透了!

d. 太惨啦! ——*险些太惨啦!

(13) a. 滚开! ——*险些滚开!

b. 快跑! ——*险些快跑!

c. 进来吧! ——*险些进来吧!

d. 禁止吸烟! ——*险些禁止吸烟!

(14) a. 他身无分文,险些饿死。 ——*他身无分文,险些饿死吗?

b. 张无忌一腿扫去,险些踢中了她小腿。 ——*张无忌一腿扫去,险些踢中了什么?

c. 这一决策险些酿成大祸。 ——*这一决策险些酿成大祸还是人命?

d. 他们险些打起来。 ——*他们险些打没打起来?

在两个语料库中,包含"险些"的疑问句共有4例,其中例(15a)作宾语小句,例(15b)作定语小句,例(15c)和例(15d)都属于反问句,可以说,都不是典型的疑问句。

(15) a. 您以为自己险些毁灭了一个东方古国?

b. 莫非这就是险些沉没的那条船?

c. 何以今日他一掌击下,自己竟会险些儿招架不住?

d. 当你以为仰仗着橡皮鸭蹼和鱼枪便足以和火石湾较量时,你不是险些夭折吗?

因此,从副词"险些"的句子功能分布来看,"险些"只能用于说话者提供"以之为险"信息的陈述句,而不能直抒胸臆的感叹句、祈使行为的祈使句或索取信息的疑问句。那么,副词"险些"在陈述句中处于什么句法位置呢?

4.2 副词“险些”的句法位置选择

关于句法位置，杨红梅(2010)和姜庆玲(2016)都做过比较全面的描述，但还不够细致。根据调查，可以发现，副词“险些”在陈述句中可以作三个位置的状语，按照频次从高到低来说：一是主谓之间的状语；二是“得”字补语的状语；三是主语前句首状语。首先，96.7%在主谓之间作状语，无论谓语是动词结构(例 16a/b)还是主谓结构(例 16c/d)；其次，4.3%分布于组合式“得”字补语的状语位置，如果补语是主谓结构，“险些”则在主谓之间(例 17a/b)，如果补语是动词结构，则在动词结构前(例 17c/d)；最后，在主语前句首位置的“险些”只有 4 例(例 18a1/b1)，且都可以在不改变命题意义的前提下，移位到主谓之间的状语位置(例 18a2/b2)，因此，本质上还是状语。

(16) a. 在一次井下事故中，他险些丢了性命。
b. 敏菊一个踉跄，险些跌倒。
c. 为了拍好此戏，小齐付出了很大的努力，险些脸部受伤。
d. 照片主角险些家庭破裂，照片泄露者只能远走他乡。

(17) a. 38 摄氏度的气温热得他几次险些晕倒。
b. 一只狗呼地向楼梯冲来，吓得我的老板险些跌倒。
c. 张群气得险些破口大骂。
d. 林母一听，高兴得险些晕了过去。

(18) a1. 车祸！车祸！亲爱的们！险些你们就再也见不到我了！
a2. 车祸！车祸！亲爱的们！你们险些就再也见不到我了！
b1. 险些你的小命就完了。
b2. 你的小命险些就完了。

无论副词“险些”在“得”字补语的状语位置，还是主语前句首位置，本质上都是状语性质，即使“险些”与动词结构组成的状中短语做定语，依然是状语性质，如例(19)：

(19) a. 一个险些散伙的合唱团，在文化市场的波浪中却奇迹般地生存下来。
b. 他对自己险些丧生的这件往事永志不忘。
c. 警察们制止了险些酿成悲剧的一场斗殴。

d. 抢险队昼夜施工,使这个险些夭折的项目起死回生。

然而,当一个陈述句有多个状语时,状位的副词“险些”与其他状语的排序有什么规则呢?

4.3 副词“险些”的状位排序规则

当一个陈述句的状语位置有多个状语时,副词“险些”与其他状语的相对排序位置能准确地反映“险些”的句法地位。根据语料库的调查并结合杨红梅(2010)的研究,可以发现,“险些”前主要有意外义、真确义、曾经义、频量义四类副词,“险些”后主要有行将义、再复义、否定义和当场义四类副词。其中,前置的意外义和真确义副词属于表述整个命题的情态副词,曾经义和频量义则属于表述事件的已然副词,而后置的否定义和当场义是引入动作对象或方式的关涉副词,行将义和再复义属于突显动作时间的临然副词。一句话,针对命题事件的副词前置,针对动作行为的副词后置,可总结为“已前临后”规则。

总体上来看,“险些”在多种状语位置上的排序如下:情态副词>已然副词>“险些”>关涉副词>临然副词,整体排序及其典型词语如表3所示:

表3 “险些”的状语位置及其排序

<table>
<tr><td>先后位置</td><td colspan="4">前置副词</td><td rowspan="4">险些</td><td colspan="4">后置副词</td></tr>
<tr><td>排列顺序</td><td colspan="4">情态副词 > 已然副词</td><td colspan="4">关涉副词 > 将然副词</td></tr>
<tr><td>副词类型</td><td>意外义</td><td>真确义</td><td>曾经义</td><td>频量义</td><td>当场义</td><td>否定义</td><td>行将义</td><td>再复义</td></tr>
<tr><td>典型词语</td><td>竟、竟然、居然、忽然</td><td>真、真是、确实、的确</td><td>曾、曾经、已、刚刚、一度</td><td>又、常、几次、几度、总是、还</td><td>当场、当堂、当众、立刻</td><td>没、没有、不</td><td>就要、便要、要、便、就</td><td>再、再次、再度、</td></tr>
</table>

当然,事实上,八类副词不可能同现,但“险些”与八类副词的相对位置是一定的,与意外义和真确义的同现,如例(20a/b),与曾经义和频量义的同现,如例(20c/d);与未然义和再复义的同现,如例(21a/b),与否定义和当场义的同现,如例(21c/d):

(20) a. 他左足落地时小腿一麻，竟然险些摔倒。

b. 我真险些儿晕了过去。

c. 闫文清 1998 年曾险些夺得全国冠军。

d. 科斯塔又险些把球挡进自家大门。

(21) a. 若不是我见机得快，险些就要被活活压死。

b. 在最后几分钟时间里，几度险些再次失手。

c. 由于宇航服的膨胀，他险些没能爬回舱内。

d. 张无忌“啊哟”一声大叫，险些当场便晕了过去。

无论“险些”与哪类副词同现，表示过去时间的名词或短语都位于状语的最前面，如：“今天、前些天、今年、去年、当年、X 前(半年前、此前、不久前、终场前)、X 后(听后、输液后、行完礼后)、X 时(降落时、下台阶时)”等，如例(22)，可见，从同现的时间状语来看，“险些”陈述句是针对一个已然情状而做出的危情估测判断。

(22) a. 中美之间 1996 年险些爆发贸易战。

b. 一架泰国客机不久前曾险些撞上日本首都地标建筑东京塔。

c. 中学生输液后险些失明。

d. 卡莲生产第一个孩子时险些丧命。

可以说，“险些”的单句分布规律可以归纳为：位于陈述句的“已前将后”的状语位置，前置的是命题层面的意外性、真确性、频量性副词，后置的则是动作层面的当场性、行将性、再复性副词。

那么，为什么副词“险些”在句法形式上与其他语义类型副词会呈现出“已前将后”的排序规则呢？这是由其所选择的谓语动词结构的语义特征与自身的语义所决定的。

5. 副词“险些”句的谓语语义特征

并不是任何一个动词结构都可以进入到副词“险些”所修饰的谓语位置，换句话说，副词“险些”对自身所修饰的动词结构具有选择性和限制性。根据 CCL 和 BCC 语料库的调查，可以发现，作谓语动词结构主要有四个特征：结果性、非控性、违愿性、危急性。

第一,从认知上看,谓语动词结构所指行为具有结果性。

首先,从正面来看,“险些”所修饰的谓语主要采用结果补语、趋向补语、可能补语否定式、得失动宾四种动词结构方式来显示结果义,把指称结果义的语法成分“补语或宾语”去掉就不合法,依次如例(23):

(23) a. 他身无分文,险些儿饿死。 ——＊他身无分文,险些儿饿。
b. 老人脚下一滑,险些掉下去。 ——＊老人脚下一滑,险些掉。
c. 我刚才险些把持不住。 ——＊我刚才险些把持。
d. 开场不久 AC 米兰就险些失球。 ——＊开场不久 AC 米兰就险些失。

其次,从反面来看,副词“险些”所修饰的谓语动词结构,既不能带表示持续体的“着”、经历体的“过”(例 24a/b);也不能带非结果性的“时量补语、可能补语肯定式”(例 24c/d):

(24) a. ＊四战四平,他又险些当着烈士。 ——四战四平,他又险些当了烈士。
b. ＊他险些脱过一层皮。 ——他险些脱了一层皮。
c. ＊我真险些儿便晕了三个小时。 ——我真险些儿便晕了过去。
d. ＊他连球棒也险些拿得稳。 ——他连球棒也险些拿不稳。

值得注意的是:动词结构的结果义不是命题层面表示事件完成的结果,而是行为层面表示动作达成的结果,这一点可以通过动词结构带结构助词“了$_1$”而不能带语气助词“了$_2$”显示出来,如例(25);表面上看,当某些动词结构在句末位置带了“了”时,要么采用被动句(例 26a/b),要么采用“把字句、连字句”(例 26c/d)。其实,无论哪种,这个“了”只能是“了$_1$”而不是“了$_2$”,因为无法把受事宾语移到“了”前:

(25) a. 他误入隧道,险些丢了性命。 ——＊他误入隧道,险些丢性命了。
b. 法师脚步一个不稳,险些倒了下来。 ——＊法师脚步一个不稳,险些倒下来了。
c. 臭贼秃,险些上了你的鬼当。 ——＊臭贼秃,险些上你的鬼当了。

d. 他险些撞翻了牛肉汤。 ——＊他险些撞翻牛肉汤了。

(26) a. 他的耳朵险些儿被吵聋了。 ——＊险些儿吵聋他的耳朵了

b. 她险些儿饿死了。 ——＊险些儿饿死她了。

c. 杰尼索夫险些儿把桌子捶倒了。 ——＊杰尼索夫险些儿捶倒桌子了。

d. 他险些连命都丢了。 ——＊她险些丢命了。

从语义来说,"了$_2$"表示的"事件完成"是带有时空特征的已然存在命题,具有交际的完句性,如"他中枪了";而"了$_1$"表示的"动作达成"是不带时空特征的概念性动作结果,如"＊他中了枪",需要插入一定的句法成分才可完句,如"他险些中了枪"。正因为如此,副词"险些"与其谓语动词结构之间才可以容纳未然而将然的副词,排斥已然性副词。

第二,从意志上看,谓语动词结构所指结果具有非控性。所谓的非控性是指谓语动词结构所指的动作结果并非施事或受事所能控制的(张黎 2012：156),主要体现在两点：要么动作及其结果都不可控,即受事的动作"摔"及其结果"倒"都不可控,如:"摔倒、晕倒、栽倒、跌伤、滑入、掉进、坠落、撞上、失去、出错、酿成、累断、破门、丧命"等(例 27);要么动作可控,但其结果不可控,即施事的"抓不抓"可控,但其结果"碎不碎"却不可控,如:"战胜、战败、炸毁、烧毁、敲开、攻破、击中、打败、打入、打碎、抓碎、扒掉、杀掉、吓死"等(例 28)：

(27) a. 他没有防备,打个趔趄,险些栽倒。

b. 他没有抓住老狐狸,却险些撞翻了牛肉汤。

c. 中国队曾在预赛中因交接棒失误,险些失去决赛资格。

d. 虚竹"啊"的一声大叫,险些晕倒。

(28) a. 在一次抢救人质的战斗中,他险些被暗枪击中。

b. 她惨叫一声,使劲想甩脱鬼爪,肩胛骨险些被抓碎。

c. 之前一位同事跳槽去淘宝,据说第一天裤子险些都被扒掉。

d. 我把手从键盘上抬了起来,给了自己一个双锋贯耳,险些打聋了。

第三,从情感上看,谓语动词所指结果具有违愿性。谓语动词结构所指的结果是当事者无法控制的,因此,说话者做出"以之为危"的评判而体现了违背说话者情感意愿的"违愿性",即说话者不希望造成这一结果。

这一有违说话者意愿的后果可能是由承受者无意造成的,主要体现为承受者作句法主语,而谓语为“造成、酿成、失去、摔倒、饿死、遇难、引发、断送、丢掉、滑倒、沦入”等非自主动词(例 29);也可以体现承受者作被动介词“被、给、让、叫”的主语(例 30a/b)或者直接作致使介词“把、给、让、将、使”的宾语(例 30c/d)等得到证明:

(29) a. 他玩弄后座上的香烟点火器,险些酿成一场火灾。

b. 他还是重重地跌了一跤,险些摔断腿。

c. 詹森在比赛中动作变形,险些滑倒在弯道上。

d. 2000 年因为巨大的财政亏损,它险些倒闭。

(30) a. 为收集花棒、柠条等沙生植物,他险些被群狼吃掉。

b. 宴会后突然有火星溅到衣服上烧了起来,我险些给烧死。

c. 昨晚间冷寒宫起了大火了,险些把皇娘烧死。

d. 一阵气流的冲击,使她们险些跌倒。

第四,从事态上看,谓语动词所指结果具有危急性。一种后果不可控且违背受事意愿的动作行为通常会导致危急感。这种危急感主要源自动作行为的当场性和行将性。从正面来看,“险些”句的谓语动词经常有“当场、当堂、当众”等当场义副词和“要、就要、便要、便、就、快、立刻、立即、一头、一屁股、一巴掌、一脚、一鼻子”等行将义副词,这两类副词都显示了事件的危急性,如例(31);从反面来看,“险些”与谓语动词之间不可以插入“一会儿、三天后、很久、慢慢”等时长短语,因推断而耗时的“也许、大概、可能”等揣测副词,“一定、必定、务必、应该、必须”等推定副词或能愿动词,否则不合法(例 32):

(31) a. 张无忌“啊哟”一声大叫,险些当场便晕了过去。

b. 若不是我见机得快,险些就要被活活压死。

c. 十几年的训练与本能,使得灭明险些立刻采取行动。

d. 我心中一寒,急忙向后退了一步,险些一屁股坐倒在地。

(32) a. 我慌了神,一害怕,险些跌倒。——我慌了神,一害怕,*险些一会儿跌倒。

b. 路途险恶,几次险些翻车。——路途险恶,*几次险些也许翻车。

c. 他听得鼻子一酸，险些掉下泪来。——他听得鼻子一酸，*险些一定掉下泪来。

d. 她跌了一跤，险些翻下桥去。——她跌了一跤，*险些应该翻下桥去。

可以说，能够进入到“险些”句谓语位置的动词性结构一般应该具有认知的结果性、意志的非控性、情感的违愿性和事态的紧急性四种语义特征：

表 4 “险些”句谓语动词的语义特征

逻辑范畴	认知	意志	情感	事态
语义特征	结果性	非控性	违愿性	危急性

这些特征合在一起就是后果性，那么，说话者“因情估危”而做出的“险些”评价一般具有哪些语义类型呢？

6.“险些”后果句的语义类型

从理论上讲，说话人有可能把任何一件结果性事件都评价为“危险情形”，但是，根据 CCL 和 BCC 语料库的调查并结合谓语动词的句法特征，可以发现，“险些”后果句所指的违反意愿且不可控的紧急后果也并不是无限的，主要分为四种语义类型：生命丧失类、能力失控类、事故引变类、关系失衡类。

第一，生命丧失类。说话者所认为的最大危险就是主体生命的丧失，在“险些”后果句中，表达生命丧失的动词短语在句法上主要有两种形式：动宾式（丧命、丧生、送命、丢命、送命、毙命、要命、遇难、窒息、丢掉性命、葬身海底、命丧他手等）、动结式（憋死、冻死、压死、淹死、饿死、烧死、毒死、打死、呛死等）、动趋式（死去、昏死过去等）。动结式与被动或主动介词标记结合，形成被动式（给烧死、让 NP 踩死、遭擒、被杀、被错杀、被炸、遇害、遇刺等）和主动式（把 NP 烧死、将 NP 打死等）。如例(33)：

(33) a. 一次，露西误吃了一种有毒植物，险些丧命。

b. 快乐鸟又懒又馋，不爱劳动不做窝，险些寒冬里冻死。

c. 有一夜,因抽烟草棚起火,险些被烧死。

d. 他们用两层被子蒙得严严实实听有无串音,险些将人憋死。

第二,能力失控类。说话者认为主体的自身动作行为一旦失去控制能力就会陷入险境。在"险些"后果句中表达动作失控的以非自主动词为主,其句法形式主要有三类:动趋式(摔下来、滑下去、昏过去、晕过去、冲上去、跳起来、掉下去、冲进、跌进、跌入、坠入、倒下、跌落、摔落、栽下马来、翻下桥去、掉到沟里、叫出声来等)、动结式(晕倒、瘫倒、栽倒、跌破、滑倒、撞倒、撞上、绊倒、气晕、吓哭等)和可能补语否定式(拿不稳、回不来、忍不住、走不掉、出不了、过不了、经受不住、把持不住、喘不过气来等)为主,以及"无法、不能、忘记、吐血、流产、上当"等,如例(34):

(34) a. 她保持不住精神与身体的平衡,险些从马上跌下来。

b. 魏惠王突然一阵晕眩,险些摔倒。

c. 他又瘦又弱,戴着一副眼镜,连球棒也险些拿不稳。

d. 鲍尔被一把小刀所累,险些不能登机。

第三,事故引变类。说话者认为事物自身的变化或者引发其他事物的变化而造成危险性的事故,其动词结构采用动结式(造成、酿成、变成、说成、当成、改写、引发、改变、沦为、成为、打翻、踩坏、砸坏、错过等)、动宾式(出事、出轨、出错、翻船等)和动趋式(沦入、闹出、引起、引来等),如例(35):

(35) a. 这个配电箱由于超负荷,险些酿成火灾。

b. 那个红皮大萝卜险些砸破他儿子的头。

c. 客车在公路上左拐右拐,走得像个"S型",险些出事故。

d. 安慰了追求理想的爱情,与传统势力进行抗争,历经坎坷,险些沦入娼门。

第四,关系失衡类。说话者认为矛盾双方的关系平衡可能会发生失衡而有危险性,常见的动词主要是自主动词,其动词结构主要是动结式(击中、击败、逼平、战平、战胜、攻破、敲开等)和动宾式(得手、扭转、打架、动粗、动武、动摇、破裂等),如例(36):

(36) a. 他在八运会上险些战胜当时的世界羽坛大满贯组合。

b. 法国队发起的几次快速反攻,险些再次攻破对方球门。

c. 双方一度发生争执,险些动粗。

d. 反对势力的干扰,致使谈判一波三折,险些破裂。

可以说,从说话者的角度看,"险些"句的四个语义类型都带有消极负面的后果性主观特征。那么,如何界定"险些"的语义及其与情态的关联呢?

7. "险些"的认知、情态及其语法意义

首先,从认知上看,我们可以根据"险些"句的话语关联、语义特征和语义类型,把副词"险些"的语义界定为:说话者主观估测事物的已然情状将引致危险后果的"危而未发",可以简称为主观性"估危副词"。

其次,从情态上看,马黎明(2000)、陈荣(2004)和杨红梅(2010)都认为"险些"具有"庆幸"情态,但"险些"的"庆幸"情态并非空穴来风,而是以其"危而未发"的语义为认知基础的。其实,根据话语关联的考察,可以通过三个脱落步骤清晰地看到,"险些"的"危未暗庆"中已经蕴涵了情态的"庆幸义"。

第一步,"危但庆未"的话语结构。"险些"后果句与后续句构成的是转折关系,整体转折话语关联是"危险后果-(但)庆幸原因-危险未发","危险未发"是对"危险后果"的一种回应,其中表达庆幸的标记词有:幸亏、幸好、幸而、幸得、多亏、亏得、好在、庆幸的是等,如例(37):

(37) a. 醉汉睡觉吸烟点燃被子被烧成重伤,险些丢了性命,幸亏医院及时救治,才使他脱离了生命危险。

b. 他在那次旅途中翻了车,险些丢了命,幸好汽车卡在两棵大树间,算他命大,没有坠入万丈深渊中。

c. 泰山队险些被赶出体育场,多亏教练采取了强硬态度,才得以完成训练。

d. 她险些挨上一次伏击,亏得那天带了几个队员没走老路,才算没遇险。

其实,即使没有"庆幸"标记词,也可以从后续的"避险措施+危险未发"中解读出原因性的庆幸义来,如例(38):

(38) a. 双方险些大打出手,最后防暴警察的介入才平息了两队的争执。

b. 她的一只脚踏空了,险些掉进海底,是一个年轻的水兵迅速地抓着她的衣领,才挽救了母子俩的生命。

第二步,“危未因庆”的果因话语结构。当“未发危险”句省略时,“未发危险”义就可以漂移到“危险”句,而“未发义”融入“危险”而成“危而未发-庆幸原因”的由果及因的话语关联,如例(39):

(39) a. 她儿子险些儿做出糊涂事来,幸亏他拦住了。

b. 她险些儿饿死了,幸好前天白雄鹅听到了她的悲鸣,闻声赶来寻找她。

c. 因装扮丑女,王后险些进不了王宫,多亏美玉留下了王后。

d. 赛后,瑞典队队长和中场球星永贝里险些起“内讧”,好在两人并未动手。

第三步,“危未暗庆”的语义情态。当“庆幸原因”隐而未现时,被省略的“庆幸”情态就会漂移到“险些”的“危而未发”中,形成蕴涵“庆幸”的“危未暗庆”,如例(40):

(40) a. 他的脚下被冰激凌一滑,险些摔倒。

b. 热浪扑来,他一下子晕了过去,险些落进了滚滚的钢水中。

整个演化逻辑如下表所示:

表 5 “险些”句话语关联演化逻辑

步骤	第一步	第二步	第三步
话语层面	危却庆未	危未因庆	危未暗庆
逻辑层面	转折关系	因果关系	蕴涵关系

最后,从语法意义上,根据“险些”的“危而未发”的认知及其“庆幸”的情态,结合话语关系,就可以把“险些”的语法意义界定为:表达说话者对事物情状将引发危险后果所做出的“危未暗庆”。把“险些”句前后的话语关系结合起来,其整个话语关联及其语义类型可以通过下图完整地表现出来:

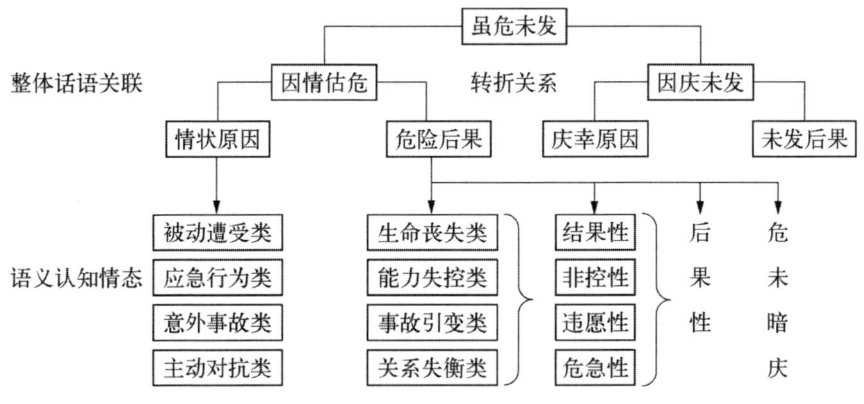

图 1　"险些"句话语关联及语义类型

附　注

① "意外"与转折关系有一定的关系，即"险些"因果句通常占据转折关系的焦点性后句，如：a. 昆贾拉尼是个新手，可她在挺举中却险些将关虹逼到尴尬境地。b. 尽管罗切斯特先生有着运动员的体质，但不止一次险些儿被她闷死。c. 卡车司机虽然没有在事故中受伤，但随后遭到愤怒人群的痛打，险些送命。d. 一个多小时的奋战，险情排除了，他却因劳累着凉胃病发作，险些晕倒。

② 姜庆玲（2016：33）认为"险些"可以用于疑问句，举的例子是："歹徒也没抓住，自己险些送了命，值不值得？"从小句功能来看，其中的"险些"句与"值不值得"不存在结构关系，因此并不是疑问句。

参考文献

车录彬."差一点"及相关构式在近代汉语中的形成与发展[J].湖北师范大学学报，2017(3).

陈　荣."险些"有误[J].现代语文，2004(7).

陈　霞."险些"一类句式溯源[J].文学教育，2009(7).

陈　霞."险些"类句式探源[D].长沙：中南民族大学，2010.

陈秀清.试论羡余否定的形成机制和原因[J].新疆大学学报，2017(3).

陈秀清.论"险些"的词汇化[J].新疆大学学报，2018(2).

姜庆玲.汉韩表"揣度性推测"类副词对比研究[D].延边：延边大学，2016.

陆俭明,马　真.现代汉语虚词散论[M].北京：语文出版社,1999.

吕叔湘.现代汉语八百词(增订本)[M].北京：商务印书馆,1999.

马黎明.试论现代汉语中的“悖义”结构[J].齐齐哈尔大学学报,2000(2).

邵则遂,陈　霞.元明清“险些”类句式初探[M]//汉语史研究集刊(第十四辑).成都：四川出版集团/巴蜀书社,2011.

石毓智.对“差点儿”类羡余否定句式的分化[J].汉语学习,1993(4).

杨德峰.语气副词作状语的位置[J].汉语学习,2009(5).

杨红梅.副词“几乎、险些、差点儿”的多角度考察[D].长沙：湖南大学,2010.

袁毓林.动词内隐性否定的语义层次和溢出条件[J].中国语文,2012(2).

张　黎.汉语意合语法研究——基于认知类型和语言逻辑的建构[M].东京：白帝社,2012.

张谊生.羡余否定的类别、成因与功用[M]//语言学论丛(第31辑).北京：商务印书馆,2005.

中国社会科学院语言研究所词典编辑室.现代汉语词典(第2版)[M].北京：商务印书馆,1983.

朱德熙.说“差一点”[J].中国语文,1959(9).

朱德熙.汉语句法里的歧义现象[J].中国语文,1980(2).

(本文发表于《汉语学习》2020年第6期)

构式分析

“一个 NP”的负面评价功能及形成机制*

首都师范大学　史金生　李静文

1. 引言

负面评价是交际互动中表达说话者立场的言语行为，通常运用贬义词、虚词、语用标记、构式等在互动语境中来表达，如“又”“居然”“一味”“动不动”“嘁、呸”“问题是”“真是的”“不是个事”“还 X 呢”等（屈承熹，2006；李先银，2012、2013；方梅，2016；李宗江，2008；郭晓麟，2015；张爱玲，2018；郑娟曼，2010）。数量词“一个”也有负面评价功能，张伯江（2002）在对比“是 X”和“是一个 X”时发现加上“一个”后有更强的主观评价性，闫亚平（2016）认为一部分“一＋量”结构并不表客观计量，而是用来凸显说话人主观上的感受、态度、评价和意图等。“一个”的负面评价功能也影响到了部分含有“一个”的口语构式，使得整个构式也具有了负面评价的倾向。

本文考察“一个 X，Y”“NP 一个”“好一个 X”“整个一个 X”“那叫一个 X”等 5 个包含“一个”的构式，探讨构式与构成成分“一个”的互动及负面评价义的形成机制。

2. 虚数量“一个”的特征识解

2.1　“一个 X，Y”

主语/话题为原型位置的“一个＋X”常引入新谈论对象，后面常跟评价和说明的小句 Y，且以对话互动为存在的基础。如果 X 为 NP，“一个 X”在这里并不表示个体计数，而是表示负面评价。一方面“一个＋X，Y”

* 本研究得到国家社科基金项目“基于‘行、知、言’三域理论的北京话虚词功能及其演变研究”（18BYY180）的资助。

中的Y表示对人的行为和状况作主观评判,这时在“一个”之前往往有“单数人称代词”,它与后面的NP构成同位复指结构,NP可以是典型的专有名词,或表职业、亲属称谓、身份地位、性质特征等的名词,如:

(1) (她)一个林妹妹,整天哭哭啼啼的。

(咱)一个农民,怎么能住那么高级的酒店。

(你)一个大教授,居然穷到卖馅饼的境地了。

(他)一个外国人,毫无利己的动机,把中国人民的解放事业当作他自己的事业。

(你)一个长辈也不像个作长辈的样!

(你)一个花花公子,就会抄着手满街打转,再找两个老百姓吼上两吼。

李劲荣(2013)认为内涵NP、下位范畴、主观评价三者是对NP的语义制约。另外,“单数人称代词+一个NP”也可以变换为“单数人称代词+作为/是+一个NP”,但是既然形式不同,前者必然与后者的语用功能就不同,我们后面将详细讨论。另一方面,“一个X,Y”中的Y还可以表示对事物属性的主观认知,如:

(2) 一个自行车,丢就丢了,那么在意干吗?

一个手机,能花多少钱?

如果X为谓词性成分VP,“一个+X,Y”中的Y则表示对VP整体事件的评价意图,如:

(3) 一个买菜还穿得这么正式。

一个坐汽车也搞得那么隆重。

2.2 “NP一个”

现代汉语中,“一个”往往处于名词前面,作为名词的个体量存在,而“NP一个”这种倒装结构是反正常结构,既有归类的作用,又带有言者对NP的主观评价色彩。正如储泽祥(2001)所指出的:“数词限于‘一’的‘名+数量’,总是对某一事物做出判定或评价。”太田辰夫认为“数量+名词”中的“数量”是修饰语,而“名词+数量”中的“数量”是述语。甚至有学者认为“一个”放在后面具有加强语气、凸显主观态度的语用效果。这种主观性显然离不开“一个”位置的变异,倒装结构“NP一个”的焦点由数量结构转变为名词结构,凸显了 NP 属性的数量少和小,如"反正我又没有一官半职,小老百姓一个,干好干坏都没责任",也就是说,名词负载的信息量更大,充分引发了言者对 NP 的主观评判。这一点也遵循了象似性中的顺序原则,即说话人常常先说出急于评价的新信息。"NP 一个"主要是充当句子谓语或宾语,表示某人是 NP 这类人当中典型的"一个"的格式义,并凸显对其典型性质的评价。杨杰(2011)认为 N 的语义特征为[+类指+典型性+感情色彩+属性义]。我们认为与"人称代词+一个 NP"一样进入"NP 一个"格式也为指人的主观评价,也可以将其分为了四类:专有类、称谓类、地位类、性质类。如:

(4) 他整天自我安慰,阿 Q 一个。

他整天什么也不干,大爷一个。

大老板一个,连这点爱心钱都不出?

他从来没坐过这么昂贵的车,土鳖一个。

2.3 "好一个 X""整个一个 X""那/这叫一个 X"

除此之外,还有一些构式,如"好一个 X""整个一个 X""那/这叫一个 X",其中的"一个"计数含义更加模糊,语音更加弱化,后面的 X 也不仅限于体词,也可以是谓词,甚至是小句。也就是说,这些构式中的"一个"主观评价功能更加凸显。

早在唐代就出现了"好个"的结构式,之后,"好"逐渐变成感叹标记,"个"的量词功能不断泛化,与"一"长期高频搭配使用,在宋代出现了"好一个"构式。王收奇(2007)认为"好一个 X"完成了由褒义到贬义的主观化过程,本文赞同这一观点。"好"逐渐发展出了反语义;"一个"的数量特征减弱,表小、表差的作用凸显,二者的搭配是语义顺应的结果。组合结构的评价强度要高于单独一个部件的意义,这也是之后"好一个"负面倾向义明显的一个重要原因。但现代汉语中,"好一个 X,Y"的语义,准确地说不是语句,而是语篇作用。"好一个 X"不能独立的使用,它的作用需要后续成分 Y(部分是前现成分)来体现。如:

(5) 只低着头哑声说道:"好一个稀客。"天健感到情景有些异常。呆了一呆,注视着曼倩,忽然微笑,走近身,也低声说:"好像今天不高兴,跟谁生气呢?"

所以在现代汉语中“好一个”的褒贬情况还需要根据语境决定,也就是说,构式义是吸收语境来的。

“整个一个X”是由“整个就是一个X”或者“整个就像一个X似的”省缩而来的,在语篇中或者起到引领的作用,或者起到总结的作用。“整个一个X”中的“整个”和“一个”都偏离了显性的量的表达,“整个”变为副词增强了构式的述谓性,“一个”也由表数量到表性质和状态,“一个X”由指称到陈述。构式整体使X达到了抽象的极限量,凸显了X的性质特征,表达了言者的主观夸张态度,如:

(6) 不去说市面上常常兜售的假冒伪劣的物质产品,看着挺花哨,一撕包装,整个一个糠馅儿!

周一民(2006)认为“一个”有夸张的意思。与此相反,郑娟曼(2010)认为“整个”由于受到“一个X”主观评价义的感染,有了副词化的夸张评注性倾向。张利蕊、姚双云(2019)也认为主观夸张义是“整个”传递出来的,而本文认为这种主观性的夸张功能是由两者共同作用的结果,这种极限夸张是“整个一个X”具有贬义倾向的原因。

“那/这叫一个X”主要功能可以是对前文的回指,表达对前文事件、人物的主观感叹;也可以是引出下文,先突出焦点信息再对其进行说明;或在中间部分,在语篇中起到承上启下的衔接功能。据统计,用“那叫一个X”的比例高于“这叫一个X”,这是因为“那”常常用来回指不定成分,而整个构式本身多用于不太具体的事件。“叫”开始为表行为义的关系动词,如“我叫张三”,之后演变为主观认知,如“那叫傻”,最终转化成表言说意图,如“那叫一个傻”,在这一过程中“叫”也经历了不断虚化和主观化。“一个”在构式中已经失去了计量义,而转化为表程度或性状的主观评价。整个构式传递了极性夸张的意味,如:

(7) 雨天路滑,很多人摔跟头,那叫一个惨啊。

总而言之,这些口语构式中的部件通过概念整合的方式形成了新的构式义,这一构式义具有整体性。其中,这些构式的共同点是,三个构式的口语色彩浓,用于感叹语气,在语篇中都作为焦点进行强调。虽然整体构式不能通过其构成成分获得,但部件却可以影响构式,这些构式的共同部件“一个”都完成了由数量词到主观标记的转化,在语境的长期使用中“一个”带上了极性夸张的色彩，凸显了后面的X的性质状态，倾向于负面评价功能。

2.4 关于“一”和“个”的省略

“个”的使用范围不断泛化，形成万能量词，已经不能被其他量词替换，也就是说它的聚合可变性消失了，有学者认为“个”在某些结构中表示加强语气和夸张。同时，“一”也不用于计数，在有些结构中“一”表示强调，不能被其他数词替换。也就是说，“一个”抽象为了固定的构式，形式上已不可分割，其中的成分也不能随意更换。

吕叔湘(1944)指出，省略“一”字的现象是单位词“个”本身的冠词化。我们认为“一”和“个”由于长期搭配，高频使用，且由于“一”和“个”都可以限定所描述的事物，使得“一个”的实词语义不断虚化，由计量义到指称义，所以无论“一”还是“个”的省略，都只是语音形式的变化，没有给构式带来太大的变化，其中的意思往往不言自明。省略后“一”或者“个”轻读，口语化色彩更浓，句子表现得更轻松、随意。

3. 负面评价立场的不同场景类型及构式压制

Du Bois(2007)指出，评价可以被定义为立场表达者借以明确立场对象，并因某些特征或特质对其进行赋值的过程。徐华(2013)随机抽取了100例“人称代词＋一个NP”的例子，发现71例能表达负面情绪，占71%。我们统计了105例“NP一个”构式，发现贬义的有88例，占83.8%。张利蕊、姚双云(2019)从语料中随机调查了200个“整个一个X”构式，其中表贬抑义的X有189个，占94.5%。我们又调查了符合要求的22例“一个＋NP(物)”的例子，发现其中表达负面情绪的例子有19例，占86.3%。同时也调查了“一个＋VP”的例子，共发现32例，其中有28例是表达负向含义的，占87.5%。另外，调查了关于“好一个”的211条语料，发现有贬义倾向的为171次，占81%。还调查了关于“那叫一个X”的93条语料，发现表负面义的有49例，占52.7%。从这些统计数据，我们可以得出“一个”具有负面评价立场的语用倾向，它在说话的过程中带有言者“自我”评判的印记，具有强烈的主观性。

本文所论及的“(人称代词)一个X，Y”“NP一个”“好一个X”“整个一个X”“那叫一个X”都具有对话口语体性质，它们的语用功能是以语境为依托，在现场的交际互动中不断浮现出来的。方梅(2017)认为，“评价的解读是离不开语境的，从词典释解的字面意义到语境中实际运用的浮现意义是一个连续统”。也就是说，“一个”作为主观性的负面评价立场主要是吸收对话语境信息而形成的，口语的语体色彩浓，具有语境的适切性。非真值数量词“一个”吸收了语境的负面信息，实现了语义的增值，它透明度非常低，需要结合交谈双方的语境从其整体意义进行解读。Nuyts(2005)认为如果一个话语的发出者完全根据自我进行评价，那么这样的评价就是主观的；如果话语发出者暗示他将与其他人分享自我评价的时候，那这样的评价就具有交互主观性。负面评价义的“一个”也具有交互主观性的，它的交互主观性负面评价表现出不同的等级，有时候按照心理距离的远近，还具有可商洽性。贬低轻蔑、斥骂责怪属于较高一层级的负面评价类型。而表达言者震惊恐惧、嘲笑讽刺、委屈抱怨、无可奈何则属于负面评价力度层级较低的一类。另一方面，语境和构式是双向影响的，受构式义压制的影响，进入构式语境的成分“X”也被赋予了“负向”的含义。

3.1 负面评价立场的不同场景类型

3.1.1 贬低轻蔑

如果客观对象或事物没达到说话者的满意，或者说话者主观认为客观对象或事物微不足道、没必要提及，就会通过言语的方式表达贬低轻蔑的态度，这种态度既可以是他指也可以是自谦。

多数学者(李锦望，1993；汪卫权，2000；杨敬宇，2008)认为“人称代词＋一个NP”指人时表示轻视，自指时表示自谦。也就是说都有贬低的意味。这与NP倾向于下位义有关。如：

(8) 他一个小小的市局刑侦处的处长，如何对付得了这么一溜声名显赫的人物。

(9) 你们那里可是个了不起的大企业啊，我一个五金厂的小推销员，可是连想也不敢想啊！

例(8)对“市局刑侦处的处长”具有轻视的意味，说话者认为他对付不了“一溜声名显赫的人物”。例(9)是表示自谦，也就是说“我”作为一个小推销员不敢想能进大企业。

"一个"在贬低轻蔑的场景中,前面经常有"只是""就"修饰,后面的负面评价中常常可以与"没必要""用得着""有什么"等表示轻视的词语共现,或者以反问的形式表达言者的态度。如:

(10) 只是一个研究生罢了,用得着这么炫耀吗?

就他这么一个小官,有什么权利。

大老粗一个,没必要这么多礼节。

另外,还有一些口语格式,也表现了言者的轻视贬低态度,如:

(11) 如果您有什么事不懂装懂,您听着,一准有人骂你,"猪鼻子插葱——装象,好一个老外"。

(12) 什么好工作,整个一个饲养员。

(13) 他,那叫一个笨呀,连这点技术都没有。

例(11)"好一个老外"是指某人做事外行,表达了言者对不懂装懂的人的厌恶情绪。例(12)中言者并不认为饲养员是好工作,由此反驳了对方的观点。例(13)言者认为"他"的技术差。它们都表达了言者主体对客观对象的蔑视或贬低的态度。

3.1.2 斥骂责怪

由于客观对象及所发生的事件对说话人或他人极端不利,就会刺激说话人归罪于导致不利情况的对象,产生愤怒、不满的情绪,因此在言语交际中很容易有攻击性——责怪甚至斥骂。构式"一个"所赋予的斥骂责怪义就属于这种情况。

(14) 老二就更别说了,废物一个,屁都不顶用。

(15) 亏了你还是医生,整个一个大脑缺氧。

(16) 好一个王八蛋,竟不知死活跑到这儿撒野。

例(14)利用倒装结构,凸显了"老二"是"废物"的语用义。例(15)言者认为对方作为医生是不称职的,表达了指责的意图。例(16)甚至出现了直接詈骂语"王八蛋",表达了言者的愤怒,相对于"好一个 X"的变式"好你个 X",吕叔湘早在《近代汉语之代词》中就提出它的主要作用是谩骂,如"好你个年轻人,过河就拆桥呀"。

3.1.3 嘲笑讽刺

嘲笑讽刺,是一种用婉言的方式刺伤他人的一种言语行为,具有负面评价的功能。它与直接攻击不同,常常带有戏谑、幽默的意味。但与幽默不一样的是它具有间接威胁听话者的面子的功能。

(17) 这叫什么艺术呀,整个一个"小丑"。

(18) 郭芙冷笑道:不错,她做得出,我说不出"好一个冰清玉洁的姑娘,却去跟一个臭道士相好"。

(19) 她化得浓妆艳抹的出门,那叫一个"美",都快认不出她来了。

(20) 你一个种地的,还成了歌星啦?

(21) 一个上街买菜,还穿得这么正式,又不是应聘高管。

例(17)中言者并不认可这是艺术,而是用戏谑的口吻进行反驳。例(18)通过附加成分"冷笑"也可以看出这句话具有讽刺意味,表达了对"冰清玉洁的姑娘"的惋惜之情。例(19)其实用到了反语的修辞手法,言者并不觉得"美",只是讽刺挖苦"她"妆化得难看。例(20)显然是瞧不起对方"种地"的身份,并进行嘲笑,认为他做歌星是不可能的事。例(21)在说话人看来上街买菜是日常小事,没必要穿得那么正式,表达了言者的嘲讽情绪。

3.1.4 委屈抱怨

由于受到了客观事实的不公平待遇或者发生了不应该发生的事情的时候,言者就会产生难过、委屈的情绪,这种情绪表现在言语中就是向听话者进行诉苦和抱怨。

(22) 加班那叫一个累,谁能没点小脾气呀!

(23) 只要别人让他帮忙他就去了,也不管好人、坏人,整个一个活雷锋。

(24) 一个破游戏,有什么好玩的,他天天抱着手机。

例(22)是抱怨加班很累、很委屈,有小脾气是正常的。例(23)是言者不想让"他"不分清好人、坏人乱帮忙,通过反讽的形式进行抱怨。例(24)言者抱怨"他"总是玩手机,不干其他的事情。

3.1.5 无可奈何

无奈是一种对客观情况没办法改变或不能实现的主观态度,包含了言者对现实情况的不满又束手无策的矛盾情感。

(25) 把我堂嫂郁闷得,跟我念叨过好几回,辛辛苦苦养了多好的一个儿子,就这么白送给人家做女婿了。两口子那叫一个心有不甘呐!可谁叫咱孩子不听劝呢,这都是他的命!

(26) 一个大教授,都去卖蔬菜了。

(27) 有点小便宜就占,简直小市民一个。

例(25)说明堂嫂对于儿子给别人做女婿不是心甘情愿的。例(26)在言者的预期中大教授应该以写论文、教学生为主,而大教授沦落为卖蔬菜的,显然低于言者的预期。例(27)凸显了小市民爱占小便宜的性格特征。这些都体现了言者无奈的态度。

3.2 构式的压制

为什么包含"一个"的构式只是具有负面评价倾向,而不是绝对的贬义构式?那是因为这些构式是半规约化的,具体褒贬义还是需要根据话语语境进行判定,如:

(28) 一个破自行车,你还在乎它干吗?

他说好的事情又反悔,简直混蛋一个。

他怎么也学不会,好一个不开窍的小子。

你给背后说你闲话的人帮忙,整个一个傻蛋。

网里骂声一片,那叫一个脏。

构式与词汇既有顺应也有压制,大多数进入非数量构式"一个"的成分"X"是与构式的负面评价倾向相和谐的贬义词,这是顺应的结果。但构式和语境是双向互动的,因为贬义在语境中使用的频率比较高,所以如果我们不用贬义词,也容易激发其责备、轻视、抱怨、无奈、讽刺、震惊等负向义,其中有相当一部分中性词或者褒义词在进入构式的时候,会因受到负向义构式"一个"的排斥,而被压制出与构式一致的贬义。一方面,中性词进入构式时会激发出其负面意义,如"他一个农民""小学生一个""整个一个女人"中的"农民""小学生""女人"本身既具有积极的属性又具有消极的属性,并不具有负向评价义,但经过构式压制后,"农民"的卑微、穷苦;"小学生"的幼稚、懵懂;女人的柔弱、不独立的负面特性便凸显出来,它们在这里都被压制为言差、言坏的意义。另外,有的时候还会使中性词带上负向评价的附加描写成分,如"他一个小职员""闲人一个""好一个不识好歹的丫头"等中的"小""闲""不识好歹"。另一方面对褒义词进行压制,使其具有隐含义,如:

(29) 那叫一个爽,简直淋了一个落汤鸡。

你一个大教授,不会连这点常识都不知道吧?

大明星一个,还没见过这场面?

帮! 好一个善良公子,你去帮助她吧,我瞧着。

这其中遵循了礼貌原则,在表达讽刺、挖苦、不满等态度时,为了顾及对方面子,往往不直接用具有贬义的词汇,而是用构式“一个”和表达积极或中性义的言语代替,暗含负面评价立场。

4. “一个”的主观化标记形成机制

语言的结构和功能是人认知加工的反映,人对外在世界的认识和评价不可避免地会渗透到言谈交际中。“一个”由客观的数量义转变为具有程序义的负面评价的语用标记是在交际互动过程中由人们的认知所决定的,它是现有结构引申虚化为表达说话人认识、立场、情感、意图的主观化倾向的过程。而主观化是一个连续统,处于不断的变化中。主观小量、偏离预期、语用省缩和极性夸张是导致“一个”由客观的计量义到表达负面评价的几点原因。

4.1 主观小量

“一个”本身在表示客观对象的个体分析量中,数词“一”表示最小正整数,量词“个”具有通指性,因此,“一个”常常表示小量,如“吃了一个香蕉”“讲一个故事”等。但是在“一个自行车,你也那么在意”“笨蛋一个”中,“一个”并不仅仅表示具体的数值,已经固化为“整体量”,不能进行个体化计量分析,它的主观性增强,具有了“自我”痕迹。又由于“一个”原本在表示客观量的时候就有最小量的含义,所以在认知上容易触发言者把事情往轻里、小里强调的意味,并赋予了“一个”主观小量的特点。量小进一步引发了贬低轻蔑、嘲笑讽刺等负面评价义。这也与人类的社会文化心理有关,中国成语中经常用小、少量的词语表示贬低,如“一毛不拔”“量小力微”“不屑一顾”“不值一提”。所以说,“一个”规约化为负面评价的语用标记与主观小量的认知有关。

另外,“一个”常常前面会跟表小、表负面的典型副词、语气词共现,如“也就一个X”“一个X而已”“只不过是一个X”。这种共现在一定程度上说明了两者在表示小量和负面意义的一致性。

4.2 偏离预期

沈家煊(1998)指出,一个事物跟另一个事物之间的某种依存关系是人在认识世界的过程中在头脑里建立起来的"常规关系"之一。我们认为从认知心理角度看,这种常规关系就是说话人和听话人双方的心理预期,或称为正常期待。正常期待相当于一个评判的标准,而如果实际情况与说话人、听话人或双方的社会共享心理预期偏离时,即本该完成的事没有完成或做了不该做的事情,这时难免会传达言者失落、不满的情绪,并进行负面立场的评价,如"一个打游戏你也那么努力",在言者的心目中打游戏是放松的事,不需要费什么努力,这句话显然超出了言者的预期。另外,像"你一个学生怎么敢顶撞校长""今天虽然第一天上班,但工作量那叫一个多"等例子都是事实超出了言者的预期。而如"都大学生了,想法还这么幼稚,简直小孩一个""好一个大名鼎鼎的明星,这点演技都没"等例子都是实际情况低于言者的预期。"一个"的构式往往与后者的评价形成矛盾情理,这时常常有表示意外的副词"居然""竟然"等共现。如"一个大男人,竟然这么计较""好一个三好学生,居然逃课打游戏",这种矛盾的情理才能激发言语双方的交谈兴趣,这也是负面评价义为什么多于积极评价义的原因。

需要指出的是,"一个"的偏离预期性促使其所在的构式具有负面评价色彩,与主观量结合研究发现,在"一个 X"表示主观小量时,负面评价义是构式直接赋予的,如"一个旧衬衫,至于这么爱惜吗?","一个旧衬衫"本身就是低于预期的,有瞧不起、贬低的隐含义。而"一个 X"如果表示主观大量时具有极性夸张义,它的负面评价是更大语境带来的,如"一个大老板,这点钱都不出啊","一个大老板"在言者心中是富有的人,表主观大量,具有夸张义,而这句的责怪、惊讶、讽刺义主要是通过"这点钱都不出啊"与前面的"一个大老板"的对比体现出来的,也就是说后面的评价体现出了现实的情况低于前面对"一个大老板"的主观预期。

4.3 极性夸张

王力(1984)详细地讨论了"一"和"一个"的活用用法,认为"一个"是"表极性的形容语",如"等我家去,打你一个知道"。由于过度地强调一个事物的属性而激发了负面的评价色彩,如构式"好一个 X""整个一个 X"

"那叫一个X"这三个构式中的"一个"大部分带有极性夸张的意味。

(30) 他又想起了那个小孩起来了,好一个折磨人的家伙!

她找的那个广东仔整个一个败家子,绝对没出息。

垃圾袋子堆起来,那叫一个脏乱差。

这些例子表明"好一个X""整个一个X""那叫一个X"后面的X达到了一个极限程度,具有极性夸张的意味,过度强调了"那个小孩""广东仔"和"垃圾堆"的属性,激发了负面评价义。

4.4 语用省缩

由于言者一方面想表达负面评价,一方面又要遵循礼貌原则,因此就把威胁面子的贬义色彩的词语做模糊处理,或是省去不说,或是委婉表达,即不直接进行批评、责怪、讽刺、抱怨,而是在交际语境中赋予了"一个X""X一个""好一个X""整个一个X""那叫一个X"等构式负面评价的隐含义,如:

(31) A:你为什么不让他赔钱?

B:哎,一个自行车。

(32) 你可真会自我安慰,简直阿Q一个。

(33) A:你不能这样冤枉她。她是个善良的女孩。

B:好一个善良的女孩。

(34) 东东在一家机关做人事工作,地位偏下,忙东忙西一天下来焦头烂额。妻子还整个一个"小女儿"态。

(35) 这小区里垃圾堆成了山,那叫一个壮观。

也就是说,这些"一个"的负面评价义有时是通过简省得来的,是在上下文语境中被凸显的。久而久之,"一个"也逐渐被规约化为表负面评价功能的词语。这种为了某种语用目的而进行省略的策略称为语用省缩,即交际的省略,也称语用隐退。这种省略具有构式义的自足性和可商洽性,因此在沟通中即便省略的表示负面评价的词语依然能够传递言者的真正意图。

5. 结语

总之,非数量词语"一个"具有的负面评价义,需要结合互动语境进行分析，贬低轻蔑、斥骂责怪、嘲笑讽刺、委屈抱怨、无可奈何是“一个”所倾向出现的负面语境。研究发现，有些构式单独来看没有贬义，有的可能是中性，有的甚至还表达褒义，只有在互动语境中才能作主观性负面评价分析。但构式和语境的关系是双向的，“一个”在语境中获得了负向评价义，同时，这种负向评价义又压制了进入“一个”构式的词汇，使一些中性词或褒义词也具有了负面评价义。最后，我们认为主观小量、偏离预期值、极性夸张和语用省缩是导致“一个”负面义倾向的机制，但这只是一个倾向的问题，是人们认知的习惯，不能绝对化。关于“一个”演化出的“负面评价”语法化路径问题还需要结合大量史料进行进一步的论证。

参考文献

储泽祥.“名＋数量”语序与注意焦点[J].中国语文，2001(1).

单　威.现代汉语偏离预期表达式研究[D].长春：吉林大学，2017.

方　梅.负面评价表达的规约化[J].中国语文，2017(2).

胡清国.现代汉语评价构式“NP—个”[J].汉语学报，2017(1).

金　晶.同位结构“单数人称代词＋一个 NP”语用功能再考察[J].语言教学与研究，2020(4).

李劲荣.汉语里的另一种类指成分一兼论汉语类指成分的语用功能[J].中国语文，2013(3).

李文浩.也谈同位复指式“人称代词＋一个 NP”的指称性质和语用功能[J].中国语文，2016(4).

李小军.构式“好你个＋X”的负面评价功能及成因[J].北方论丛，2014(2).

林忠.口语句式的主观性表达——以“天气那叫一个冷”为例[J].外语学刊，2015(3).

刘丹青.汉语类指成分的语义属性和句法属性[J].中国语文，2002(5).

刘敏芝.主语位置上的数量词“一个”的历史演变及主观化[M]//汉语史学报(第十辑).上海：上海教育出版社，2010.

刘振平，闫亚平.“V 个 VP”中“个”的主观化走向[J].语言教学与研究，2019(1).

吕叔湘.中国文法要略[M].北京：商务印书馆，1944.

邵敬敏.主观性的类型与主观化的途径[J].汉语学报，2017(4).

沈家煊.语用法的语法化[J].福建外语，1998(2).

沈家煊.语言的主观性和主观化[J].外语教学与研究,2001(4).

唐雪凝.试析“那叫一(个)X”[J].汉语学习,2009(6).

唐雪凝.试析“单数人称代词+一个NP”结构[J].齐鲁学刊,2013(2).

王 力.中国语法理论[M]//王力文集(第一卷).济南:山东教育出版社,1984.

王收奇.“好(一)个X”感叹句之多角度考察[D].广州:暨南大学,2007.

王长武.试析表主观评价的“一个X,Y”构式[J].汉语学习,2015(3).

徐 华.复指结构“人称代词+一个NP”构式分析[D].哈尔滨:哈尔滨师范大学,2013.

闫亚平.“一+量”的主观化走向及语义基础[J].汉语学习,2016(2).

杨 杰.“一个”的非计量用法研究[D].哈尔滨:哈尔滨师范大学,2011.

尹常乐,袁毓林.现代汉语“一个N”结构事件化解读的语义机制[J].语文研究,2018(4).

尹常乐,袁毓林.“一个V”结构的情状类型和事件化解读的机制[J].语言科学,2020(3).

张伯江,李珍明.“是NP”和“是(一)个NP”[J].世界汉语教学,2002(2).

张利蕊,姚双云.“整个”与“整个一个X”再探[J].语言教学与研究,2019(1).

张泽顺,丁崇明.“NP+一个”格式[J].汉语学习,2009(2).

郑娟曼.现代汉语贬抑性习语构式研究[D].广州:暨南大学,2010.

周一民.名词化标记“一个”构句考察[J].汉语学习,2006(2).

Du Bois, John W. The stance triangle//Englebretson, Robert[M]//Stancetaking in discourse: subjectivity, evaluation, interaction. Amsterdam/Philadelphia: John Benjamins Publishing Company: 139 - 182: 2007.

Goldberg, Adele. E. Constructions at work: the Nature of Generalization in Language. Oxford University Press, 2006.

Nuyts, J. Modality: Overview and Linguistics Issue[M]//W. Frawley Ceds. The Expression of Modality. Berlin: Mouton De Gruyter, 2005.

现代汉语“一个 XP”结构的主观性*

北京大学 尹常乐 袁毓林

1. 引言

现代汉语中，数量短语“一个”在多数情况下后接名词或名词性成分。例如：

(1) 一个苹果 一个想法 一个淘气的孩子 一个满意的答复（自拟）

除此之外，“一个”还存在一类特殊的用法。例如[①]：

(2) 裴玲逼他归还，他一个耳光打得裴玲嘴角流血，耳朵嗡嗡作响。

(3) 士兵们……当时就来了劲头，上去一个冲锋就把阵地给拿了下来。

(4) 他……一个不小心，连人带车跌进一个半人多深的土坑。

(5) 两名干警悄然绕到她的背后，一个饿虎扑食将沈惠兰的两臂紧紧钳住。

吕叔湘（1999/1980：221）指出，“一个”跟少数名词、动词结合，用在谓语动词前，表示快速或突然。为了表述的简洁，我们将上述这类特殊用法标记作“一个 XP”。我们发现，“一个 XP”结构中，XP 可以由名词、动词、形容词和四字格充当，如例(2)—例(5)。

沈家煊（2001）认为，“主观性”（subjectivity）是指说话人在说出一段话的同时表明自己的立场、态度和感情，从而在话语中留下自我的印记。按照 Finegan（1995）的观点，主观性可以分为以下三个方面：

---

* 本项研究得到教育部人文社会科学重点研究基地重大研究项目“汉语意合语法框架下的词汇语义知识表示及计算系统研究”（项目编号：18JJD740003）和国家社科基金重大项目“基于‘互联网＋’的国际汉语教学资源与智慧平台研究”（项目编号：18ZDA295）的资助。《语言教学与研究》编辑部和匿名审稿专家提出了宝贵的修改建议，谨此致以诚挚的谢意。

1. 说话人的认识(epistemic modality)

2. 说话人的视角(perspective)

3. 说话人的情感(affect)

本文将从说话人的认识、说话人的视角和说话人的情感这三个方面探讨“一个 XP”结构的主观性。

2. 说话人的认识

我们首先介绍“分析量”和“整体量”这两个概念。刘振平、闫亚平(2019)将可以被分析为若干个体的量称为“分析量”。当被衡量的对象不具有这种可切分性,或者可切分性很弱时,我们只能对其从主观上进行整体的认知和强调,这种量可称之为“整体量”。由于整体量不能再进行客观的分析,通常使用数字“一”进行限定。

尹常乐、袁毓林(2018)指出,“一个 N”结构在语义上包含一个事件。文章发现,在“一个 N”结构中,“一个”本身不表示具体数量,其中的数词一般不能被随便替换。例如:

(6) a. 这一脚可把剑痴踢得往前扑去,差点<u>一个狗吃屎</u>,小千已为这得到发泄而呵呵大笑起来。

b. *这一脚可把剑痴踢得往前扑去,差点<u>两个狗吃屎</u>,小千已为这得到发泄而呵呵大笑起来。(转引自尹常乐、袁毓林 2018)

由此可见,在“一个 N”结构中,“一个”表示整体量,我们只能从主观上对“一个 N”结构进行整体认知。在语境中,“一个 N”结构通常表示一个事件。比如例(6a)中“一个狗吃屎”表示“剑痴摔了一个狗吃屎”这样的事件。

前文提到,“一个 XP”结构中,“XP”可以由动词、形容词或四字格充当。此时,“一个”依然表示整体量,我们仍然需要从主观上对“一个 XP”结构进行整体认知。“一个 XP”结构的使用体现了说话人认知上的特点。

2.1 “一个 XP”结构具有表示快速或突然的语义特征

“一个 XP”结构中,数量短语“一个”会影响“一个 XP”结构的语义特征。我们试着把“一个”在尽量不改变语义的前提下替换为其他形式,通过对比说明数量短语“一个”对结构整体语义特征的贡献。例如②:

(7) a. 我爹一个大意,失手误杀了人家的丈夫。

b. 我爹因为大意,失手误杀了人家的丈夫。

(8) a. 怕的是一个弄巧成拙,伤痕累累的反倒是她自己。

b. 怕的是弄巧成拙,伤痕累累的反倒是她自己。

(9) a. 一瞥眼间,但见江水荡荡……只要一个失足,卷入江水,任你多好的水性也难活命。

b. 一瞥眼间,但见江水荡荡……只要失足卷入江水,任你多好的水性也难活命。

上述例句中 a 句是语料库中的句子,b 句是将"一个"替换后的句子。通过对比,我们可以明显地感受到,在"XP"保持不变的情况下,与原句相比,修改后的句子不具备快速或突然的语义特征。例(7)—例(9)中,a 句表示突然出现的情况,而 b 句只是客观地陈述事实。由此可见,"一个 XP"结构的语义特征与数量短语"一个"密切相关。

李宇明(2000:167)指出,"一"是最小的整数,因此"一 V"很容易使动作带有"小量"的附加色彩,表示动作的时间短暂,或是表示动量的少、小。我们认为,数量短语"一个"也带有"小量"的附加色彩,这种"小量"体现在"用时短"或"迅速发生"等时量方面,形成了"一个 XP"结构表示快速或突然的语义特征。

2.2 "一个 XP"结构带有"轻松达到目的"或"轻易造成结果"的意义

尹常乐、袁毓林(2018)指出,"一个 N"结构的后续小句必须是表示动作目的的实现的成分,量词"个"轻松、随便的感情色彩使"一个 N"结构带有"轻松达到动作目的"的意义。例如:

(10) a. 她朝老张翻了一个白眼,但没能及时阻止他的抱怨。

b. ? 她朝老张一个白眼,但没能及时阻止他的抱怨。

c. 她朝老张一个白眼,及时阻止了他的抱怨。(转引自尹常乐、袁毓林 2018)

(11) a. 老张一巴掌打过去,却被他躲过去。

b. ? 老张一个巴掌打过去,却被他躲过去。

c. 老张一个巴掌打过去,把他的脸打肿了。(转引自尹常乐、袁毓林 2018)

例(10a)中,后续小句"没能及时阻止他的抱怨"表示她"翻了一个白眼"并没有实现阻止他抱怨的目的。我们把例(10a)中的"翻了一个白眼"换成"一个白眼",句子就很难成立,如例(10b)。当"一个白眼"与表示动作目的实现的成分连用时,句子则可以成立,如例(10c)。例(10c)中"一个白眼"的目的是"及时阻止了他的抱怨","一个白眼"中的量词"个"带有轻松、随便的感情色彩,即她只需要"一个白眼"就能及时阻止他的抱怨,轻轻松松就可以达到动作目的。我们认为,例(11a)中,后续小句"却被他躲过去"表示老张的"一巴掌"并没有造成相应的结果。我们把例(11a)中的"一巴掌"换成"一个巴掌",句子很难成立,如例(11b)。当"一个巴掌"与表示动作结果实现的成分连用时,句子则可以成立,如例(11c)。例(11c)中"一个巴掌"的结果是"把他的脸打肿了","一个巴掌"中的量词"个"带有轻松、随便的感情色彩,即老张只需要"一个巴掌"就能把他的脸打肿,轻轻松松就可以造成这样的结果。由此可见,"一个 N"结构具有"轻松达到目的"和"轻易造成结果"两种意义。在语境中,"一个 N"结构究竟表达何种意义与后续成分密切相关。

在"一个 XP"结构中,"XP"还可以由动词、形容词或四字格充当,此时,"一个 XP"也带有"轻松达到目的"或"轻易造成结果"的意义。例如:

(12) 3 营一个冲锋,攻占了胡家窝棚北山。

(13) 她气归气,却不敢显露出来,怕这两人一个不爽将她宰了,那日后就没戏唱了。

(14) 两名干警悄然绕到她的背后,一个饿虎扑食将沈惠兰的两臂紧紧钳住。

比如例(12)中,"一个冲锋"的目的是"攻占胡家窝棚北山",量词"个"带有轻松、随便的感情色彩,即 3 营只需要"一个冲锋"轻轻松松就能达到目的。

当我们把例(12)—例(14)中的数量短语"一个"替换成"迅速"或"突然"时,虽然"一个 XP"结构表示迅速或突然的语义特征得到了保留,但是不包含"轻松达到目的"或"轻易造成结果"的意义。以例(12)为例:

(12′) 3 营迅速/突然冲锋,攻占了胡家窝棚北山。

例(12′)中"迅速/突然冲锋",只表示"冲锋"这一动作发生速度快,不包含"轻松达到目的"或"轻易造成结果"的意义,其后续小句只表示"冲锋"这一动作造成的结果。

“一个 XP”结构的上述两种意义与其语义特征和后续小句有关。前文提到，“一个 XP”结构具有快速或突然的语义特征，表示动作发生的速度快，其后续小句往往表示动作行为的目的或令说话人出乎预料的结果。“一个 XP”结构和后续小句表示一个迅速发生的动作达到了某种目的或造成了出乎预料的结果，前后成分的对比使“一个 XP”结构带有“轻松达到目的”或“轻易造成结果”的意义。这一点下文将详细讨论。

2.3 “一个 XP”结构后续结果的“出乎预料”

在多数情况下“一个 XP”结构在语义上是不自足的，不能直接结句，必须通过后续成分补足语义。此时，“一个 XP”结构对于后续成分具有影响力。在考查语料的过程中，我们发现，“一个 XP”的结果通常是令说话人出乎预料的。此时，更能凸显“一个 XP”结构的影响力。例如：

(15) 发票贩子一看上来一个女的，还试图挣脱，小芬一个反手，将几乎与自己同样高的发票贩子的手反背了过去。

(16) 有一次，潘建南一个倒栽葱从木排上摔下溪，礁石撞伤了肋骨，几天动弹不得。

(17) 回头要叫老妈把水果刀、菜刀，反正只要是尖锐物品全给藏起来，以防他一个眼红，不但拿刀砍六姊，说不定连她一家子都给砍死了，那可就惨了！

比如例(15)中，女性的力量相对较弱，但是小芬通过“反手”这样的动作成功控制了票贩子，说话人用“一个反手”和后续小句的对比表现出结果的出乎预料③。

李宇明(2000：111)认为，语言的量范畴存在客观量和主观量的区分，他将“主观量”定义为带有主观评价的量，不带有主观评价的量即为“客观量”。李文(2000：168)还对“一 V……数量”结构(“人家几年都没考过，他一考就考中了。”)表示主观大量的原因进行了探讨。他认为，“一 V”的结果往往具有不同寻常的意味。“一 V”具有主观小量的特点，小量的不同寻常就是大量，此时“一 V”与后续成分构成了一种广义的反比例关系。“一 V”的小量与其对后续成分的影响是“一 V……数量”结构表示主观大量的成因。我们认为，在“一个 XP”结构中，数量短语“一个”带有

“小量”的附加色彩,这种“小量”体现在“迅速发生”或“用时短”等方面,使得“一个 XP”结构具有表示迅速或突然的语义特征。当“一个 XP”的结果令说话人出乎预料时,这种结果具有主观大量的色彩。在对比中,“一个”的“小量”与结果的“大量”色彩更加明显,“一个 XP”结构与其后续结果之间相互“感染”,强化了语义间的反比例关系④。

说话人在使用“一个 XP”结构时,利用其表示快速或突然的语义特点,传递“轻松达到目的”或“轻易造成结果”的意义,表达了对于结果的出乎预料。上述三点都体现了说话人的认识。

3. 说话人的视角

沈家煊(2001)指出,“视角”就是说话人对客观情状的观察角度,或是对客观情状加以叙说的出发点。在运用“一个 XP”结构时,说话人的视角体现在其对信息结构和前景、后景结构的安排上。

屈承熹(2006:143-153)指出,信息结构由信息来源(source of information)和信息处理(information management)两个层次组成,这两个层次是各自独立的。已知信息和新信息的差别在于二者的信息来源不同。屈文从信息的实际作用出发提出了“信息处理”这一概念,信息处理就是某信息在语境中是否用来提供新信息。尽管在通常情况下,已知信息和低信息值有很强的关联性,新信息与高信息值有很强的关联性,但这种关联性并不是一成不变的。

当“一个 XP”结构中的“XP”是动词时,“一个 V”结构通常用来传递新信息。例如:

(18) ……偶尔,它(雄鹰)一个俯冲,吓得那些小家伙们鸡飞狗跳,惊慌不已。

(19) 他这么想着,又见吴华人的宝剑向自己的左侧刺来,突然一个转身,猛地挥刀背向宝剑砸去!

(20) 小仙凌空虚蹬,身形再度窜高,抓回正待落下的墨竹,一个滚翻,挥棒扑入龙门帮众之中,左掌右棒,杀得龙门帮众人溃不成军,哀叫连天。

比如例(18)中,说话人认为听话人不知道雄鹰的具体行为,用“一个俯冲”向听话人传递新信息。从信息来源的角度看,说话人通过“一个 V”结构向听话人传递了新信息。

前文的论述中提到,“一个 XP”结构的语义特征是表示快速或突然。如果将例(18)—例(20)中的“一个 V”结构替换成“迅速(地)/突然 V”,我们发现,在语境中,“迅速(地)/突然 V”同样传递新信息。以例(18)为例:

(18′)……偶尔,它(雄鹰)迅速地俯冲,吓得那些小家伙们鸡飞狗跳,惊慌不已。

从信息来源的角度看,“一个 V”和“迅速(地)/突然 V”两种表达方式在语境中都传递新信息。上文提到,信息来源和信息处理两个层面是各自独立的。那么,从信息处理的角度看,“一个 V”和“迅速(地)/突然 V”在语境中信息值的高低是否存在差异?两种表达方式在语境中是否具有相同的前后景配置结构?

我们首先对比“一个 V”和“迅速(地)/突然 V”两种表达方式信息值的高低。例如:

(21) a. 小威一个躲闪,以娴熟的擒敌动作将歹徒摔了个“仰八叉”,另一名歹徒随即被擒获。

b. 小威迅速地躲闪,以娴熟的擒敌动作将歹徒摔了个“仰八叉”,另一名歹徒随即被擒获。

c. *小威一个躲闪。

d. ?小威迅速地躲闪。

(22) a. 童夫子怕九劫一个变脸,不放他下山,便在九劫面前,说尽好话……

b. 童夫子怕九劫突然变脸,不放他下山,便在九劫面前,说尽好话……

c. *童夫子怕九劫一个变脸。

d. 童夫子怕九劫突然变脸。

我们发现,在大多数情况下“一个 V”结构通常与表示动作结果的小句连用。“一个 V”结构的语义是不自足的,其后必须出现相应的结果才能结句。如果删除后续小句,句子无法成立,如例(21c)—例(22c)。与之相反,我们将例(21b)—例(22b)“迅速(地)/突然 V”的后续成分删除之后,句子通常能够成立,如例(21d)和例(22d)⑤。

“一个 V”和“迅速(地)/突然 V”两种表达方式在自足性上的不同表现,与二者在语境中信息值的大小有关。在语境中,“一个 V”结构造成的结果是说话人最想向听话人传递的信息,“一个 V”结构通常表示后续结果产生的原因或引发后续结果的条件。因此,“一个 V”结构的后续小句才是表义的重点。“一个 V”结构的作用是为后续小句提供背景,其信息值较低。而“迅速(地)/突然 V”是对具体动作的描述,通常与后续小句一起构成对事件过程的完整表述,其目的并不是强调事件的结果。与“一个 V”结构相比,“迅速(地)/突然 V”在语境中具有较高的信息值。

在分析叙事篇章时,“前景”和“后景”是两个常用的概念。屈承熹(2006：171)指出前景资料和后景资料的差别在于前者推动叙述进行,后者并不推动叙述进行。前后景涉及的是事件或情景之间的联系,小句间的结合应是由后景向前景推动的过程。从前后景配置的角度看,信息值相对较低的“一个 V”结构在语境中充当后景成分,其作用是为后续的结果提供背景;信息值相对较高的“迅速(地)/突然 V”在语境中充当前景成分,与后续小句一起构成对整个事件过程的描述。

沈家煊(2015/1999：26-34)在传统标记理论的基础上提出了新的标记理论。他认为新标记理论的特点之一是注重若干范畴之间标记的“关联模式”,即“把一个范畴跟另一个范畴联系起来,建立两个范畴和多个范畴之间的‘关联模式’”。上文提到,通常情况下,已知信息和低信息值、新信息与高信息值有较强的关联性。据此,我们可以将已知信息与低信息值、新信息与高信息值的组配看作无标记的形式;相反,已知信息与高信息值、新信息与低信息值的组配则是有标记的形式。表示如下：

表 1　新信息、已知信息和信息值的关联模式

	低信息值	高信息值
新信息	有标记	无标记
已知信息	无标记	有标记

从信息来源的角度看,"迅速(地)/突然 V"传递新信息;从信息处理的角度看,"迅速(地)/突然 V"的信息值较高,这种新信息与高信息值的组配是无标记项。与之相反,从信息来源的角度看,"一个 V"结构传递新信息;从信息处理的角度看,"一个 V"结构的信息值较低,显然,这种新信息与低信息值的组配是有标记项。

当 XP 由其他词类或四字格充当,"一个 XP"结构表示后续结果产生的原因或引发后续结果的条件时,其在信息结构和前后景结构安排上的特点与"一个 V"结构相同。例如:

(23) 他向属下摆摆手,一个抢匪将宋先生的手捆起来,用力一推,宋先生一个狗吃屎,就跌到了温家兄弟身边。

(24) ……刁昶一个大意,右颊中了她劲道十足的一脚,然后连人带椅子翻倒于地。

(25) 两名干警悄然绕到她的背后,一个饿虎扑食将沈惠兰的两臂紧紧钳住。

例(23)—例(25)句中,"一个 XP"结构是新信息,但其信息值较低,在语境中作为后景资料出现,整个句子表义的重点是"一个 XP"后续的结果。

在语言使用的过程中,说话人通常选择新信息与高信息值这种无标记的组配方式叙述事件发生的过程。当需要强调事件的结果时,说话人会降低新信息的信息值,将新信息处理为后景资料,采用新信息与低信息值这种有标记的组配方式,降低新信息在语境中的权重,从而凸显后续结果的重要性,以此来达到交际目的[⑥]。这种特殊的配置方式体现了说话人叙述事件的独特视角。

4. 说话人的情感

Kuno(1987: 26)认为,"移情"(empathy)就是说话人将自己认同于他用句子所描写的事件或状态中的一个参与者[⑦]。从说话人的情感这个角度看,"一个 XP"结构的主观性体现为说话人对事件参与者的移情。

前文指出,"一个 XP"结构的结果对于说话人来说通常是出乎预料的。更具体地说,这种"出乎预料"可以分为两个方面:对正面结果的出乎预料和对负面结果的出乎预料。与之相应,在使用“一个XP”结构的过程中,说话人对动作或事件参与者的移情也可以分为两个方向:对正面结果的移情和对负面结果的移情。

首先,我们分析说话人对正面结果的移情。例如:

(26) 他忽然想起“铁壁合围”那天碰到的分区部队,那崭新的“三八式”和转盘机枪真叫人羡慕,一个冲锋就突出了鬼子的防线,打得好痛快!

(27) 小王抬起右脚,一个扫堂腿,乘对手离开之机,以迅雷不及掩耳之势,猫腰从脚下取出枪支。

(28) 徐晓强赤手空拳,一个饿虎扑食将歹徒死死抱住,并奋力抢夺匕首。

例(26)—例(28)中,“一个XP”结构引发的结果都是正面的,也就是说这些结果都是动作参与者希望发生的。说话人把这种正面的情感赋予了这些施事性参与者。比如例(26)中,“分区部队”迅速冲锋的结果是成功地“突出了鬼子的防线”。说话人通过“一个冲锋”和“突出了鬼子的防线”之间的对比,凸显了结果的意外性,从而移情于事件的参与者,表达了对于结果的正面评价。

我们发现,当说话人移情于正面结果时,“一个XP”结构可以与“把”字句连用。例如:

(29) 士兵们……当时就来了劲头,上去一个冲锋就把阵地给拿了下来。

(30) 小孙快如闪电,伸手一个海底捞月,把下坠的皮鞋捞到手里……

沈家煊(2002)指出,在“把”字句中,说话人的移情现象表现为:在说话者心目中,施事是责任者,受事是受损者。移情的对象可以是说话人“钟情”的对象。“钟情”这种情感与主观认定的“受损”有关,说话人钟情的对象也就是他不愿意受损的对象。

例(29)和例(30)中,“阵地”和“下坠的皮鞋”是“士兵们”和“小孙”希望得到的东西,可以看作他们钟情的对象。说话人通过使用“把”字句,移情于“钟情”的对象,即说话人希望“士兵们”攻下“阵地”,不愿意看到“下坠的皮鞋”掉到地上。“一个XP”与“把”字句都能通过说话人的移情表达主观性，两种表达形式连用时，更能体现说话者的情感。

当“一个 XP”结构产生负面结果时，说话人也会移情于事件的参与者。例如：

(31) 桦林霸上了年纪，正爬上墙头，大门又“冬隆”一响，心一着怕，腿一软，身子往前一倾，一个狗吃屎便栽到墙外一块麻地里。

(32) 情况不妙，她必须保护况杰，否则难保他一个翻脸，况杰性命不保。

(33) 一次下班回家，他骑在车上还在梳理头脑里如麻的思绪，一个不小心，连人带车跌进一个半人多深的土坑。

例(31)—例(33)中，“一个 XP”结构引发的结果“栽到墙外一块麻地里”“况杰性命不保”和“连人带车跌进一个半人多深的土坑”都是负面的，也就是说这些结果都是动作参与者不希望发生的。比如例(31)中“桦林霸”摔了一个狗吃屎的结果是不幸“栽到墙外一块麻地里”。说话人通过“一个狗吃屎”和“栽到墙外一块麻地里”之间的对比，突出了结果的意外性，从而移情于事件的参与者，传达出自己对负面结果的否定情绪，表达了对事件参与者“桦林霸”的同情。

当“一个 XP”结构与“唯恐”“怕”“生怕”等字眼连用时，“一个 XP”结构更能体现出说话人的情感。例如：

(34) 一路上他揪紧缰绳，尽可能地放慢速度……唯恐自己一个疏忽而漏掉她那矮小的身影。

(35) 她不敢有任何松懈的举动，怕一个不注意会坏了这出戏……

(36) 他生怕一个转眼，就再也见不到她了，感情之强烈就连当初他也未曾预料到。

当说话人移情于负面结果时，“一个 XP”结构也可以与“把”字句连用。例如：

(37) 朱老巩看孩子们哭得痛切，一时心疼，吐了两口鲜血，一个支持不住，把脑袋咕咚地磕在炕沿上。

(38) 有一天，我又蹲在船头玩打火石，船一个颠簸，便把我颠到江水中去了……

(39) 你没再多问我一句，就一个巴掌，把我从桌子的这一头打到了那一头。

沈家煊(2002)提到,在“把”字句中,移情的对象可以是说话人“同情”的对象。“同情”这种情感也和主观认定的“受损”有关,说话人同情的对象往往是已经受损的对象。例(37)—例(39)中,“(朱老巩的)脑袋”和“我”是说话人同情的对象。说话人通过使用“把”字句,移情于“同情”的对象,即说话人不愿意看到“(朱老巩)脑袋磕在炕沿上”,“(我)被船颠到江水中”和“(我)被打到了桌子的另一头”这样的负面结果,对“朱老巩”和“我”不幸的遭遇表示同情。“一个 XP”与“把”字句都能通过说话人的移情表达主观性,两种表达形式连用时,更能传递出说话人的情感。

沈家煊(2002)认为,“把”字句的语法意义是表达主观处置,即说话人认定甲(不一定是施事)对乙(不一定是受事)作某种处置(不一定是有意识的和实在的)。这种主观处置造成的结果可以可能是正面的也可能是负面的。因此,无论说话人移情于正面结果还是负面结果,“一个 XP”结构都可以与“把”字句连用。

综上所述,在使用“一个 XP”结构的过程中,说话人对事件参与者的移情分为两个方向:对正面结果的移情和对负面结果的移情。当“一个 XP”引发正面结果时,说话人通过“一个 XP”结构表达自己对于正面结果的积极评价;当“一个 XP”招致负面结果时,说话人通过“一个 XP”结构传递出自己对负面结果的否定情绪以及对事件参与者的同情。

5. 结语

“一个 XP”结构的主观性体现在说话人的认识、说话人的视角和说话人的情感三个方面。这三个方面紧密联系,互为因果。说话人为了凸显“轻松达到目的”或“轻易造成结果”的意义,表现对于结果的出乎预料,对信息结构和前后景结构的配置方式进行了调整,选择了“新信息-低信息值”这种有标记的组配方式。“一个 XP”结构的表义特点和与后续小句信息结构和前后景结构独特的配置方式促使说话人移情于事件的参与者,通过“一个 XP”结构表达对正面结果的积极评价或者传递出对负面结果的否定情绪。在语境中,这三个方面相互交融,进一步强化了“一个 XP”结构的主观性。

附　注

① 文中凡未注明出处的例句，均来自北京大学中国语言学研究中心现代汉语语料库(CCL)和北京语言大学现代汉语语料库(BCC)。

② 为了提高句子的可接受度，我们在替换的过程中对个别例句进行了修改，改动时尽量遵从原文。

③ 沈家煊(2002)在讨论“把”字句的主观性时提到，“把”字句通常表示动作或事件出乎预料。“出乎预料”是指说话人觉得出乎预料，或者说话人认为听话人会觉得出乎预料，从认识上讲，就是说话人认为句子表达的命题为真的可能性很小。

④ 李宇明(2000：116)在论述主观量的来源时提出了“感染型主观量”这一概念。他认为，有些数量词语的主观量源于与之相关的主观量的感染。李文指出，感染具有相反性，如果感染者为主观小量，则被感染者就会带上主观大量的色彩。

⑤ 例(21d)的可接受性虽然不如例(22d)，但句子的合格性明显高于例(21c)。

⑥ 屈承熹(2005：171)指出，后景具有降低权重的语用功能。

⑦ 转引自沈家煊(2002)。

参考文献

李临定.“被”字句[J].中国语文，1980(6).

李宇明.汉语量范畴研究[M].武汉：华中师范大学出版社，2000.

刘振平，闫亚平.“V个VP”中“个”的主观化走向[J].语言教学与研究，2019(1).

罗纳德·W.兰艾克.认知语法导论[M].黄蓓，译.北京：商务印书馆，2016.

吕叔湘.现代汉语八百词(增订本)[M].北京：商务印书馆，1980/1999.

屈承喜.汉语篇章语法[M].北京：北京语言大学出版社，2006.

任　鹰.“个”的主观赋量功能及其语义基础[J].世界汉语教学，2013(3).

杉村博文.现代汉语量词“个”的语义、句法功能扩展[M]//语言学论丛(第40辑).北京：商务印书馆，2009.

邵敬敏，王玲玲.“一不小心X”构式与反预期主观情态[J].语言科学，2016(6).

沈家煊.语言的“主观性”和主观化[J].外语教学与研究，2001(4).

沈家煊.如何处置“处置式”？——论把字句的主观性[J].中国语文，2002(5).

沈家煊.不对称和标记论[M].北京：商务印书馆，1999/2015.

陶红印，张伯江.无定式把字句在近、现代汉语中的地位及其理论意义[J].中国语文，2000(5).

尹常乐,袁毓林.现代汉语“一个 N”结构事件化解读的语义机制[J].语文研究,2018(4).

Brown Gillian & George Yule. Discourse Analysis[M]. London and New York: Cambridge University Press, 1983.

Finegan, Edward. Subjectivity and subjectivisation: An introduction[M]//Dieter Stein & Suan Wright. Subjectivity and subjectivisation: Linguistic perspectives. Cambridge: Cambridge University Press, 1995: 1－15.

Kuno Susumu. Functional Syntax: Anaphora, Discourse and Emphathy[M]. The University of Chicago Press, 1985.

Langacker, Ronald. W. Cognitive Grammar: A Basic Introduction[M]. Oxford: Oxford University Press, 2008.

（本文发表于《语言教学与研究》2021 年第 2 期,有所删减）

汉语的给予句——构式分析法

台中教育大学　张淑敏

1. 前言

本文拟从“构式语法”的角度出发，讨论汉语“给予句”的种种句法表现。语料主要是采用台湾现行的汉语。关于给予句的讨论，常与“双宾句”相提并论，然而，有个概念在我们进行详细讨论之前必须厘清，就是：给予句的判定基准来自“语意”，亦即带有“给予意”的句式，结构并不一定是双宾句。双宾句的判定基准来自“结构”，亦即动词后方带有“两个宾语”的句式，并不一定带有“给予意”。

刘凤樨(2006)提出了三种汉语的给予句，并且认为这三类句式可以接受“转移语意”程度不一的各类动词。而在我们初步调查语料以及分析之后，认为刘凤樨(2006)的分类与分析不尽完善，因此本文拟从动词语意的角度出发，探讨汉语各类给予句，并分析各种动词类型与给予句的搭配关系。

本文拟采用Goldberg(1995)的“构式语法理论”，并依据转移语意之特性，把可以出现在汉语给予句的动词区分为：(一)“双宾转移类”动词，如：送、卖、借等；(二)“非双宾转移类”动词，如：交、寄等；(三)“创造类”动词，如：画、写等；(四)“获取类”动词，如：摘、买等。(一)(二)类动词具有“转移”的核心语意；而(三)(四)类动词则是表达延伸转移。借由语料的调查与分析，我们发现：实际用法中的宾语常有省略或是提前的现象，所以有独立归类之必要。正常语序的给予句可以和以上四类的动词搭配，而宾语省略或提前的给予句，搭配的动词类别比较受限。此外，关于“宾语提前”的给予句，我们拟将其分为两小类来探讨：“无标记”以及有“把/将”标记的给予句。

综上所述,本文拟将汉语的给予句分成七个类别来讨论,包含:两种双宾句式、一种正常语序的给予句、四种宾语省略或提前的给予句。对于这七种句式,我们的结论是:(1) 双宾句与正常语序的给予句是基本形式;其他句式都是借由 Goldberg(1995)的"继承连结"(inheritance link)从基本句式获得部分的结构特性。(2) 只有在"V+给"的双宾句式中,"V+给"才形成复合动词。

本文共分为六节。第一节是前言,第二节是给予句的定义与相关分析,第三节是各种汉语给予句的句法表现,第四节是各种汉语给予句与不同动词类型的搭配关系,第五节是构式语法理论与给予句的分析回顾,第六节是各类汉语给予句的构式分析,第七节则是结语,总结本文所讨论的内容。

2. 给予句的定义与相关理论分析

上一节我们已经提到:给予句的判定基准来自"语意",亦即带有"给予意"的句式,而不同语言的给予句,具有不同程度的表面结构差异。在详细讨论汉语给予句之前,我们参考 Lakoff(1987)所提出的诠释,为给予句式提供以下更为详细的定义:某人有意地把某物移动到另一个地点(或人)。

Goldberg(1995)是以英语为语料,探讨双宾句和给予句的差异。他认为,英语的双宾句常和给予句相提并论,但事实上其分布不全然相同。给予句通常以介词 for 或者 to 分别来引介受惠者或接受者,并且与双宾句有各自不同的结构、意义与功能。虽然有部分重叠,但两者无法全然画上等号。两者结构可以用例(1)的句型来描述:(1a)是英语的双宾句;(1b)则是给予句。

(1) a. NP_1 V NP_2 NP_3

b. NP_1 V NP_3 for/to NP_2

而 Li & Thomson(1981,第 10 章)则是利用"功能语法"关于新旧讯息的观点,诠释汉语带有直接宾语和间接宾语的两种句式,如下面例句(2)所示:(2a)的旧讯息是"那块肉",新讯息是"我的狗";(2b)则是相反。

(2) a. 我扔了那块肉给我的狗。 (Li & Thomson, 1981: 372)

b. 我扔给我的狗那块肉。 (Li & Thomson, 1981: 373)

以上例句(2)可以用例(3)两个句型来表示,(3b)的“给”字,依据所搭配动词的差异,可以有三种不同的情形展现:(一) 一定要出现;(二) 选择性出现;(三) 不可以出现。(3a)与(3b)的结构,则分别代表的是:“一般性给予句”以及“双宾句”。

(3) a. NP_1 V NP_2给 NP_3

b. NP_1 V(给)NP_3 NP_2

此外,关于“给”字的句法特征,Huang & Mo(1992)以及 Huang & Ahrens(1999)采用“生成语法”的观点来解释,他们认为:“双宾句”动词后方的“给”字,是“动词后缀”,与前方动词合成“复杂谓语”;而在“一般性给予句”中,直接宾语后面的“给”字,不是“介词”,而是“动词”,整个结构形成“连动句”。

Her(1999, 2006)不同意上述 Huang & Mo(1992)以及 Huang & Ahrens(1999)的大部分分析。他认为,动词后方的“给”字,不是动词后缀,而是与前方动词结合成“复合动词”,并且担任这个复合动词的“中心语”,他还提出了音韵、构词、语意等方面的证据,来支持他的分析。此外,他也指出,直接宾语后面的“给”字,不全然都是“动词”,而是要以前方动词的“论元结构”为基准,来区分出两种情况:(一) 前方动词若是“二元动词”,则后方的“给”字可以是“动词”,并与后方的名词组形成另一个动词组,用来担任修饰前方动词组的附加语,整句则形成连动句。(二) 前方动词若是“三元动词”,则后方的“给”字必须分析成“介词”,并与后方的名词组形成介词组,整句就只有前方一个动词而已。

另一方面,刘凤樨(2006)则是采用构式语法理论,来探讨汉语给予句的三种句型与各类动词的搭配关系。文中指出,出现于这三种给予句的动词,都包含了“转移意”。动词如果表达“基本转移意”,则在这三种句型中都可以出现;而动词如果表达“延伸转移意”,则只能出现于一到二种给予句中。汉语给予句的三种句型如例(4)所示:

(4) a. V NP gei NP (GO 句式:一般性的给予句)

b. V gei NP NP (V_{gei} DO 句式:[V+给]的双宾句)

c. V NP NP (DO 句式:一般性的双宾句)

GO 句式(一般性的给予句)可以接受的动词数量最多、范围最广,刘凤樨(2006：870)依据“转移”的范畴，将动词分为四大类：(一)“转移行为”，如：送、传授、提供、介绍、捐、许、输等；(二)“转移方式”，如：传、丢、拿、踢、夹、倒(茶)等；(三)“转移工具”动词，如：打(电话)、寄、汇、传真等；(四)“转移前提”，如：创造类动词“画、写、织、做、造”等以及获取类动词“买、抓、提(款)、占”等。

按照转移范畴与宾语论元的差异，上述三种给予句限制表列如下(刘凤樨 2006：890)：

表 1　三种给予句与动词转移范畴的搭配关系及其间接宾语的论元角色

	转移范畴	间接宾语/“给”字宾语的论元角色
GO 句式	行为、方式、工具、前提	接受者
V_{gei}DO 句式	行为、方式、工具	接受者
DO 句式	行为	接受者、受试者、目标/终点

依据上述这些分析、整理，刘凤樨(2006：891)认为，越前面的动词(如：第(一)类“转移行为”)越具有核心转移意，能出现的句式也越多元。越后面的动词(如：第(四)类“转移前提”)则反之。

总结以上的分析，刘凤樨(2006)认为，汉语的这三种给予句，虽在句法表现和语意上重叠的部分甚多，然而并不能说是完全等同，必须看成是独立的个别句式。这也符合了构式语法的基本精神。

3. 汉语给予句的类型

汉语的给予句，除了有上述刘凤樨(2006)所提出的三种句式之外，常由于信息结构、语用等因素的影响，而出现宾语提前或省略，以及主语省略的状况。所以在现实的语料当中，汉语给予句的句型并不像刘凤樨(2006)所说的只有三种。本文总结出七种汉语给予句的句型，如例(5)所示：

(5) a. 我 送礼物 给他。　　(一般性的给予句)
　　b. 我 送给他 礼物。　　([V+给]的双宾句)
　　c. 我 送他 礼物。　　(一般性的双宾句)

d. 我 把/将礼物 送他。 （PP+V 句/有标记宾语提前的一般性双宾句）

e. 我 把/将礼物 送给他。（PP+[V+给]句/有标记宾语提前的[V+给]双宾句）

f. 这个礼物 送你。 （NP+V 句/无标记宾语提前的一般性双宾句）

g. 这个礼物 送给你。 （NP+[V+给]句/无标记宾语提前的[V+给]双宾句）

下一节我们就来逐一讨论不同类型的动词与七种汉语给予句的搭配关系。

4. 汉语给予句与动词类型的搭配

在此我们依据转移语意之特性，把可以出现在汉语给予句的动词区分为：（一）"双宾转移类"动词，如：送、卖、借等；（二）"非双宾转移类"动词，如：交、寄等；（三）"创造类"动词，如：画、写等；（四）"获取类"动词，如：摘、买等。各类动词详细说明如下：

4.1 "双宾转移类"动词

就是具有"转移意"的双宾动词，并且能够出现于"一般性的双宾句式"中，如：送、卖、借等，请看例(6)：

(6) a. 我送礼物给他/他卖一栋房子给我/我借很多钱给他。
（一般性的给予句）

b. 我送给他礼物/他卖给我一栋房子/我借给他很多钱。
（[V+给]的双宾句）

c. 我送他礼物/他卖我一栋房子/我借他很多钱。
（一般性的双宾句）

d. 我把礼物送他/他把房子卖我/我把钱借他。
（PP+V 句）

e. 我把礼物送给他/他把房子卖给我/我把钱借给他。
（PP+[V+给]句）

f. 那个礼物送你/这条项链卖我/这些钱借你。
(NP+V 句)
g. 那个礼物送给你/这条项链卖给我/这些钱借给你。
(NP+[V+给]句)

4.2 “非双宾转移类”动词

这类动词也是具有“转移意”,但是不能够出现于“一般性的双宾句式”及其相对应的句型变体中,故称为“非双宾转移类”动词,如:寄、交等,请看例句(7):

(7) a. 我寄一份礼物给他/他交一份作业给我。
(一般性的给予句)
b. 我寄给他一份礼物/他交给我一份作业。
([V+给]的双宾句)
c. *我寄他一份礼物/他交我一份作业。
(一般性的双宾句)
d. 我把礼物寄给他/他把作业交给我。
(有标记宾语提前的[V+给]双宾句)
e. *我把礼物寄他/他把作业交我。
(有标记宾语提前的一般性双宾句)
f. 那个礼物寄给老王/这些作业交给我。
(无标记宾语提前的[V+给]双宾句)
g. *(那个)礼物寄老王/(这些)作业交我。
(无标记宾语提前的一般性双宾句)

4.3 “创造类”动词

这类动词对应到刘凤樨(2006)四大类动词的“转移前提”,亦即在物品转移之前,主事者要先把它创造出来,如:织、写、画等。这类动词不具有“转移意”,所以表现较不活泼,能出现的句式很少,请看例句(8)(“?”是表示有少部分发音人觉得该句语意有点不太顺):

(8) a. 我写一封信给他/他织一件毛衣给我。　(一般性的给予句)
b. ? 我写给他一封信/他织给我一件毛衣。　([V+给]的双宾句)
c. *我写他一封信/他织我一件毛衣。　(一般性的双宾句)

d. ＊我把一封信写给他/他把一件毛衣织给我。
(有标记宾语提前的[V＋给]双宾句)
e. ＊我把一封信写他/他把一件毛衣织我。
(有标记宾语提前的一般性双宾句)
f. ？信写给老王/毛衣织给我。
(无标记宾语提前的[V＋给]双宾句)
g. ＊信写老王/毛衣织我。
(无标记宾语提前的一般性双宾句)

4.4 "获取类"动词

同创造类动词一样,"获取类"动词也不具"转移意",所以句法表现也不活泼,能出现的句式也很少,如:买、摘等。请看例句(9):

(9) a. 我买手机给他/他摘花给我。 (一般性的给予句)
b. ？我买给他手机/他摘给我花。 ([V＋给]的双宾句)
c. ＊我买他手机/他摘我花。 (一般性的双宾句)
d. ？我把手机买给他/他把花摘给我。
(有标记宾语提前的[V＋给]双宾句)
e. ＊我把手机买他/他把花摘我。
(有标记宾语提前的一般性双宾句)
f. ？手机买给他/花摘给我。
(无标记宾语提前的[V＋给]双宾句)
g. ＊手机买他/花摘我。
(无标记宾语提前的一般性双宾句)

5. 构式语法理论与给予句的分析回顾

本研究拟采用"构式语法"(construction grammar)的理论来进行分析。构式语法从 20 世纪八九十年代以降,已有诸多学者采纳,并将其理论的相关议题清楚阐明与诠释,而造成深远影响者,则是 Goldberg (1995)。构式语法认为,传统的语法分析有其问题与限制,因此主张构式(小至词素、大到句子和语义的配对)才是构成语言的基本单位。

Goldberg(1995:54)曾讨论过英语的双宾句式,如例(10)所示:

(10) a. Paul handed her a letter.
“保罗交给她一封信。”
b. Joe kicked Bill the ball.
“乔把球踢给比尔。”

依据传统语法的分析,我们除了把 kick 分析为“二元动词”的核心用法之外,也要把它看成是“三元动词”,才有办法解释(10b)的合法性。但这种分析方式不但有违直觉,也造成动词词汇结构设定上的累赘。

构式语法借着区分构式的“论元角色”(argument role)以及动词的“参与者角色”(participant role)来解决前述问题。Goldberg(1995: 54)把英语的双宾句式表示成 CAUSE-RECEIVE ＜**agt rec pat**＞,具有三个论元角色:“主事者”(agent; 缩写成 agt)、“接受者”(recipient; 缩写成 rec)以及“受事者”(patient; 缩写成 pat)。

Goldberg(1995: 48-56)用图 1 来说明英语双宾句从语意到句法的连结关系,其中包含了三个被“凸显”(profiled)的构式论元角色。这些论元角色必须与动词的参与者角色“熔合”(fuse),熔合时有两个原则必须遵守: 1) “语意连贯性原则”(The Semantic Coherence Principle);2) “对应性原则”(The Correspondence Principle)。

图 1 的 agt 和 pat 用实线表示: 必须与动词参与者熔合,rec 则以虚线表示: 不需要动词参与者,就可以直接体现到句法层次。而 R 则是表示: 抽象语意和动词谓语之间的关系。因此,这个双宾句就限制了动词谓语必须是抽象语意“致使-接受/使得到”的“实例”(instance)或“手段”(means)。

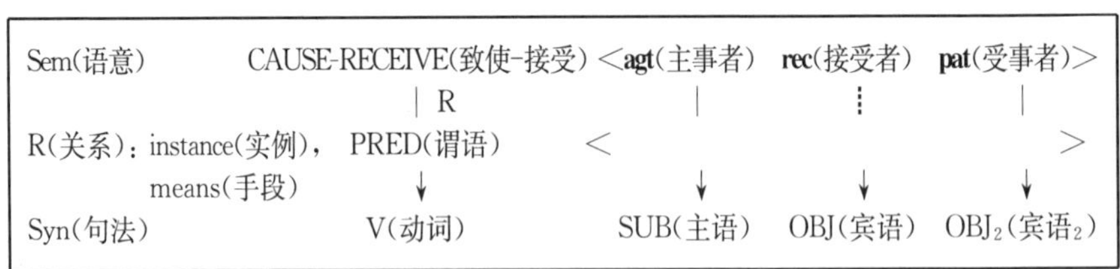

图 1 英语双宾句

例句(10a)中的动词 hand 具有三个参与者角色,刚好可以和双宾句的三个论元角色形成一对一的熔合。图 2 说明了熔合的方式: 论元角色

agt 和参与者角色 hander(传递者)熔合成主语;论元角色 rec 和参与者角色 handee(受传递者)熔合成第一宾语;论元角色 pat 和参与者角色 handed(传递物)熔合成第二宾语。

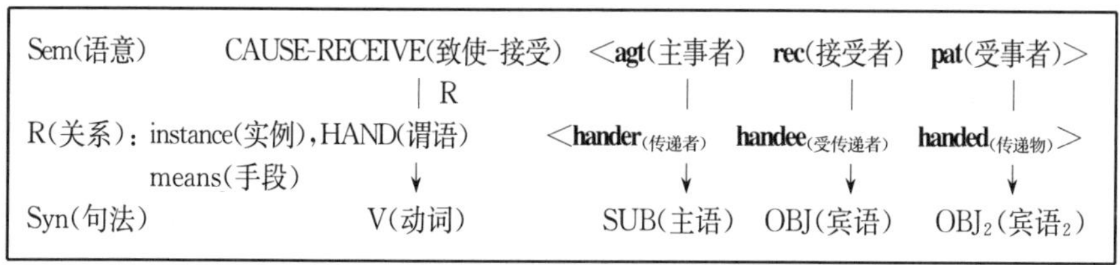

图 2 英语双宾句与动词 hand 的熔合关系

例句(10b)中的动词 kick 只具有两个参与者角色,和双宾句的三个论元角色发生数量不一致的情况。因此,论元角色 agt 和参与者角色 kicker(踢者)熔合成主语;论元角色 pat 和参与者角色 kicked(被踢物)熔合成第二宾语。而论元角色 rec 因为以虚线连结,所以直接体现成第一宾语。其构式如图 3 所示:

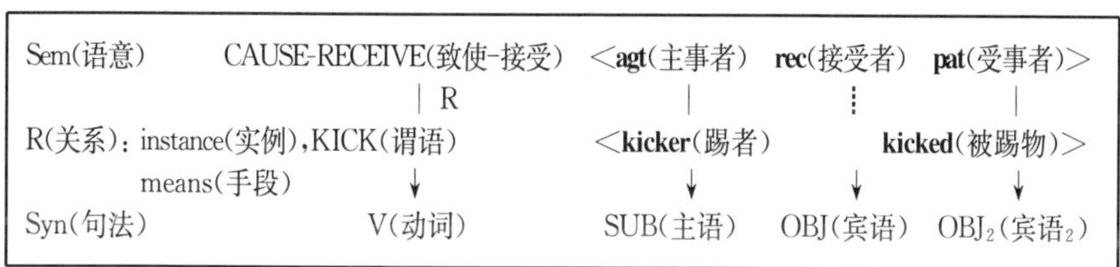

图 3 英语双宾句与动词 kick 的熔合关系

由上所述,我们可以看出:构式语法能够解决传统语法上"单独从动词论元结构来决定句型"所造成的困扰,并且对语言创造力提出了新的诠释。此外,构式并不是各自独立,而是以某种"阶层"关系(hierarchy)而存在,所以 Goldberg(1995: 74-81)提出了"继承"(inheritance)的概念来说明构式之间的关系。文中提出了四种"继承连结"(inheritance link): 1)"多义连结"(polysemy link);2)"次部件连结"(subpart link);3)"实例链接"(instance link);与 4)"比喻延伸连结"(metaphorical extension link)。下面第六节关于汉语给予句的构式分析,主要就是以"继承连结"的概念来说明。

6. 汉语给予句的构式分析

6.1 “一般性双宾句”的构式分析

汉语的“一般性双宾句”，是以“典型的一般性双宾句”为代表，而“有标记宾语提前的一般性双宾句”以及“无标记宾语提前的一般性双宾句”也有类似的分布。这些句式的特征是：动词必须是“双宾动词”，并且具有“转移实例”之语意，其构式如图 4 所示：

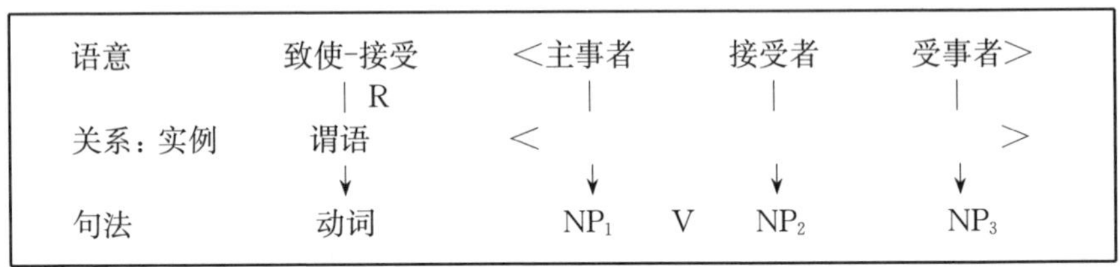

图 4 汉语一般性双宾句的构式

值得注意的是：主事者、接受者与受事者三个论元角色下方是实线，表示这些论元角色要求必须要有相对应的动词参与者角色来熔合。由于“送”这个动词具有转移实例之语意，所以符合这个结构的要求。另外，“送”的参与者角色在词汇上皆可被凸显出来，因此都用粗体字表示，其熔合关系如图 5 所示：

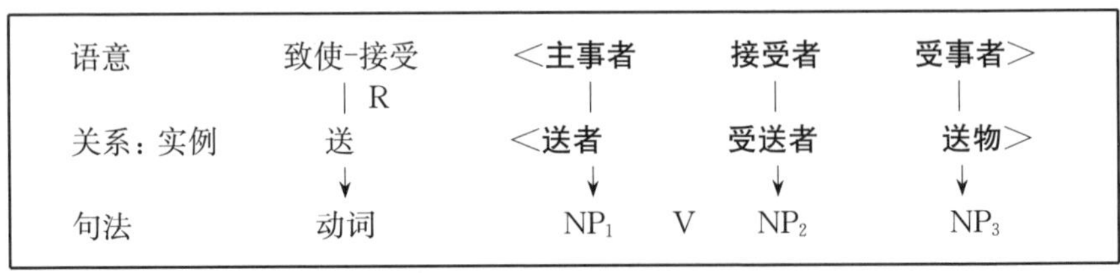

图 5 汉语一般性双宾句与动词“送”的熔合关系

动词“送”的三个参与者角色（送者、受送者及送物）分别与构式的三个论元角色（主事者、接受者及受事者）熔合。熔合过程也符合了构式语法所要求的语意连贯性原则与对应性原则。由于“有标记宾语提前的一般性双宾句”以及“无标记宾语提前的一般性双宾句”也有类似的结构，在此从略。

6.2 “[V+给]双宾句”的构式分析

汉语的“[V+给]双宾句”，是以“典型的[V+给]双宾句”为代表，而“有标记宾语提前的[V+给]双宾句”以及“无标记宾语提前的[V+给]双宾句”也有类似的分布。这些句式的特征是：动词必须具有“核心转移意”(包含具有转移实例与转移手段)，其构式如图6所示：

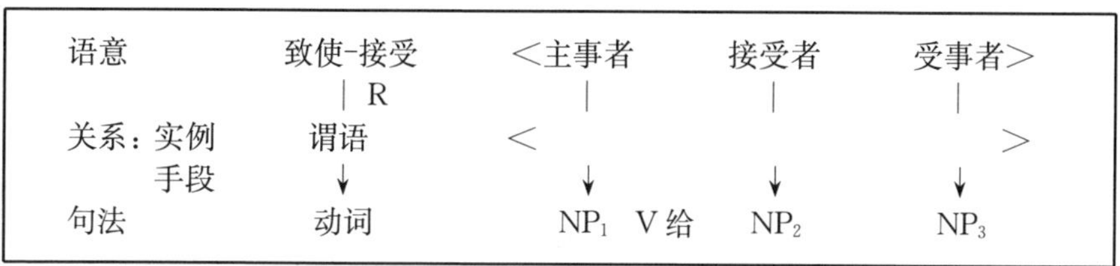

图6　汉语[V+给]双宾句的构式

与上述“一般性双宾句”相同的是：三个论元角色都要求必须要有相对应的动词参与者角色来熔合。而不同的是：“[V+给]双宾句”除了接受语意上表示转移实例的动词之外，也接受语意上表示转移手段的动词。由于动词“寄”语意上表示转移手段，所以符合此构式的要求。另外，动词“寄”的三个参与者角色，只有两个在词汇上必须被凸显，以粗体字表示；另有一个角色无须被凸显，则以正常楷体字表示，其熔合关系如图7所示：

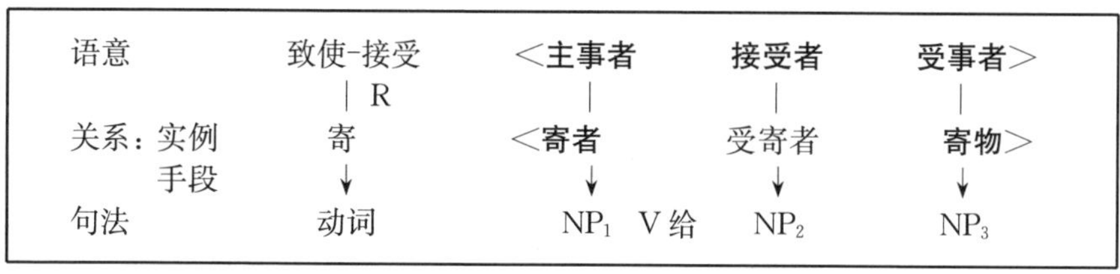

图7　汉语[V+给]双宾句与动词“寄”的熔合关系

动词“寄”的三个参与者角色(寄者、受寄者及寄物)分别与构式的三个论元角色(主事者、接受者及受事者)熔合。熔合过程也符合了构式语法所要求的语意连贯性原则与对应性原则。由于“有标记宾语提前的[V+给]双宾句”以及“无标记宾语提前的[V+给]双宾句”也有类似的结构，在此从略。

6.3 “一般性给予句”的构式分析

这个句式可以接受具有“核心转移意”以及“转移前提意”之动词,其所接受的动词类别与范围是所有句式中最广的,其构式如图 8 所示:

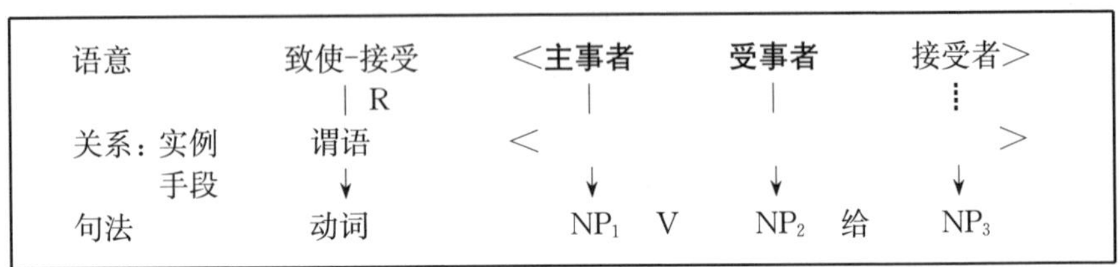

图 8 汉语一般性给予句的构式

与上述两类构式不同的是:这里的一般性给予句,其“接受者”这个论元角色不要求必须要有相对应的动词参与者角色来熔合,所以在图 8 里面以虚线表示。下面我们先来看动词“送”与“寄”在一般性给予句的构式分析:

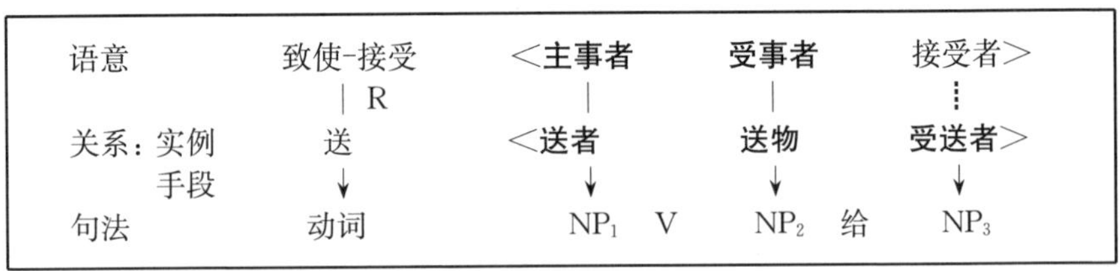

图 9 汉语一般性给予句与动词“送”的熔合关系

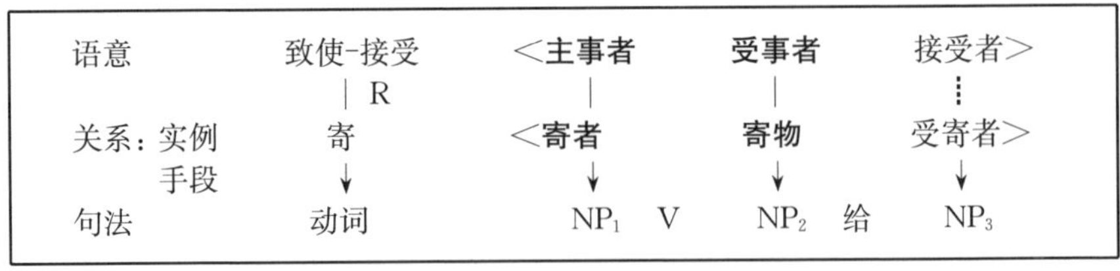

图 10 汉语一般性给予句与动词“寄”的熔合关系

动词“送”有三个在词汇上被凸显的参与者角色(送者、送物及受送者),分别与构式的三个论元角色(主事者、受事者及接受者)融合。另一方面，动词“寄”只有两个在词汇上被凸显的参与者角色(寄者、寄物)，以及一个在词汇上无须被凸显的参与者角色(受寄者)，也分别与构式的三个论元角色(主事者、受事者及接受者)熔合。

接着，我们来看汉语一般性给予句与动词“买”的熔合关系，如图 11 所示：

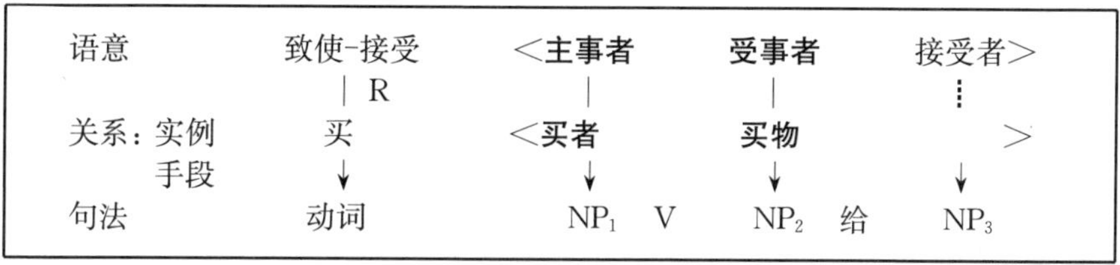

图 11　汉语一般性给予句与动词“买”的熔合关系

动词“买”是二元术语，所以有两个参与者角色(买者、买物)，分别与构式论元角色的主事者与受事者熔合。而接受者这个论元角色缺乏对应的参与者角色，但由于其下方是虚线，所以可直接体现为句法成分。

7. 结语

本文将汉语给予句分成七种类型来讨论，并以动词语意类型来看七种句式的搭配情况。我们认为“一般性给予句”以及“一般性双宾句”是最典型的两种句式，其他句式皆为这两种基本句型的变体。

此外，本文依据转移核心与转移前提的分别，将动词分为四大类。经由上述的讨论，我们可以发现：这样的分类对于我们讨论汉语的七种给予句而言，颇有帮助。

其次，我们也同意：传统上把汉语“[V+给]双宾句”中的“[V+给]”结构视为复合词的分析，详参 Chao(1968)、Li(1985，1990)、Huang & Mo(1992)、Huang & Ahrens(1999)以及 Liu(2006)所提的论证。

最后值得一提的是：本文以真实语料为本，忠实反映了七种汉语给予句的实际使用情况。宾语提前或省略的句式，在过去研究中常被忽略，本文在此补遗，并且利用构式语法理论，探讨了不同给予句式与各类动词的搭配情形，为汉语给予句的结构，提供了更完整、清楚的分类整理与结构分析。

参考文献

Chao, Yuen Ren. A Grammar of Spoken Chinese[M]. Berkeley: University of California Press, 1968.

Goldberg, Adele E. Constructions: A Construction Grammar Approach to Argument Structure[M]. Chicago: University of Chicago Press, 1995.

Her, One-Soon. Interaction of Thematic Structure and Syntactic Structures: On Mandarin Dative Alternations[C]//Yun-mei Yin, Yi-li Yang, and Hui-chen Chan. Chinese Languages and Linguistics V: Interaction of Form and Function. Taipei: Institute of Linguistics, Academia Sinica, 1999: 373–412.

Her, One-Soon. Justifying Part-of-speech Assignments for Mandarin *Gei* [J]. Lingua, 2006, 116: 1274–1302.

Huang, Chu-Ren and Kathleen Ahrens. The Function and Category of *gei* in Mandarin Ditransitive Constructions[J]. Journal of Chinese Linguistics, 1999, 27.2: 1–26.

Huang, Chu-Ren and Ruo-ping Mo. Mandarin Ditransitive Constructions and the Category of *gei*[J]. Berkeley Linguistic Society, 1992, 18: 109–122.

Lakoff, George. Women, Fire, and Dangerous Things: What Categories Reveal about the Mind[M]. Chicago: The University of Chicago Press, 1987.

Li, Charles N. and Thompson, Sandra A. Mandarin Chinese: A Functional Reference Grammar[M]. Berkeley: University of California Press, 1981.

Li, Yen-Hui Audrey. Abstract Case in Chinese[M]. LA: University of Southern California Press, 1985.

Li, Yen-Hui Audrey. Order and Constituency in Mandarin Chinese [M]. Dordrecht: Kluwer Academic Publishers, 1990.

Liu, Feng-Hsi (刘凤樨). Dative Constructions in Chinese[J]. Language and Linguistics, 2006, 4: 863–904.

构式浮现的研究现状和发展空间*

厦门大学　蔡淑美

1. 引言

“浮现”(emergence)是复杂性科学(complexity science)中的重要概念。20世纪80年代末,复杂性科学逐渐兴起,它以复杂性系统为研究对象,以揭示和解释其运行规律为宗旨,带有鲜明的“学科互动”(interdisciplinary)特征。所谓复杂性系统,是指那些无法还原或拆解为简单个体的组合并依此得到解释的整体系统。从细胞里呈现出来的生命迹象到人体免疫系统,从蜂窝的形状到虎背上的斑纹,从股票市场的涨落到文化的兴衰等,无一不是复杂性系统的体现(Waldrop 1992;MacWhinney 1999)。“浮现”作为复杂性系统的重要特征之一,指的是“不能由系统已经存在的部分及其相互作用充分解释的新的形态、结构与性质特征”(Holland 1995)。

语言也是一个复杂性系统,且被认为是比一般的复杂性系统更为复杂的系统,自然在多层面、多角度具有浮现特征(Kretzschmar 2015)。随着构式语法成为热点领域,构式浮现也成为了人们关注的焦点之一。根据Goldberg(1995: 4)的经典定义,“构式”是指形式—意义的配对(form-meaning pair),其形式和意义的某些方面不能或不完全能从组成成分或业已建立的其他构式中推导出来。也就是说,构式至少有某个方面的特征是非线性的,这种“整体大于部分之和”的特性是从构式线性序列中“浮现”出来的。承认构式所具有的形式和(或)意义方面的特异性和浮现性,是构式语法的研究起点,而这与复杂性科学中的浮现含义本质上一致。

* 本研究得到了国家社科基金青年项目“构式浮现的多重界面互动机制研究”(16CYY040)的支持。

本文正是在这样的背景下,通过厘清构式浮现和浮现语法的关系来揭示构式浮现的基本理念和研究范式,然后系统梳理构式浮现的研究现状,尤其注重归纳浮现机制、浮现分析中的方法论等方面的成果,由此指出尚待解决的一些重要问题,最后探讨构式浮现的发展空间,并提出相应的研究课题和研究策略。

2. 浮现语法和构式浮现

在构式浮现成为语法研究的重要议题之前,“浮现语法”(emergent grammar)已经盛行于语言学界了。构式浮现所谈的“浮现”跟浮现语法的“浮现”有何联系和区别,至今还鲜见有人探讨。下面先从国外和国内两个方面简要梳理浮现语法的基本理念和研究状况,以此揭示构式浮现和浮现语法之间的关系。

浮现语法较早是由 Hopper(1987)提出来的,指的是语法不是先于经验的固定规则,而是在动态的使用过程中逐渐形成的,语法基于用法,用法先于语法。这种基于用法的语言观与形式学派尤其是生成语法学派的先验观是针锋相对的。生成语法认为,语法是先验的、纯自主的固定编码,语法在逻辑上先于话语,并不受话语因素的影响。而浮现语法认为语言结构是在线、即时生成的,先有互动交际,然后才有语法结构,语法结构是互动交际的副产品(Hopper 1988)。随着汉语学界对浮现语法观念的不断引入(张伯江、方梅 1996;陶红印 2001、2019;沈家煊 2004;方梅 2008等),研究者们密切关注共时层面语言现象的浮现特征,积累了丰富的成果,大致可归为三个方面。一是对论元结构动态浮现性的考察,如陶红印(2000)、张伯江(2002)的研究。二是对特定句式及其句式义浮现的考察,以沈家煊(2006、2008、2009)为代表。三是对句法范畴到语用范畴的动态变化、话语标记的浮现考察,如方梅(2012、2018),姚双云、姚小鹏(2012),乐耀(2015)等的研究。

构式浮现是构式语法和语法化研究的重要议题。构式语法中的“浮现”既包括构式特征的浮现,即构式至少有某个方面的特征是从构式的线性序列中浮现出来的,也包括构式的浮现,即构式特征的凝固和强化促进了构式的最后成“型”。而语法化则是从历时角度来探讨构式作为一个整体从无到有的呈现。这两个背景下的浮现观各有侧重,但又紧密相连,本文将它们有机结合成"构式浮现"这一整体。

构式浮现与浮现语法既有联系,又有区别。构式浮现对浮现语法的继承和吸收主要体现在:1)在语言观上,构式浮现聚焦构式从何而来、构式新特征从何而来的问题,认为构式不是固有规则的设定,而是在使用中发展而来的。这一点跟浮现语法所强调的用法先于语法,语法是在用法中形成的理念基本一致。2)在研究范围上,构式浮现和浮现语法有交叉和重叠。浮现语法对话语标记、语用化现象、论元结构、句式等方面的分析,都是构式浮现的研究范围,而有关句式的共时和历时浮现更是成为构式浮现最为关心也最能施展手脚的领域。不过,构式浮现与浮现语法在以下方面又有所不同:1)在研究内容上,浮现语法关注特殊语言单位尤其是"断片"式语言成分的浮现,而构式浮现关注构式网络中节点(node)以及网络关系的浮现。2)在研究视角上,浮现语法多从共时用法差异入手去寻求功能动因,而构式浮现更多基于形义匹配关系来探索构式化的过程与方式。3)在浮现方式上,浮现语法强调语言结构的即时、在线生成,秉持强动态观,认为语言永远处于演化状态,没有稳定的语法。构式浮现则多从认知加工的角度来探讨构式的整体特征,并着重考察这种整体特征在共时和历时中的生成方式和调节途径,认为语言虽不断发生变化,但整个语言系统还是相对稳定的。4)在研究方法和语料上,构式浮现分析秉承整体主义的分析方法和策略,语料并不限于浮现语法所强调的实际、自然产出的口语语料或会话材料,一般的书面材料、历时语料都是它的考察范围。构式浮现与浮现语法因为上述不同而相互区别,自成体系。

3. 构式浮现的研究现状

前面提到,构式语法主要是从共时层面,语法化主要从历时层面来探讨构式浮现问题,下面便从这两个层面入手来概述构式浮现的研究现状,由此揭示尚待解决的一些重要议题。

3.1 共时层面的构式浮现

无论是构式语法的经典作品(Goldberg 1995、2006),还是近年来构式语法的系统总结(Hoffmann & Trousdale 2013),抑或是具有不同研究路径的认知语言学内部流派(Langacker 2000; Croft & Cruse 2004),研究者在不同程度上都关注到了构式(或曰“结构”)的非组合性特征(non-compositionality),这为汉语学界研究构式特征的浮现奠定了基本框架。目前,汉语学界在探讨图式性构式(schematic construction)的浮现上成果显著。图式性构式由于带有空位且需要实体成分来填充,在用法、特征、意义等方面更具有浮现性。如张国宪(2009)、张豫峰(2014)、吴长安(2016)、王晓辉(2018)、蔡淑美(2019)等。

从构式的角度来看修辞,也涉及浮现问题。近年来学界对修辞构式颇为关注(刘大为 2010;陆俭明 2016;施春宏 2012;邱莹 2018),特别是对修辞构式中的增殖效应的探讨,与构式浮现密切相关。所谓“增殖效应”(multiplication effect),是指新生成的结构体在整合过程中浮现出了其组构成分所未包含或没有显现、不够凸显的语义内容(施春宏 2017)。增殖效应的“无中生有”“有中增多”的正是构式浮现特征的重要表现。

综上,汉语学界对单个构式用法特征和浮现过程的考察驾轻就熟,已经积累了不少研究经验,并且初步涉及构式是怎么形成、构式义是如何浮现的本质问题。而对修辞构式中增殖效应的逐步探索,正在成为构式浮现乃至构式语法理论和实践上的新的增长点。

3.2 历时层面的构式浮现

从关注单个语法化项的虚化到语法化项所出现的组合环境再到整个结构式的变化,语法化逐渐把目光转移到构式语法化中来,主要探讨构式作为形义和意义的配对是怎么形成的。语法化认为构式的浮现是语言运用自然的、合乎逻辑的必然结果。其中,Traugott(2008)、Trousdale(2008)探讨了构式语法化的演变层级。汉语学界近年来对构式的历时浮现问题也颇为关注,如彭睿(2007)、杨永龙(2011)、龙国富(2013)等。而基于形义匹配关系来探索汉语构式的语法化层级和浮现问题的有蔡淑美(2012)、Peng(2013)、胡亚(2019)等。

历时层面的构式浮现研究探讨了不同层级的构式如何发展,构式内部的聚合关系如何调整和变化,最终如何促使宏观意义的构式浮现出来的问题,为进一步挖掘构式的形义匹配及其历时演变中的互动关系提供了新的视角。

3.3 构式浮现的机制问题

要谈构式浮现，一个绕不开的中心问题便是构式是如何浮现的，即机制问题。所谓机制，就是有效运作的原理和方式。目前提及较多的浮现机制大概有下面三类。

一是基于认知语言学尤其是概念整合理论提出的浮现机制。概念整合通过对两个及以上来自不同认知域的概念有选择地提取和整合，形成复合概念而产生浮现结构，主要涉及糅合、截搭等认知操作（Fauconnier & Turner 1998、2002）。较为系统地运用概念整合来分析汉语事实的以沈家煊为代表。沈家煊（2006a）认为糅合和截搭在构词和造句中十分重要，提出了浮现意义的回溯推理机制。沈家煊（2006b、2008）又分别以"王冕死了父亲"和"他是去年生的孩子"的生成为例，展示了糅合造句的步骤和浮现意义的产生过程。虽然类推糅合说遭到不同角度的质疑和反思，比如到底该怎么糅、有何证据、如何证明的问题（石毓智 2007；帅志嵩 2008；任鹰 2009 等），但沈家煊（2009）重申了类推糅合这一信念。认知语言学背景下的浮现机制提及较多的还有隐喻和转喻。完权（2016）认为隐喻和转喻是构式浮现的重要机制，其中泛化（generalization）是新的构式特征浮现的重要途径，泛化的本质是一种语法隐喻，而新构式的诞生，最终是由转喻驱动的。

二是构式语法基于形义错配（mismatch）现象而提出的构式压制（coercion）。构式在从原型到非原型的扩张过程中会出现各种错配。面对错配现象，构式要采取一定的调适机制，对错配成分进行压制，使之符合构式句法、语义的需要。国外语言学界对构式压制的各种现象已做了相当深入的讨论（Goldberg 1995；Panther & Thornburg 1999；Michaelis 2003 等）。由于构式压制经常要对需要凸显的内容做出选择、匹配或包装，还要对无需凸显的内容进行调适、修整或抑制，因此关涉到构式特征的有无、隐显、多少以及形义匹配关系的新建和重组，即关涉到构式或构式义如何经由压制而浮现的过程，而这正是构式特征和构式义在线浮现的重要表现。压制本身就是构式浮现的一种重要机制，其具体下位机制大致有转喻、"招聘"和"求职"及其下位机制（施春宏 2014；李延波 2017）。

三是基于语法化分析总结出来的机制，如重新分析、类推、语用推理等。由于这些机制已广为学界所熟识,此不赘述。

目前构式浮现的机制都是从别的理论中直接拿来用的。问题在于,这些机制是不是都是真正意义上的浮现机制?有没有专属于构式浮现的机制?有没有跨构式、跨语言的浮现机制?目前对此关注得很不够,实际上也不知道如何研究,还处在探索的过程中。

3.4 构式浮现分析的方法论问题

构式语法的基本观点是任何构式都具有格式塔(gestalt)属性,整体大于部分之和,因此研究者大都坚持整体主义而摈弃还原主义。还原主义常以某个核心组构成分为枢纽并以此为中心推导出整体特征,动词中心说和核心投射理论便是这方面的典型代表。由于还原主义无法有效解释由部分无法预测整体的问题,而且对构式义的刻画不够精细,对构式扩展的解释不够到位,自然遭到了整体主义的猛烈抨击。不过,整体主义也不是完美无缺的,即便"整体大于部分之和"是一个显而易见的事实,关键问题在于,这"大于"的内容是什么?"大于"是怎么来的?有没有"小于"的部分?"小于"又是怎么来的?

在现代科学尤其是复杂性科学背景下,施春宏(2008、2018)提出并践行了"精致还原主义/精致整体主义"的方法论原则。"精致还原主义/精致整体主义"是指立足整体,重视还原,不唯还原,强化多重界面互动的整合机制分析。具体说来,是在整体主义的观念下对整体的构造机制及其语义功能做出精致刻画,注重对各种现象赖以出现的条件进行分析,将形式结构和/或意义结构的分析还原为成分及其关系的说明。精致还原主义/精致整体主义为构式浮现的分析方法和原则奠定了坚实的基础。

综上,构式浮现已经取得了不少成果,但仍有下面一些问题尚待解决:

(1) 学者们虽然已经指出了构式的浮现和构式特征的浮现特点,但长期将二者"分而治之",共时和历时割裂,尚未挖掘出它们之间的本质联系。

(2) 构式浮现常常作为一种研究观念和理论目标来驱动相关研究,有些研究虽然冠以"构式浮现"之名,但真正从形义匹配关系及其变化来研究浮现的并不多。如何真正基于形义匹配关系、基于浮现的根本之义来探索构式浮现很值得再思考。

(3) 目前已提出糅合、截搭、隐喻、转喻、构式压制及其下位机制、重新分析、类推等诸多浮现机制,但还是缺乏真正用来描写构式意义的可操作、可论证的结构化路径。构式浮现的机制到底是哪些?它们之间的层级关系如何?怎样才能找到可靠证据来真正论证从而提升语言研究的科学性?

如果上述这些问题得不到很好的解决,那么所谓的"浮现"只好更多地借助于结构之外、语言之外、现象之外的因素来作类比关照,很难真正揭示浮现的本质,也很难避免就事论事。这必然会影响到我们对构式语法本质的认识。

4. 构式浮现研究的发展空间

构式浮现虽取得了丰富成果,但仍然存在很多亟待解决的问题,还有一些领域的探讨尚未展开。由于构式浮现研究涉及面很广,我们并不试图对各个方面都做出说明,而是重点探讨它的发展空间,并提出相应的研究课题和策略。

4.1 研究观念需要整合

目前构式的浮现和构式特征的浮现分而治之,语法构式的浮现和修辞构式的浮现长期割裂,均不利于挖掘构式浮现的本质。未来的研究可以在这两个方面进行整合。

4.1.1 共时和历时的整合

学界主要在共时层面探讨构式特征的浮现,在历时层面分析构式的浮现,实际上二者在构式产生和变化的过程中密不可分。我们可以将构式浮现置于构式变化这个大背景中来考察,从"构式用变"和"构式演变"的角度将共时浮现和历时浮现整合起来研究(施春宏 2006;Traugott & Trousdale 2013)。

"构式用变"(constructional change)是指基于特定场景、特定交际群体而发生的形式或意义等方面的变化。用变是构式新特征浮现的基础和动因。"构式演变"(constructional evolution)是指基于构式用变而发生的形义匹配关系的固化。演变是新构式浮现的实质和表现。"副+名"

(如“很中国、太泡沫”等)就是从“副+形”的用变中演变(或浮现)而来的。“副+名”在产生之初是用变现象,它伴随着构式新特征的出现,只有具备描述性语义特征的名词才能进入其中(“很桌子、很天空”就很难成立)(施春宏 2001)。随着新特征的强化和凝固,“副+名”逐渐成为一种高度能产的新构式,最终实现了演变。

有了构式用变和演变的切入点,我们就可以真正基于形式和意义尤其是二者之间的匹配关系将构式浮现的共时和历时研究切实结合起来,在以下方面进行探索:

(1) 聚焦构式浮现的用变和演变及其关系,重点考察用变如何实现为演变的机制和动因问题、层级与系统问题,尤其关注构式特征在构式化进程中的浮现方式与调节途径。

(2) 构式浮现/演变的结果会产生新的节点。我们可以聚焦构式(含特征)作为节点是如何产生、节点与节点之间如何形成构式网络、构式网络又是如何调节与变异的问题。

上述整合了的新观念试图建立构式浮现研究的理论框架和层级体系,将大大改进目前基于单个构式的碎片化研究现状,从而对构式语法的理论基础和本质问题作出新的思考。

4.1.2 语法构式和修辞构式的整合

构式浮现研究基本上是就语法构式的形式和意义及其关系作出探讨,对修辞构式的分析并不多见。实际上,由于语法构式和修辞构式的浮现都要对浮现成功的条件和机制进行分析,因此我们可以将二者有机整合起来,在以下方面作出努力:

(1) 在刘大为(2010)、陆俭明(2016)的基础上,继续探索“语法构式→修辞构式→新的语法构式”的浮现过程、生成机制和约束条件,挖掘语法构式和修辞构式的内在关联。

(2) 将语法构式和修辞构式放在统一的框架中去认识。可以借鉴语法构式的浮现机制、约束条件、加工限制或制约因素等方面的规律和特点来探索修辞构式中的增殖效应、修辞色彩和表达功能在浮现过程中的生成机制和动因问题。

构式浮现研究只有将语法和修辞这两个角度结合起来,才能获得更广阔的视野和空间，才能使相关的描写和解释变得更加充分。

4.2 研究视角需要拓宽

构式浮现不是单纯的句法和语义问题，还有词汇、语用、韵律、语境、认知等各方面的约束条件，并受语言系统本身的制约，具有鲜明的界面特征，这些界面特征在构式的浮现、调节和变异过程中形成互动。

现有的构式浮现研究主要关心作为整体的构式和作为部分的构件之间的关系。当构件不那么完美地契合构式时，构式便通过压制构件来实现从原型到非原型的扩张，而这种单一方向的制约并非真正意义上的互动。其实，构件对构式形义关系的浮现、对构式的生成和扩展都有重要作用，不同构件之间也存在着形义互动关系。因此，构式浮现应将自上而下和自下而上结合起来探索不同构件之间、构式和构件之间和不同构式之间的合力作用和互动浮现。

构式浮现的互动还应包括“界面互动”。引发构式浮现的语言现象多属于不同语言层面的界面/接口现象，如概念整合中的糅合和截搭、构式压制中的论元增容或减容等。对这些界面互动现象的考察，往往更能揭示构式浮现的机制、动因和结果。

另外，还应关注互动语言学所倡导的言谈交际、多模态资源、社会行为和语言之间的互动关系。我们应该在互动视角下将自下而上与自上而下、层次和系统、共时和历时、描写与解释等视角紧密结合起来考察构式浮现。

4.3 研究内容需要拓展

我们可以围绕“构式浮现”和“界面互动”这两个关键点来设定构式浮现的研究框架，力求发掘和拓展以下三个研究方向，每个方向包括若干重点研究内容。

4.3.1 构式浮现的多重界面互动过程和生成机制

(1) 特定构式的浮现过程和生成机制研究。可选取具有类型学特征的汉语特殊构式（如“把”字句、“被”字句）、特定习语、语块性构式（如框架性构式）、特定修辞性构式等，系统考察它们的浮现过程、凸显方式和生成机制。

(2) 特定构式浮现过程中的约束条件研究。在不同的语言层面考察构式浮现的约束条件,尤其关注不同界面在构式的浮现、调节和变异过程中的互动作用。

考察具体构式的浮现过程和约束条件,可以深化对浮现机制、能产性、多义性等问题的认识,而系统探讨构式浮现在多重界面的互动机制和用法特征,可以建立基于用法的构式浮现分析模式。

4.3.2 构式浮现互动机制的跨构式和跨语言比较研究

(1) 构式浮现的跨构式比较研究。将同一种语言(主要是汉语)表达同一范畴的相关构式放在系统中去考察浮现机制和用法特征等方面的异同。

(2) 构式浮现的跨语言比较研究。将不同语言表达同一范畴的构式或构式系统放在一起进行比较,考察构式浮现在作用机制、制约因素和难易程度等方面的共通性和差异性问题。

通过跨构式和跨语言的比较,我们可以总结构式浮现的规律和特点,从而进一步明确构式理论的张力和局限。

4.3.3 构式浮现研究的理论蕴含和实践应用

(1) 理论蕴含。对构式浮现的本质特征和构式语法的理论基础作出新的思考,对构式浮现研究中的观念、视角、方法和方法论问题作出总结,挖掘其中蕴含的理论意义。

(2) 实践应用。构式浮现的成果可为构式习得与教学、教材编写提供参考,也可与中文信息处理结合起来,为进一步开展基于计算模拟的构式浮现建模研究提供参考和借鉴。

构式浮现的理论研究和实践应用应当相互促动,共同发展。

5. 结语

本文将浮现置于复杂性科学背景下,首先揭示出构式浮现和浮现语法之间的关系和区别,然后系统梳理了构式浮现的研究现状,尤其注重归纳浮现机制和方法论方面的重要进展,揭示出尚未解决的相关问题。最后指出构式浮现研究的未来出路和发展空间。我们认为,构式浮现研究要想有出路,须整合研究观念,拓宽研究视角,拓展研究内容。在此基础上,还应对构式研究乃至语法研究的观念和方法作出理论创新,将所获得的成果应用于构式教学和中文信息处理的实践中去。

当然,如何深入描写和解释构式浮现现象,如何加强构式浮现研究的系统性和层次性,如何进一步将共时和历时、共性和个性相结合,这既是构式浮现研究需要重新思考的问题,又是构式研究需要面对的理论和现实问题,也是现代语言学理论发展的大趋势。

参考文献

蔡淑美.汉语广义中动句的句法、功能和历时演变[D].新加坡:新加坡国立大学,2012.

蔡淑美."值得"句的构式形成和意义浮现[M]//语言研究集刊(第二十三辑).上海:上海辞书出版社,2019.

方 梅.动态呈现语法理论与汉语"用法"研究[M]//当代语言学理论和汉语研究.北京:商务印书馆,2008.

方 梅.会话结构与连词的浮现义[J].中国语文,2012(6).

方 梅.浮现语法:基于汉语口语和书面语的研究[M].北京:商务印书馆,2018.

胡 亚.图式性构式的历时演变[D].新加坡:新加坡国立大学,2019.

李延波.汉语构式压制现象研究[M].北京:北京语言大学,2017.

刘大为.从语法构式到修辞构式(上、下)[J].当代修辞学,2010(3、4).

龙国富."越来越……"构式的语法化——从语法化的视角看语法构式的显现[J].中国语文,2013(1).

陆俭明.从语法构式到修辞构式再到语法构式[J].当代修辞学,2016(1).

彭 睿.构式语法化的机制和后果[J].汉语学报,2007(3).

邱 莹.汉语修辞构式研究[D].北京:北京语言大学,2018.

任 鹰."领属"与"存现":从概念的关联到构式的关联[M].世界汉语教学,2009(3).

沈家煊.人工智能中的"联结主义"和语法理论[J].外国语,2004(3).

沈家煊."糅合"和"截搭"[J].世界汉语教学,2006a(4).

沈家煊."王冕死了父亲"的生成方式——兼说汉语"糅合"造句[J].中国语文,2006b(4).

沈家煊."移位"还是"移情"?——析"他是去年生的孩子"[J].中国语文,2008(5).

沈家煊."计量得失"和"计较得失"——再论"王冕死了父亲"的句式意义和生成方式[J].语言教学与研究,2009(5).

施春宏.名词的描述性语义特征与副名组合的可能性[J].中国语文,2001(3).

施春宏.关于成语用变和演变的思考——从几则成语的现实使用谈起[J].汉语学习,2006(6).

施春宏.句式研究中的派生分析及相关理论问题[J].世界汉语教学,2008(2).

施春宏.从构式压制看语法和修辞的互动关系[J].当代修辞学,2012(1).

施春宏."招聘"和"求职":构式压制中双向互动的合力机制[J].当代修辞学,2014(2).

施春宏.修辞构式的增殖效应及相关问题[J].当代修辞学,2017(3).

施春宏.形义和意义互动的句式系统研究——互动构式语法探索[M].北京:商务印书馆,2018.

石毓智.语言学假设中的证据问题[J].语言科学,2007(4).

帅志嵩."王冕死了父亲"的衍生过程和机制[J].语言科学,2008(3).

陶红印.从"吃"看动词论元结构的动态属性[J].语言研究,2000(3).

陶红印."出现"类动词与动态语义学[J].现代中国语研究,2001(2).

陶红印.发生动态语言学:从宏观语言哲学到微观即时互动过程[R]."交际互动、话语篇章和汉语研究"学术沙龙报告.厦门大学,2019.

完　权.言者主语与隐性施行话题[J].世界汉语教学,2016(4).

王晓辉.习语构式的动态浮现[J].语言教学与研究,2018(4).

吴长安.待嵌构式的挖掘价值和未来话题[J].东北师范大学学报(哲学社会科学版),2016(4).

杨永龙.试说"连X+都VP"构式的语法化[M]//语法化与语法研究(五).北京:商务印书馆,2011.

姚双云,姚小鹏.自然口语中"就是"话语标记功能的浮现[J].世界汉语教学,2012(1).

乐　耀.北京口语中具有连接作用的"再"[J].当代语言学,2015(4).

张伯江,方梅.汉语功能语法研究[M].南昌:江西教育出版社,1996.

张伯江.施事角色的语用属性[J].中国语文,2002(6).

张国宪."在+处所"构式的动词标量取值及其意义浮现[J].中国语文,2009(4).

张豫峰.从联结主义模式看"连……也/都"句式意义的产生机制[J].河南大学学报,2014(6).

Croft, William & D. Alan Cruse. Cognitive Linguistics [M]. Cambridge: Cambridge University Press, 2004.

Fauconnier, Gilles & Mark Turner. Conceptual Integratation Networks [J]. Cognitive Sciences, 1998, 22 (2): 133-187.

Fauconnier, Gilles & Mark Turner. The Way We Think: Conceptual Blending and the Mind's Hidden Complexities[M]. New York: Basic Books, 2002.

Goldberg, Adele E. Constructions: A Construction Grammar Approach to Argument Structure[M]. Chicago: University of Chicago Press, 1995.

Goldberg, Adele E. Constructions at Work: The Nature of Generalization in Language[M]. Oxford: Oxford University Press, 2006.

Hoffmann, Thomas & Graeme Trousdale. The Oxford Handbook of Construction Grammar[M]. Oxford: Oxford University Press, 2013.

Holland, John H. Emergence: From Chaos to Order[M]. Cambridge, MA: Perseus Books, 1998.

Hopper, Paul J. Emergent grammar[M]. Berkely Linguistic Society, 1987, 13: 139 - 157.

Hopper, Paul J. Emergent Grammar and the A Priori Grammar Postulate[M]// Tannen Deborah. Linguistics in Context: Connecting Observation and Understanding. (Lectures from the 1985 LSA/TESOL and NEH InstituteS). Georgetown University. Norwood, NJ: Ablex, 1988: 117 - 134.

Kretzschmar, William A. Language and Complex System [M]. Cambridge: Cambridge University Press, 2015.

Langacker, Ronald W. A Dynamic Usage-based Model[M]//Barlow, Michael & Suznne Kemmer. Usage-based Models of Language. Stanford: Stanford University Press, 2000: 1 - 60.

MacWhinney, Brian. The Emergence of Language [M]. Lawrence Erlbaum: Mahwah, NJ, 1999.

Michaelis, Laura A. Headless Constructions and Coercion by Construction[M]// Elaine J. Francis & Laura A. Michaelis Mismatch: Form-Function Incongruity and the Architecture of Grammar. Stanford, CA: CSLI Publications, 2003: 259 - 310.

Panther, Klaus-Uwe & Linda Thornburg. Coercion and Metonymy: The Interaction of Constructional and Lexical Meaning [M]//Lewandowska-Tomaszczyk Barbara. Cognitive Perspectives on Language. Frankfurt am Main: Peter Lang, 1999, 37 - 52.

Peng, Rui. A Diachronic Construction Grammar Account of the Chinese Cause-complement Pivotal Construcion[J]. Language Sciences, 2013, 40 (1): 53 - 79.

Traugott, Elizabeth C. The Grammaticalization of NP of NP Patterns [M].

Bergs，Alexander & Diewald，Gabriele. Constructions and Language Change. Berlin/New York：Mouton de Gruyter，2008：23－45.

Traugott，Elizabeth C. & Trousdale，Graeme. Constructionalization and Constructional Changes[M]. Oxford：Oxford University Press，2013.

Trousdale，Graeme. Words and Constructions in Grammaticalization：The End of the English Impersonal Constructions [M]//Fitzmaurice，Susan M. & Donka Minkova. Studies in the History of the English Language IV：Empirical and Analytical Advances in the Study of English Language Change. Berlin/New York：Mouton de Gruyter，2008，301－326.

Waldrop，Mitchell M. Complexity：The Emerging Science at the Edge of Order and Chaos[M]. Simon & Schuster Paperbacks，1992.

（本文发表于《语言教学与研究》2020年第5期）

反义共现格式的语义增值与认知探讨
——以“南X北Y”“多X少Y”为例

韩国延世大学　刘　柳　金铉哲

0. 引言

意义相反或相对的成对反义词会同时出现在一个语言形式中，本文所研究的“南X北Y”“多X少Y”就属于此类反义共现①的语言现象。例如：

(1) 南抖音北快手，智障界的两泰斗！

(2) 猪价暴涨后，南涨北跌出现分化迹象。

(3) 中国饮食习惯南甜北咸，为什么在粽子上却完全相反？

(4) 闲读《论语》：多听少说，多看少动；不说过头话，不做后悔事。

(5) 冬季饮食养生的一个原则：多辛少咸。

(6) 心理学：不做他缘分里的“多退少补”。

(7) 多一些空间，少一些“关注”。

(8) 多一点信任，少一点猜疑　　多一分快乐，少一分痛苦

例(1)—(3)中名词“抖音、快手”，动词“涨、跌”，形容词“甜、咸”皆可充当格式“南X北Y”的变项成分；例(4)—(8)动词“听、说、看、动、退、补”，名词“空间、关注、信任、猜疑”，形容词“快乐、痛苦”构成了格式“多X少Y”的变项成分；不同的是例(7)—(8)格式是由反义词“多、少”与“一＋名量词”＋其他的结合。这类格式由一对具有反义关系的单音节词“南……北……”“多……少……”作为固定语型，与可替换成分“X、Y”构成反义共现结构“南X北Y”“多X少Y”②。

作为一对反义方位词，“南”和“北”常常以“南X北Y”的对举格式出现。与单纯方位词“南”“北”相比，“南X北Y”在语义和语用等方面发生了变化。作为一对反义词，“多”“少”的语法功能等也发生了变化。所以，

本文试图探讨“南X北Y”“多X少Y”格式在语法、语义和语用等方面表达特点。本文的语料主要来源于北京大学汉语语言学研究中心语料库(CCL语料库)、百度等网络平台。

1. “南X北Y”“多X少Y”的相关分析

1.1 方位词“南、北”及相关格式初探

现代汉语中,一些反义单纯方位词组合使用可形成对举结构,如“上X下Y”“左X右Y”“东X西Y”“前X后Y”等。在这些格式中,方位词是固定项,X和Y都是不定项,人们遵循一定的规则把不同的词填充到这个结构里,创造出新的组合,表达新的意义。王峰、古川裕(2005),晁代金(2007),任永红(2006),李艳华(2009),黄燕旋(2011),石吉梦(2017)从个案、对比或对举的角度对方位结构进行了研究,抑或是提供了格式研究的思路,这为研究格式“南X北Y”奠定了分析基础。

孟祥英(2009)指出“东、西、南、北”是表示水平方向的一组方位词,它们以对举形式出现,构成“东……西……”和“南……北……”格式。但考察《现代汉语词典》和《应用汉语词典》后发现两部词典中只收了“东……西……”格式,而未收“南……北……”格式,并从方位词的基础意义、文化内涵、地理环境、民族心理等角度鉴定“东……西……”构造词语的能力更强。此时,“南……北……”结构的构词能力远不及“东……西……”。

王东茜(2010)统计,《中国成语大辞典》中收录了59例含“东……西……”对举结构的四字格成语,9例含“南……北……”,7例含“前……后……”,11例含“左……右……”,3例含“上……下……”;《汉语大词典》中的收录情况大致相同,119例含“东……西……”,12例含“南……北……”,17例含“前……后……”,16例含“左……右……”,仅3例含“上……下……”。可以看出,不同的词典对“南……北……”的收录情况都不太多。

两位学者的研究角度不同,但都是从发展较为完善的对象着手分析,并未过多涉及“南X北Y”格式的研究;可随着时间的推移,反义方位词“南、北”吸纳组成了越来越多的语料,研究价值越来越突出,对“南X北Y”结构的分析使方位词系统的研究更加系统化。

1.2 “南X北Y”的基本义及句法功能

“东、西”表示方向，与空间相联系；“东……西……”结构的基本义表示空间内数量的增加和动量的增强。相对应的，“南、北”也表示方向，与空间相联系，只不过，“南……北……”结构的基本义由于构成对举的前后部分相互作用，具有了独特的“语义增殖”功能，扩大了结构本身的表层语义信息量，增加了整体的语言信息。例如：

（1）南来北去（泛指来来往往。）

（2）南箕北斗（箕：星宿名，形状像簸箕；斗：星宿名，形状像酒斗；比喻徒有虚名而无实用。）

（3）南船北马（南方人善于驾船，北方人善于骑马。指各人均有所长。）

（4）南鹞北鹰（鹞、鹰：两种猛禽。在南为鹞子，在北为老鹰。比喻性格严峻的人。）

（5）南枝北枝（南枝向暖，北枝受寒。比喻彼此处境的苦乐不同。）

一般而言，方位词最主要的语法特点是具有后附性，而当它们进入格式时，其语法功能会发生改变，表示具体方位的意义逐渐地弱化，由实指而泛指。例(1)—(5)中，格式“南X北Y”将差异较大两个范围的事物统一到一个层次，抽象化表达一种形象意义。

“南X北Y”格式主要是与名词组合，部分可以和动词进行组合，小部分可以和形容词进行搭配。

1）与动词的组合：

南来北往、南来北去、南征北剿、南征北讨

2）与名词的组合：

南辕北辙、南征北战、南腔北调、南橘北枳、南箕北斗、南鹞北鹰

3）与形容词的组合：

南快北慢、南卑北尊、南涨北跌、南甜北咸、南滑北稳

从结构形式上看，“南X北Y”是由表示偏正关系的两个短语构成的联合短语。

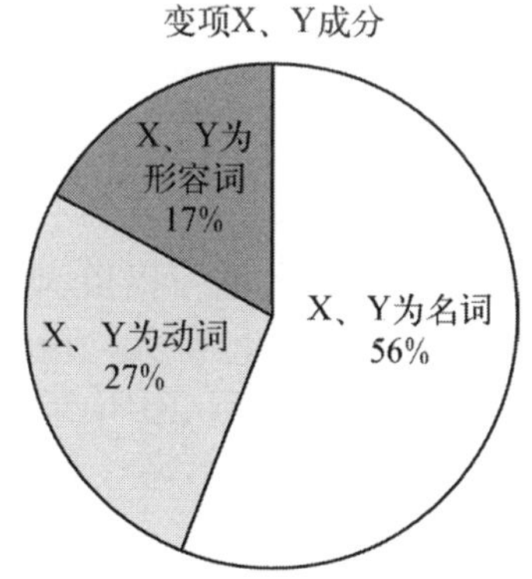

图1 “南X北Y”格式中X、Y的成分属性范围

从词形上看,“南X北Y”格式中的“X、Y”可以分为两种类型。

A. X、Y同形

此类“南X北Y”格式中的“X、Y”是同一个词。如:

(6) 销售员以乌鲁木齐为中心,开着汽车沿途推销产品,跑遍了南疆北疆的每个县市。

(7) 东海西海,心理攸同;南学北学,道术未裂。

上面例句中的“X、Y”分别由相同的名词“疆、学”充当。其中的“疆”指的是新疆,以天山为界划分出的南北疆,像江苏存在的苏南、苏北一样,整体区域确定,划分形式不一致,叫法也就出现了差别。“学”指的是派别,南北朝时代,由于政治因素的对峙,儒学被划分为南学、北学。这些都属于“南X北Y”格式中“X、Y”同形的情况。这也是“X、Y”数量最多,最容易出现的形式。

B. X、Y异形

此类格式中嵌入的“X、Y”是两个不同的名词或动词,“X、Y”之间在意义上存在以下两种关系:

一是同义关系,此时“X、Y”具有相同的语义特征。如:

(8) 两大政治力量的政治主张南辕北辙,这就预示中国政局必然会出现一个动荡时期。

(9) 他的表演大部分使用上海方言,中间夹杂普通话以及南腔北调。

(10) 健力宝9年来南征北战,纵横捭阖,广交社会各界朋友。

例(8)中“辕”指车前驾牲畜的两根直木;“辙”指车轮压的痕迹,相依相存。“辕”“辙”无论是构造,还是产生的印记,皆因马车本身所产,都属于马车的一部分,形式却不一样;例(9)中“腔”和“调”指的是戏曲、音乐、歌曲等的调子,也可以指说话的声音、语气,甚至还可以用来指自然形成的某种抽象印象,但无论指的是什么,它们的意义都是一样的,同义异形,二者相互依存;例(10)中“征”和“战”都是“讨伐、出兵攻打”的意思,出征、作战是同一意义不同形式的呈现。这些例子中的“X、Y”意义都相同。

二是反义关系,此类“X、Y”的语义类型相反。如:

(11) 要坚持南联北开方针,加大南联的力度。

(12) 前几年光顾这里的南来北去客,无不为它的行路难而挠头。

(13) 他马不停蹄地南下北上考察论证，有时吃不上饭，甚至连口水也喝不上。

这些用例中的“联和开”“来和去”“上和下”互为反义关系。

分析语料，我们发现格式构成的词语其理性意义或核心意义主要由嵌入其中的词语来承担，由于名词性的词语占据大半，因此格式“南X北Y”构成的词组就具有了名词最常见的几种句法功能，可以在句中作主语、宾语、定语等成分。如：

(14) “南陈北李”雕像走进上海大剧院，敲响“晨钟”为“艺起前行”展演收官。

(15) 黑龙江省实施了“南联北开、全方位开放”的战略方针。

(16) 「专项债案例」广西百色国家级“南菜北供冬菜园”核心区建设项目。

例(14)中“南陈北李”指的是来自中共一大会址纪念馆的李大钊、陈独秀雕像，例(15)中的“南联北开”指的是向南吸引东南沿海省份及香港的资金、技术，向北开拓对俄贸易的经济策略；例(16)中“南菜北供”指的是一个国家级项目。3个例子分别在句中充当不同的句法成分。

1.3 反义词“多、少”的相关研究

中国的语言文字博大精深，即使是最简单的文字，只要深入推敲，都会给我们带来意外的收获，“多”和“少”就是其中之一。《现代汉语词典》(第7版，334页)将“多”的释义归纳为9条：

表1 “多”义项归纳表

序列	词典释义	举例
义项1	形容词：数量大(跟“少、寡”相对)	多快好省。
义项2	动词：超出原有或应有的数目；比原来的数目有所增加(跟“少”相对)	这句话多了一个字。
义项3	过分的，不必要的	多心、多嘴。
义项4	数词：(用在数词或者数量词后)表示有零头	五十多岁。
义项5	形容词：表示相差的程度大	他比我强多了。

(续表)

序列	词典释义	举例
义项 6	疑问代词：① 用在疑问句中，问程度或数量。 ② 指某种程度。	他多大年纪？ 这件行李没多重。
义项 7	副词：大多，大都	队里的骨干多是 80 后的年轻人。
义项 8	副词：用在感叹句中，表示程度很高	你看他老人家多有精神！
义项 9	姓	姓"多"。

《现代汉语词典》(第 7 版，1150 页)将"少"的释义归纳为 6 条：

表 2 "少"义项归纳表

序列	词典释义	举例
义项 1	形容词：数量小(跟"多"相对)	少见多怪。
义项 2	动词：不够原有或应有的数目，缺少	账算错了，少一块钱。
义项 3	动词：丢，遗失	屋里少了东西。
义项 4	动词：亏欠	少人家的钱都还清了。
义项 5	副词：暂时，稍微	稍候、稍待。
义项 6	副词：别，不要(多用于命令或祈使)	你少来这套。

从词典对"多、少"的解释可知："多"和"少"是常见的一对反义词。"多"与"少"的语法功能在一些情况下是相同的，即用"多"的地方也可以用"少"，用"少"的地方也可以用"多"，仅仅是意思相反，二者是对称的。但是在一些情况下"多"与"少"的语法功能并不相同：用"多"的地方不能换"少"，用"少"的地方不能换"多"，二者并不对称。如在日常交际过程中，人们总是习惯于表达积极的正面的肯定的意思，与此相关，往往用"多"。但也在反面的消极的词语上用"少"，这样总的意思还是积极的。

此现象在祈使句中表现得尤其明显。例如作状语时：

多尊敬(老人)　　多开导　　多学习

从理论上讲，用“少”替换上面的“多”作状语也未为不可，“少学习”“少开导”“少尊敬别人”，这是可以的，但实际语言中只在特殊情况下出现，因为从说话人的主观愿望来看总是以积极性为主流。反过来，在消极性的词语上便常用“少”作状语，如：

少废话　　少拍马屁　　少多嘴

有关“多、少”的研究可以说比比皆是，相关的研究范围很广泛，大到词类的划分、形容词词类的确定，小到形容词修饰名词的格式问题，“多”和“少”作定语时的不对称问题。这些对我们考察“多”和“少”的反义共现问题提供了侧面参考价值。

1.4 “多X少Y”的基本义及句法功能

“多、少”是一对反义词，和“南X北Y”结构一样，“多X少Y”的基本义和句法功能有相当的一致性，即“多X少Y”也同“南X北Y”一样，可以形成四字格式，此时格式“多X少Y”中，X、Y的组成成分主要如下。

1）名词性成分：

多利少害、多旱少雨、多雨少风、多泪少汗

2）动词性成分：

多看少说、多认少写、多吃少动、多进少出、多退少补

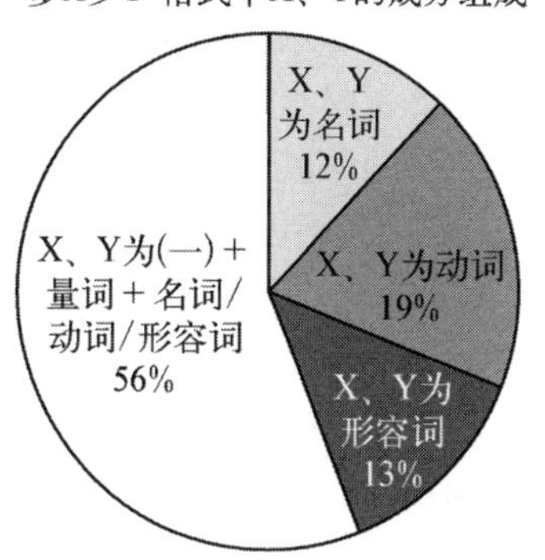

图2 “多X少Y”格式中变项X、Y成分组成范围

3）形容词性成分：

多酸少苦、多苦少甘、多甜少酸、多辛少咸

“多X少Y”中还有一类特别的格式：

4）(一)＋量词＋名词/动词/形容词：

多一点创新，少一点保守

多一分纯真，少一分世故

多一点欣赏，少一点鄙夷

多一些理解，少一些埋怨

“多X少Y”四字格式的用例相对来说少于X、Y为“(一)＋量词＋其他”的用

例。“多＋(一)＋量词＋其他，少＋(一)＋量词＋其他”是对举格式“多X少Y”的主要组成部分。

“多X少Y”格式的基本义指在客观描述情形的基础上，会根据特定情境给出主观性建议，但这仅限于一种委婉的规劝，听者是否采纳、采纳的程度如何取决于自身接纳度。

表示规劝的形式有很多，可以直截了当地提出，如“你要早点休息，不能熬夜”；也可明令禁止，如“此处禁止停车”。委婉性的词语或者格式也有很多，但对举格式“多X少Y”提出的建议更加平和，易于接受。例如：

(17) 多甜少酸戒辣养肝，肝气太过，则会伤脾。

(18) 多听少说是学习时期，事业呈现上升的状态。

(19) 万塘处于谭邵干旱走廊，多旱少雨。

(20) 愿这个世界可以少一点戾气，多一点谢谢。[③]

(21) 多一分宽恕，少一分冷漠，多一分善待，就少一分冷漠；多一分宽恕，就多一分和谐。

例(17)至例(19)中“多”和“少”以四字格的形式出现，“多甜”和“少酸”在此情境下互为相反，都是提出建议；“多听”与“少说”也是如此，“旱”时多了，“雨”自然就少，这是客观情况的描述；例(20)至例(21)中因为“多”和“少”的存在，格式中X、Y的成分也都是相反，前项和后项的意义相互交叉，规劝义比较明显。

四字格格式“多X少Y”同样可以做句子成分，充当主语、定语、宾语；格式一般都具有独立性，这种独立性不仅表现在意义上有相对的完整性，而且还表现在许多构式往往可以作为一种成块的语言材料在语言中独立运用。对于特殊的“多＋(一)＋量词＋其他，少＋(一)＋其他”，其独特的句法功能之一便是可以独立成句。李文焘(2013)对“左＋(一)＋量词/动词、右＋(一)＋量词/动词”“东＋(一)＋量词/动词、西＋(一)＋量词/动词”两种固定格式进行了结构类型的分析，而“多＋(一)＋量词＋其他、少＋(一)＋其他”格式中“多、少”基本不会与动词搭配，组合后的搭配大多出现在新闻、娱乐、财经等各类时评标题中。例如：

(22) 做人，多一些和气，少一些脾气！

(23) 360行车记录仪测评：多一份保障　少一分担忧。

上述各个例子作为标题都非常简短精悍。标题是文章的精髓，尤其是如今网络媒体比较发达，标题定位准确也就意味着抓住了读者的阅读兴趣。

根据“多＋(一)＋量词＋其他，少＋(一)＋其他”在标题中出现的位置特征，首先可以将其标题式的用例分为提示式与说明式。提示式与说明式都是根据该格式与释义部分的关系来确定的。提示式主要表现为在格式“多＋(一)＋量词＋其他，少＋(一)＋其他”前面加一个简短的提示语；以此划定一个论述的范围，或者是指明一个评述的对象。其典型用法是在提示语后附冒号，有时也用逗号或空格隔开。例如：

(24) 商人思维，多一份信任，少一分怀疑。

(25) 军报评说军民融合：多一些公益　少一些功利。

说明式的添加方式大抵与提示式相对，通常是先有格式“多＋(一)＋量词＋其他，少＋(一)＋其他”，再后附破折号、冒号、逗号或空格，借以引出说明语。这样既可以突出事件、解释说明，也可指称对象、设置悬念等。例如：

(26) 少一些抱怨，多一点理解，少一些牢骚，多一点感恩！就会离幸福越来越近！

(27)【多一点真诚　少一点套路】微软面试惊现几何题陷阱。

2. 反义共现格式“南X北Y”“多X少Y”的认知对比分析

反义共现格式“南X北Y”“多X少Y”的研究不是孤立的。现代汉语中“东、西”“左、右”“上、下”等都曾以成对出现的反义词形式，由诸多学者从多角度进行过语言学考察；那么，反义方位词“南、北”，反义形容词“多、少”与它们范畴的其他成员之间有什么联系呢？为何由反义方位词“南、北”组合的格式热度不如其他反义方位词组合的格式？彼此之间的倾向性是否存在，存在何种倾向性？本文将从以下几个角度进行分析。

2.1 “南X北Y”与相关格式的对比分析

陶氏河宁(2006)指出，方位词指空间、方位之义。四个单纯方位词“东、西、南、北”之间有循环性，通常只要我们能确定四个方向中任何一方就可以推出其他三个方向。

如图3所示，确立了东向，其余三个方向明显得出；根据学者的研究，作为反义方位词“东、西”组合成的格式出现时间较早，而且能产性大，使用频率高。“南、北”作为另一对反义方位词，它们之间有相同点，也有不同之处。

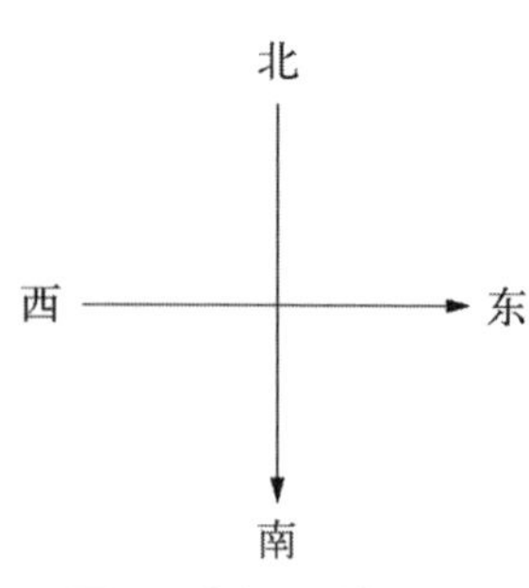

图 3　方位词“东、西、南、北”总观

格式“东 A 西 B”的研究由来已久，与格式“南 X 北 Y”一样，其构件“A、B”可以与名词、动词等进行组合，也可与词组相结合。如：

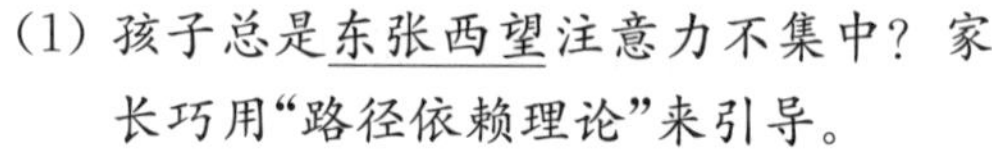

(1) 孩子总是东张西望注意力不集中？家长巧用“路径依赖理论”来引导。

(2) 画龙时，龙在云中为云所遮蔽，东鳞西爪，不见全貌。

(3) 早期中国的发展节奏是东快西慢。

从上述三个例子，我们可以得知，格式“东 A 西 B”“南 X 北 Y”中的构件“X、Y”都可以与名词、动词、形容词连用，但是又有些区别，分析语料，格式“东 A 西 B”更多的是与动词或动词词组相搭配，而格式“南 X 北 Y”则主要是与名词搭配。

(4) 他东瞄瞄西瞄瞄，就是不认真学习。

(5) 做任何事情都不可东一榔头西一棒子。

上述例子中，“瞄瞄”“一＋量”的形式都是格式“东 A 西 B”所特有的组合特点，是格式“南 X 北 Y”所不具备的。而关于句法特点方面，格式“东 A 西 B”的演化类型也比较丰富：

表 3　“东 A 西 B”格式的句法功能(臧晓燕 2014：25)

“东 A 西 B”格式的句法功能							
A、B 的类型	主语	谓语	宾语	定语	状语	补语	分句
动词	√	√	√	√	√	√	√
“一＋量”		√	√	√	√	√	√
名词	√		√	√			

综合比较下来，互为反义共现的格式中，格式“东 A 西 B”能产性最高，超过了格式“左 A 右 B”“前 A 后 B”，格式“南 X 北 Y”无论是构件搭

配,还是语义类型演变,仍有较大的发展空间。

2.2 “多X少Y”与相关格式的对比分析

“多、少”是反义形容词,此外表示量度的反义形容词还有“大、小”“好、坏”“宽、窄”“长、短”,价值标准不同,形成的语言形式也不一样。对于此类反义形容词的研究,“大、小”组走在前列。

汉语史中“大X小Y(小X大Y)”的形式上古就有了,最早进入“大X小Y”中的以名词为多,且X和Y相同,如:

(6) 受小球大球,为下国缀旒,何天之休?(《诗经·商颂·长发》)

进入“大X小Y”中的动词也有,如:

(7) 君之丧,大胥是敛,众胥佐之;大夫之丧,大胥侍之,众胥是敛;士之丧,胥为侍,士是敛。小敛大敛,祭服不倒,皆左衽结绞不纽。(《礼记·丧大记》)(转引自赵传兵2010:43-45)

“大X小Y(小X大Y)”形成格式时,“X、Y”作为构件主组成部分,要有差异性,即“X、Y”是一对反义聚合,如:

(8) 读者总觉得有许多文章,似乎都大同小异,千篇一律,没有什么新东西。

此外,“X、Y”还可以语义相关,如:

(9) 小习大成、大啼小哭、大往小来

(10) 那时节,有个大事小情,人们首先想到的就是去找领导申诉、求决。

“X、Y”的语义相反或者语义相关,这样“大X小Y(小X大Y)”就整合了两个部分的语义聚合内容,产生了与原有两部分都不同的语义。比如例(9)中的“大往小来”,它的意思不是“大来”和“小往”的简单相加,而是“往、来”的融合。例(10)中“大事小情”指所有的事,有任何事情人们首先想到的是去找领导,看能否解决。

此外格式“大X小Y”所具备的句法功能为主语、宾语、定语、状语、谓语、补语等句法成分,如:

(11) 空头市场股价变化的特征是一连串的大跌小涨。

(12) 1937年春夏之交,上海的大报小报,对唐纳和肖琨满是一片同情之声。

例(11)中,“大跌小涨”充当宾语的中心语,例(12)中,“大报小报”前有定语“上海”修饰,充当主语的中心语。

通过以上分析,我们可以知道反义词“多、少”与“X、Y”形成的格式“多X少Y”组合搭配相对于“大X小Y”来说更加丰富,二者的格式义因为固定项不同,也产生了较大差别。“大X小Y”是一种周变义,“多X少Y”则是一种委婉的规劝。

2.3　“南X北Y”“多X少Y”及相关格式发展的分析

储泽祥(2013)提到常见方位词的结构类别逐渐丰富,但发展并不均衡。总的来说格式“东A西B”“南X北Y”“大X小Y”“多X少Y”之间有着纵横交错的联系:“东A西B”“多X少Y”的构成搭配更加丰富,“南X北Y”、“大X小Y”则相对简单。

对举格式音节数量相对较均衡,声调抑扬、错落有致;语义分布,或平行或对称。尤其是本文的研究对象——格式“南X北Y”“多X少Y”,形式简练、简短,便于记忆,经常展现出丰富多姿的结构美感。同时,这些格式前后两端音节数量上相等,语音上前后两段延续时间相等,听觉上均衡、舒适、音乐,富有韵律感。

但无论是互为反义的方位词,还是互为反义的形容词,相互之间的研究可以形成一个连续统,这对后续发展反义共现格式的研究十分具有开创性价值。

“东A西B”较“南X北Y”,发展时间早且完善,这里面是蕴含着中国东位至尊的认知思维。王东茜(2010)曾提出,东方是太阳诞生的地方,是给万物带来春天和生机的方位。在中华民族的传统文化中,东和南都象征新生、光明、温暖、繁荣、兴旺,属阳;西和北象征死亡、阴暗、寒冷,属阴。所以,先民对东方怀有深深的敬意。在“观念联想”的引导下,把“东”这一方位引申到政治、德才、婚配、阴阳、神话、地名、成语、排序、礼仪等社会生活的各个方面,把“东”当作尊贵对象的代表,生活中逐渐有了与之相关的尊贵意识。德国语言学家洪堡特也认为语言形式来自内部认知的需要,是内蕴形式和它所表现的外部形式的统一。

格式“东A西B”“南X北Y”“大X小Y”“多X少Y”确实尊崇了上述观念,“东”“南”的顺序不是随便调换的,牵一发而动全身,需要结合实际来分析。

3. 结语

本文以“南X北Y”“多X少Y”为例，探讨了反义共现格式的语义增值和认知特点。主要结论如下：

（一）“南X北Y”“多X少Y”有对客观情况的表述，也有因主观化而产生的语义增值：格式“南X北Y”将差异较大两个范围的事物统一到一个层次，抽象化表达一种形象意义；格式“多X少Y”会根据特定情境给出主观性建议，但这仅限于一种委婉的规劝，听者是否采纳、采纳的程度如何取决于自身接纳度。

（二）单纯反义方位词或者互为反义的成对形容词都可以归入反义共现行列，他们之间存在认知上的关联，相互之间的研究可以形成一个连续统，对后续发展反义共现格式的研究十分具有开创性价值。

附　注

① 反义共现和反义词共现是有区别的。反义共现指两个反义概念共现一个语言单位，如兼有两个相反义项的反义同词，体现的是一个词不同义项之间的类聚关系；又如字面意义和实指意义截然相反的反讽。而反义词共现指两个具有反义关系的词项共同存在于一定的语言单位中，是词项之间的横向组合关系。

② 此时“南X北Y”“多X少Y”是具有反义关系的“南、北”“多、少”共同存在于某结构中的语言现象。

③ “多”“少”在“多X少Y”随强调重点会出现位置的变化，这不影响基本义的理解。

参考文献

晁代金.“左X右X”格式研究[J].现代语文，2007(3).

储泽祥.汉语空间方位短语历史演变的几个特点[J].古汉语研究，1996(1).

黄燕旋.方位对举四字框式结构研究[D].广州：暨南大学，2011.

李艳华.“东A西B”类格式的语法定位[J].世界汉语教学，2010(2).

李艳华.瞬时交替义“忽而A，忽而B”格式分析[J].云南师范大学学报，2009(4).

李文焘.对举式“方位词＋一＋量/动”的多角度考察[J].华中师范大学研究生学报，2007(2).

孟祥英."左V1右V2"格式初探[J].山东师范大学学报,2008(4).

孟祥英.方位词待嵌格式构词能力的不均衡性及成因[J].修辞学习,2009(5).

孟祥英.汉语待嵌格式研究[D].济南:山东师范大学,2010.

任永红."左A右B"格式的多角度研究[D].成都:四川师范大学,2012.

石吉梦."X也罢,Y也罢"格式研究[J].暨南大学华文学院学报,2007(2).

陶氏河宁.现代汉语方位词"东、西、南、北"的语义分析[J].云南师范大学学报,2006(5).

王东茜.汉语成语中"东……西……"结构的对举现象[J].河南城建学院学报,2010(3).

王峰,古川裕."左VP右VP"对举格式的语法化[J].汉语学习,2016(6).

臧晓艳.现代汉语"东A西B"格式研究[D].扬州:扬州大学,2014.

赵川兵.说"大惊小怪"有"大呼小叫"义[J].励耘学刊,2010(2).

转折性引述回应句“VP/不 VP,S”考察

安徽师范大学文学院　胡承佼

1. 引言

意外范畴(mirativity)是表现主观性意外认识的句法语义范畴,意外语义的表达往往与言谈互动关系密切,其语法实现手段具有多样化的特点(强星娜 2017,胡承佼 2018)。我们注意到,汉语口语交际中经常使用一种转折性引述回应句来传达意外意义,体现发话人的意外认识和意外评价。例如:

(1) “哎,我再看一下。”“再看一下,你这都看了老半天呢!”

(2) “小曼吵着‘过午不食’,要减肥呢。”“不吃,她昨晚还吃了一大份麻辣烫。”

例(1)和例(2)中带下划线的句子都是对于某个言谈对象先前某一具体言谈内容的回应。逻辑上,“再看一下”“不吃”分别与后面的“你这都看了老半天呢”“她昨晚还吃了一大份麻辣烫”构成转折关系。本文把这类转折性引述回应句码化为“VP/不 VP,S”。

宛新政(2016)考察了诸如例(2)这种含否定性“不 VP”的转折性引述回应句,将其简单界定为反预期构式“不 V 不 VQ”,但未及充分讨论,也没有考虑到还存在肯定式“VP”构成转折性引述回应句的情况。我们认为,反预期这一功能定位只考虑了发话人对于“S”的命题态度,如果仅是如此,发话人无需使用引述成分。比较例(1)与例(1)′、例(2)与例(2)′:

(1)′“哎,我再看一下。”“你这都看了老半天呢!”

(2)′“小曼吵着‘过午不食’,要减肥呢。”“那她昨晚还吃了一大份麻辣烫。”

使用复杂结构"VP/不 VP,S",是因为发话人更关注言谈对象声称的"VP/不 VP"与在"S"中实际出现的事态之间的前后矛盾。也就是说,此类转折性引述回应句的根本表达目的不在于反预期,而在于点明言谈对象"言行不一"给发话人带来的意外性心理冲突,突出发话人对于整个"VP/不 VP,S"句的命题态度。

话语引述及其相关现象一直是汉语语法研究中比较关注的问题,涉及概念界定、类型区分、功能考察、篇章分析、构式探讨等诸多方面,如吕叔湘、朱德熙(1978),徐赳赳(1996),董秀芳(2008),郑曼娟(2012),乐耀(2013),陈一、李广瑜(2014),马国彦(2016),王长武(2016)等。本文在以往研究的基础上,打算从构成特性、句义表现与意外语义形成、语用功能三个方面对转折性引述回应句"VP/不 VP,S"展开更加具体的考察。

2. "VP/不 VP,S"句的构成特性

2.1　"VP/不 VP"

关于"VP/不 VP",我们可以从来源的引述性、形式的可拷贝性、语义的指称性、功能的示证性和施效性几个方面看。

2.1.1　来源的引述性

引言部分已经指出,"VP/不 VP"是对言谈对象前时所言内容的引述。作为引述成分,"VP/不 VP"的位置非常灵活,可居于"S"之前,也可居"S"之后。同时,"VP/不 VP"的前面经常带有"说/讲/说是/讲是/想着"之类的引述标记词。例如:

(3) 说只打一会儿,结果你还是打了个通宵。

引述对象上,"VP/不 VP"所引述的可以是听话人的言论,如例(1)和例(3);可以是听话人之外第三方的言论,如例(2)和例(4);还可以是说话人自己之前的言论乃至自己的"内心独白"(Tannen 1989),此时说话人以自我为言谈对象,例如:

(4) 想着不要弄丢了,结果还是被我给忘在出租车上了。

引述方式上,"VP/不 VP"存在直接引述和间接引述两类。直接引述指"VP/不 VP"源于发话人对言谈对象所言内容的全部或部分复现,间接

引述指"VP/不 VP"源于发话人对言谈对象所言内容的言语再加工,即再现的是核心意义而不追究形式相同。Clark&Gerrig(1990)认为,直接引述是一种"复制"(reproduction),间接引述是一种"描述"(description)。例如:

(5)"我是真喜欢她。""喜欢,你还老晾着人家呀。"

(6)"戒烟,戒烟,一定要戒烟。""说不抽,你怎么又偷偷抽上了。"

例(5)为复制性的直接引述,例(6)为描述性的间接引述。

2.1.2 形式的可拷贝性

引述作为一种言语行为具有可重复性,所引述的话语能够多次使用。具体就引述成分"VP/不 VP"来说,其可以叠加并置,构成"VPVP/不 VP 不 VP"拷贝式。例如:

(7)心里想着马上改马上改,结果竟又拖了好几天。

形式的叠加和复杂化往往带来语义和语用功能的强化。相比"VP/不 VP",拷贝式"VPVP/不 VP 不 VP"进一步强调了言谈对象之前声称的内容,发话人的口气显得急促而迫切,其主观态度更为凸显。基于此,发话人有时还会使用形式更为夸张的"VPVPVP/不 VP 不 VP 不 VP"拷贝式。例如:

(8)说是不喝不喝不喝,可末了又拼了小半斤。

2.1.3 语义的指称性

从句法属性上看,"VP/不 VP"是谓词性结构,但在"VP/不 VP,S"转折性引述回应句中,"VP/不 VP"并不表达陈述性意义,而是用以指称言谈对象先前的某一话语信息,即言谈对象曾声称过类似这样的话语内容。换言之,"VP/不 VP,S"中使用"VP/不 VP"表明的是一种言谈上的言语行为,而非概念上的肯定性或否定性陈述。例如:

(9)说所有活儿全包了,可他现在愣是半点没干。

例(9)中的"所有活儿全包了"用于分别指出言谈对象之前说过类似"所有活儿全包了"这样的话,不是为了对事件行为"包下所有活儿"进行肯定性陈述。

结构形式上的一个证明是,此类转折性引述回应句中,"VP/不 VP"可以用"言谈对象+说过+'VP/不 VP'这话儿"补充完整,且语义保持不

变。这种情形下,“VP/不 VP”显然是表指称的。例如:

(9) ′他说过“所有活儿全包了”这话儿,可他现在愣是半点没干。

2.1.4 功能的示证性和施效性

作为发话人的一种主观行为,话语引述体现了发话人对被引述者话语的主观介入和处理(Triki & Bahloul 2001)。就转折性引述回应句“VP/不 VP,S”而言,引述成分“VP/不 VP”具有示证功能:以言谈对象之所言作为论据或者说证据来源,明示其与后续“S”所述事态的实际表现不相符,“在形式上体现出自己的言谈与对方的言谈内容具有意义上的关联性”(方梅 2012:502),借以表明自己产生意外性心理冲突是合理的。例如:

(10) 扫好了,这地怎么还这么脏?

“扫好了”是言谈对象先前的话语内容,“地仍然这么脏”是目前的实际事态。通过引述“扫好了”,发话人将其作为一个证据向受话人加以展示,解释自己为何会产生意外性心理冲突,并以此向听话人显示该意外性心理冲突的合理性。这实际上就是一个“明示—推理”(丹·斯珀波、迪埃珏·威尔逊 2008:63-68)的交际过程。

与示证功能密切相关的是施效功能,示证是为了更好地施效。Austin(2002)将言语行为三分为:话语行为(locutionary act)、话语施事行为(illocutionary act)、话语施效行为(perlocutionary act),其中“话语施效行为”是指“通过说某些事情,我们实现或取得某些效果,如使人信服、说服、阻止,甚至是使人吃惊或使人误导”。从以言行事的角度看,引述成分“VP/不 VP”恰恰属于话语施效行为,其不是为了传达该话语自身语义,目的在于该话语说出之后所产生的效果以及对受话人的影响(胡承佼 2016),以获得受话人的关注和认同。

2.2 “S”

2.2.1 事态要求

转折性引述回应句“VP/不 VP,S”中,“S”作为后续成分,其反映的事态一般要求是已然事态。这与“S”的反预期性(counter-expectation)和前景(foreground)地位有关。

基于言谈对象先前言论“VP/不 VP”和交际的质量准则,发话人通常会首先认可言谈对象该言论,并形成与之相适的某种预期。当“S”反预期

时,“S”反映的事态就需为结果已明的已然事态,结果未明的未然事态难以判断反预期与否。例如:

(11) 说考研究生,可他根本就没看书。

言谈对象宣称“考研究生”,发话人由此产生“言谈对象会努力看书”这样的预期,而“S”反映出的却是“根本就没看书”这一结果明确的已然事态,反预期得以判定。我们在语料中还发现了下面这类例子:

(12) 说是去上海,但后来你怎么又打算去北京?

“去北京”似乎是未然事态,如何解释?不难发现,“S”所反映的事态其实是“打算去北京”,作为一种意图,这还是确定的和已然的。

从信息值高低来看,“VP/不 VP,S”中“S”是真正承载核心意义的部分,具有前景地位。“S”的前景地位通常也要求其反映的是已然事态,“前景材料推动叙述进行……用完成体表示”(屈承熹 2006: 171)。例如:

(13) 甲:等会儿啊,我去去就来。先别下(线)。

乙:去去就来,这都多长时间了。我一顿饭的工夫都没了。

甲:(流泪表情包)LP 有指示,不敢不去。

乙:快点,快点,到你了。

2.2.2 语义性质

语义上,正如前文所言,“S”与“VP/不 VP”间存在逻辑转折关系,即“S”并未按“VP/不 VP”来顺向推进,而是形成一种事态逆转。事态逆转越突然,越容易令人意外。转折性引述回应句“VP/不 VP,S”正是如此,“VP/不 VP”中既没有“虽然”之类的预示后续“S”将要转折的任何标记,也不能自行添加上这类标记。按邢福义(2001: 47)对转折句的区分,其应属“突转句”,而非“让转句”或“假转句”。比较:

(14) 不紧张,可你哆嗦什么?

(14)′ * 虽然不紧张,可你哆嗦什么?

“不紧张”顺向推进所呈现的后续事态本该是“行为表现自然”,“S”却是意味着“很紧张”的“哆嗦”,形成事态逆转。“VP/不 VP,S”句的“突转”语义特性,压制“不紧张”的前面使用“虽然”之类的转折标记,因为一旦添加,“虽然 VP/不 VP”就已经预示了后续“S”的逆转,这相当于提供了一个心理缓冲,不利于意外心理冲突的产生,无法显著表现意外语义。同样的道理,“S”中则经常使用或者可以自行添加转折标记,因为这有利于事态逆转表现得更加显赫。

具体来看,“S”语义上有两种表现:一种是明转,“S”直接含有与“VP/不 VP”语义相背的“不 VP/VP”;一种是暗转,“S”虽不含与“VP/不 VP”语义相背的“不 VP/VP”,但可以推导出其语义与“VP/不 VP”存在相背关系。例如:

(15) 说是不划了不划了,但转眼又划了小区里三辆车。

(16) 说尝一口,结果半盘子都没了。

例(15)是明转,“又划了”与“不划了”语义相背,形成转折。例(16)是暗转,从“半盘子都没了”能够推出发话人意指“吃了很多”(发话人认为大量),这就与“尝一口”(言谈对象宣称小量)相背,形成转折。

2.2.3 形式特征

从转折标记和明转、暗转之间的配合看,“S”就存在四种表现形式:“有转折标记+明转”“无转折标记+明转”“有转折标记+暗转”“无转折标记+暗转”。显然,语义理解上,“有转折标记+明转”的“S”最容易,其转折形式和转折语义均凸显;“无转折标记+暗转”的“S”最难,其转折形式和转折语义均不凸显;“无转折标记+明转”和“有转折标记+暗转”的“S”居中,前者凸显了转折语义,后者凸显了转折形式。统计语料,我们发现恰恰是“无转折标记+明转”和“有转折标记+暗转”这两种形式用频最高,“有转折标记+明转”形式次之,“无转折标记+暗转”用频最低。究其原因,可能与发话人寻求表达省力和理解省力二者间的平衡有关。“S”明转,就无需强求用转折标记;“S”有转折标记,就不用强求明转。“有转折标记+明转”采用双重凸显,表达不够省力;“无转折标记+暗转”需要额外推导,理解不够省力。而当表达省力与理解省力难以兼顾时,让受话人理解则更重要,宁可多说也不要少说,因此相对而言“有转折标记+明转”形式的用频又略高于“无转折标记+暗转”形式。

Peterson(2013)从寄生性(parasitic)和非寄生性(non-parasitic)的角度,较系统地考察了人类语言中意外范畴的实现手段(强星娜 2017)。与此相关,受“VP/不 VP,S”表达意外语义的影响,“S”形式表现上的另一个特点就是同表现意外范畴的形式手段之间有极强的适配性。“S”可以使用意外义评注副词充当高层谓语,可以自由运用意外话语标记,还可以附加诸如反问之类的特定语气。据胡承佼(2018),这些都属于汉语高频采用的意外范畴实现手段。例如:

(17) 讲是随便聊聊,可竟然来了一大帮人正襟危坐地谈了大半天。

(18) 坐一下,你怎么坐了这么久?

3. “VP/不 VP,S”句的句义表现和意外语义的形成

3.1 句义表现

“VP/不 VP,S”句的句义表现可以概括为呈现事态突转、蕴含对抗否定、传递负面事理立场、凸显意外认识四个主要方面。关于事态突转的呈现,2.2.2 小节讨论“S”语义性质时已经一并说明,本节不再赘述。

3.1.1 蕴含对抗否定

郑曼娟(2012)指出,引述回应同对抗否定存在必然联系。转折性引述回应句“VP/不 VP,S”亦是如此,句义上具有对“VP/不 VP”的否定性,即“VP/不 VP”言不符实。这种否定语义显然不单独来自“VP/不 VP”本身,也不单独来自“S”,而是源自“VP/不 VP”与“S”之间的对抗性或者说矛盾性,即前文所说的事态突转。例如:

(19) 就买就买,三个多月了你有动静吗?

Stainton(1999)将引述语意义区分为涉及“命题真假”和涉及“言语行为是否恰当”两种。“命题真假”针对的是引述语本身所指信息的真或假,属于语义范畴的肯定—否定判断;“言语行为是否恰当”针对的是引述语作为一种言语行为的适宜或不适宜,属于语用范畴的肯定—否定判断。两者既有区别,又有联系。作为引述语,所指信息的真或假往往会影响其作为一种言语行为的适宜或不适宜。具体到转折性引述回应句“VP/不 VP,S”,由于“S”所表事态的实然性,可以得出引述语“VP/不 VP”所指信息为假(语义否定),那么宣称“VP/不 VP”这样的言语行为就不适宜、不恰当(语用否定)。仍以例(19)来看,“三个多月了你有动静吗?”为反问形式,意指实际出现的事态是“三个多月了你还没有买”,与“就买”相矛盾,由此言谈对象“你”之前说的“就买”信息为假,进而言谈对象“你”宣称“就买”的言语行为并不恰当。

可见,"VP/不 VP,S"蕴含的否定句义实质上是语义否定与语用否定的交融,发话人既是在否定言谈对象先前的言语信息,也是在否定言谈对象先前的言语行为。这种语义否定和语用否定以"VP/不 VP"与"S"的语义对抗性为基础,同引述语"VP/不 VP"本身是肯定形式还是否定形式无关。

3.1.2 传递负面事理立场

转折性引述回应句"VP/不 VP,S"是一种主观性表达结构,王长武(2016)认为主观性是引述回应格式的本质特征之一。主观性的一个重要表现是,"VP/不 VP,S"句在句义上往往传递"负面事理立场"(刘亚琼、陶红印 2011: 115),表现发话人对"S"不合理性的主观认识。从"趋利避害"的语言使用心理来说,如果发话人主观认定"S"是合理的,即使"S"所表现事态与言谈对象先前声称的"VP/不 VP"不相符,为避免冲突,其一般也不会在谈论"S"时引述"VP/不 VP"。反之,如果发话人主观认定"S"是不合理的,那么一旦"S"所表现事态与言谈对象先前声称的"VP/不 VP"不相符,发话人就会有意在言谈中引述"VP/不 VP",借以引入"冲突",引起听话人的关注,试图来影响听话人的看法或态度。发话人对"S"不合理的主观认定往往可以通过"S"的后续句看出端倪。例如:

(20) 不给不给,你怎么又给了那么多? 咱家很有钱是吧?

例(20)发话人认为"你不应该给那么多",均传递出对"S"的负面立场,即在发话人看来"S"不合理。并且,通过引入听话人"你"(同时也是言谈对象)先前的言论"不给",发话人意在促使听话人"你"反省自己在"S"事态中的所作所为。

当引述语"VP/不 VP"为发话人自己之前的言论或"内心独白"时,发话人对"S"的负面立场依然存在,此时体现的是一种交互主观性,发话人是以"他者视角"来审视自己在"S"事态中的所作所为,评判其不合理,以期听话人认同自己的自我反思。例如:

(21) 说好好看书,我又荒了半个来月,什么书都没看。

"S"合理与否与"S"所表现事态本身是否具有积极性没有明显关系。一般视为积极性的"S"在发话人的主观认识上同样可能是不合理的,从而引入引述语"VP/不 VP",构成"VP/不 VP,S"句。这进一步印证了"VP/

不 VP,S”句在表达上的主观性。例如：

(22) 说没准备,那你怎么考上的？烧高香啦？

3.1.3 凸显意外认识

“意外认识”表现的是“发话人不备的大脑知识、非预期的新信息以及随之而来的惊异感受”(Aikhenvald 2004：90),这实质上是一种心理认识或者说心理体验。落实到具体语言表达中,言谈上所显现的就是“意外”义。就转折性引述回应句“VP/不 VP,S”而言,其牵涉到发话人的双重意外认识：“S”反预期给发话人带来的意外认识、言谈对象“言行不一”给发话人带来的意外认识。“S”反预期是判定言谈对象“言行不一”的基础,因此“S”反预期给发话人带来的意外认识要比言谈对象“言行不一”给发话人带来的意外认识更加直接。显然,认知加工处理上,后者比前者复杂。概念的认知处理越复杂,所需要的形式往往越复杂,这也就带来了语言表现形式的差异。

如果仅仅为了表现“S”反预期给发话人带来的意外认识,言语表达上发话人只需要考虑“S”事态本身,可以不引述“VP/不 VP”,将其完全交给会话语境。例如：

(23) (甲说过“不再参加相亲活动”,发话人发现他又来了)咦,你怎么来了？

例(23),由于言谈对象“甲”以前声称“不再参加相亲活动”,发话人形成预期“这次相亲活动,甲不会来了”,事实是“甲来了”,这违背了发话人的预期,令发话人觉得意外。发话人不引述“VP/不 VP”,对表现“S”反预期带给自己意外认识没有多少影响。

发话人之所以引述“VP/不 VP”,形成“VP/不 VP,S”句,一个最重要的原因就是：通过引述,将“VP/不 VP”重新拉入当下言谈现场,凸显言谈对象“言行不一”给自己带来的意外认识。比较例(23)和例(23)′：

(23)′(甲说过“不再参加相亲活动”,发话人发现他又来了)说不参加,你怎么来了？

换言之,是否引述“VP/不 VP”,本质上反映的是发话人选取的认知凸显侧面(profile)的差别。不引述“VP/不 VP”,发话人的认知凸显侧面在于因“S”反预期而意外;引述“VP/不 VP”,发话人的认知凸显侧面在于因言谈对象“言行不一”而意外。据此,我们认为“VP/不 VP,S”是一种有标记结构形式,具有凸显言谈对象“言行不一”从而使得发话人感到意外的句义表现。

综合以上三小节所论,可以看出转折性引述回应句“VP/不 VP,S”的运用受到三个方面的影响:首先,“VP/不 VP”与“S”存在事态逆转关系;其次,“S”事态在发话人的主观认识上具有不合理性;再次,发话人试图凸显言谈对象“言行不一”给自己带来的意外认识。一旦满足这三个方面,发话人往往就会采用该种表达结构。

3.2 意外语义的形成

“VP/不 VP,S”意外语义的形成可简要概括为:言谈对象言域与行域相矛盾,引发发话人知域上的冲突,造成发话人心理上的“不备”(unprepared)和“惊异”(surprise),导致其产生意外认识,从而句义上“浮现”(emergent)意外义。言谈对象声称“VP/不 VP”,属于言谈对象的言域;言谈对象在“S”中的实际行为,属于言谈对象的行域。发话人知域上则具体表现为四点看法:(1)“S”发生前,对言谈对象声称内容的认可;(2) 对人们应该“言行一致”的价值认同;(3)“S”发生后,对“S”违背言谈对象声称内容的断定;(4) 对言谈对象“言行不一”的评判。四点看法中,(1)与(3)、(2)与(4)分别构成了两组冲突,这也正是前文说“VP/不 VP,S”涉及发话人双重意外认识的原因所在。

由此,我们可以将转折性引述回应句“VP/不 VP,S”意外语义的形成在语义背景上作如下演示:A. 言谈对象曾声称“VP/不 VP”;B. 发话人基于交际质量准则,认可言谈对象声称的内容,相信其为真;C. 由于发话人相信“VP/不 VP”为真且基于人们应该“言行一致”的价值认同,发话人形成对言谈对象的预期 S′;D. 当前,言谈对象出现事态“S”;E. 发话人认为“S”违背了预期 S′;F. 发话人认为言谈对象“言行不一”;G. 发话人因而感到意外;H. 发话人诉诸“VP/不 VP,S”句传达出意外,意外义得以浮现。结合一个具体例子来看:

(24)(甲说过“不骂孩子了”,发话人发现甲又在骂)说不骂,你怎么又骂起来了?

此例,言谈对象“甲”曾声称“不骂孩子了”;发话人认可“甲”声称的内容,相信“甲”的言论;由于发话人相信“甲”的言论并认为人们应该“言行一致”,发话人预期“甲”“不会再骂孩子”;当前,“甲”出现新事态“骂孩子”;发话人认为“甲”“骂孩子”违背了自己对“甲”的预期;发话人认为“甲”“言行不一”;发话人感到意外,并经由整个语句传达出意外语义。可见,转折性引述回应句“VP/不 VP,S”表达意外语义与它的整体语义背景及发话人的主观认识密切相关,其以互动交际为基础,具有较强的语境依赖性。

4. “VP/不 VP,S”句的语用功能

Halliday(1994: 250 - 269)提出了语言的概念功能(ideational function)、人际功能(interpersonal function)和篇章功能(textual function)。从“VP/不 VP,S”句义表现的四个方面看,事态突转属于语言概念功能中的逻辑功能(logical function)部分,对抗否定、负面事理立场、意外认识则均与发话人的态度及其对事物的推断、判断、评价有关,属于语言的人际功能。“人际功能的加强诱发情态化”(张谊生 2010: 362),这使得“VP/不 VP,S”句在具体互动交际过程中还会产生一些依靠语用推理而显现的语用功能。

4.1 反驳“VP/不 VP”言论

一般说来,人们对某一言论的“认同”“反驳”与其对该言论的“肯定”“否定”具有很大关联性。“认同”一个言论通常意味着“肯定”该言论,“反驳”一个言论通常意味着“否定”该言论。这样一来,因为转折性引述回应句“VP/不 VP,S”表现发话人对“VP/不 VP”的对抗否定,经由“否定”而“反驳”的逆向回溯推理,听话人就会推断:发话人很可能是在反驳言谈对象的“VP/不 VP”言论。例如:

(25) 说不嫉妒,可她刚才那眼神都能把人吃喽!骗谁呢?

4.2 嗔怪“S”事态

与反驳“VP/不 VP”言论的语用功能源于逆向回溯推理不同,嗔怪“S”事态的语用功能源自顺向推理:如果一个行为事件是不合理的,那么

该行为事件可以被嗔怪。因为转折性引述回应句“VP/不 VP,S”表现发话人对“S”不合理性的负面事理立场,经由“不合理”而“嗔怪”的顺向推理,听话人就会推断:发话人很可能嗔怪言谈对象的“S”事态,即“S”事态不应该出现。例如:

(26) 歇一会儿歇一会儿,他这都甩手好半天了。叫我说,不想干趁早滚蛋!

4.3 嘲讽言谈对象“言行不一”

嘲讽言谈对象“言行不一”的语用功能同样源自顺向推理:言行一致是人们的普遍价值观,如果一个人言行不一,前言不合后事,引起他人心理上的意外冲突和不适,那么很可能招致他人言语上的嘲讽。转折性引述回应句“VP/不 VP,S”表现发话人对言谈对象“言行不一”的意外认识,经由“对言谈对象言行不一感到意外”而“嘲讽言谈对象”的顺向推理,听话人就会推断:发话人很可能施行嘲讽言谈对象的言语行为,即利用言语对言谈对象加以讽刺。例如:

(27) 说不涨价不涨价,他家竟然偷偷涨了好几次。还要脸啵?

以上分别对转折性引述回应句“VP/不 VP,S”的三种语用功能进行了说明。事实上,就“VP/不 VP,S”句而言,反驳“VP/不 VP”言论、嗔怪“S”事态、嘲讽言谈对象“言行不一”三种语用功能往往能够同时显现,难以截然分开,因为三种语用功能都是以“VP/不 VP,S”句的句义表现为基础。

5. 结论

本文从构成特性、句义表现与意外语义形成、语用功能的角度对现代汉语转折性引述回应句“VP/不 VP,S”进行了讨论。“VP/不 VP”可以从来源的引述性、形式的可拷贝性、语义的指称性、功能的示证性和施效性四方面考察;“S”可以从事态要求、语义性质、形式特征三方面考察。转折性引述回应句“VP/不 VP,S”的句义表现可概括为呈现事态突转、蕴含对抗否定、传递负面事理立场、凸显意外认识。以句义表现为基础,在语用推理的作用下,“VP/不 VP,S”句还显现出反驳“VP/不 VP”言论、嗔怪“S”事态以及嘲讽言谈对象“言行不一”三个语用功能。

参考文献

陈　一,李广瑜.“别＋引语”元语否定句探析[J].世界汉语教学,2014(4).

丹·斯珀波,迪埃珏·威尔逊.关联：交际与认知[M].蒋严,译.北京：中国社会科学出版社,2008.

董秀芳.实际语篇中直接引语与间接引语的混用现象[J].语言科学,2008(4).

方　梅.会话结构与连词的浮现义[J].中国语文,2012(6).

胡承佼.“至于”反问句考察[J].语言科学,2016(4).

胡承佼.意外范畴与现代汉语意外范畴的实现形式[J].华文教学与研究,2018(1).

刘亚琼,陶红印.汉语谈话中否定反问句的事理立场功能及类型[J].中国语文,2011(2).

吕叔湘,朱德熙.语法修辞讲话[M].北京：中国青年出版社,1978.

马国彦.“别”与引述性否定[J].世界汉语教学,2016(4).

强星娜.意外范畴研究述评[J].语言教学与研究,2017(6).

屈承熹.汉语篇章语法[M].潘文国,等译.北京：北京语言大学出版社,2006.

宛新政.反预期构式“不V不VQ”[J].阜阳师范学院学报(社会科学版),2016(2).

王长武.现代汉语引述回应格式研究[D].上海：上海师范大学,2016.

徐赳赳.叙述文中直接引语分析[J].语言教学与研究,1996(1).

邢福义.汉语复句研究[M].北京：商务印书馆,2001.

乐　耀.汉语引语的传信功能及相关问题[J].语言教学与研究,2013(2).

张谊生.现代汉语副词分析[M].上海：上海三联书店,2010.

郑曼娟.从引述回应式看汉语习语构式的贬抑倾向[J].浙江师范大学学报(社会科学版),2012(3).

Aikhenvald, A. Y. Evidentiality[M]. Oxford: Oxford University Press, 2004.

Austin, J. L. How to Do Things with Words[M]. Beijing: Foreign Language Teaching and Research Press, 2002.

Clark, H. & Gerrig, R. J. Quotations as Demonstrations[J]. Language, 1990(4).

Halliday, M. A. K. An Introduction to Functional Grammar[M]. London: Arnold, 1994.

Peterson, T. Rethinking Mirativity: The Expression and Implication of Surprise[EB/OL]. https://www.docin.com/p1756805623.html, 2016.

Stainton, R. Remarks on the Syntax and Semantics of Mixed Quotation[M]//K.

Murasugi & R. Stainton. Philosophy and Linguistics. Colorado: Weatview Press, 1999.

Tannen, D. Talking Voices: Repetition, Dialogue, and Imagery in Conversational Discourse[M]. London and New York: Cup, 1989.

Triki, M. & Bahloul, M. The Reported Speech Revisited: A question of Self and Expression[J]. Academic Research, 2001(1)&(2).

(本文发表于《汉语学习》2020 年第 3 期,略有删改)

语 义 解 释

汉语疑问词连锁句的语义构造及其句法价值

——汉语表达非规约事象关联的句式

日本大阪产业大学　张　黎

1. 前人的研究

疑问词连锁句是指如下句式：

(1) 谁回家早，谁做饭。　　　　(2) 吃多少拿多少。

关于这种现象，最早可追溯到吕叔湘(1944：208)，他说："第一个是任指的，第二个表面上也是任指的，实际上随第一个为转移，并不是绝对无定，而是相对有定的。"此后，王力(1954)也有论述。不过，中国学者大都是把此种现象作为疑问词的特殊用法来对待的。只有北京大学的《现代汉语》称此种句式为"倚变复句"。

在西方汉语学界，郑礼珊、黄正德(1996)在汉语的所谓驴子句的分析中，对此种句式疑问词间的量化关系作出了形式语法的分析。他们认为疑问词连锁句几种类型只能用全称量化理论加以解释，但他们对这种句式的本质特征以及具体的语义描写略显不足，对此种句式在汉语句式系统中的特殊价值也似乎认识不足。

日本汉语学界一直是把此种现象作为句式的一种来加以研究的，杉村博文(1992)讨论过此种句式，并命名为疑问词连锁句。杉村博文(2017)则是对上述现象的最新研究。铃木庆夏(2015)认为，此种句式所表述的句子意义为一条规律或规则，并称之为法则句。池田晋(2017)则在讨论了上述研究的基础上，提出了此种句式是表达多样性关联的条件复句的主张。

此外，Luo、Crain(2011)从类型学角度探讨了汉语疑问词连锁句与相关句式(correlation syntax)间的关联。白尚烨(2011,2012)也从相关句式的角度考察和描写了疑问词连锁句在通古斯语的若干语言中的分布情况。

上述研究,提出了问题,并从不同的角度对汉语疑问词连锁句进行了多角度的、有价值的探索。而本文旨在进一步描写这种句式的语义结构及其在汉语句式系统中的特殊价值和地位。

2. 疑问词连锁句的句法构造

2.1 典型的汉语疑问词连锁句

典型的汉语疑问词连锁句一般是以两个小句相连的方式出现的,如:

(3) 谁工资高,谁请客。

(4) 你想买什么,就买什么吧。

但从语义层面上看,这是以两个事态间的伴随相生关系为表达主旨的复合事象句。不过,从各小句的语义功能上看,我们认为这种句式内的两个小句各司其职,各有各的功能。这可表述为特征指定和焦点投射,即:

S1(Q1)特征→S2(Q2)焦点

其中,S指句子,Q指疑问词,→意为投射。上述公式具体描述为:由S1句指定Q1的特征,通过→投射于S2中的Q2,并由此规约的关联事象类型。

从语义功能上看,S1句具有特征指派的索引功能,通过S1的特征指派,使对S2的搜索有迹可查,有据可依。而S2通过Q1和Q2的同指关系在被赋予S1的特征后,就会自然地成为S1的标的。这就是说,S1具有特征指定的作用,起一种索引功能。通过Q1和Q2的同指关系标的S2(使S2成为标的句),并借此实现S1和S2的关联。为此,从功能角度看,也可如下描写:

S1(索引)→S2(标的)

一般地说,疑问词连锁句可转化为:

{S1(Q1特征指派)→S2(Q2焦点投射)}→{S1的(Q1→Q2)S2}

(5) 谁回家早,谁做饭→(5)′回家早的人做饭。

(6) 你想买什么,就买什么吧。→(6)′你买你想买的吧。

从以上的分析我们可以看出，Q1 和 Q2 并非完全同指。说 Q1 和 Q2 同指，是外延逻辑的视角，而从内涵逻辑的角度看，S1 被充值而被赋予了特征，S2 是具有 Q2 这种特征的新事态。因此，Q1 和 Q2 在内涵上是不一样的。比如，就(5)句而言，Q1 是“回家早”的“谁”，而 Q2 是“做饭的”的“谁”。因此，疑问词连锁句中的同形疑问词并非同指。说两个疑问词同指只是就其形式而言的，而就其内涵而言，却不可同日而语。

2.2　Q1 对 Q2 的投射

如果我们定义一个(X)的集合，并把主语、谓语、宾语、定语、状语码化为 a、b、c、d、e 的话，就会发生如下投射形式：

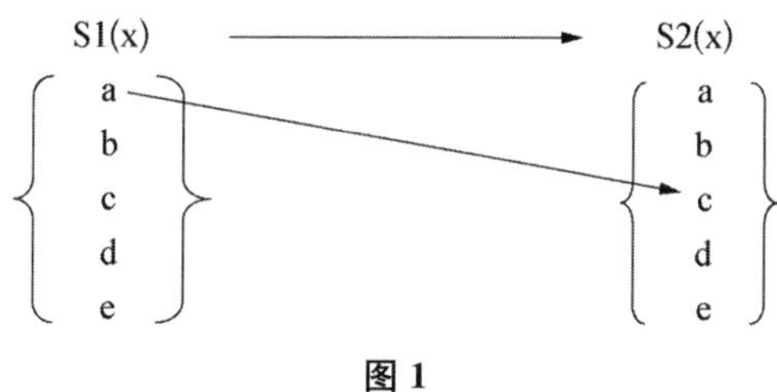

图 1

这是 a→c 之例。我们根据疑问词的类别对这种投射描写如下。

(一) 指人。谁(哪个人)：具有个指(individual)特征。

a 系列：a→a (7) 谁回家早，谁做饭。

a→c (8) 谁不听我的话，我就罢免谁。

a→d (9) 谁画得出色，谁的画就能得奖。

c 系列：c→a (10) 你批评谁，谁都不可能高兴。

c→c (11) 你让我抓谁，我就去抓谁。

c→d (12) 这种事你问谁，谁的家人都不会告诉你的。

d 系列：d→a (13) 谁的讲演出色，谁就会当选。

d→c (14) 谁的讲演出色，选民就会选谁。

d→d (15) 谁的工作出色，谁的奖金就多。

(二) 指物。什么(什么东西)：具有范畴化(category)特征，不能作修饰性成分。

a 系列：a→a （16）什么东西缺，什么东西就涨价。

a → c（17）什么便宜就买什么。

c 系列：c → c（18）缺什么买什么。

c → a（19）缺什么，什么就贵。

（三）指时间。什么时候：具有全句修饰语特征，指事件发生时间。

e 系列：e → e（20）你什么时候来上海，我什么时候到上海。

（21）什么时候你来上海，什么时候我就去上海。

（四）指地点。哪里(哪儿)：

a 系列：a → a（22）哪儿发生灾害，哪儿就会有救援队出现。

a → c（23）哪里有漫画，孩子们就会聚集在哪里。

c 系列：c → a（24）那个明星走到哪里，哪里就响起热烈的欢呼声。

c → c（25）救援队走到哪里，就把救援物资带到哪里。

（五）指数量。多少(几个)：具有数量指称性。

c → c（26）吃多少拿多少。

（27）有几个要几个。

（六）指状态。怎么(怎么样)：是用言性成分，具有陈述性。

e → e（28）你怎么说，我怎么做。

（29）大人怎么样做，孩子就怎么样学。

“为什么”是事件性疑问词，主要问事件，不存在此种用法。

上述关于疑问词的分布描写，实际上就是发生在汉语疑问词连锁句中的焦点投射的过程以及由此而形成的结果。我们看到，这些不同类型的疑问词作为焦点在疑问词连锁句中呈现出不同的投射类型：有鱼贯型的(鱼头型和鱼尾型)，有两开型的，有对接型的，有表层投射型的，也有深层投射型的。通过这些焦点投射，使 S2 句和 S1 句得以关联，并成为话语关注的中心。

2.3 投射过程

上述投射过程的程序可概括为：

功能投射→类别投射→位置投射

功能投射指的是投射的功能类别，一般分两大类：一是名词性投射，或曰体言性投射，包括(一)至(五)类；二是动词性投射，或曰用言性投射，主要指(六)中“怎么 V”之类。

类别投射指的是语义类别,可分指人(谁),指物(什么/啥),指时间(什么时候),地点(哪儿/什么地方),数量(多少),状态(方式)等。

位置投射指主语、谓语、宾语、状语、补语和定语等句法位置的投射。

2.4 疑问词连锁句的类型

从句法上看,疑问词连锁句有如下类型:

a 最简式:(30) 爱谁谁! 爱哪儿哪儿!

b 鱼贯式:(31) 他见谁爱谁。 那孩子谁见谁爱。

c 对映式:(32) 要多少有多少。借多少还多少。

d 离散式:(33) 谁不听我的命令,我就解雇谁。

3. 事象的规约关联和非规约关联

从上文的分析中,我们可以看到,汉语的疑问词连锁句具有复句的特征。但对于这种句式的归属却有不同看法。

北京大学《现代汉语》称此种句式为“倚变复句”,包括两类:一是疑问词连锁句;一是“越……越”句式。不过,我们认为把这两种句式归为一类,并命名为“倚变复句”不很合适。理由有二:一是疑问词连锁句并不表示变化,表达的是两个事象间的关联。当然,从两个疑问词之间的关系上看,确有互指的依存关系,但这只是两个疑问词之间的关系,而非表达两个事象间的关系。二是“倚变”说所指的应是像“汉语越学越有意思”“我越劝她,她越哭”之类的句式。这种句式间的两个事象间确有相互倚变的关系,但这种倚变是性状性倚变,而非名物间的倚变。

另一方面,在早期的汉语学者和新近的海外学者的研究中,一般将疑问词连锁句归入条件句式。无论是早期的王力(1954)和吕叔湘(1994)的研究,还是新近的杉村博文(1992/2017)、铃木庆夏(2015)和池田晋(2016)的研究,抑或是西方郑礼珊、黄正德(1996)的研究,其共同之处是认为这种句式前后事象间的关系是条件关系。正如池田晋(2016)所指出,“这种句式是一种条件句,这是自王力(1954)以来,被各家研究多次指出的,并在各先行研究中所共有的认识”。池田晋在此基础上比较了疑问

词连锁句与其他条件句不同,并图示为:

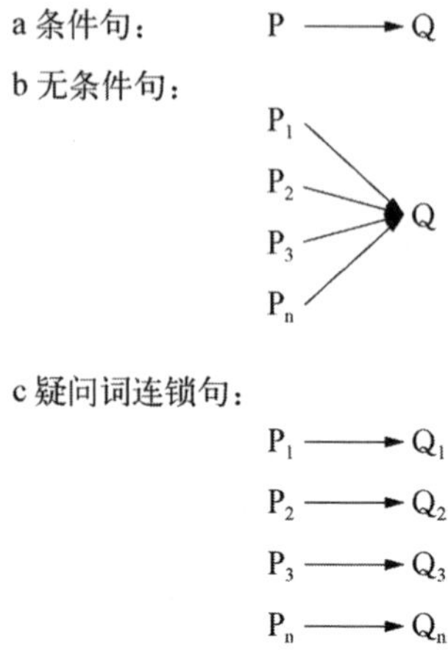

他认为,一般条件句前件和后件间的关系是一对一的关系,无条件句的前件和后件间的关系是多对一的关系,而疑问词连锁句前件和后件间的关系是多对多的关系。因此,他认为汉语的疑问词连锁句是表达多样性的条件复句。

但是,我们认为,这些传统的认识是值得商榷的,这是因为:

(a) 正如我们在上文中指出的那样,疑问词连锁句中的两个小句间的语义关系不是条件—结果的语义关系,而应看作索引—目标性的语义关联。

(b) 最为重要的是,疑问词连锁句的两个小句间的语义关系不同于一般复句内两小句间的语义关系的。如果说,一般的复句内小句间的语义关联是规约性的话,那么疑问词连锁句的两小句间的语义关系就是非规约性的。这是疑问词连锁句不同于一般复句的根本之处。

一般来说,复句都是表达两事象间关系的句式。传统的复句研究根据复句内的前后分句间的语义关系将复句分为联合复句和偏正复句,并在这两类复句之下又进而进行了下位分类。胡裕树(1979)和黄伯荣、廖序东(2002)的《现代汉语》都作如是分析。邢福义(2001)在《汉语复句研究》中采用三分法,将汉语复句分为因果类复句、并列类复句、转折类复句。姑且不论汉语复句是二分还是三分,根据复句两分句(事象)间的语义关系进行划分是上述各家的共同之处。不过,对这种语义关系的本质大多语焉不详。

那么,复句内的分句间的语义关联到底是一种怎样的语义关联呢?我们认为,这种语义关联一语以蔽之,就是规约性关联。规约性关联具有如下特征:

(a) 以人类的认知经验为基础,是人类对事件间关联定式的理性认定。不论哪种复句,其内部的语义关联都是在经验世界中反复出现的,可以类型化、格式化的事件关联。因此,复句内小句间的语义关联是一种内化于心智的意象图式。

(b) 是一种可推衍的语义关联。因果关系、转折关系、条件关系、递进关系、并列关系、选择关系、假设关系、让步关系等复句间的语义关联,都是可从前件预测和推知后件的。由因推果,由前提反推转折,由条件预测结果,由一种属性推知同类属性,等等。之所以会如此,是因为这些语义关系已形成一种定式,内化于人类的认知结构中,并以一定的关联词语显形于外。

(c) 规约性关联一般都有相对确定的语言表达形式。复句的关联词语正是这种规约性关系的句法表征。

因此,规约性关联,又可称为逻辑关联,指的是两个句子间的现实性的语义关联,这种关联是以反复出现的经验为基础的,可推衍的、格式化了的关联,一般会以显性的语法形式而存在。

与规约性关联不同的是,疑问词连锁句内小句间的语义关联是非规约性关联。非规约性关联具有如下特征:

(a) 是一种基于常识的、百科全书式的语义关联。与规约性关联不同,这种语义关联并不以类型化、格式化的形式出现,本质上是一种随机性的关联。

(b) 非规约性关联不是推知性的关联,而是临时性的决定,或反复出现的现象。

(c) 非规约性关联是事件内某一属性或状态间的关联,这种属性或状态关联是通过疑问词的互指形式实现的。在疑问词连锁句中,疑问词既承担语句关联作用,同时又是句内语义结构的一部分。

上述论说,可简言如下:

(a) 规约性关联是经验推理型的,非规约性关联是百科知识型的。

(b) 规约性关联是确定了的可推衍关联,而非规约性关联是随机性的不宜推衍关联。

(c) 规约性关联是显性的,非规约性关联是隐性的。

(d) 规约性关联是公约性的,而非规约性关联常常是私设的。

另一方面,疑问词连锁句式是一种事态关联句,不是事件呈现句。事件呈现句是陈述一个具体时空间的,按时序在同一时间轴上描写或陈述事件发生、发展、结束的过程的句式。而疑问词连锁句是一种表达事态关联的句式,因此前后分句所表达的事件并非一定要在同一个时间轴上展开,句子所表达的重点也不在事件的发生、发展和结束的过程,而重在表达两事态间的百科知识型的关联。比如:

(34) 他脱了鞋,进了屋,坐到床边和老人聊了起来。

这是一个连贯句式,句子所表达的事象间在时间轴上有一种时序关联,且句子的表达重心在一个个具体的事象上。而疑问词连锁句并非如此。如:

(35) 小王去哪儿我就去哪儿。

例(35)没有具体的时序,只有时间上的关联。且例(35)的语义重心不在具体去什么地方,而是两个地方间的同一性的关联。

4. 语义结构

关于疑问词连锁句的句式语义,铃木(2015)概括了四种情况,并将此四种情况概括为"一条规律或规则",将此种句式命名为"法则句"。而池田(2017)也归纳了三种情况,但他认为这种句式所说的是基于话者的主观判断而做出的个人的、低公众性的规则。杉村(2017)主要是对这种句式的结构的描写,但他说"S(Q,Q)是一种条件复句,C1 提出假设条件,C2 叙述与 C1 所提条件相对应的结果"。不过他也注意到,"所提的条件在假设程度上有一定的幅度,有时假设性较强,有时假设性较弱"。看来学界尚未对此种句式意义达成共识。

根据我们的考察,我们认为从整体上看,这种句式是非规约性关联的认定句式。也就是说,这种句式表达的是话者所认定的非规约性的事件关联。具体可分如下类型：

(一) 习性关联：个人习性：(36) 他见谁爱谁。

(37) 这孩子谁见谁爱。

社会习性：(38) 吃多少拿多少。

(39) 借多少还多少。

(二) 常性(反复)状态：(40) 要啥有啥。

(41) 要什么没什么。

(42) 我去哪儿他就去哪儿。

(43) 他去哪儿，哪儿就人成堆。

(三) 意向关联：(44) 谁回家早谁做饭。

(45) 谁不听指挥我就毙了谁。

(46) 什么好吃吃什么。

(47) 怎么想就怎么说。

上述句子，有习性关联，有经常出现的事象关联，有主观的规定的关联。虽类型不同，但有一点是共同的，即前件和后件间有一种共起关系。前件和后件有一种被话者所认定的常识上的关联。不论是习性关联，还是常态关联，抑或是认定关联，前件和后件所表达的事象间都有一种共起同现的关联。习性句是同一主体的不同行为间的关联；常态句是两事象间的关联；而意向句是话者的一种意志宣示，是一种主观化了的关联。因此，我们也可以把这种同现共起的关联关系定义“习规—规定”关联。

时体和人称对疑问词连锁句的句式义有影响。

a 时体制约：

本文的时体指已然和未然这两种事态。已然指说话时已完成或实现了的事态，未然指在说话时尚实现或发生的事态。一般来说，已然指派惯常，未然指派决定，即：

已然→惯常(反复出现)

未然→决定

请看例句：

已然句：(48) 去年我去哪儿，妻子就跟到哪儿。(惯常)

(49) 去美国时，我买什么，他就买什么。(惯常)

(50) 小时候,谁眼睛大,我就喜欢谁。(惯常)

未然句:(51) 我去哪儿,你就跟到哪儿。(意志)

(52) 以后,我买什么你就买什么。(意志)

(53) 谁眼睛大我喜欢谁。(意志)

b 人称制约:

惯常句和意志句除了受时态类型制约外,还同时受制于人称类型。一般来说,疑问词连锁句的后件如果是第一人称或第二人称的话,是意志句。如果是第三人称的话,是惯常句。如:

第一人称句:(54) 谁不听我的指挥,我就解雇谁。(意向)

第二人称句:(55) 什么好吃,你就吃什么。(意向)

第三人称句:(56) 哪儿热闹,那孩子就去哪儿。(惯常)

如果上述的描写能基本反映出汉语疑问词连锁句的语义结构和语义类型的话,那么我们就可据此构建其语义函数式。具体说即是,习性、惯常和意志是高层次语义,是因变性语义范畴,而人称和时态是低层次语义,是自变性语义范畴。我们用大写的X、F、Y分别表示高层次语义范畴习性、反复、意志,用小写的s、r来表示时态和人称的话,那么,上述的描写就可码化为:

当Q为处所,且S为已然,那么S为F,即处所∧已然→F

当Q为处所,且S为未然,那么S为Y,即处所∧未然→Y

当Q为人物,且后件Q为第一人称,那么S为Y,即人物∧第一人称→Y

当Q为人物,且S1紧缩S2,那么S为X,即人物∧S1紧缩S2→X

这就是说,存在一个语义集合{X,F,Y},该语义集合中的每个集合子集都是一个语义函数式。每个语义函数式都包含着若干范畴,而这些范畴间存在着制约与被制约的函数关系。制约性范畴为自变量,被制约的范畴为因变量。

5. 疑问词连锁的功能

疑问词为什么能连续使用?连续使用的疑问词的功用是什么?

我们认为,疑问词连锁句的构成方式是疑问焦点间的衔接。在单事件疑问句中,疑问焦点是句子的语义重心,但在疑问词连锁句中,分句间的疑问词起着连接两个事件，凸显两事件间的关联的作用。在疑问词连锁句中，疑问词 Q1，被赋予了 S1 的特征，起着索引句作用，而 Q2 则连接 Q1，使 S2 成为标的句，从而完成和 S2 间的同现关联。

疑问焦点的衔接至少实现了以下功能：

（一）实现了疑问句式的问答功能（完句对接功能）。一般来说，疑问句要求回答，一问一答是问句的基本模式。只有问没有答，是一种失败的会话。疑问词连锁句中的前后句，实现了疑问句的问答匹配功能。如：

（57）谁回家早，谁做饭。

即谁做饭？—回家早的人。

（二）实现了所指覆盖功能（提升功能）。一般来说，在陈述性事件链中，同形指代、人称指代是句子关联的基本方式。如：

（58）老张工资高，老张付钱。（同形）

（59）老张工资高，他付钱。（人称）

这是具象性的事件句。而疑问词连锁句在完成焦点衔接功能的同时，也实现了事件关联的覆盖功能，从而使这种句式具有了事件关联的遍指功能。比如：

（60）谁工资高，谁付钱。

显然，例(58)句和例(59)句实有所指，而例(60)句指称更为宽泛。当然在具体的语境中，话者对疑问所指可能心中有数，但至少在字面理解上，其所指是尚未确定的。

（三）实现了事件关联凸显功能（事件连接功能）。

通过疑问词 Q1 和疑问词 Q2 百科知识中的两个本来没有规约性关联的事象得以对接和关联，从而实现并显示了非规约性事象间的常识性关联。这是疑问词连锁的最本质功能。也就是说，汉语利用疑问词连锁关联表现非规约性的事件关联。

正因为疑问词连锁在这种句式中起着类似于关联词语的作用，因此在疑问词连锁句中，“就”字一般是可以省去的。比如：

（61）谁回家早，谁（就）做饭。　　（62）你去哪儿，我（就）去哪儿。

而在条件句中，“就”是必有的。如：

（63）一有时间，就睡觉。　　（64）如果有钱，就去旅行。

不论何种条件句,“就”字是不能省略的。这说明在条件句中,“就”是必有的关联词语。而在关联凸显句中,因为双疑问词起到了关联作用,所以“就”字一般可以省去。这也从另一个方面证明了关联凸显句与一般条件句的不同。

6. 话语模式

汉语学界曾一直在疑问词特殊用法的层面上讨论这一问题,而铃木(2015)则认为这是一种可命名为“法则句”的句式现象。铃木的提案是有见地的,但“法则句”的概括似有过度之嫌。不过,铃木还指出,“法则句的前现语篇部分与后续语篇部分能够提供如何对该法则句做出适当语义解释的认知框架”。铃木的语篇分析是为论证其法则句的归纳内涵,尚未指出这种句式的语篇特征,但这种从语篇层面上的考察也是很有启发的。而我们则进一步认为,要全面理解关联突显句,必须从话语结构层次讨论这一句式。

根据我们的理解,疑问词连锁句具有如下的语篇话语框架:

话语域{S1(Q1 索引)→S2(Q2 标的)}

话语域指的是关联凸显句的所赖以存在的话语范围,这可理解为一个约束性集合,该集合的特征是被限定的,而集合内的子集也是近于有限的约束性子集。具体地说,就是:任何一个关联凸显句都是在一个被预设了的语境中发生的,预设前提规定了后续的特征指派和焦点投射的范围。比如:

(65) 谁回家早,谁做饭。　　　　(66) 吃多少拿多少。

例(65)是家族成员间关于家务的话题,例(66)是关于吃饭礼节的话题。显然,这些话题所在的论域作为一种大前提存在于关联凸显句的语境中,制约着凸显句的话语范围。

如果上述分析正确的话,那么我们就可以如下构建关联凸显句的话语逻辑构造:

话语域→(索引→标的)

这种构造同逻辑推理的三段论是同构的:

大前提→小前提→结论

当然，这两种心智构造是有本质不同的。三段论式推理具有恒真性，给定的大前提为真且推理规则无误，则结论必真。因为结论必然性地被包含在大前提中。为此，三段论推不出新知来。而凸显句并不是求真值的逻辑，而是通过一种心智推衍展示事件关联的心理过程。也就是说，话语域为凸显句规定了展示范围，索引句为凸显句指派了特征，而标的句则与索引句一起共同展示了某种事理关联。

必须强调指出的是，在关联凸显句的心智推衍中，百科知识系统以及人类文化中的常识结构起着关键性的作用。在人类的百科知识系统和常识结构中，人们会根据经验建立起一个常识范畴体系，并在这一体系中规定不同范畴和范畴下的事象间的关联，建立起一个事象关联的网络系统。而且，在这些关联网络中，有些是规约的，有些是非规约的；有些是正向的，有些是逆向的；有些是定性的，有些是随机的；有些是积极的，有些是消极的。这一切都体现着人类的某种文化对语言所表达的事象的语言社团的价值判断。比如，在当代中国文化的言语体系中，家务应由夫妇双方承担。这构成了例(65)的话语域，而面对例(65)的索引句“谁回家早”引导，现代中国人的常识性联想是“应该做饭”“应该接孩子”“应该去买菜”“应该看老人去”“应该照顾病人”“应该洗衣服”“应该做家务”等。这都是百科知识性的、正向的、积极的常识关联。而“应该看电视”“应该去喝酒”“应该睡觉”等则是百科知识性的、逆向的关联。而在正常情况下，说话人会根据自己的意向，从多种百科知识的关联事象中优选出自己所要表达的事象，凸显前后两事象间的关联。我们认为，这种过程正是汉语关联凸显句逻辑构造的心智推衍过程。

另一方面，疑问词连锁句是以话者—说者现场共存互动，话者谋求听者与其共享两事象间的关联为前提的句式：

话者{话语域→(索引→标的)}听者

这种句子是话者和听者间对两个事象的关联性认同的互动，是说者和听者对某一话题内的两个事象的关联性的共有和认定。这也就是说，这种非规约性关联是建立在话者和听者之间共享的前提基础之上的。因此，疑问词连锁句是话者向听者提示“非规约关联事态”，以求听者与之共享的句式。

7. 余论

本文所说的逻辑，是指自然语言逻辑。自然语言逻辑是一种内涵逻辑。与以名物指称的量化分析为主的外延型逻辑不同，内涵逻辑主要关注语句内的语义范畴和语义特征间的制约与被制约的语义函数关系，以揭示语义结构中的不同语义范畴间的层级和关系为主要目标。这种方法是汉语意合语法的方法论，也是汉语语义形式化的手段，更是自然语言逻辑的核心内涵。

参考文献

北京大学中文系现代汉语教研室.现代汉语(重排本)[M].北京：商务印书馆，2012.

柯理思.汉语标注惯常性行为的形式[M]//张黎，古川裕，任鹰，下地早智子.日本现代汉语语法研究.北京：北京语言大学出版社，2005.

黄伯荣，廖序东.现代汉语[M].北京：高等教育出版社，2002.

胡裕树.现代汉语[M].上海：上海教育出版社，1979.

吕叔湘.中国文法要略(下卷)[M].北京：商务印书馆，1994.

铃木庆夏.现代汉语疑问代词前后照应的语法构式[J].语言教学与研究，2015(2).

杉村博文.疑問詞連鎖構文の研究[M]//言語の対照研究と語学教育.大阪外国語大学，1992.

杉村博文.现代汉语语法研究——以日语为参照系[M].大阪：大阪大学出版社，2017.

王　力.中国语法理论(下卷)[M].北京：商务印书馆，1954.

邢福义.汉语复句研究[M].北京：商务印书馆，2002.

Luo，Qiong-ping & Crain，Stephen. DO Chinese WH-conditionals Have Relatives in Other Languages? [J].語言暨語言學，2011，12(4).

郑礼珊，黄正德.Two Types of Donkey Sentence[J]. Natural Language Semantics，1996(2)：121-163.

池田 晋.何のための疑問詞—疑問詞連鎖構文の形式と意味[C].日本中国語学会第69回全国大会予稿集，2016.

池田 晋.多様性の複文—疑問詞連鎖構文の形式と意味[M]//島津幸子教授追悼論集ことばとそのひろがり(6).立命館法学別冊,2017：59-82.

白尚燁.ウデヘ語の疑問詞による相関構文[J].北方言語研究,2011(1)：101-104.

白尚燁.ツングース諸語のWH相関構文の分布に対する類型的考察[J].北方言語研究,2012(2)：163-181.

(本文发表于《语法研究和探索》(二十))

疑问与感叹的相关性及其转化机制*

澳门大学/华中师范大学　刘　彬
北京大学　袁毓林

1. 引言

马建忠(2008/1898：361)讨论了传疑助字,指出:"传疑助字六：'乎''哉''耶''与''夫''诸'是也。其为用有三：一则有疑而用以设问者;一则无疑用以拟议者;一则不疑而用以咏叹者。三者用义虽有不同,要以传疑二字称焉。"其中的"设问"对应现在的"疑问","咏叹"则对应"感叹"。虽然"要以传疑二字称焉"的观点不一定完全合理,但是马氏却鲜明而且准确地指出了它们之间的紧密联系。这也启示我们进一步思考疑问范畴与感叹范畴之间的相互关系。马氏之后,吕叔湘(1990/1944),石毓智(2004、2006),徐晶凝(2006),李莹(2008),陈振宇、杜克华(2015)等文献对疑问和感叹之间的关系都有所涉及。比如,吕叔湘(1990/1944)认为,疑问语气(尤其是反诘语气)更容易附着感情,甚至很强的感情,从而变为感叹语气。石毓智(2006)初步说明了疑问和感叹之间的认知联系,并考察了现代汉语疑问标记的感叹用法等。徐晶凝(2006)构建了从疑问句—反问句—感叹疑问句—感叹句的连续统。李莹(2008)列举了部分语言中疑问词充当感叹标记的现象,并指出疑问词充当感叹标记是世界语言的一个重要共性。陈振宇、杜克华(2015)曾指出,"感叹、疑问与否定,可称

* 本文得到教育部人文社科青年基金项目(19YJC740033)的资助。文章初稿曾在第十届现代汉语语法国际研讨会上宣读,承蒙徐晶凝、陈振宇等先生提出宝贵意见,并惠赐文献。《世界汉语教学》匿名审稿专家及编辑部为拙文提出了宝贵的修改意见,谨此一并致谢。本次收录因篇幅原因,部分内容有所删减。

之为'意外三角'(mirative triangle)关系","在'意外三角'中,疑问、感叹分别借助'意外'这一桥梁彼此向对方转化,同时产生或强或弱的语用否定功能"。

上述前人时贤的研究表明,疑问和感叹之间确实存在着非常密切的关系,这对本文具有重要的启发性作用。但是综观目前的研究,我们认为,关于疑问与感叹之间的转化关系,尤其是疑问向感叹转化的动因、条件和机制揭示得还不够清楚,因而有必要进一步研究。

基于此,本文将在上述研究的基础上,进一步讨论疑问范畴与感叹范畴之间的相互关系,主要分两部分进行讨论:一是讨论疑问和感叹的认知相关性及其形态-句法上的体现,二是说明和揭示疑问向感叹转化的条件与机制。

需说明的是,前人对感叹句的定义和范围存在一定的分歧,大体来说可以分为两类:一类是直接抒发感情的感叹句,往往包含叹词或以独词句呈现,如"天哪!""哇!"等;另一类是包含程度、数量或属性等限制的感叹句,此时往往会借助陈述、疑问或祈使句等形式来表达,如"这地方多美啊!""什么东西!"等。[①]本文讨论的情况属于后者,对前者暂不考虑。

2. 疑问和感叹的认知相关性及形态-句法体现

2.1 疑问和感叹的认知相关性

一般来说,按照句子功能可以把句子分为陈述句、疑问句、祈使句和感叹句四大类。它们之间互有关系,但也有亲疏远近之分。以感叹句跟其他三类句式的关系而言,虽然陈述句、疑问句和祈使句在一定条件下(比如强调说话者的情绪或情感)都可以表达感叹,但是感叹句跟疑问句的关系更为密切。这可以从以下几方面来看:

引言部分提到,虽然《马氏文通》将疑问和感叹合起来称为"传疑"的观点不一定合理,但是从中可以大致看出它们二者在语气上存在紧密的联系。不仅如此,吕叔湘(1990/1944)也认为疑问语气(尤其是反诘语气)容易表达感叹。吕先生指出,"以感情的表达为主要任务的叫作感叹语气"。而"疑问语气(尤其是反诘语气)更容易附着感情,甚至很强的感情"。也就是说,疑问语气往往容易附着强烈的感情,从而附带地表示感叹。这就说明,从语气上看,疑问和感叹之间存在着密切的关系。

如果从感叹句和疑问句的语义结构来看,疑问和感叹也具有密切的认知联系。我们知道,疑问是说话人不知道、不相信或不确定相关命题或信息(的真假),然后使用疑问手段进行询问。一般来说,说话人想询问的是某一个未知的新信息。而“感叹句的作用是表达情感,但同时也报道信息”(朱德熙,1982:24)。报道信息和表达情感正是感叹句所包括的语义内容。其中,报道的信息是被焦点化的新信息,这与疑问相一致,因为疑问即询问(焦点化)一个未知(新)的信息(参见石毓智,2006)。同时,说话人使用感叹句是因为当前的相关信息或语境证据超出了自己的预期、信念或知识经验,[②]因而使用感叹手段表达某种情感。这一点与疑问句的使用条件相类似,因为说话人对相关命题或信息不知道、不确信时(即相关命题或信息超出了自己的预期、信念或知识经验范围),才使用疑问手段表达询问。由此可见,疑问和感叹都是在当前信息或语境证据超越说话人原有的预期、信念或知识经验的基础上产生的,因而它们具有认知上的相关性。所以,从疑问和感叹的语义结构和产生的认知理据上来看,它们之间是有一定的相通性的。

此外,疑问和感叹之间的认知相关性,在各语言中还具有普遍性。Akatsuka(1985)就曾指出了疑问句和感叹句之间的共性。他从虚拟条件和认识的角度论证了英语疑问句和感叹句之间的内在联系,并指出,“世界各种语言的疑问句和感叹句之间都存在紧密的形态学或句法上的联系”。以英语为例(转引自 Akatsuka, 1985):

(1) a. Does he have a great boy?

b. Does he have a great boy!

显然,上述例句中,同一个表达式“Does he have a great boy”,既可以表示说话人对相关命题的真值的不确定态度(uncertain attitude),如例(1a)所示;也可以表示说话人对超出自己原有信念的命题真值的强烈认可(strong endorsement),即惊叹,如例(1b)所示。这从另一方面也说明了疑问和感叹之间存在密切的认知联系。

而且,疑问和感叹在认知上的相关性还可以从非有声语言,如手语(sign language)中得到证实。比如,陈振宇、杜克华(2015)曾指出,在上海手语中疑问句和感叹句都是用“惊讶”这一伴随表情来表示的。[③] 也就是说，上海手语中表达疑问和感叹的方式是一致的。这从侧面很好地证明了疑问和感叹范畴之间的密切相关性。

综上，疑问和感叹之间的认知联系主要体现在：疑问语气往往容易附带强烈的感情从而表达感叹；疑问和感叹具有类似的语义结构和认知理据，即超出说话人原有的信念、预期或知识经验；并且，这种认知相关性在各语言和手语中似乎具有普遍的共性。接下来便探讨这种相关性在形态和句法上的具体体现。

2.2 疑问和感叹相关的形态-句法体现

疑问和感叹的相关性在形态-句法上的体现首先表现为疑问标记和感叹标记的同形，这在各语言中具有普遍性。在现代汉语中，“什么”“怎么”“哪里”“多”“多少”等疑问代词都可以充当感叹标记。比如，“什么”一般用来询问事物的性质，如“他喜欢什么工作？”“这是什么地方？”，等等。但是，“什么”“怎么”“哪里(儿)”等也可以表达对有关事物或现象的不满、斥责、愤怒等强烈的情感或态度，从而表达感叹。这种情况往往是从表示否定意义的反问句中发展而来的。例如：

(2) a. 这是什么玩意儿！一用就坏了！(转引自吕叔湘主编，1999/1980)

b. 你说的是什么话！一点道理都不讲！(同上)

c. 这个男人怎么这么坏啊！(网络)

d. 这哪儿像领导干部，十足一个流氓嘛。(《编辑部的故事》)

上述例子在语法著作中一般都归在反问句中讨论。这些句子往往都表达了说话人对相关事物或事情的不满、斥责、惊讶等强烈情感，比如例(2a)中说话人对当前所用的东西很不满，故而使用反问句“这是什么玩意儿！”来表达这种不满甚至愤怒的情绪。这些句子已经逐步向感叹转化，其中的疑问代词“什么”“怎么”“哪里(哪儿)”不负载相应的疑问信息，即疑问功能衰退(参见李宇明，1997)，而感叹功能逐步突显，它们在句中相当于充当了感叹标记。关于这一点，我们还可以从句尾的标点符号“！”看出来。更能说明这一点的是，感叹号和问号经常连在一起使用。例如：

(3) a. 天呵，这叫什么画!?(《读书》)

b. 什么好消息?! 骗人！(转引自赵元任，1979)

c. 什么睡觉了?! 晚饭还没吃呐!(同上)

上述三例的末尾连用了感叹号和问号。我们认为,标点符号的连用正好说明了说话人当时情感的复杂,既有强烈的疑问(质疑)语气,又有惊讶、赞叹等情感。这种疑问语气和感叹语气共存的现象,也在一定程度上说明了疑问和感叹之间存在密切的相关性。

同时,汉语中询问事物数量的"多少"和询问性质程度的"多",既可以表示疑问,也可以表达强烈的感叹。换言之,它们在句中既可以充当疑问标记(如"这座山有多高?""你家里有多少人?"),也可以充当感叹标记,例如:

(4) a. 你看,这么多面包霉掉了,多可惜啊!(《上海的早晨》)

b. 此情此景,多让人留恋呀!(《源氏物语》)

c. 这万水千山,晓行夜往,一个女孩儿就有多少的难处!(《编辑部的故事》)

可以发现,上述三例都表达了说话人的某种强烈的情感,疑问代词"多""多少"在句中充当的是感叹标记。比如,例(4a)是说话人看到很多面包发霉之后,用"多可惜啊!"来表达和强调自己非常惋惜、遗憾的感情。此时,"多"的询问功能衰退,它并不表示询问某种性质程度,而是表示对性质程度的强调和慨叹,是一种感叹标记。

不仅汉语如此,英语、法语、荷兰语、意大利语、日语、韩语等语言中的疑问标记和感叹标记往往也使用相同的形式。分别略举几例说明如下:

(5) a. How nice he is!(他真好!)

b. What a beautiful day!(多么美好的一天啊!)

(6) a. Combien je suis heureux de le revoir!(法语,转引自杨娜,2014)

多少 我 是 高兴 (介词) 他 再看见

又见到他我多么高兴啊!

b. Quelle jolie maison. (同上)

什么样的 漂亮 房子

多么漂亮的房子!

(7) Wat zit je daar te lichen?!(荷兰语,转引自石毓智,2006)

什么 你 笑

你笑什么?!

(8) Quanto tempoè passato! (意大利语,转引自李莹,2008)
多少 时光 过去
多少时间过去了!

(9) Kono hana-wa nante utukusii no-da! (日语,转引自石毓智,2006)
这 花-话题标记 什么 漂亮 语气词
这花多漂亮啊!

(10) 그들은 얼마나 행복하게 생활하고 있는가! (韩语,转引自杨娜,2014)
他们 多 幸福 生活 (语尾)
他们生活得多么幸福啊!

从上述各语言的例句可以看出,它们的疑问标记和感叹标记往往采用相同的形式来表达。英语中的疑问代词"how、what",法语中的"Combien(多少)、Quelle(什么样的)",荷兰语中的"wat(什么)",意大利语中的"Quanto(多少)",日语中的"nante(什么)"和韩语中的"얼마(多)"等原本都是一种疑问标记,但它们在上述例句中的询问功能衰退,而凸显了感叹功能,相当于充当了一种感叹标记。这就说明,从共时层面上看,疑问标记和感叹标记同形的现象在各语言中具有普遍性。

疑问和感叹的相关性还体现在:从历时层面来看,感叹标记大部分都来源于疑问手段。

除了上文所提到的现代汉语中的感叹标记"什么""哪里(儿)""多""多少"等都来源于相应的疑问代词,古汉语中的感叹标记"何""何其"等也来自其对应的疑问代词。比如,"何"最开始表示询问,用来指人或事物,后来慢慢发展出感叹程度的意思。石毓智(2006:17)就曾指出,"汉语史上最早的疑问代词之一'何'就发展出了多种感叹用法,起加强语气的作用。可翻译为'怎么那么''何等地'等"。例如:

(11) b. 前世不同教,何古之法?(《商君书·更法》)
b. 内省不疚,夫何忧何惧?(《论语·颜渊》)
c. 其仆曰:"向之去何速?今之返又何速?"(《晏子春秋·内篇谏上》)
d. 吁!君何见之晚也?(《史记·廉颇蔺相如传》)
e. 夫人何哭之哀?(《韩诗外传·卷九》)

上述例句中,前两例中的“何”是作为疑问代词,其功能是询问某种事物,表示“什么”的意思。其中,“何古之法”即“效法哪一个古代呢”,“夫何忧何惧”即“那又担心什么害怕什么呢”。后三例中的“何”的询问功能逐渐衰退,表达感叹某种程度高的意义,译为“怎么那么”,可以看作是一种感叹标记。比如,“何速”即“怎么那么急速”,“何哭之哀”即“怎么哭得那么悲伤”。可以看出,疑问代词“何”已经由询问某物逐步发展出感叹程度的意思。也就是说,表示感叹用法的“何”是从表示疑问用法的“何”发展而来的。

当然,从疑问用法发展出感叹用法并不是一蹴而就的,发展之初往往需要相关的语境进行陪衬。比如,太田辰夫(2003/1987:282)在探讨“多”的感叹用法时便提出,“‘多’表感叹大约是由表疑问的发展而来的”,并且推测说,“说不定是‘多’用在有‘不知’的句子中,而成为表感叹的用法的开端的”。例如:

(12) a. 那是我小时候儿不知天多高、地多厚,信口胡说的。(转引自太田辰夫,2003/1987)

b. 你大概也不知道你小大师傅的少林拳有多么霸道!(同上)

石毓智(2006)进一步补充了“多少”的用例,并认为使用“多少”的感叹句中也常有“不知”一语与之共现。例如:

(13) a. 为这病请大夫吃药,也不知白花了多少银子呢!(转引自石毓智,2006)

b. 你们如今赏罢,也不知费了我多少精神呢。(同上)

上述例(12—13)都可以看成是感叹句,感叹标记“多(么)”“多少”分别感叹程度之高和数目之大,句中都有“不知”与之相配。为什么从疑问用法发展出感叹用法需要与“不知”的语境相配呢?对于其中的原因,石文没有明确说明。

我们认为,“不知”首先符合疑问的语义特点,即不知道、不确定;同时也符合感叹的语义结构特点,即超出了说话人的预期、信念或以往的知识经验,或偏离了预期,这样便可以用来强调某种强烈的情感、态度,从而表达感叹。因此,我们认为,带有“不知”的疑问语境往往容易发展出感叹的用法。这其实也从侧面证明了疑问和感叹之间存在密切的相关性。

综上，疑问和感叹在形态-句法上的相关性主要体现在共时和历时两个方面，即从共时角度来看，感叹标记往往与疑问标记采取相同的形式，这在各语言中还具有共性；从历时角度来看，大部分感叹标记往往都是从疑问标记发展而来的。

3. 疑问向感叹转化的条件与机制

上文已指出疑问和感叹之间具有内在的认知联系，而且疑问往往可以发展为感叹，主要表现在大部分感叹标记都是由疑问标记发展而来的。但是，并不是任何疑问句都可以发展或转化为感叹句，比如一个单纯的疑问句"你是哪里人?"就难以表达感叹，即使带上某种强烈的情感也是如此。也就是说，疑问向感叹发生转化是有条件的。

至于疑问向感叹的转化过程中具体存在什么样的条件与机制，学界目前尚未揭示清楚。国外关于感叹机制的研究，主要集中在量度理论和意外理论(Michaelis，2001；Zanuttini & Portner，2003；Jessica，2011等；可参考陈振宇、张莹(2018)的介绍)。国内学界对此问题的探讨，多是提出一种猜测，但没有进一步证明，如石毓智(2006)、于天昱(2018)等。我们认为，许多疑问向感叹的发展过程中经历了反问句这一中间环节(bridge phase)。这可以从以下三个方面来证明。

首先，从语义条件上来看，因为感叹是用来表达说话人的某种强烈的感情的，正如陈振宇、张莹(2018)指出的"'感叹'的本质是表达说话者的强烈情绪和情感"；所以，陈述或疑问如果不表达强烈的感情，那么就难以发展成感叹。而一般的疑问句是表达说话人疑惑、不知情等方面的态度或感情的，不一定很强烈。但是，疑问的强化形式——反问，便具备这种语义条件。这是因为，反问句是一种主观性非常强的句式，往往带有说话人的某种强烈的情感。说话人使用反问句时(表面上看起来)没有疑惑，但他却使用了疑问的形式，相当于违反了合作原则，其实质是当语境证据跟说话人的言者信念冲突时，对预设(或前提)进行强烈质疑和否定(张伯江，1996)，其语用目的就是为了表达或者强调自己某种强烈的情感或态度。正如吕叔湘(1990/1944)所认为的，"疑问语气(尤其是反诘语气)更容易附着感情，甚至很强的感情"。因此，我们认为，反问这种疑问的强化形式往往表达了说话人某种强烈的情绪或态度,具备向感叹转化的充分条件。

其次,从反问与感叹的共时联系上来看,它们之间具有共通性,主要表现在两个方面,一方面是,疑问标记和感叹标记同形的情况,往往都出现于反问句中。这种现象在现实生活中长期普遍使用之后,经“语用法的语法化”(参见沈家煊,1998)过程后,进而逐步稳固下来。比如上文例(2)所举的“什么”“怎么”“哪里(儿)”等表示感叹的例子,都是在反问句中出现。这些句子往往都表达了说话人的不满、斥责、愤怒等强烈的主观情感。虽然例(2)各句都使用了疑问代词,但它们都不表示疑问,而是表达了一种否定性的感叹意义。换言之,在这些反问句中,疑问代词的疑问功能逐步在向感叹功能过渡。因此,可以说,反问句这种句式在疑问向感叹的转化过程中起到了过渡作用,相当于反问句是它们之间的一座桥梁。

另一方面是,从语义上看,反问句和感叹句都表示某种确定的语义。一般来说,感叹句往往都表示对某种信息的确定,因为感叹句在表达情感的同时也报道信息。正如 Zanuttini & Portner(2003)将感叹句限定为包含事实算子(factive operator)和 wh 算子(wh-operator)的句子。而反问句是一种无疑而问,往往也表示一种确定的语义。因而,我们认为,反问句和感叹句在语义上具有共通性。也正因为如此,反问句和感叹句在答语上也具有共通性,它们往往都不要求回答,或者说无从回答。比如上述例(2)中的各个句子,听话人往往难以进行针对性的回答。

最后,反问向感叹转化还需要一个非常重要的必要条件,即“惊异”(mirativtiy,又译作“意外”),它是推动反问向感叹转化的一种关键性语义和情感因素。

“惊异”是 Delancey(1997)首先提出的一个重要的语义语法范畴,它主要表明某信息对于说话人或听话人而言是新的或意想不到的。“惊异”与感叹密切相关,主要表现在:正因为语境中的相关信息或证据超出了说话人的信念或知识经验,让说话人感到意想不到,于是产生疑惑和惊讶,而这种疑惑、惊讶、意外的情绪往往容易促使他使用感叹这种更为直接的方式抒发和表达出来。而反问往往由惊异激发,并且由反问这种强调性语言表达形式来强化这种惊异,正好满足感叹句对惊异性的这个要求。因为反问句一般用于反通常性语境中(刘彬、袁毓林,2017),这种语境中的某种违背共同预设或与自己的信念或预期相冲突的反常情况(即语境证据,如例(2a)中"某种东西一用就坏了")对于说话人来说是意想不到的,因而使得说话人感到非常惊讶、意外。正是由于这种强烈的惊讶、意外情感,促使了疑问句在表达反问的同时产生感叹性语气,从而进一步形成感叹句的表达形式(如例(2a)中的"这是什么玩意儿!")。总而言之,反问句由惊异情绪激发,并且又通过反问句的强调语气来加强,使得这种句型在语气和语义上更加接近感叹句。因此,我们认为,"惊异"是推动反问向感叹转化的一种重要的关键性语义和情感因素。

这也正好印证了石毓智(2006)的观点,即"并不是每一个疑问代词都有同等的发展成感叹标记的机会。因为感叹句多与程度或数量的强调有关,因此那些询问事物的数量或者性质的程度的疑问标记,最容易发展成为感叹标记。'多少'和'多'正是属于这类疑问标记,两者先后都发展成为了感叹标记"。为什么询问事物的数量或者性质的程度的疑问标记最容易发展成为感叹标记呢?对此,石文并没有明确解释。

我们认为,这是因为,如果某种事物的数量或某种性质的程度超过了说话人的预期、信念或以往的知识经验,则很容易导致"惊异",④即让说话人感到非常惊讶、意外,因而更容易促使说话人使用感叹句来表达这种强烈的情感或态度。无独有偶,Elliott(1974)认为英语中并不是所有的疑问词都能出现在感叹句中,出现在感叹句中的疑问词通常具有[+degree]特征的 how,how many 和 what(参见李莹,2008)。其中的原因,在我们看来,就是因为 how、how many 和 what 等都表示某种事物的数量或某种性质的程度,而这种数量和程度如果超过说话人的预期、信念等就很容易造成"惊异",进而促使这些疑问词产生感叹用法。

如果从跨语言角度来看,"什么"类疑问词和数量类疑问词往往最容易转化为感叹标记,比如英语中的"what、how"类疑问词,汉语中的"什么"类、"多"类疑问词,等等。而这些疑问词向感叹标记转化的过程中存在一定的差异,比如英语中"what a fool"强调的是傻的程度高,而汉语中"什么傻子!(你才傻子呢!)"是否认傻子的性质,即不是傻子。⑤但事实上,这两者都涉及惊异,只不过前者涉及的是"量",后者涉及的是"质"(参考陈振宇、张莹(2018)“质的意外”和“量的意外”)。因此,我们认为,惊异(不管是质的,还是量的)是推动疑问词向感叹标记转化的一种至关重要的语义和情感要素。

综上,可以把相关的句型如陈述句、一般疑问句、反问句和感叹句之间的语义关系用下表来表示:

表 1　不同句型之间的语义比较

句式＼语义	疑惑	确定	惊异	强调
陈述句	－	＋	－	－
一般疑问句	＋	－	＋/－	－
反问句	－	＋	＋	＋
感叹句	－	＋	＋	＋

从表 1 可以看出:陈述句不同于疑问句和感叹句,一般疑问句跟反问句和感叹句也不同,而反问句与感叹句则表现出极大的相似性。由此可以得出,反问句与感叹句具有天然的联系,从反问向感叹发生转化具有天然的优势。

因此,我们认为,反问拥有向感叹转化的充分条件和必要条件,因为反问句是一种主观性很强的句式,往往表达或强调说话人的某种强烈的主观情感或态度,具有语义确定性,这与表达强调或赞叹的感叹句具有相同的表现;而且,反问往往由惊异引起并强化了惊异,这使得说话人会产生某种较强烈的惊讶、意外情感,进而促使感叹句的形成及表达。

4. 结语

疑问范畴、感叹范畴是语言中的两大重要范畴,它们之间存在着紧密的联系。马建忠(2008/1898)、石毓智(2006)、李莹(2008)、陈振宇和杜克华(2015)等文献对它们之间的关系进行过相关探讨。本文在这些相关研究的基础上,进一步讨论了疑问范畴与感叹范畴之间的相互关系,并着重说明了反问以及“惊异”在疑问向感叹的转化过程中所起到的重要作用,从而揭示了疑问向感叹转化的条件、动因与机制。

文章认为，疑问与感叹具有认知上的相关性，因为它们具有类似的语义结构和认知理据，即都是因为相关信息或语境证据超出了自己的预期、信念或知识经验范围，所以才会进行询问、反问或感叹。这种普遍的认知相关性主要体现在：共时平面上，疑问标记与感叹标记往往采用相同的形式；历时平面上，大部分感叹标记往往来源于疑问手段。疑问转化为感叹的条件是必须经过疑问的强化形式——反问这种中间过渡句式。换言之，反问句是疑问向感叹转化的中间环节，而“惊异”是推动反问向感叹转化的关键性的语义和情感因素。

此外，通过本文的讨论还可以看出，反问句在整个语言系统中起着重要的作用。除了李宇明（1990）所指出的“反问句中疑问代词的用法是联系疑问代词的疑问义和非疑问义的中间环节”，董秀芳（2008）所指出的反问句环境对于语义变化的影响等，反问句的重要的语言演变价值还体现在：它是疑问向感叹转化的关键环节。

附　注

① 参见陈振宇、张莹（2018），该文第一部分专门探讨了感叹句和感叹范畴的语法地位。

② 石毓智（2006：15）指出，“感叹句使用的场合多为：在人们感知现实对象时，如果其性质、数量或者程度超越了人们的知识背景或生活经验，就会引起人们强烈的情感而产生语言表达的欲望”。该文将感叹句的语义结构看成是由“被焦点化的新信息”和“超越以往的知识经验”两个部分构成。

③ 承蒙匿名审稿专家指出：“手语中一般疑问句与感叹共享‘意外’表情，但是特指疑问句却完全不是这样，有多种表情，其中最常见的一个是表示专注研究的神情”，谨致谢忱。

④ 这是因为人们对“量”（如“多与少、轻与重、高与低”等）往往比较容易感知，所以如果数量或程度超过说话人的预期、信念或以往的知识经验，则更容易产生惊异。这正是陈振宇、张莹（2018）所说的“量”的意外。

⑤ 承蒙匿名审稿专家提醒我们注意这一线索。至于不同语言的疑问词转化为感叹标记的性质及机制方面的差异，限于篇幅，本文暂不讨论，有待于另文专门研究。

参考文献

陈振宇,杜克华.意外范畴:关于感叹、疑问、否定之间的语用迁移的研究[J].当代修辞学,2015(5).

陈振宇,张　莹.再论感叹的定义与性质[M]//语法研究与探索(十九).北京:商务印书馆,2018.

董秀芳.反问句环境对语义变化的影响[M].东方语言学(第四辑).上海:上海教育出版社,2008.

李　莹.感叹句标记手段的跨语言比较[J].汉语学报,2008(3).

李宇明.反问句的构成及其理解[J].殷都学刊,1990(3).

李宇明.疑问标记的复用及标记功能的衰变[J].中国语文,1997(2).

刘　彬,袁毓林.反问句否定意义的形成与识解机制[J].语文研究,2017(4).

吕叔湘.吕叔湘文集(第一卷)[M]//中国文法要略.北京:商务印书馆,1990/1944.

吕叔湘.现代汉语八百词(增订本)[M].北京:商务印书馆,1999/1980.

马建忠.马氏文通[M].北京:商务印书馆,2008/1898.

邵敬敏.现代汉语疑问句研究(增订本)[M].北京:商务印书馆,2014.

沈家煊.语用法的语法化[J].福建外语,1998(2).

石毓智.疑问和感叹之认知关系——汉英感叹句的共性与个性[J].外语研究,2004(6).

石毓智.现代汉语疑问标记的感叹用法[J].汉语学报,2006(4).

太田辰夫.中国语历史文法[M].蒋绍愚,徐华昌,译.北京:北京大学出版社,2003/1987.

徐晶凝.也谈感叹句——基于句类的研究[M]//语言学论丛(第33辑).北京:商务印书馆,2006.

杨　娜.疑问代词感叹功能的语言类型差异[J].天津大学学报(社会科学版),2014(6).

于天昱.话语分析视角下的现代汉语反问句研究[M].北京:知识产权出版社,2018.

张伯江.否定的强化[J].汉语学习,1996(1).

赵元任.汉语口语语法[M].吕叔湘,译.北京:商务印书馆,1979.

朱德熙.语法讲义[M].北京:商务印书馆,1982.

Akatsuka, Noriko. Conditionals and the Epistemic Scale[J]. Language, 1985, 61: 625 - 639.

DeLancey, Scott. Mirativity: The Grammatical Marking of Unexpected Information[J]. Linguistic Typology 1997, 1: 33 - 52.

Elliot, E. Dale. Toward a Grammar of Exclamations [J]. Foundations of Language, 1974, 11: 231 - 246.

Jessica, Rett. Exclamatives, Degrees and Speech Acts[J]. Linguist and Philos, 2011, 34: 411 - 422.

Makkai, Adam. Where do exclamations come from? [M]//Makkai, A. & Melby, A. K. Linguistics and Philosophy: Essays in Honor of Rulon S. Wells. Amsterdam: Benjamins, 1985: 445 - 472.

Michaelis, Laura. Exclamative Constructions[M]//M. Haspelmath, E. König, W. Österreicher and W. Raible. Language Universals and Language Typology: An International Handbook. Berlin: Walter de Gruyter, 2001: 1038 - 1050.

Zanuttini, Rafaella & Paul Portner. Exclamative Clauses: At the Syntax-semantics Interface[J]. Language, 2003, 79(1): 39 - 81.

（本文发表于《世界汉语教学》2020 年第 1 期）

存在歧义格式吗*

南开大学　王红旗

1. 引言

朱德熙(1980)提出:"所谓语法歧义(grammatical ambiguity)指的是句子的多义现象。"句子的"多义性"是代表这些句子的抽象句式所固有的[①],比如"D^2+的+是+M"就是一个多义句式,按照这种句式造出的实例不一定都是多义的,比如"反对的是他""看的是病人"可以不止一个意思,但是"发明的是一个青年工人""关心的是分数"则只有一种理解。尽管如此,朱文认为这些实例反映出句式"D^2+的+是+M"是多义的。

朱德熙(1980)之后,学界不太使用"多义句式",而更多地使用"歧义结构"或"歧义格式",这两个术语是同义的,与朱德熙(1980)的"多义句式"所指也相同。术语上的这一变化基于以下两个原因。

(1) 句子可以有歧义,但不能有多义。石安石(1988)指出,"多义"是用于同一个单位,也就是同一个词有多个意义;而"歧义"是用于几个单位,是几个不同单位表示几个意义。多义词的几个意义之间有内在的联系,是词义引申的结果,所以当一个语音形式表示几个有内在联系的意义时,这样的音义结合体是一个语言单位,即多义词。但同一个句子或句子的片段表示几个意义时,这几个意义之间并没有内在联系,不是句义引申造成的,这样的音义结合体不是一个单位,这种现象是歧义而不是多义。

(2) 朱德熙(1980)的讨论有的是句式,如"D^2+的+是+M"是"是"字句,有的并不是句式,比如"M1+的+M2"(如"小白兔的书"),但都可

* [基金项目]本文受2018年教育部人文社科基金规划项目"现代汉语限定性研究"(项目批准号:8YJA740049)的资助。陆丙甫教授给本文提出了很好的修改意见,谨此致谢!

以叫作“结构”或“格式”。

显然，“歧义结构”中的“结构”指语法结构，“歧义格式”中的“格式”指语法结构格式，所以“歧义结构”指的是有歧义的语法结构，“歧义格式”指的是有歧义的语法结构格式。本文主要使用“歧义格式”。

石安石(1988、1993)肯定了朱德熙(1980)观点的价值，也指出这种见解必然导致任何合乎语法的词类序列都是歧义格式，因为某一词类序列与两种乃至多种语法关系对应在汉语乃至世界语言中都是很普遍的。石安石(1988、1993)的观点符合事实，很常见的词类序列都可以表达不同意义。以汉语为例，“鲁迅的书”背后的“名词＋的＋名词”，“鸡不吃了”背后的“名词＋不＋动词＋了”，“反对的是他”背后的“动词＋的＋是＋名词/人称代词”，“找孩子的妈妈”背后的“动词＋名词＋的＋名词”都是很基本、常见的词类序列。再如英语，“the magician made the prince a frog(魔术师给王子变了一只青蛙；魔术师把王子变成了一只青蛙)”背后的“名词＋动词＋名词＋名词”，“put the block in the box on the table(把那块东西放进桌子上的盒子里；把盒子里的那块东西放到桌子上)”背后的“动词＋名词＋in＋名词＋on＋名词”，“the deep blue sea(深蓝色的海；深深的蓝色的海)”背后的“定冠词＋形容词＋形容词＋名词”也都是很基本、常见的词类序列[②]。

石安石(1988、1993)提出，理想的歧义格式应该是只体现歧义组合而最大限度地排除非歧义组合的歧义格式。石文的要求是合理的，如果不对歧义格式加以限制，几乎所有语法结构格式都可能成为歧义格式，那就等于取消了歧义格式，出现“歧义格式”悖论。

事实上，朱德熙(1980)曾对歧义格式进行语法限制，规定“D^2＋的＋是＋M”中的动词是双向的。许多研究某种歧义格式的也对其中的动词或名词的语法性质、语义特点作严格的规定，比如规定动词是否是及物的、几价的，规定名词是否是动物名词、指人名词，即严格次范畴化(strict sub-categorization)。

尽管对歧义格式作这样的限制、规定，按照某种所谓歧义格式造出的句子仍然有的有歧义，有的没有。汉语中有一些与施事和受事有关的歧义实例，比如“母亲的回忆”“反对的是他”“通知的人还没来”“对她的爱”

“他连母亲也不认识”“人人都喜欢的好人”。王红旗(2006)发现,这些实例中有些动词的施事和受事之间是平等的关系,比如“打”“推”“喜欢”“认识”;而有些动词的施事和受事之间是不平等的关系,比如“审查”“请示”“孝敬”“抚养”;还有些动词的施事和受事之间是否平等,只有大致的倾向,比如“安慰”“保护”“教训”“欺负”。第一类动词造出的句子有歧义,第二类动词造出的句子没有歧义,第三类动词造出的句子是否有歧义不好断定。王红旗(2006)指出,一个所谓歧义格式是否有歧义,靠语法、语义或其他方面属性的限制是行不通的。“歧义格式”概念的出现,推动了语法、歧义的研究,但“歧义格式”概念也导致几乎所有的语法格式都成为歧义格式,出现“歧义格式”悖论,“歧义格式”就成为取舍两难的概念。

西方学界也认为语法结构有歧义,比如 R.R.K.哈特曼与 F.C.斯托克的《语言与语言学词典》对“歧义”(ambiguity)的释义:一个结构,如果对它有不止一种解释,我们就说这个结构有歧义,或二义性。该词典举的例子是 frightening people(惊慌失措的人/使人惊慌失措)。戴维·克里斯特尔的《现代语言学词典》对“歧义”(ambiguity)的释义:指一个词或句子表达不止一个意义,但又区分出几种不同类型的歧义。近年来讨论最多的一类是语法(或结构)歧义(grammatical/structural ambiguity)。短语结构歧义是指同一构式可以指派不止一个组构成分结构,如“new houses and shops”可以分析为“new [houses and shops](新的[房屋和商店])”,又可分析为“[new houses] and shops([新的房屋]和商店)”。歧义是任何语言的话语中都存在的现象,探讨是否存在歧义格式问题有普遍的理论意义。

“歧义格式”悖论使我们不得不思考:以往学界所谓的歧义格式是真正的歧义格式吗?从逻辑上说,真正的歧义格式应该具备两个条件:(1)是同一种语法结构格式;(2)该语法格式可以在 A 语境中做一种解释,在 B 语境中做另一种解释。比如朱德熙(1980)认为“D^2+的+是+M”是歧义格式,是把“D^2+的+是+M”当作一种语法结构格式,且认为其中的 M 在两个不同语境中分别可以解释为施事和受事。再如,朱德熙(1980)将“动词+名词+的+名词”(如“发现了敌人的哨兵”)看作一个歧义格式,是把“动词+名词+的+名词”当作一种语法结构格式,这个语法格式可以理解为述宾或定中。

我们的问题是：朱德熙(1980)以及学界所谓的歧义格式在做两种解释时是同一种语法结构格式吗？同一种语法结构格式能做两种不同的语义解释吗？我相信，思考和探讨关于歧义格式的问题不仅可以加深对歧义的理解，也将加深对语法结构的理解。为了回答上述问题，我们首先要先讨论两个问题：(1) 有歧义的是什么？(2) 同一种语法结构格式在不同的语境中能否做两种解释？

所谓的歧义格式与组合歧义有关，具体说包括因层次不同、因语法关系不同、语义关系不同和语义特征不同四种原因造成的歧义，本文所讨论的歧义也限于这四种情况，其他由于词汇原因造成的歧义现象与歧义格式无关，不属于本文讨论范围。

2. 与歧义有关的两个理论问题

2.1 有歧义的是什么

有歧义的是什么？学界对此并无共识。由于歧义是言语交际中产生的，显然是言语现象，因此石安石(1988)提出："歧义现象，是指有些听起来相同或看起来相同的话语，在字面上可以有不止一种解释。"

2.1.1 句子与歧义

石安石(1993)谈得更具体："歧义按说应称同形歧义，即同一形式的话语或话语片段可能表达不同意义的现象。"这里所谓的话语就是句子。

那么，日常言语交际中的句子可以做两种或多种解释，即有歧义吗？回答是否定的。日常言语交际中的句子总是出现在特定语境中，包括谈论的话题、言语交际的对象、交际情景以及发话人的手势、身势和眼神等，句子总是服务于发话人的表达目的，因此在语境种种因素的限制下，句子只表达一个意义，是单义的，也就是说，特定语境中的句子不能做两种或多种解释，并没有歧义。如果特定语境中的句子可以表达两个意义，而这两个意义也符合语境和说话人的交际意图，这样的句子即使有也是少之又少的。比如，相声、小品等曲艺作品以及广告有时故意制造歧义以达到某种特殊的交际效果，话语也总是有一个明面的意义和暗中的意义，明面上的意义是发话人在话语中实际表达的，暗中的意义需要受话人对话语做另一种理解。语言交际要遵守合作原则,句子要表达一种意义才可以服务于交际目的,所以自然、顺畅的日常语言交际中,句子不太可能表达两个意义。

2.1.2 句子的语段成分与歧义

既然自然语境中的句子并没有歧义,至少极少有歧义,那么有歧义的是什么?我们认为是句子中的语段成分,是句子的语段成分可以做两种或更多的语义解释。句子由超语段成分和语段成分构成(陆俭明 1987),超语段成分就是句子的语调,句子的语段成分就是语调之下的词或词语的组合体。句子的语调体现说话人的交际意图,正是因为句子带有特定的语调,包括句子的高低、快慢、轻重、长短等变化,使得句子只表达符合说话人交际意图的一个意义。假如不考虑句子的语调和语境意义,那么句子的语段成分就可以用于不同的语境,就可以做不同的解释了。比如妈妈对孩子说"今天过年,穿好衣服啊","穿好衣服"的自然重音在"好"上,句子的意思是"穿好的衣服"。而妈妈对孩子说"穿好衣服,去开门接快件!","穿好衣服"的自然重音在"衣服"上,句子的意思是"把衣服穿好"。妈妈在这两个语境中说的话都只能做一种理解,没有歧义,但是我们可以不管句子的语调,可以假设句子的语段成分"穿好衣服"能表示以上两个意义。再如:

(1) A:这是小白兔的书吧?

B:彤彤:不是小白兔的书,是彤彤的书。

A 的话没有歧义,只表示关于小白兔的书,而 B 却理解为属于小白兔的书。如果不考虑语调和语境意义,句子语段成分的片段"小白兔的书"的确可以做以上两种理解,是有歧义的。

综上所述,不是特定语境中的句子有歧义,而是特定语境中的句子抽象掉语调和语境意义的语段成分或词语组合体有歧义。人们假设这个抽象掉语调和语境意义的语段成分或词语组合体还可以在另一种语境中表达另一个意义,就产生了歧义。在歧义研究中,学界分析的都是句子抽象掉语调和语境意义的语段成分,而不是带有语调和语境意义的句子,带语调和语境意义的句子表达的意义是无限多的,没有规律可循,不是语言学研究的对象。

歧义是言语现象，只有言语单位才可以有歧义，抽象掉语调和语境意义的语段成分是言语单位，它有歧义是合乎逻辑的，而构成言语作品的词语和语法结构，不在言语层面上，说句子里的哪个词和语法结构格式有歧义不仅在逻辑上讲不通，也不符合事实。事实上，特定语境中的句子的词语和语法结构格式都是单义的，句子语段成分的歧义是其中的词语或语法结构同形造成的，同形是歧义形成的必要条件（石安石 1988、1993）。如同同音词是两个不同的词一样，同形的语法结构[③]也不是同一个语法结构，既然不是同一个语法结构，就不能概括为一个歧义结构或歧义格式。真正的歧义格式应该是同一种语法结构格式在不同的语境中能做两种解释，下文将探讨这个问题。

2.2 同一种语法结构格式能否做两种语义解释

在讨论这个问题前先简单解释一下“语法结构”与“语法结构格式”两个概念。

2.2.1 “语法结构”与“语法结构格式”

吴竞存、侯学超（1981）指出，汉语学界对“结构”有三种理解：一指实体，即某一具体语段；一指语法关系，如主谓、述宾结构等；一指语法形式，如“数＋量＋名”结构。我们认为前两种理解都是通俗的理解，虽不准确但不影响语法研究。第三种理解是错误的，语法形式（如词类和语序）只是语法结构一个层面，把语法形式理解为语法结构是对语法结构的误解，至少不是透彻的理解。

从理论上说，语法结构是语法形式与语法意义的复合体，语法形式包括形态、词类、虚词、语序等，语法意义包括显性的和隐性的，前者如陈述、支配、修饰或限制，后者是实词之间的语义关系，比如动词与名词之间的施事、受事、工具等语义关系。语法结构是观念中的，它体现为具体句子中的语法结构的格式，即体现为某种语法关系的特定的词类、虚词、语序的结构模式。

体词性词语＋动词＋体词性词语[主谓、主动]

(2) 他吃了一个苹果、我刚办了驾照

体词性词语＋(让/被/给)＋体词性词语＋动词性词语[主谓、被动]

(3) 窗户擦了、我让蜂给蜇了、他们被骗了

体词性词语+体词性词语[主谓]

(4) 鲁迅浙江人、今天星期五

以上是汉语主谓结构的三种语法结构格式,在词类、虚词和语序上都有差别,但都是主谓结构,显然,语法结构与语法结构格式其实是不同的。语法结构是一般,是对具体语法结构格式的抽象,某种语法结构可能具有某些语法形式和意义;语法结构格式是个别,是抽象的语法结构的具体模式,总是具有特定的语法形式和意义。也可以说,语法结构与语法结构格式是位和变体的关系,不同的语法结构格式只要有相同的显性语法关系,就属于同一种语法结构。

在汉语学界,"语法结构"是多用途的,除了吴竞存、侯学超(1981)所指出的三种用法之外,还可以指语法结构格式,而本文区分语法结构和语法结构格式。

2.2.2 语法结构同构与同一种语法结构格式

同一种语法结构格式能否做两种语义解释?解答这个问题首先要确定同一种语法结构格式,只要把同一种语法结构格式落实了,这个问题的答案就昭然若揭了。朱德熙(1963)区分不同类型句法结构的思想可以作为确定同一种语法结构的根据。

朱德熙(1963)从形式上根据不同的标准区分了狭义同构、广义同构、异类同构和同型结构几种宽严不同的语法结构。在这几种语法结构中,狭义同构是最严格的同构,也正是狭义同构才有可能同形,可用于造出有歧义的实例。因此,朱德熙(1963)借助变换进一步把狭义同构分出更严格的同构。如"屋里摆着酒席""山上架着炮""屋里生着火"属于狭义同构,变换后各自可以分出"屋里正在摆着酒席"和"酒席摆在(得)屋里","山上正在架着炮"和"炮架在(得)山上","屋里正在生着火"和"火生在(得)屋里",从变换原式变换出来的"屋里正在摆着酒席""山上正在架着炮""屋里正在生着火"这些变换式是更为严格的语法结构同构,这些变换式不仅语法形式相同,而且只有一种语法意义,语法形式和语法意义相对应,就是真正严格同构的语法结构。但从变换原式变换出来的"酒席摆在(得)屋里""炮架在(得)山上""火生在(得)屋里"却不一定是严格的语法结构同构,这些语法结构格式还可以再变换成不同的语法结构格式。具体说来，狭义同构（层次相同以及相对应的语法成分的功能相同）中只有能做相同变换的语法结构才有可能是真正严格同构的语法结构，这种严格同构的语法结构格式才是真正的同一种语法结构格式，如“屋里正在摆着酒席”“山上正在架着炮”“屋里正在生着火”。

2.2.3 所谓歧义格式的分化与同一种语法结构格式

朱德熙(1980)提出的根据词类、层次、显性语法关系和隐性语法关系分化歧义格式的思想也可以作为确定同一种语法结构的根据。根据朱德熙(1980)，分化前的语法格式有几个意义，分化后的语法格式只有一个意义。如“D^2J＋的＋M”可以表示几种不同的隐性语法意义，比如其中的M可以是施事（如“教化学的老师”）、受事（如“吃的东西”）、工具（如“喝水的杯子”），M与D^2J的主语之间有领属关系（个子矮的同学）。可见“D^2J＋的＋M”是有歧义的语法格式，这个歧义格式可以分化为以下几种单义的语法格式：

D^2J＋的＋M_a　　D^2J＋的＋M_p　　D^2J＋的＋M_i　　D^2J＋的＋M_q

这样分化出的词类、层次、显性语法关系和隐性语法关系都相同的语法格式，也是真正严格同构的语法结构格式。

2.2.4 同一种语法结构格式不能做两种语义解释

总之，根据朱德熙(1963、1980)，真正严格同构的语法结构格式，其显性语法形式（形态、词类、语序、虚词等）和隐性语法形式（如变换等）都相同，其显性语法意义（如陈述、支配、修饰或限制）和隐性语法意义（实词之间的语义关系）也都相同。

真正的歧义格式应该是属于同一种语法结构且可以在不同语境中做两种不同的语义解释。根据朱德熙(1963、1980)确定的真正严格同构的语法结构格式，都只有一种显性和隐性语法意义，无论在哪种语境中都只能有一种语义解释，不会成为所谓的歧义格式，构成的句子也不会有歧义。

基于上述观点，我们可以反推朱德熙(1980)分化歧义格式的思想，既然从所谓歧义格式分化出的是单义的句法格式，那么，原来所谓的歧义格式就不是同一种语法结构格式，而是两种或几种语法结构格式同形，即不是真正的歧义格式。

3. 对以往所谓的歧义格式的检讨

下文将逐一检讨以往学界所谓的歧义格式,看看这些所谓的歧义格式在做两种解释时是不是同属一种真正严格同构的语法结构格式。

3.1 因层次不同而产生的“歧义格式”

下面是学界常举的因层次不同而产生歧义例子:

(5) 咬死了猎人的狗　　老教授楼　我们三个一组　穿好衣服

(6) old men and women(老头儿和妇女们/老头儿们、老太太们)

the king of England's people(英格兰国王的臣民/英格兰人民的国王)

按以往的理解,这些例子背后有一个相同的语法结构格式,以“咬死了猎人的狗”为例,背后的语法结构格式是“动词+了+名词+的+名词”,这个格式可以做两种语义解释。这种观点不符合事实,因为“咬死了猎人的狗”有两种分析:一种是“咬死了+(猎人的狗)”(述宾),另一种是“(咬死了猎人的)+狗”(偏正),这就是说,“咬死了猎人的狗”表现的是述宾和定中两个语法结构,只是这两个语法结构采用了同样的词和语序,即这两个语法结构同形。这就是说,“动词+了+名词+的+名词”并不是同一个语法结构,而是两个语法结构共同采用的词语序列,词语序列只是语法结构格式的形式,是语法结构的一个层面,而不是语法结构。而下面A、B则是两种语法结构格式:

A 动词+了+名词+的+名词(述宾)　买了他的车、咬死了猎人的狗

B 动词+了+名词+的+名词(定中)　买了车的人、咬死了猎人的狗

其他同类歧义例子也应做同样的分析。

朱德熙(1963、1980)指出“咬死了猎人的狗”有不同的层次,吴竞存、侯学超(1981),石安石(1988、1993)都指出上述歧义语段是同形的,但这些学术前辈仍认为这些歧义语段背后有共同的语法结构格式,只是朱德熙(1980)称之为“多义句式”,吴竞存、侯学超(1981)称之为“同形结构”,石安石(1988、1993)称之为“歧义格式”,都没有把语法结构格式是形式与意义复合体的观点贯彻到底,即否定上述歧义语段背后存在共同的语法结构格式。

3.2 因语法关系不同而产生的“歧义格式”

下面是学界常举的因语法关系不同而产生歧义的例子:

(7) 烤地瓜(偏正、述宾) 寄去了(述补、连动) 你这个孩子(定中、同位)

(8) flying plane(开飞机/飞着的飞机)
frightening people(吓唬人/受到惊吓的人)

按以往的理解,这些例子背后有一个相同的语法结构格式,以"烤地瓜"为例,其背后共同的语法结构格式是"动词+名词"。众所周知,这些歧义的实例实际上属于两种不同的语法结构,这两种不同的语法结构格式同形,即只是使用了同样的词和语序,再如"动词+去/来+了"(如"跑来了""拿去了")并不是一种语法结构格式,而是可以表达两种语法格式的词类序列,所表达两种语法格式分别是"动词+去/来+了(述补)"和"动词+去/来+了"(连动)。

同样,学界也知道这些歧义实例体现了两种语法关系,但仍认为背后有共同的语法结构格式,没有把语法结构格式是形式与意义复合体的观点贯彻到底。

3.3 因语义关系不同而产生的"歧义格式"

下面是学界常举的因语义关系不同而产生歧义例子:

(9) 鸡不吃了("鸡"做施事或受事两种解释)
他谁也不认识("他""谁"做施事或受事两种解释)
考研究生("研究生"做受事或目标两种解释)
鲁迅的书("鲁迅"可以是"书"的领有者或内容)
给他拿去了④("他"可以是对象或施事)

(10) the love of God(上帝爱人/爱上帝)
the shooting of the hunters(猎人射击/猎人遭到射击)

这些歧义实例无论在哪种语义解释上都属于同一种显性语法结构,比如"鸡不吃了""他谁也不认识"在两种语义解释上都是主谓结构,"考研究生"在两种语义解释上都是述宾结构,"鲁迅的书"在两种语义解释上都是偏正结构。这些歧义实例在做两种不同的语义解释时,显性语法意义是相同的,但隐性语法意义是不同的。根据朱德熙(1963),这些歧义实例应属狭义同构,也可以用变换的形式分化为两种不同的语法结构格式,比如"给他拿去了"可以变换为"被他拿去了"和"替他拿去了"。可见,这些歧义实例也并不属于真正严格同构的语法结构，尽管如此，学界仍认为背后有共同的歧义格式。

3.4 因语义特征不同而产生的“歧义格式”

朱德熙(1963)用变换把“屋里摆着酒席”“山上架着炮”“屋里生着火”分化为两种不同的语法结构，所以这些歧义实例背后的“处所词＋动词＋着＋名词”并不是真正的严格同构的语法结构，并不是歧义格式。这些歧义实例产生歧义的原因是其中的动词既有[＋持续]的语义特征，也有[＋附着]的语义特征。再如：

(11) 看了三天了　吃了半个钟头了　挂了半天了(转引自马庆株 1981)

这些例子中的时间词既可表示动作持续的时间，也可表示动作完成后的时间，产生歧义的原因是其中的动词既有[＋完成]的语义特征，也有[＋持续]的语义特征。这些歧义实例可以用变换分化，比如“看了三天了”可以转换为“是三天前看完的”和“看了三天了还没看完”，可见这些歧义实例背后的“动词＋了＋时间词＋了”也不属于真正严格同构的语法结构，也不应看作歧义格式。

3.5 以往所谓歧义格式的性质

综上所述，这些所谓的歧义格式并不是严格同构的语法结构，那么其语法性质是什么？

前文 3.1 和 3.2 中的为第一类，无论层次不同的如“老教授楼”，还是语法关系不同的如“烤地瓜”，其背后的“形容词＋名词$_1$＋名词$_2$”和“动词＋名词”都代表的不是同一种语法结构格式，而是可以构成两种不同语法结构格式的词类序列(sequence of word classes)。词类序列是线性的、前后相继词语的语法类的排列而不是组合，词语没有组合则不成结构。词类序列是语法结构的形式，是单面的，单面的语法形式可以表达不同的语法意义，但因为本身不具有意义，因而谈不上语法结构。

前文 3.3 和 3.4 中的为第二类，这一类在做两种不同解释时表示同样的显性语法意义，如陈述、支配、修饰等，但表达的隐性语法意义或语义关系却不相同。如“名词＋的＋名词”的定中结构既可以表示领属，也可以表示内容；“动词＋名词”的述宾结构即可表示“动作-受事”，也可表示“动作-目标”。这就是说，第二类所谓的歧义格式在做两种不同解释时同属于一个上位的语法结构，却不同属于一个下位的语法结构格式，还可以说，属于同一个语法结构的位，但不属于同一个语法结构的变体，也不属于同一种严格同构的语法结构。根据朱德熙(1963)，第二类所谓的歧义格式在做两种不同理解时属于狭义同构，即两个语法结构整体的功能以及它们相对应的组成成分的功能相同。这样规定狭义同构只考虑语法结构的形式，没有考虑到隐性语法意义。由于语法结构包括语法形式和意义两个层面，而语法意义包括显性的和隐性的，因而只是显性语法意义相同而隐性语法意义不同的语法结构也不是真正的同构。

总之，以往所谓的歧义格式，无论第一类还是第二类，在做两种语义解释时都不是真正严格同构的语法结构。无论是把表达两种不同语法结构的词类序列看作歧义格式，还是把表达两种隐性语法意义的同一种语法结构看作歧义格式，都会使几乎所有语法结构格式成为有歧义的格式，造成"歧义格式"悖论。

3.6 歧义与语法结构同构

歧义是同形造成的，语法歧义是语法结构同形造成的，即两种不同的语法结构采用了同样的词类、语序以及虚词等，因此，两种语法结构格式概括不成一个有歧义的语法结构格式，但是可以用同样的词类序列来代表两种不同的语法结构格式，这是另一回事。

严格同构的语法结构，其隐性语法意义只有一个，不可能有歧义。显然，歧义与严格同构的语法结构是互相矛盾的、排斥的。换句话说，表达两种不同意义的同一个词类序列一定不是严格同构的语法结构，而严格同构的语法结构也一定不会有歧义。因此，学界所谓的那些歧义格式在做两种解释时不可能属于同一种语法结构格式，或者说，没有一种严格同构的语法结构可以在两种语境中做两种不同的解释。据此可以看出，"歧义格式"或"歧义结构"的概念内部存在着矛盾，这是歧义与语法结构同构之间的矛盾，也可以说，"歧义格式"是个错误概念，错在把"歧义"与"语法(结构)格式"糅成一个概念。换句话说，有歧义的话语片段背后一定不存在严格同构的语法结构格式，而严格同构的语法结构格式也不会造成有歧义的话语片段，歧义与语法结构的同构是矛盾的。

4. 结论

歧义产生在言语中，是言语现象而不是语言现象，具体说是特定语境中的句子抽象掉语调、语境意义后的语段成分，即词语序列可以做不同语义解释的现象。词语和语法结构格式是构成句子的材料和结构，发话人是用句子而不是用词语和语法结构格式与受话人进行言语交际的，因而只有句子中的语段成分才可能有歧义，而不是句子中的词语和语法结构格式有歧义，只是这些词语或语法结构格式的同形，为歧义的产生提供了客观条件。特定句子中语法结构格式，是语法形式和语法意义的复合体，具有特定的显性和隐性语法意义，无论在哪种语境中也只能做一种解释，不会有歧义。

以往学界所谓的歧义格式有两种。一种谈不上语法结构，只是可以表达两种意义的词类序列；另一种是显性语法意义相同但隐性语法意义并不相同的语法结构。根据朱德熙(1963、1980)的研究，这样的语法结构在做两种不同的语义解释时并不属于真正严格的同构。根据对"歧义格式"应有的理解，词类序列、显性语法意义相同但隐性语法意义并不相同的语法结构格式都不是歧义格式。因为严格同构的语法结构格式是单义的，它所构成的句子不可能做两种语义解释，即没有歧义。由于词类序列相同但显性语法意义、隐性语法意义并不相同的语法结构太常见、太普遍，把这两种现象都看作歧义格式就等于把几乎所有的语法结构格式都看作歧义格式，造成"歧义格式"悖论。

"歧义格式"是根据朱德熙(1980)的思想提出的，通过歧义这个特殊的窗口可以观察语法形式与语法意义是如何对应的。但经过了 40 年的学术发展，"歧义格式"概念本身的矛盾也逐渐被认识到，"歧义格式"概念也因此失去了学术价值和使用价值。

从理论上说，"歧义格式"不能引导人们对语法结构做更深入的思考，因为每种语法结构都可以表达若干种不同的隐性语法意义，也即句法语义，这是常识，因而不能引导人们对语法结构做出新的认识和理解。

从实践上说，"歧义格式"使用价值也很小。第一，因为按照这样规定的歧义格式也可以造出没有歧义的实例来，朱德熙(1979)认为这是词汇的限制,冯志伟(1996)也认为是歧义格式研究中的缺陷。第二,这样规定的歧义格式能表达哪些意义是无法预测的。例如,“名词+的+名词”的定中结构的语义关系有多少种?第一个名词典型的语义角色是领有者,此外还可以有数不清的角色;再如“考研究生”的歧义格式如何概括?如果概括为“动词+名词”[述宾]太宽,即使概括为“动词+名词$_{[+人]}$”[述宾]还是宽,而概括为“考+名词$_{[+人]}$”[述宾]则窄了,因为“(竞)争辅导员”也有类似的歧义。

既然歧义与语法结构同构相斥,就无需考虑哪些语法结构格式有歧义,而要思考什么样的词类序列可以表达两种语法意义,思考某个词类序列中的词语间的什么关系会导致歧义,这将使歧义研究的目标更明确,更精准。如果不使用“歧义格式”“歧义结构”的术语,可以把有歧义的实例叫作“有歧义的话语片段”“有歧义的语言符号序列”“有歧义的语言符号/词语串”。比如,蒋同林(1989)细致、深入地分析“骑了八个月的自行车”之类的歧义实例,用的术语就是“语符列”。歧义是言语现象,谈歧义现象用指称言语的术语更科学。

附　注

① 朱德熙(1980)原文:“句子的‘多义性’是代表这些句子的抽象的‘句式’所固有的”“这些多义句的存在,反映出句式‘D^2+的+是+M’是多义的”。

② 这三个英语例子分别取自邱述德《英语歧义》344页、359页、368页,商务印书馆,1998年。

③ 吴竞存、侯学超(1981)把词相同、词的排列顺序也相同而意义不同的结构叫“同形结构”。

④ 此例引自石安石《语义论》135页,商务印书馆,1993年。

参考文献

冯志伟.论歧义结构的潜在性[J].中文信息学报,1996(4).

蒋同林.“V动+T时段+的+N名”的同符异构问题[J].中国语文,1989(1).

陆俭明.试论句子意义的组成[M]//语言研究论丛(第四辑).天津:南开大学出版社,1987.

马庆株.时量宾语和动词的类[J].中国语文,1981(2).

石安石.说歧义[M]//中国语言学报.北京:商务印书馆,1988.

石安石.语义论[M].北京:商务印书馆,1993.

邵敬敏.关于歧义结构的研讨[M]//朱一之,王正刚.现代汉语语法研究的现状和回顾.北京:语文出版社,1987.

邵敬敏.歧义分化方式探讨[M]//邵敬敏,刘大为.九十年代的语法思考.北京:北京语言学院出版社,1994.

邵敬敏.歧义——语法研究的突破口[M]//吕叔湘.语法研究入门.北京:商务印书馆,1999.

王红旗.施受歧义产生的条件[J].语言研究,2006(4).

吴竞存,侯学超.层次相同的同形结构[J].北京大学学报(哲学社会科学版),1981(6).

朱德熙.汉语句法中的歧义现象[J].中国语文,1980(2).

朱德熙.语法结构[J].中国语文,1962(8-9).

朱德熙.变换分析中的平行性原则[J].中国语文,1984(6).

[英] R.R.K.哈特曼,F.C.斯托克.语言与语言学词典[M].黄长著,等译.上海:上海辞书出版社,1981.

[英] 戴维·克里斯特尔.现代语言学词典[M].沈家煊,译.北京:商务印书馆,2000.

(本文发表于《汉语学习》2020年第3期)

概念功能导向的“容纳”概念构建及语义类型分析*

鲁东大学　宫领强　王宜广

1. 引言：理论指引和研究范式

叶斯柏森在《语法哲学》(1924)一书中提出了进行语法研究的两种思路：从意义出发去研究形式，或者从形式出发去探究意义。吕叔湘的《中国文法要略》(1944)则是运用由意义到形式这一研究思路研究汉语语法的典范。运用这两种研究方式研究汉语语法只是研究角度的不同，并无高低优劣之分，但是两者并不是平衡发展的，着力亦是不均，而且更不能忽视这两种研究方式所存在的适用性差异。现实情况是由形式到意义这一研究方式在汉语语法研究中占据主流，影响也比较大。

由意义到形式这一研究方式，既有认知研究的支撑，也有心理研究的支撑，更与汉语的本质特征相契合。从整个语言的层面来看，主要存在三种研究范式：形式研究范式、概念研究范式和心理学研究范式(Talmy, 2000)。心理学研究认为语言的产出经过三个过程：概念化过程、言语组织过程和发音阶段或文字输出阶段。首先说话者用言语表达什么概念；然后为所表达的概念选择适当词汇，建立词汇的语法结构或语音结构；最后将选择的词汇通过一定的肌肉运动程序用外显的声音或文字表达出来①。因此，研究语言如何构建概念内容的概念研究范式是与更普遍的认知范畴和认知心理过程相契合的。

语法是语言中组词成句的规则及规则系统，既可包括形态层面的规

* 受教育部社会科学青年基金项目“中国语言概数表达的类型学研究”(18YJC740017)和山东省社会科学规划基金项目“词汇—语法界面下的动词基础句组块规则研究”(17CYYJ04)的资助。

则,也可包括语义和语用层面的规则,还可包括音韵层面的规则(张黎,2017)。故而不同语言句子的组织方式也存在差异,或者是形式递归方式,或者是语义递归方式。研究形式递归法则的形态型研究范式"缺乏语言习得和语言教学(第一语言教学和第二语言教学)的可证性(证实和证伪)"(张黎,2017)。张黎(2017)认为汉语语法是意合型语法,所采取的组词成句的策略是不同于形态型语法的,汉语语法的规则是根植于常识结构中,即"语义—认知"结构,归根结底是语义范畴、语义特征间的组合规则系统。基于以上分析和认识,顺应认知心理的概念研究范式是概念构建的基本方法。

依托认知心理视角探求汉语语法的"概念—语义"结构,既符合语言的认知心理产出过程,也符合语言习得过程。Talmy(2000)对概念结构的研究既包括概念系统的构建,也包括概念构建的类型及过程,国内运用概念结构理论主要用来分析汉语动词的词汇化类型(马云霞,2008)和动结式(包括动趋式)的事件构成(包括运动事件、结果事件和廓时事件)(宋文辉,2007)。运用概念结构范式探讨词汇习得主要涉及词汇使用知识体系的构建。词汇知识体系中的词汇使用知识主要包括功能分布知识、词语的搭配知识、词语的频度信息和词语的使用框架(邢红兵,2016),该体系主要立足于句法功能和接受性角度。因此,运用顺应认知心理学的概念研究范式来指导词汇使用知识的研究,无疑既契合语言习得的心理过程,又凸显词汇的产出性特征。就研究范式而言,则是以概念为视角,探求语义框架结构和语义组织法则。就具体的分析方法而言,可以采取"构式-语块"分析法。该分析方法兼具构式和语块的优点,陆俭明(2010、2016)运用该方法分析了存在构式:存在处所—存在方式—存在物。

与"容纳"概念相关的研究主要有两个方面,一是"容器"的概念隐喻,并运用这种隐喻方式研究了表达位移事件的趋向动词"进"类和"出"类(卢英顺,2007;王宜广,2013、2016)。"V 进/出"类动趋式的概念语义框架为"主体- V 进/出-容器",表达的是"主体"以"容器"作为参照的位置移动变化。二是容纳与被容纳数量关系构式(陆俭明,2016),其所概括的句子是"一锅饭吃了十个人"或"十个人吃了一锅饭",即"QP_1 +V 了/能 V/V 不了+QP_2"。该构式的语法意义是表达动词前后两个数量结构之间的数量关系，构成的是数量关系构式，其概念结构是：容纳量—容纳方式—被容纳量。数量结构关系表达的“容纳”概念，其核心是动词前后的两个数量结构之间具有容纳关系，而且是一种隐喻化的“容纳”。然而，QP_1和QP_2分别是具有何种语义性质的数量名结构，及其与容纳方式的类型之间具有何种配搭方式，都未明确。基于以上分析，本文主要研究“容纳”概念的构建，并分析其语义类型。

2. “容纳”概念的构建及其语义类型

2.1 概念内容与概念形式：“容纳”概念的构建

语法研究注重形式与语义的相互验证，尤其是以语义范畴为出发点，更注重寻求形式的验证。同理，概念的构建则需要语义框架结构的支撑和验证，是概念内容和概念组织形式的融合。然而范畴与概念并不相同，范畴是语法意义关系的融合，通过不同的语法形式来表达；概念是一种认知系统，通过语言的组织形式来构建（邵敬敏，2007）。因此，不同的语言组织形式构建不同的概念认知系统。概念认知系统首先由其概念结构来表征，而且每一个概念都具有独属于自身的一个“身份证”，即语义框架。就如同“存在”概念的“身份证”是“存在处所—存在方式—存在物”一样，“容纳”概念也有自己的“身份证”，即“空间容器—容纳方式—容纳物”。换句话说，“空间容器—容纳方式—容纳物”是“容纳”概念的认知表达框架②。因此，概念认知系统与概念语义结构之间是支撑与验证的关系。

具体到概念系统的构建，则是语法形式和词汇形式共同作用的结果，就如Talmy（2000）而言，语法形式的基本功能是构建概念框架，而词汇形式的基本功能是为之提供概念内容。作为存在方式的“V着”是“存在”的概念形式，而存在处所和存在物则是“存在”的概念内容。同样，容纳方式是“容纳”的概念形式，而空间容器和容纳物则构成其概念内容。

概念形式与概念内容虽同为概念的构建要素，但两者的功能并不相同：概念形式为概念的构建提供框架，而概念内容则以概念形式构建的框架作为句法“安置点”。就“容纳”概念而言，作为概念形式的容纳方式让空间容器和容纳物分别占据由其构建的并与概念内容相适应的句法位置。“容纳”概念所体现的是空间容器与容纳物之间的相容关系，容纳物是以空间容器作为范围边界,根据容纳方式的差异,两者之间的关系主要呈现出三种情形:一是以述补式复合词"充X"类(如"充满[③]、充溢、充盈、充斥"[④]等)为容纳方式,空间容器与容纳物是一种弥散性容纳关系,如"教室里充满了咖啡的香味"等;二是以述补式短语"V满"为容纳方式,空间容器与容纳物是一种离散性容纳关系,如"书包里装满了零食"等;三是以"V(得/不)下""V(得/不)开""容纳"等为容纳方式,空间容器与容纳物是一种数量性容纳关系,如"这张小床躺不下三个人"等[⑤]。

2.2 "容纳"概念的类型及其语义结构

三种容纳类型在容纳方式、空间容器与容纳物之间的关系上具有各自的语义特征。然而,就"满"而言,第一种和第二种容纳类型体现了虚与实的差别,即"充满"实际上是一种主观的虚量,而"V满"是一种客观的实量。第二种和第三种容纳类型体现了大概量与具体量的差别,即"V满"是一种"满"量,以至于后面还可以补上大概的猜测量;而"V下"等是一种具体的量,可以直接出现表示具体量的数量短语。因此,从这个意义上来看,"容纳"概念所表示的容纳关系也具有一种空间量的性质。下面我们一一来看。

2.2.1 弥散性容纳

弥散性容纳是以已经词汇化的"充满"类述补复合动词作为容纳方式,在由其所构建的概念框架内,作为概念内容的空间容器和容纳物也存在着性质差异。这种性质差异是由空间要素的隐喻化这一基本认知演化手段带来的,具有普遍性。比如,由空间到时间的隐喻演化、由物理空间到心理空间的隐喻演化,以及由典型(或具体)到非典型(或抽象)的演化等。基于空间要素隐喻化过程,空间容器具有不同的认知演化表现:物理空间、心理空间、泛空间和超空间。因此,下文便依此分析思路,逐一分析表征"充满"类容纳方式的"充满、充斥、充盈、充溢",在空间容器和容纳物的性质方面存在的异同。

一是以"充满"为容纳方式。

第一类,物理空间+充满+弥散性容纳物。

表征概念形式的"充满"类容纳方式中物理性质的空间容器具有非拓扑几何性质,即跟物体之间的位置关系无关而与形状和大小有关。就形状而言，一是要求空间容器具有立体性而非平面性，使得“教室、车厢”类的立体空间可以，而“马路、黑板”等不可以；二是要求空间容器的构成具有完全或部分连续性而不能是非连续性，以至于“房间、山谷”类的事物可以，而“鸟笼、渔网”类的事物不可以。就大小而言，主要是以能否给观察者提供立足之地作为区别标准。相对而言，具有较大空间的“天空”，相对较大空间的“山谷、房间、车厢”等均可以让观察者置身其中，因而可以与“充满”配搭；而具有较小空间的“气球、试管、盒子”等无法让观察者置身其中，因而一般不可以与“充满”配搭[⑥]。所容纳物主要是“声音类”（例(1)(2)）、“气味类”（例(3)(4)）、“烟雾类”（例(5)(6)），以及抽象含蓄的“意味、韵味”（例(7)）、“气氛、气息”（例(8)(9)）等，具有弥漫性，往往无常形，不可数，其情感色彩积极、消极和中性皆可。例如：

(1) 仪式结束后，苏珊女士那个别墅式的小楼里充满了过节般的笑声。（《报刊精选》1994）[⑦]

(2) 女佣进厨房了，母亲小声地说着什么，孩子们走动着，屋内充满了清晨忙碌的声音。（张清平《林徽因》）

(3) 据目击者介绍，加斯韦克湾昨夜的空气里充满着强烈的原油气味，人在几英里之外就能闻到。（《人民日报》1993）

(4) 房间里充满了烟味。（《宋氏家族全传》）

(5) 水山把老东山的被子掀开，屋子立时充满烟雾。（冯德英《迎春花》）

(6) 东方泛着灰光，但他们看不见太阳升起的样子，空气中充满了雾气，眼前的大地充斥着烟雾，他们走在大道上，缓缓前进。（《魔戒》2）

(7) 爱好书法的谢军从家里带来了笔、墨和宣纸，房间里充满了东方文化的韵味。（《人民日报》1993）

(8) 我们实地访问了 VVC，办公室里充满活跃气氛。（《人民日报》1998）

(9) 嘹亮的歌声、悠扬的琴曲、婀娜的舞姿，校园里充满青春气息。（《人民日报》2000）

另外，战场、运动场等场地，或者加油站、马路等场所，虽然不具有完全封闭性，有的是半封闭性，甚至有的无封闭性，但具有连续性和范围性，同样可以作为弥散性事物的容纳场所。例如：

(10) 整个战场充满了疯狂的杀戮声,士兵们的耳朵完全被人声和炮声塞满了。(《银河英雄传说》02)

(11) 加油站一带充满了喇叭声和斥责声。(新华社 2003 年 4 月份新闻报道)

(12) 天黑了,路灯亮了,马路上充满各种喧闹的声音,风从开着的车窗吹进来,带着一股夏季的闷热气息。(豆豆《遥远的救世主》)

第二类,心理空间+充满+情感性容纳物。

心理空间是指人的情感存在和呈现的内心、眼睛、身体、面容等器官(例(13)(14)),以及人表达情感的动作、眼神、表情等方式(例(15)(16)),甚至人表达情感的载体"声音、话语、作品"等等(例(17)(18))。喜怒哀乐、认知情感等皆是情感性的容纳物,又可分为两种类型:一种是本人自身情感由内而外的散发呈现,另一种是来自他人对外物的感知觉认知。例如:

(13) 处于事件中心的苏耕田内心充满了矛盾与痛苦。(《人民日报》1995)

(14) 少年以为是身体上有危险,顿时全身充满了惊异和紧张,凝视着监护人。(《银河英雄传说》02)

(15) 她的体操动作充满艺术的美感,富有表现力。(《中国儿童百科全书》)

(16) 此时,唐龙正在门外,隔着玻璃目不转睛地盯看像一只白精灵在舞池中飘来飘去的邱洁如,面部表情充满着悲苦和绝望。(柳建伟《突出重围》)

(17) 这温温的话语充满了对晚辈的爱,令她激动,令她振奋,令她终生难忘。(《作家文摘》1994)

(18) 郁达夫早年曾留日,早期作品充满伤感和颓废,后期作品稍带欢乐希望的色彩。(《作家文摘》1994)

第三类,泛空间+充满+感知性容纳物。

任何存在的客观事物,本身就占据着一定的空间,具有空间属性。然而,这是就事物而言,不涉及内部是否可以容纳。因此,可以将具有空间属性但不涉及内部容纳的客观事物称作泛空间。这是观察事物两个不同的角度，从客观存在属性而言，具有具空间性；从事物本质属性来看，具有泛空间性。具空间性，关注其内部空间；泛空间性，关注其事物本质。从容纳概念的角度来看，某一事物可以被认为是泛空间，即仅仅指事物本身，而不涉及该事物所具有的空间属性。拿一本书来说，这本书作为客观存在的事物，占据一定的空间；而就这本书本身特征而言，其封面设计、语言、内容等都是一种泛空间。就"充满"而言，凸显的是其泛空间属性，如"这本书充满了魔幻色彩"，容纳物则是抽象的感知觉认知特征；就"V满"而言，凸显的是其具空间属性，如"这本书里夹满了百元钞票"，容纳物则是具体的客观事物。例如：

(19) 金饰设计充满怀旧色彩、传统气息、民间风情。(《人民日报》1994)

(20) 其中一顶是万历孝端皇后的凤冠，两羽翠蓝凤凰上缀满珍珠，冠上还有八朵珍珠宝石镶嵌的牡丹花。(《中国儿童百科全书》)

(21) 只要有玛丽在身边，狄更斯就感到愉快，全身充满活力。(《作家文摘》1997)

(22) 由于是回水处，他身上挂满了烂草、污泥。(《报刊精选》1994)

例(19)凸显金饰本身所具有的设计特色，例(20)则凸显两羽翠蓝凤凰作为珍珠的附着之所。例(21)凸显狄更斯自身充满活力的感受，例(22)则凸显他身上作为烂草、污泥的附着之所。

另外，泛空间还可以指"市场、社会、机关、单位、家庭"等由人与人构成的具有社会关系属性的概念。之所以称之为泛空间，是因为这些社会关系的呈现方式并不是凸显其空间性，而是凸显其内部构成关系，即本质上是人与人的各种关系。与之相配搭的容纳物则体现着人与人之间的关系：利益关系、情感关系、人际交往关系等等。例如：

(23) 在房改新政策的推动下，上海的住宅市场充满生机。(《文汇报》2000)

(24) 21世纪，全球医药市场充满竞争和挑战。(《人民日报》2001)

(25) 有的基层单位充满活力，有的充满勾心斗角。(《人民日报》2000)

第四类，超空间＋充满＋感知性容纳物。

客观事物的存在占据着一定的空间，而事件的发展过程虽然也是发生于空间,但此时凸显的是其发展过程中的时间属性。因此,超空间并不凸显空间要素的存在,而是空间概念的隐喻性扩展,凸显事件的过程性或时间性。就过程性而言,事件占据着一定的时间段;就时间性而言,凸显时间的时段性,而非其时点性。因此,无论过程性还是时间性,均以时间段作为隐喻性的空间容纳概念。

过程性容纳对容纳物存在匹配性要求,即需要凸显某一事件过程的感知性特征,就一场比赛而言,其过程可能沉闷、枯燥,也可能恐怖、激烈。例如:

(26) 在今晚的比赛中,土耳其队并没有表现出对巴西队一役的战术水平,整场比赛充满了沉闷与枯燥。(新华社 2002 年 6 月份新闻报道)

(27) 这场游戏看上去并没有戏剧性,倒是充满了恐怖色彩。(新华社 2004 年 11 月份新闻报道)

时段性容纳主要表现为具有时段特征的时间词,如“未来、二十一世纪、节日”等;对容纳物的语义匹配要求则是该时间段具有的感知性特点,如“未知数、希望、竞争、喜庆”等。例如:

(28) 怜情的未来充满了未知数,而且似乎还充满了危险,柯豪实在是不放心啊!(季薇《阿哥怜情》)

(29) 在他的记忆中,老北京的春节充满了艳丽的色彩、诱人的气味和喧闹的声响。(新华社 2004 年 1 月份新闻报道)

二是“充斥、充溢、充盈”等充满类容纳方式。

“充斥、充溢、充盈”均是充满类的容纳方式,除了包含[充满]这一语义特征外,还各自具有特有的语义特征,即“斥、溢和盈”。从容纳物的差异来看,其中“充斥”的容纳物主要是会带来消极性感受的人或事物,如“假货、酒味、嘈杂声、谎言”等;“充盈”的容纳物主要是具有积极性感受的心理情感,如“温馨、暖意、骄傲”等;“充溢”的容纳物主要是具有积极性感受的心理情感,还可以是消极情感,如“悲伤、痛苦”等。当然三者在空间容器方面也存在差异,具体来看:

首先,“充斥”容纳方式下的空间容器主要是物理空间(例(30)(31))、心理空间(例(32)(33))和泛空间(例(34)(35))。例如:

(30) 大厅里充斥着痛苦的尖叫声，每个人看上去都很惊恐。(《哈利·波特》6)

(31) 房里充斥着一股酒味，不论是床、灯或窗，所有的摆设都透着一股宾馆特有的俗气。(村上春树《挪威的森林》)

(32) 那个代表着我全部憧憬的姑娘，神情茫然地看着周围的人，她的眼睛里充斥着哀求和苦恼。(余华《在细雨中呼喊》)

(33) 眼下，他脑海里充斥着这些令人可怖的念头。(《人性的枷锁》)。

(34) 文化变成工业，艺术变成商品，许多东西可以被无限制地复制，商业广告和大众传媒里充斥着伪艺术品。(《读书》)

(35) 各国的报纸、杂志上充斥着对义和团的各种诬蔑攻击言论。(当代网络语料)

其次，“充溢”容纳方式下的空间容器主要是物理空间(例(36))、心理空间(例(37)(38))和泛空间(例(39)(40))。例如：

(36) 梁家宽敞的宅院里，充溢着喜洋洋的气氛。(张清平《林徽因》)

(37) 整本书中字里行间充溢着作者对那些生灵们的挚爱情愫。(奥尔多·利奥波德《大雁归来》)

(38) 悲伤时，她的心中充溢着悲伤。(张清平《林徽因》)

(39) 诗里充溢着江南的田园诗情。(《现代汉语词典》第6版)

(40) 他的山水画，情韵迭出，笔力雄劲厚拙，充溢着运动、力感和速度。(《人民日报》1993)

最后，“充盈”容纳方式下的空间容器主要是物理空间(例(41)(42))和心理空间(例(43)(44))。例如：

(41) 街头巷尾的空气里，都充盈着中国人的骄傲。(张剑《世界100位富豪发迹史》)

(42) 满屋子充盈着让人慵倦的暖意。(《人民日报》1993)

(43) 芮小丹不时地侧脸看一眼丁元英，心里充盈着忐忑的温馨。(豆豆《遥远的救世主》)

(44) 他的每一幅作品都深深烙上了他自己的心迹，在他的画作中，弥漫着忧郁与哀伤的情调，充盈着思索与探索的精神，洋溢着不屈与抗争的信念。(《报刊精选》1994)

就“充盈”类容纳概念而言，其概念结构还存在其他语序类型：容纳物—容纳方式—容器(例(45))、容器—容纳物—容纳方式(例(46))。例如：

(45) 时下，各种营养口服液充盈市场。(《报刊精选》1994)

(46) 不知不觉间，那两只大眼睛里已泪水充盈。(《报刊精选》1994)

2.2.2 离散性容纳

“充满”类容纳与“V满”类容纳，虽然都有“满”这一特征，但在容纳物上存在截然相反的两种类别。前者主要是具有弥散性的声音、烟雾和气味，以及人的感知觉和认知情感等，后者主要以客观存在的具有离散性的人或事物为主。弥散性容纳类的容纳物因无形而不受制于空间容器，而离散性容纳类的容纳物因有形而受制于空间容器。以致后者即使还有空间剩余，但是再也无法装下同样的事物了，便可称为“装满”等。因而，与“V满”配搭的空间容器主要具有立体三维特性，更重要的是其还可以具有平面二维特性。而且，具有这种特性的空间容器并不具有拓扑性特征，与性状、大小无关。另外，需要指出的是，由于“容纳物”往往是客观存在的、具有离散性的事物，因此可以作为动作处置的对象，即可以变换为“把”字句[8]。

具有三维立体特性的空间容器如下：

(47) 碗中装满了清水。(金庸《天龙八部》)

(48) 大堂里十多个铁笼子装满了蛇。(新华社 2001 年 1 月份新闻报道)

空间容器也可由容器性容纳向范围性容纳扩展。具有二维平面特性的空间容器如下：

(49) 驻地军营里的各种板报栏上写满了有关蛇的传说、蛇的知识。(新华社 2001 年 1 月份新闻报道)

(50) 体育馆外沿街墙上贴满五颜六色的供求信息。(《人民日报》1995)

2.2.3 数量性容纳

“数量性”容纳主要是就容纳物的数量而言，通过数量名结构来表达，凸显空间容器所能容纳的容纳物的具体数量。实际上，离散性容纳“V满”本质上也是一种数量，是一种约量，凸显的是数量多，甚至没有多余的空间了。数量性容纳既可以表达空间容器在数量上的容纳能力，还可以表达事物作为整体在数量上的容纳能力。因此，根据空间容器性质差异，数量性容纳主要存在两种类型。

一是空间性数量容纳。首先可以是物理空间，该容纳类型的典型语义结构是“空间容器—容纳方式—容纳物量”，容纳方式主要是表示容纳能力的“V得/不开”“V得/不下”“能/可+容纳”。例如：

(51) 黑洞虽小，堵西汀可是常常带着朋友来聚谈，屋子里坐不开五六个人。（老舍《蜕》）

(52) 扑翼机上坐不下三个人。（王晋康《类人》）

(53) 中心足球场看台可容纳1.6万名观众。（《文汇报》2000）

其次还可以是超空间，主要是具有过程性的比赛活动，该容纳类型的典型语义结构是“超空间—容纳方式—容纳时量”，容纳方式主要是由跟比赛活动有关的躯体动作动词构成的“V满”表达。例如：

(54) 那场比赛打满了十二个回合。（《人民日报》1993）

(55) 孙继海踢满了90分钟。（新华社2002年9月份新闻报道）

上述三例均是表达比赛活动所容纳的时量，其中，例(54)“十二回合”每一回合均有固定的时间，可以看作是时量。例(55)因前文语境的管辖，表示过程性的超空间成分隐含，使动作行为的主体出现在主语位置，不过，因语境而隐含的“这场比赛”是可以补出来的。

二是整体性数量容纳。该容纳类型的语义结构是“总体容纳量—容纳方式—被容纳量”，表达“总体容纳量”可以容纳多少“被容纳量”。“容纳”概念中的空间容器往往具有整体性而作为被容纳物的空间限制成分，即使被容纳物可以置于句首，但其与置于句末的空间容器仍是容纳与被容纳的关系。因此，数量性容纳概念中“总体容纳量”与“被容纳量”之间的语义关系仍然具有容纳与被容纳的关系。从概念属性来看，表示整体容纳量的事物本身要么具有空间容纳性，要么具有时段容纳性；而表示被容纳量的人或事物本身并不具有容纳性，仅仅是具有可数性的个体。例如：

(56) a. 一锅饭吃10个人。

b. 10个人吃一锅饭。（陆俭明例）

(57) a. 一个月吃1 000块钱。

b. 1 000块钱吃一个月。（自拟）

上述两例中“一锅饭”和“一个月”分别表达空间容纳性和时段容纳性,而与其相配搭的“10 个人”和“1 000 块钱”分别表达空间或时段所能容纳的人或事物的量,而且还可以互换句法位置而语义关系不变。呈现容纳方式的动词与数量名成分中的名词具有论元关系,与论元“饭”和“人”匹配最自然的便是“吃”,与“月”和“钱”匹配的可以是“吃”“花”“卖”等。

必须要指出的是,当空间容纳性数量名成分与时段容纳性数量名成分,分别置于动词前后的句法位置时,同样存在合法的容纳关系,只是无论哪种成分置于动词前,都承担的是容纳角色;无论哪种成分置于动词后,均承担的是被容纳角色。根据例(56)(57),可以造出如下例子。

(58) a. 一锅饭吃一个月。

b. 一个月吃一锅饭。

(59) a. 一里路走一小时。

b. 一小时走一里路。(自拟)

例(58a)表达吃掉一锅饭所需要的时间是一个月,以致还可以是两个月、三个月等;例(58b)表达一个月所需要吃掉的是一锅饭,以致还可以是两锅饭、三锅饭等。例(59a)和例(59b)亦可如此分析。只是两种情况都已不再凸显其容纳性,即使置于句首的分别是“三锅饭”或“三个月”,置于句末的分别是“三个月”或“三锅饭”。由此,我们需要进一步思考,若动词前后的数量名成分均不包含容纳关系,那还是不是表达容纳性数量关系呢?

(60) a. 10 个人吃了 1 000 块钱。

b. *1 000 块钱吃了 10 个人。(自拟)

例(60a)中“10 个人”并不具有容纳属性,主要表达人数和钱数之间的数量关系,可以看作是一种非容纳性数量关系构式。而且例(60)与例(56)—(59)还有一个不同之处是,动词前后的数量名成分无法互换。陆俭明(2011)在运用“构式—语块”分析法分析数量关系构式时只举了如例(56)这样的用例,并未明确指出如何确定容纳性数量关系构式与非容纳性数量关系构式之间的差别。因此,数量关系构式体系可以分为容纳性数量关系构式和非容纳性数量关系构式两类,而容纳性数量关系构式又可分为空间容纳性数量关系与时段容纳性数量关系。

最后，必须要指出的是，对同一个具有容纳性的事物，其空间属性具有多样性。拿“房子”来说，就其内部容纳而言，可以凸显其弥散性容纳、离散性容纳和数量性容纳；就其作为一个整体的客观事物的本质特征而言，主要凸显其离散性容纳；就其作为客观事物的外在特征而言，主要凸显其弥散性容纳。而且同样是在凸显弥散性容纳特征时，其容纳物也存在差别，可以是弥散性的声音、气味或烟雾等，也可以是该事物具有的特征、风格、色彩等感知觉认知特点。例如：

(61) 每年的这个时候，德罗海达遍地都是玫瑰，因此，房子里充满了花香。(《荆棘鸟》)

(62) 这房子充满了引人入胜的神秘气氛，仿佛暗示楼上有许多比其他卧室都美丽而凉爽的卧室。(《了不起的盖茨比》)

(63) 那边房子堆满了旧家具。(《雪国》)

(64) 我说原先我在北影住筒子楼时，只有十二平米一间朝北的房子，摆不开一张写字的桌子，常在暖气上垫块板儿炮制小说。作家梁晓声)

3. 结语

“概念”之所以成为自身，是以其特有的概念结构为表征，其研究范式是通过概念内容与概念形式相结合的方式来探究概念的语言组织形式。就“容纳”概念而言，其概念结构“空间容器—容纳方式—容纳物”是其特有表征，概念内容之空间容器和容纳物的性质和配搭则受制于概念形式之容纳方式。

容纳方式作为概念形式，构建的是概念框架，就容纳方式的差异而言，主要存在“充X”类、“V满”类和“V得/不下”等三类，由此表征的“容纳”概念存在三种语义类型：弥散性容纳、离散性容纳和数量性容纳。每种语义类型中，空间容器和容纳物构建的是概念内容，根据空间容器的性质差异，弥散性容纳内部存在隐喻性扩展：物理空间到抽象空间、物理空间到心理空间、空间到时间；离散性容纳内部存在立体三维与平面二维两种空间性质；数量性容纳内部又存在空间性与时段性两种类别。

附　注

① 参看《大百科词条(稿)》【语言理解】,载微信公众号"今日语言学",2018 年 3 月 22 日。

② 容纳概念的语义框架"空间容器—容纳方式—容纳物"是其典型语义结构,并不否认实际使用中因为容纳方式的差别而导致三种语块之间的语序变化,如"容纳物—容纳方式—容器"或者"容器—容纳物—容纳方式",以及隐含"容器"这一语块而产生"容纳物—容纳方式"。

③ "充满"具有两种属性,一是动词,是一种动补式复合词,呈现的是一种状态,不能变换为"把"字句;另一是短语,是一种动结式述补短语,呈现的是一种动作及结果,可以变换为"把"字句,如可以说"他把车胎充满了气""他把手机充满了电"等。因此,一种强调充盈的状态,一种强调往里充的动作。根据下文的分析,这里其实是两种不同的容纳型关系,前者是弥散性容纳,后者是离散性容纳。

④《现代汉语词典》(第 7 版)对"充斥""充溢"和"充盈"的释义中均含有"充满"这一义位,因此这里此种容纳方式称之为"充满"类。另外还可以看出"充满"类具有相近的语义特征和概念功能,其差异主要表现在空间容器及其所容纳物的差别上。

⑤《励耘语言学刊》匿名评审专家认为"进、进入"也跟容器隐喻相关,也应该是实现容器隐喻的重要手段之一。的确如此,然而"进、进入"表达的是动态位移事件,是"位移"概念的实现手段,"容器"是位移的衬体;而"容纳"概念是一种静态相容关系,"容器"为容纳物提供空间范围。

⑥ 通过查询北京大学 CCL 语料库和北京语言大学 BCC 语料库均未发现这种配搭,其中有如下用例"气球充满气后,下端又开始漏气",此例中的"充满"是动结式述补短语。

⑦ 本文用例主要来自北京大学 CCL 语料库和北京语言大学 BCC 语料库,均已标明出处。因对比分析需要有少数用例自拟,也已标明。

⑧ "容纳"概念功能的表达结构(或构式)既可以是与概念结构一致的结构形式,即基本的"LP+VP+NP"(书包装满了零食),也可以是仅凸显其中某些语义特征的结构形式,如这里可以是"把"字句"使事+把+NP+V 满"凸显空间容器(他把书包装满了零食)或容纳物(他把零食装满了书包)。

参考文献

李宇明.汉语量范畴研究[M].武汉:华中师范大学出版社,2000.

卢英顺."进"类趋向动词的句法、语义特点探析[J].语言教学与研究,2007(1).

陆俭明."构式—语块"句法分析法[M]//汉语语法语义研究新探索(2000—2010演讲集).北京：商务印书馆,2010.

陆俭明.在探索中前进——21世纪现代汉语本体研究和应用研究[M].北京：北京师范大学出版社,2011.

陆俭明.句类、句型、句模、句式、表达格式与构式[J].汉语学习,2016(1).

吕叔湘.吕叔湘文集(第1卷)[M].北京：商务印书馆,2000.

马云霞.汉语路径动词的演变与位移事件的表达[M].北京：中央民族大学出版社,2008.

邵敬敏.汉语语义语法论集[M].上海：上海教育出版社,2007.

宋文辉.现代汉语动结式配价的认知研究[M].北京：北京大学出版社,2007.

王宜广.现代汉语动趋式语义研究述评[J].汉语学习,2013(3).

王宜广.现代汉语动趋式的语义框架及其扩展路径研究[M].北京：中国社会科学出版社,2016.

邢红兵.汉语作为第二语言的词汇习得研究[M].北京：北京大学出版社,2016.

叶斯柏森.语法哲学[M].何勇,等译.北京：商务印书馆,2010.

张　黎.汉语意合语法学导论——汉语型语法范式的理论建构[M].北京：北京语言大学出版社,2017.

伦纳德·泰尔米.认知语义学(卷Ⅰ)：概念构建系统[M].李福印,等译.北京：北京大学出版社,2017.

Nation, I. S. P. Learning Vocabulary in Another Language[M]. Cambridge: Cambridge University Press, 2001.

Talmy, L. Toward a Cognitive SemanticsVol. Ⅰ: Concept Structuring System[M]. The MIT Press, 2000.

(本文发表于《励耘语言学刊》2020年第1辑,略有删减)

基于语义知识库的基本题元角色句法实现的语义制约研究*

南京师范大学　孙道功　段弯弯

自然语言处理进入句处理阶段后，无论是基于规则还是统计的策略，都面临着"句法—语义"接口或界面(interface)问题(孙道功，2018)。"句法—语义"接口或界面作为句法结构理解和生成的关键，形式语言学和功能语言学对其都非常关注(Halliday，1985；Croft，1991；Tenny，1994；Chomsky，1995；VanValin，2005)。

接口或界面研究的基本假设是动词语义与其题元角色的句法实现(或投射/映射)之间有必然联系，而动词语义对其具有制约作用。题元角色句法实现作为接口的重要组成部分，是句子结构生成不可或缺的环节。题元角色的承载者，在词汇层面是词汇单位，在句法层面是句法论元。题元角色句法实现的实质是深层题元角色和表层句法论元的连接，需要接受词汇语义、句法框架以及语用因素的制约。本文基于语义知识库，试图在接口视域中考察并揭示题元角色同句法论元联接的语义制约条件和关联机制。

1. 题元角色句法实现的研究概况

国外对题元角色句法实现的关注可以追溯到 20 世纪 70 年代。Fillmore(1968)根据语义显著性，针对格(case)的句法实现提出了主语选

* 本研究得到国家社科基金项目"现代汉语'句法—语义'接口的语用制约研究"(20BYY168)、教育部人文社科基金项目"基于语义知识库的名核结构'句法—语义'接口研究"(19YJA740048)、江苏省社会科学基金项目(19YYB008)等的资助。

择规则，并将格层级与主语选择之间的对应关系表示为：施事格＞工具格＞宾格，认为题元层级中显著性最高的角色实现为主语。Dik(1978)提出了题元角色实现为主语和宾语的层级序列。其中实现为主语层级是：Agent＞Goal＞Receptor＞Instrument＞Location＞Temporal。实现为宾语层级是：Goal＞Receptor＞Instrument＞Location＞Temporal。从左往右实现能力依次减弱，不同题元角色实现为同一句法论元具有层级性和优先性差异。Dowty(1991)提出了论元选择原则：对于包含语法主语和宾语的谓词而言，具有最多的原型施事角色蕴涵的论元词汇化为主语，而具有最多原型受事角色蕴涵的论元则词汇化为直接宾语。实际上，题元层级是对动词所涉及的角色同句法连接规律的概括，真正决定题元层级的是表示事件的动词语义。因此，有些学者舍弃了传统的题元层级模式，转而从动词的语义分解和词汇蕴涵的角度来建立题元角色与句法论元的联接模式。最值得关注的是 Bresnan & Kenerva(1989)基于词汇功能语法(lexical-functional grammar)提出的词汇投射理论(lexical mapping theory)。该理论依然以题元层级为基础，但不再将谓词的题元角色直接与语法功能项联接，而是对语法功能项进行特征分析和描写，并将这些特征指派给各个角色。Pinker(1989)运用语义分解手段从词汇语义中提取与语法相关并能直接影响动词句法表现的语义要素，建立词汇语义表达式，以此考查句法语义的连接机制。从词汇语义视角寻找题元角色与句法论元的内在关联，为本文研究提供了借鉴。

Croft(1991)从致使事件结构角度，按照参与者之间的“施力-动态关系”研究了参与者与句法位置的连接问题。而 Grimshaw(1993)从题元角色和体范畴的显著性角度对联接问题进行了分析，认为题元层级和体层级上的显著性都会对角色句法实现产生制约。Tenny(1994)提出了“体界面假设”理论，认为题元结构和论元结构之间的投射普遍接受体特征制约。包括三种制约类型：对内部直接论元的量度制约、对内部间接论元的终点制约和对外部论元的非量度制约。Levin & Rappaport(1998)提出了从词汇语义到句法论元投射的限制原则，如等值类保存原则、显著性保存限制原则以及与之相应的投射规则。后来 VanValin(2005)延续了角色和参照语法理论，提出接口系统是由成分投射、算子投射和焦点结构投射三个互相联系的部分构成,连接算法(linking algorithm)是该接口系统的核心。

与国外相比,国内研究相对滞后。从内容看,主要包括两个方面:一是汉英对比研究;二是基于标注语料库的研究。高明乐(2004)以HPSG(Head-Driven Phrase Structure Grammar)为理论框架,在英、汉对比的基础上,对汉语动词语义特征与句法结构之间的关系及动词语义对句法结构的影响进行了考察,较系统地探讨了题元角色与句法论元的连接问题。刁世兰(2007)重点探讨了二价动作动词充当谓语核心的句子中受事成分的句法投射及其制约问题,分析了制约受事句法投射方式的相关因素。基于标注语料库,从词语义类角度对题元角色句法实现的研究,亢世勇(2016)及其研究团队已经取得了诸多成果,不再赘述。

综上,国外研究主要集中于题元角色同句法论元连接规律的理论探索及其动词语义的表征方面,而基于语义知识库的研究并不多见。国内研究主要侧重于题元角色和句法成分的对应关系考察,较少涉及题元角色句法实现的语义制约问题。

2. 语义知识库的标注信息及语料筛选

建构语义知识库是本研究的基础工作。建构思路是:首先,融合现有的语义知识库资源,参考已有义类知识体系,基于孙道功(2016)建立的语义标记集,在对小规模真实文本进行试标注的基础上补充完善,最终制定句法、语义标注系统。其次是筛选语料。以预先制定的词表为检索对象,从语料库中筛选符合要求的例句。本研究语料皆来源于北京大学中国语言学研究中心语料库(简称 CCL)。再次,对筛选出的语料进行词汇义类、句法语义范畴以及句法成分信息的标注,最终建构了包含多种信息的语义知识库。

2.1 语义知识库标注系统

语料标注是内容复杂、耗时耗力的语言工程。具体标注时,我们采用了人工和机器标注相结合的方法,目前规模约为 30 万字符。标注系统及相关信息如下。

2.1.1　词语义类标注系统

词语义类指某词语所属的语义类，如动物、植物、人类等。根据词语的义类信息，构建了词语义类标注系统。该系统包括 10 大类 32 中类 1 068 小类（孙道功，2016）。括号内为其标记符号。需要说明的是，大类和中类标记符号用双字母（即名称对应汉字的首字母）表示，如名称词的符号为 mc。小类用“大类符号＋小类名称对应汉字首字母”的三字母组合形式表示。如果两类词的首字母相同，如“感受”和“鬼神”都是 gs，那么对应词例较少的义类就以第二个音节的第二字母代替，“鬼神”的标注代码就替换为 mgh。限于篇幅，本文仅列出大类和中类。如表 1 所示。

表 1　词语义类信息表

指称类(4)	陈述类(7)	描述类(6)	限定类(5)	询问类(1)	标记类(2)	关联类(1)	情态类(2)	语气类(1)	呼应类(3)
名称(mc) 称代(cd) 空间(kj) 时间(sj)	施动(sd) 祈使(qs) 参入(cr) 遭致(zz) 存有(cy) 感受(gs) 评断(pd)	性质(xz) 状态(zt) 声状(sz) 情状(qz) 方式(fs) 趋向(qx)	指别(zb) 数量(sl) 类别(lb) 计位(jw) 品类(pl)	询问(xw)	介引(jy) 助构(zg)	关联(gl)	时体(st) 评估(pg)	语气(yq)	呼应(hy) 寒暄(hx) 感叹(gt)

2.1.2　句法语义范畴标注系统

句法语义范畴信息，指句子中语块所对应的语义信息，包括核心范畴、角色范畴、情态范畴、超句范畴。超句范畴包括插说语等类型，在语义上与其他范畴关联并不紧密，暂不研究。具体标注时以语块为单位，标注到语义体系的第二层级，标记符号采用了具体名称对应汉字首字母大写形式表示。在同一类中如果首字母重合，会采用音节的第二个字母表示，如果依然重合，再采用第三个字母。该系统包括动核 8 类 19 种，基本题元角色 9 类 32 种，非基本题元角色 6 类 26 种，共计 77 种。动核类型及标记符号，如表 2 所示。

表 2　动核类型信息表

施动核(3)	祈使核(1)	参入核(2)	遭使核(3)	存有核(3)	感受核(1)	评判核(3)	性状核(3)
自动(HZD) 协动(HXD) 施言(HSY)	祈使(HQS)	加入(HJR) 担任(HDR)	遭遇(HZY) 致使(HZS) 致变(HZB)	存现(HCX) 变化(HBH) 领有(HLY)	感知(HGZ)	判断(HPD) 比喻(HBY) 评价(HPJ)	性质(HXZ) 状态(HZT) 显示(HXS)

基本题元角色类型及标记符号,如表 3 所示。

表 3　基本题元角色类型信息表

施动类(8)	祈使类(2)	参加类(3)	遭致类(4)	存有类(4)	感知类(2)	性状类(3)	评价类(2)	论断类(4)
施事(JS) 共事(JGO) 与事(JYS) 言事(JYH) 受事(JSS) 所成(JSE) 所变(JSB) 所言(JSY)	祈事(JQS) 所祈(JSQ)	任事(JRS) 所加(JSI) 所任(JSR)	遭事(JZS) 所遭(JSA) 致事(JZH) 所使(JSH)	变事(JBS) 变果(JBG) 领事(JLS) 所隶(JSL)	感事(JGS) 所感(JSG)	系事(JXS) 当事(JDS) 比事(JBH)	评事(JPS) 所评(JSP)	断事(JDH) 所断(JSD) 喻事(JYI) 所喻(JSU)

需要说明是“施事”和“受事”对应的首字母完全相同,而且又是题元角色系统中的高频类型。为了避免重复,“施事”采用 JS,省略了第二个汉字对应的首字母。“受事”则采用了 JSS。本文不研究非基本题元角色类型,其标记符号不再列出。

2.1.3　句法成分标注系统

句法成分包括主语(S)、谓语(V)、宾语(O)、状语(D)、补语(P)五种类型,括号内为其标记符号。以上五种句法成分是角色句法实现所涉及的基本位置,而定语通常处于主语或宾语语块中,属于主语或宾语结构的组成部分,不作为角色的投射位置,故不再考虑。

2.2　语料筛选说明

依据预先制定的词表,在 CCL 语料库中进行关键词检索,筛选对应语料并构建语义知识库。本研究目前仅考虑动核结构,故用于检索的词表仅涵盖谓词。需要说明的是，词表是参考《现代汉语频率词典》兼顾词语义类筛选出来的。受时间和精力的限制，目前词表规模相对较小，动词类包括 553 个词，形容词类包括 116 个词。我们采用机器抽取和人工校对相结合的方式筛选语料例句。以词表中的词语为关键词在 CCL 语料库中进行检索，从对应语料中随机抽取 100 条例句，然后对抽取的例句进行句法语义信息标注。题元角色标注和抽取工具由南京师范大学语言科技研究所贺胜副教授研发。

3. 基本题元角色的句法配位和语义制约研究

题元角色的句法实现涉及角色的句法配位和句位选择的语义制约等问题。角色配位是梅里丘克和哈洛多维奇 1970 年首先提出的，被定义为语义和句法层面语言单位之间的关系，其目的在于明确动态词的概念；为了便于模式化，该定义还可以理解为参项题元角色和其句法位置之间的关系（帕杜切娃，2010）。

题元角色句法配位受到词汇语义、句法框架以及语用等多种因素的制约。在“句法-语义”接口中词汇单位依次实现为题元角色，题元角色投射为句法论元，三者之间必然存在内在关联。从概率论角度看，词汇单位、题元角色和句法成分存在两两之间对应和三者之间对应四种情况。本文思路是从横向角度考察基本题元角色实现的句法位置（简称句位），从纵向角度考察句位对基本题元角色选择的序列。在此基础上，考察词汇单位、题元角色以及句法成分三者之间的关联，最终揭示基本题元角色句法实现的语义制约特点。

3.1 基本题元角色的句法配位

沈家煊（1999）提出，“各种语法事实证实施事和受事是典型范畴，以施事和受事为左右两极构成一个语义成分的连续统，其他语义成分在这个连续统上有的靠近施事，有的靠近受事，有的居中”。在本文句法语义范畴标注系统中，基本题元角色包括 32 种类型。除了典型的施事、受事外，还包括靠近施事或受事，并且与之具有相同或相近投射位置的其他题元角色。包括两个小类：一是“X 事”类，其投射位置与施事类似；二是“所 X”类，其投射位置与受事类似。结合语义知识库中的统计数据，对两类角色的句法配位情况进行分析。

3.1.1 基本题元角色的句法配位统计分析

"X事"类角色的句法配位如表4所示：

表4 "X事"类角色的句法配位

配位\角色	JS	JGO	JYS	JQS	JZH	JBH	JLS	JGS	JDH	JDS	JXS	JYH	JRS	JZS	JYI	JPS	JBS
S	1 314	0	0	97	19	45	82	383	339	674	117	170	15	19	138	6	21
O	28	3	17	2	0	0	1	1	3	0	0	0	0	0	0	0	0
D	52	3	20	0	1	3	0	0	0	0	0	0	0	0	0	0	0

可以看出，在"X事"类基本题元角色中，除了JGO和JYS外，主语位置都是常规配位。具体言之，包括两种情况：一是主语是其实现的唯一句位，有JDS、JXS、JYH、JYI、JBS、JZS、JRS、JPS八种类型。二是有多种句位可以选择，但是主语句位是优势位置。如除主语句位外，JS还可以选择宾语和状语句位；JQS、JLS、JGS、JDH还可以选择宾语句位；JZH和JBH可以选择状语句位。但毫无疑问主语位置是其最优先选择的句位。

"所X"类角色的句法配位如表5所示：

表5 "所X"类角色的句法配位

配位\角色	JSS	JSE	JSB	JSY	JSH	JSQ	JBG	JSL	JSG	JSD	JSA	JSI	JSR	JSP	JSU
S	96	2	2	5	7	13	0	1	6	2	5	0	0	0	0
O	1 414	98	42	31	10	170	90	131	469	710	114	4	19	5	7
D	149	7	0	5	0	0	0	0	0	0	0	0	0	0	0
P	0	0	0	0	0	0	3	0	0	0	0	0	0	0	0

"所X"类基本题元角色与"X事"类不同，宾语是其常规配位，并且在非常规配位中增加了补语句位，但是这样的角色并不多见，仅有JBG。其他角色包括两种情况：一是宾语是其实现的唯一句位，有JSR、JSU、JSP、JSI四种类型。二是有多种句位可以选择，但是宾语句位是优势位置。如

除了宾语句位外，JSS 还可以选择主语和状语句位；JSE、JSB、JSY、JSH、JSQ、JSL、JSG、JSD、JSA 可以选择主语句位。比较特殊的是，JSS、JSE、JSY 除主、宾句位外，还可以选择状语句位，但宾语句位仍然是最优先选择的位置。

3.1.2　不同句位对基本题元角色的选择序列

从句位角度看，角色句法实现过程中存在同一句位对不同类型角色的选择问题。主语句位对基本题元角色的优选序列是：JS（1 314）＞JDS（674）＞JGS（383）＞JDH（339）＞JYH（170）＞JYI（138）＞JXS（117）＞JQS（97）＞JSS（96）＞JLS（82）＞JBH（45）＞JBS（21）＞JZH/JZS（19）＞JRS（15）＞JSQ（13）＞JSH（7）＞JSG/JPS（6）＞JSY/JSA（5）＞JSB/JSD/JSE（2）＞JSL（1）。从中可以看出，投射到主语句位的基本题元角色以“X 事”类为主。频度较高的类型中，仅 JSS 属于“所 X”类，故主语句位优先选择“X 事”类角色填充。

宾语句位对基本题元角色的优选序列是：JSS（1 414）＞JSD（710）＞JSG（469）＞JSQ（170）＞JSL（131）＞JSA（114）＞JSE（98）＞JBG（90）＞JSB（42）＞JSY（31）＞JS（28）＞JSR（19）＞JYS（17）＞JSH（10）＞JSU（7）＞JSP（5）＞JSI（4）＞JDH/JGO（3）＞JQS（2）＞JLS/JGS（1）。与主语句位不同，处于序列左端的大多是“所 X”类角色，故宾语句位优先选择“所 X”类角色填充。而 JS 作为出现频度较高的基本题元角色，也可以实现为宾语。

状语句位对基本题元角色的优选序列是：JSS（149）＞JS（52）＞JYS（20）＞JSE（7）＞JSY（5）＞JGO/JBH（3）＞JZH（1）。除了主宾句位外，JS 和 JSS 也可以实现为状语句位。实际上，能够实现为状语位置的基本题元角色并不多见，因为状语位置是非基本题元角色句法实现的常规句位，另文讨论。

综上，可以看出：（1）虽然同为基本题元角色，但是实现为某一句位的优先度并不相同。（2）对某一基本题元角色而言，在句法实现时通常存在一个常规句位和 1—2 个非常规句位。（3）在 32 个基本题元角色中，JS 实现为主语和 JSS 实现为宾语最为常见，这也验证了主语优先选择施事或施事优先实现为主语，宾语优先选择受事和受事优先实现为宾语的投射理论（projection theory）。（4）主语句位是以 JS 为代表的“X

事”类角色的常规配位,而宾语句位是JSS为代表的“所X”类角色的常规配位。此外,某些基本题元角色还可以投射到状语或补语句位,但是与实现为主语和宾语句位的数量相比要少得多,属于非原型情况。

3.2 以施事和受事角色为典型个案的语义制约考察

因篇幅所限,语义制约分析仅以基本题元角色中最典型、使用频度最高的施事和受事为研究个案。

3.2.1 施事角色句法实现的语义制约考察

首先,根据角色选择的句位进行细化,将分化后的角色与句位作为整体进行考察。根据句法配位差异,施事角色细化为三种类型:主语型、宾语型和状语型。其次,分别考察三种类型施事与所填充词语义类的内在关联,从而考察不同句位上施事的语义制约问题。受事的处理方法亦同。基于语义知识库,统计得到了填充不同句位施事的词语义类及频度。如表6所示。

表6 填充不同句位上施事的词语义类统计

义类	主语型施事		义类	宾语型施事		义类	状语型施事	
	数量(次)	比例(%)		数量(次)	比例(%)		数量(次)	比例(%)
mcw	804	0.611 9	mcw	7	0.466 7	mdw	6	0.285 7
mdw	197	0.149 9	mdw	4	0.266 7	mzf	5	0.238 1
mzf	126	0.095 9	mzt	2	0.133 3	mcw	4	0.190 5
mzt	62	0.047 2	mzf	1	0.066 7	mzt	4	0.190 5
mgh	51	0.038 8	mgh	1	0.066 7	mqg	2	0.095 2
mqt	44	0.033 5	mqt	0	0.000 0	mqt	0	0.000 0
mqg	16	0.012 2	mqg	0	0.000 0	mqg	0	0.000 0
mjg	14	0.010 7	mjg	0	0.000 0	mjg	0	0.000 0
总计	1 314	1		15	1		21	1

施事角色所实现的句位类型受到填充词语的语义制约。换言之,不同词语填充的施事角色实现为某种句位能力与该词语的义类有关。填充

主语型施事的词语义类序列是：mcw(804)＞mdw(197)＞mzf(126)＞mzt(62)＞mgh(51)＞mqt(44)＞mqg(16)＞mjg(14)。可以看出，施事角色在实现为主语过程中受到填充词语的语义制约，其中具有[＋有生性]的称谓类(mcw)、动物类(mdw)等义类词语具有优先性。而不具有[＋有生性]的词语充任的施事，实现为主语能力则相对较弱，如机构类(mjg)等。当该类词语充任施事主语，作为动作行为的发出者，通常需要在语境下发生拟人化，临时具有了[＋有生性]，才能适应谓词搭配的语义限制条件，这也体现了施事角色句法实现时的语义制约特点。

填充宾语型施事的词语义类序列是：mcw(7)＞mdw(4)＞mzt(2)＞mzf/mgh(1)。填充状语型施事的词语义类序列是：mdw(6)＞mzf(5)＞mcw/mzt(4)＞mqg(2)。张伯江(2009)曾提出，“几乎每种名词都可以从某种意义上看作是施事。所不同的是，各类名词体现施事意义时对语境的依赖程度不同”。结合语料考察发现，当词语充任主语型施事时，[＋有生性]及其强弱制约了其对语境依赖程度的高低，越靠近优选序列左端义类的词语，自由度越高，语境依赖性越弱。毫无疑问，不同词语填充不同句位上施事的能力与其语义有关，并且会受到词语义类的制约。同时，同一义类的词语填充不同句位上施事的能力也不相同，使用频度也有较大差异。这也体现了词语义类对同一角色句法实现时的句法配位具有制约作用。施事可以实现为主语、宾语和状语句位，但是主语型施事在频度上占有绝对优势，这与填充词语所具有的[＋有生性]及强弱等语义特点密切相关。

3.2.2　受事角色句法实现的语义制约考察

基于语义知识库，统计得到了填充不同句位上受事的词语义类及频度。限于篇幅，仅列出频度最高的前 10 种义类(如表 7 所示)。

表 7　填充不同句位上受事的词语义类统计

	主语型受事			宾语型受事			状语型受事	
义类	数量(次)	比例(%)	义类	数量(次)	比例(%)	义类	数量(次)	比例(%)
mzw	12	0.125 0	mdu	109	0.077 1	mzw	16	0.107 4
mdw	9	0.093 8	mzw	102	0.072 1	mgj	15	0.100 7

(续表)

义类	主语型受事		义类	宾语型受事		义类	状语型受事	
	数量(次)	比例(%)		数量(次)	比例(%)		数量(次)	比例(%)
mdu	8	0.083 3	mgs	98	0.069 3	mzt	14	0.094 0
mgs	8	0.083 3	mdw	90	0.063 6	msw	14	0.094 0
mgj	8	0.083 3	mzt	90	0.063 6	mdu	12	0.080 5
mzp	7	0.072 9	mgj	89	0.062 9	mdw	11	0.073 8
myp	5	0.052 1	msx	80	0.056 6	myp	11	0.073 8
mjz	5	0.052 1	mzp	69	0.048 8	mzp	7	0.047 0
msj	5	0.052 1	myw	68	0.048 1	mjt	7	0.047 0
msw	4	0.041 7	msw	66	0.046 7	msx	7	0.047 0
总计	71		总计	861		总计	114	

同施事一样,受事所实现的句位类型也受到所填充词语的语义制约。宾语是受事实现的常规句位。填充宾语型受事的词语义类序列是:mdu(109)>mzw(102)>mgs(98)>mdw/mzt(90)>mgj(89)>msx(80)>mzp(69)>myw(68)>msw(66)>myp(59)>mjt(49)>mtw(44)>mjz(38)>mqg(35)>myy(35)>mxn(27)>mlz(26)>msi(25)>msj(24)>mzf(22)>mcw/mqt/mmx(18)>mtx(17)>mdm(15)>msh(13)>mjk(12)>mcl(12)>mjb/mjy(10)>mjh(6)>msy/mmf(5)。受篇幅所限,仅列出频度5次以上的类型,下同。可以看出,地物词(mdu)、植物词(mzw)、感受词(mgs)、动物词(mdw)等义类词语具有填充宾语型受事的优先性。与施事相比,填充受事的词语没有[+有生性]的语义限制条件。其原因是受事通常作为动作行为的接受者不需要自身发出施动力。同时,受事的义类特点往往受到支配它的动词跟它的语义关系(动-受关系)的制约。而施事主要受制于填充名词的[+有生性]强弱以及相关的语义等级,所以施事和受事在语义方面具有不对称性。填充主语型受事的词

语义类序列是：mzw(12)＞mdw(9)＞mdu/mgs/mgj(8)＞mzp(7)＞myp/mjz/msj(5)。填充状语型受事的词语义类序列是：mzw(16)＞mgj(15)＞mzt/msw(14)＞mdu(12)＞mdw/myp(11)＞mzp/mjt/msx(7)＞myw(5)。不难看出，词语填充不同句位上受事的能力受到该词语义类的制约。受事可以实现为主语、宾语和状语句位，但是宾语型受事在频度上占有绝对优势，这与填充词语的义类及其与动词构成的语义关系密切相关。

综上，可以看出：(1) 施事和受事句法实现的位置包括主语、宾语和状语三个句位，其中主语是施事的常规配位，宾语是受事的常规配位。(2) 基本题元角色的句法实现，不仅受到角色类型的制约，同时也受到充任该角色词语的义类制约。(3) 不同义类的施事和受事投射到同一句位的优先性不同，与填充该角色词汇单位的语义密切相关，特别是受到填充词语的[＋有生性]以及强弱的语义制约。Hopper & Tompson(1980)曾指出，施动力越高充当施事的可能性就越大。要具有施动力，必须具有[＋有生性]。[＋有生性]越高充当施事主语的优先性就越强。语料中的人类、动物类名词充任的施事角色在实现为主语过程中占有绝对优势。而不具有[＋有生性]的名词充任的施事角色实现为主语的能力则很弱。充当受事角色的词汇义类比较宽泛，对[＋有生性]没有强制约性。考察发现，在具体句子中，当施事具有[＋有生性]而受事不具有[＋有生性]，或施事和受事均具有[＋有生性]时，施事的句法实现位置有主语和状语，受事可以实现为任何句位。当施事不具有[＋生命性]，受事具有[＋有生性]时，施事句法实现的位置通常是状语，受事可以出现在主语和宾语句位。当具有[＋生命性]的词语填充的施事实现为主语，不具有[＋生命性]的词语填充的受事实现为宾语，施受关系最容易区别。这也说明在现代汉语中"施动受"的语义关系是一种无标记的语序。相反，当施事不具有[＋生命性]，受事具有[＋生命性]时，通常需要形式标记来区分，从而形成了有标记语序。无论是施事还是受事，具体实现为哪一种句位都受到充当该角色词语的语义制约。(4) 施事、受事在句法实现时具有共类词分布不平衡的特点。共类词(co-taxonymy)指义类体系中处于同一层次的词(张志毅等，2001)。主语、宾语和状语句位，结果都呈现一个不等序列。这说明施事、受事投射到同一句位的优先性与充任该角色词语的语义有关,受到填充词语的义类制约。不同义类的施事、受事,投射到同一句位的优先性是不同的。同为施事或受事角色,其内部按义类属性的不同,共类词的义类分布不平衡非常显著。有的义类充当施事主语的能力强,如 mcw 类,有的义类较弱,如 mqg 类。受事亦然。(5) 在词语义类序列中,左端的优先级高,右端的优先级最低,从左向右依次递减。越靠近两端的差别越大,中间的优先级差别不显著。语言研究带有受限性,由于语料规模及语体的制约,有些义类的词语没有找到相应的实例,本文称之为"零对应"。需要说明的是,零对应是针对本文构建的语义知识库而言的,不代表在实际语言现象中绝对不会出现。但可以据此推断,这些义类词语填充的角色在语言使用中频率极低,即使出现也不影响在序列中的整体位次。

4. 结语

目前国内题元角色的句法实现研究,主要着眼于题元角色与句法成分的对应关系,对填充角色的词语语义特点和同一角色实现为不同句位的语义制约研究鲜有涉及。本文基于语义知识库,一方面考察了基本题元角色的句法配位类型、特点以及实现为不同句位的同一角色的义类序列;另一方面,以施事和受事为典型案例考察了词汇单位、题元角色以及句法成分三者之间的关联,揭示基本题元角色句法实现的语义制约特点。不仅丰富了角色句法实现的研究内容,同时基于汉语事实所揭示的语义制约共性和个性,也具有语言类型学意义。结论和创新点主要包括:(1) 基本题元角色的句法实现存在常规和非常规句位,句法实现时优先选择常规句位。主语是施事角色的常规配位,宾语是受事角色的常规配位。(2) 不同角色类型实现为同一句位的优先性不同,存在一个不等序列,越靠近序列左端优先级越高。(3) 基本题元角色的句法实现受到充任该角色词语的语义制约,不同义类词语填充的同一角色投射到同一句位的能力不同,同一义类词语填充的不同角色投射到同一句位的能力也有差别。

参考文献

刁世兰.受事成分的句法投射[D].武汉：华中师范大学,2007.

高明乐.题元角色的句法实现[M].北京：中国社会科学出版社,2004.

亢世勇,张晨.语义角色映射为句法成分的词汇语义制约规律及特点[J].中文信息学报,2016(6).

沈家煊.不对称和标记论[M].南昌：江西教育出版社,1999.

孙道功.基于大规模语义知识库的"词汇—句法语义"接口研究[J].语言文字应用,2016(2).

孙道功.现代汉语动核结构的"句法—语义"接口研究[M].北京：科学出版社,2018.

张伯江.从施受关系到句式语义[M].北京：商务印书馆,2009.

张志毅,张庆云.词汇语义学[M].北京：商务印书馆,2005.

帕杜切娃.词汇语义的动态模式[M].北京：北京大学出版社,2010.

Bresnan, J. & Kanerva, J. Locative Inversion in Chichewa: A Case Study of Factorization in Grammar[J]. Linguistic Inquiry, 1989, 20.

Chomsky, N. A Minimalist Program[M]. Cambridge, Mass: MIT Press, 1985.

Croft, W. Syntactic Categories and Grammatical Relations[M]. Chicago, IL: University of Chicago Press, 1991.

Dik, Simon C. Functional Grammar[M]//North-Holland linguistic series, vol. 37. Amsterdam: North-Holland Publishing Company, 1978.

Dowty, D. Thematic Proto-roles and Argument Selection[M]. Language, 1991, 67.

Fillmore, C. J. The Case for Case[M]//E. Bach & R. T. Harms. Universals in Linguistic Theory. New York: Holt, Rinehart-Winston, 1968.

Grimshaw, J. Semantic Structure and Semantic Content in Lexical Representation [M]. Grimshaw, J. Words and Structure. Stanford. CA: CSLI publications, 1993.

Halliday, M.A.K. & Hasan, R. Language: Context and Text[M]. Burwood: Deaken University Press, 1985.

Hopper, Paul J. & Thompson, Sandra A. Transitivity in Grammar and Discourse[M]. Language, 1980, 56.

Pinker, S. Learnability and Cognition: The Acquisition of Argument Structure

[M]. Cambridge，MA：MIT Press，1989.

Tenny，C. Aspectual Roles and the Syntax-Semantics Interface[M]. Dordrecht：Kluwer Academic Publishers，1994.

VanValin，R. D. Jr. Exploring the Syntax-semantics Interface[M]. Cambridge：Cambridge University Press，2005.

（本文发表于《语言文字应用》2019 年第 3 期）

会议报道

附录 第十届现代汉语语法国际研讨会在日本关西外国语大学召开

赵春利

第十届现代汉语语法国际研讨会于 2019 年 10 月 25 日至 30 日在日本关西外国语大学举行，本次会议也是关西外国语大学孔子学院成立 10 周年的庆典系列活动之一。作为中国语言学界最重要的两个语法学术高级系列会议之一，本研讨会得到了著名语言学家吕叔湘、朱德熙、胡裕树、张斌、王维贤、陆俭明、邢福义等先生的长期支持，为现代汉语语法研究的不断创新发展及其国际化起到了极大的推动作用，在全中国乃至国际上产生了重要而深远的影响。

本次会议由关西外国语大学孔子学院、大阪产业大学孔子学院主办，北京大学、复旦大学、武汉大学、中山大学、浙江大学、暨南大学、华中师范大学、上海师范大学、浙江师范大学、北京语言大学、广东外语外贸大学、香港中文大学、澳门大学合办，并获孔子学院总部/国家汉办“孔子新汉学计划”国际会议项目资助，共有来自日本、美国、法国、韩国、新加坡和中国等国家的 184 名学者参会，提交论文 142 篇。

大会开幕式由关西外国语大学孔子学院院长靳卫卫与神户市外国语大学任鹰主持，关西外国语大学校长谷本义高致欢迎词，暨南大学邵敬敏致开幕词，特邀代表北京大学陆俭明和台湾中正大学语言学研究所戴浩一致辞，沈家煊、马真、古川裕、陆镜光、史有为、石定栩、张黎、石村广、齐冲等语法学家作大会报告。与会学者秉承研讨会延续了三十多年的“继承传统，推陈出新”“开放借鉴，坚持原创”“多元意识，深入人心”及“与时俱进，观念更新”的理念，继承前辈们的优秀研究传统，开拓新的研究领域，探索属于自己的研究风格，并形成了三点共识：一是加速"汉语国际化、汉语研究国际化、汉语应用国际化"的进程;二是提倡"具有中国特色的语言学理论"的探索;三是强化"汉语语法研究梯队年轻化"的建设。

大会闭幕式由吉林大学吕明臣与北京师范大学刁晏斌主持,下一届申办单位的代表法国巴黎大学孔子学院院长齐冲作了表态发言(受疫情影响,第十一届现代汉语语法国际研讨会改在黑龙江大学召开),暨南大学赵春利作会务报告,华中师范大学汪国胜致闭幕词。大会依据惯例向青年学者颁发"语法新秀"奖状,共资助一等奖 3 名,二等奖 14 名。论文集《汉语语法研究的新拓展(十)》将于 2021 年由上海教育出版社出版,本届会议加强了中外汉语语法学家的联系与沟通,加速了汉语语法研究的现代化、科学化进程,交流了现代汉语语法研究的最新成果,展现了目前国内外研究的最新动态,为汉语语法研究登上国际舞台作出了突出贡献。

第十届现代汉语语法国际研讨会论文目录

序号	姓名	单　位	论 文 题 目
1	安本真弓	日本迹见学园女子大学	如何看待汉语的表可能句式——从与日语相比较的角度
2	蔡淑美	厦门大学	构式浮现的研究现状和发展空间
3	曹秀玲	上海师范大学	汉语称名关系小句"(被 S)称(之)为 N_1 的 N_2"
4	曾常红	湖南师范大学	"S 不 NP"的演变与汉语句式的严密化
5	陈淑梅	黄冈师范学院	汉语并列式复合词的动宾化扩展
6	陈菘霖	台湾成功大学	新兴程度副词的语意淡化及延伸
7	陈　颖	哈尔滨师范大学	"比较"的程度等级
8	陈　玥	东京大学	论受事主语句"V 得"句是一种性状描写句
9	陈振宇	复旦大学	语言中真实存在的蕴涵关系
10	戴浩一	台湾中正大学	汉语动词复合的认知动因与信息结构

（续表）

序号	姓名	单 位	论 文 题 目
11	岛村典子	日本京都外国语大学	趋向补语“下”的义项分析及其语义网络
12	刁晏斌	北京师范大学	释一组指人的“无色”名词
13	町田茂	日本山梨大学	通过 aspect 标识多义、多功能现象来探讨由词汇、情态、多动词结构形成的套叠关系
14	樊中元	广西师范大学	共具表达式“谁没个 X”的成分选择与表达功能
15	范立珂	上海外国语大学	试探现代汉语“起”类位移事件表达
16	方　迪	中国社会科学院	互动语气词“着呢”与交互式评价“A 着呢”
17	高亚楠	沈阳航空航天大学	汉语量词核心功能的提取与验证
18	葛平平	南京大学	主观化与构式化的双向互动关系 ——以情态标记“还”的语义演变与构式发展为例
19	宫领强	鲁东大学	概念功能导向的“容纳”概念构建及语义类型分析
20	古川裕	日本大阪大学	“是 VO＋V 的”构式的句法—语义特点
21	郭婷婷	武汉大学	“呢”的疑问信息与“呢”问句的语形语义互动考察
22	韩巍峰	Flinders University	THE SYNTAX AND SEMANTICS OF DP1 - hé - DP2 IN MODERN CHINESE
23	郝　琦	北京大学	现代汉语副词“相互/互相”联系义用法的涌现
24	何　凡	暨南大学	状位“新”的分布验证与语义组配研究
25	何晓璐	上海外国语大学	陈述性“把”字句和祈使性“把”字句的分野 ——从“把”后 NP 的有定性谈起
26	贺晓玲	新加坡南洋理工大学	受事主语句的结构语义与篇章分析

(续表)

序号	姓名	单　位	论 文 题 目
27	洪　爽	北京师范大学	“同语”的语篇特征分析
28	胡承佼	安徽师范大学	“不V(不V),S”的构成特性及其意外构式义的形成
29	黄劲伟	四川外国语大学	The Name and the Nature of “liàng-cí” in Chinese 汉语“量词”的名与实
30	黄燕旋	中山大学	19世纪潮州方言罗马字文献中的“在”
31	黄　勇	日本大阪大学	“(S)+介词+O+情感谓词”构式研究
32	吉益民	宿迁学院	互动交际中驱离类习语构式表情功能的浮现
33	金昌吉	日本大阪产业大学	物体范畴之空间属性的激活与凸显
34	金立鑫	江苏师范大学	汉语意合语法框架下修饰语句法位置的条件与功能解释
35	金铉哲	韩国延世大学	现代汉语“无标志复句”学习情况研究
36	匡鹏飞	华中师范大学	论汉语语气词的唯句性
37	李慧敏	安徽大学	12—36个月汉语儿童应答语的语用发展研究
38	李　强	上海大学	“大”不大,非常“大”
39	李双剑	上海外国语大学	汉语否定词的浮动与(交互)主观性表达
40	李铁根	韩国启明大学	“VO1+O2”的类型和功能
41	李　湘	厦门大学	“焦点干涉”还是“预设冲突”?——论焦点标记词制约疑问句构造的实质成因及消解条件
42	李晓琴	上海师范大学	新摹状量词“波”说略
43	李宇凤	四川大学	引述回应标记“你是说”的话语解释和评述否定功能

（续表）

序号	姓名	单　位	论 文 题 目
44	李振中	衡阳师范学院	释汉语中与估测句语序相关的四组概念
45	刘　彬	华中师范大学	疑问与感叹的相关性及其转化机制
46	刘　柳	韩国延世大学	现代汉语四字格“南X北Y”的多维度考察
47	刘殊墨	浙江大学	“很”修饰“会VP”的用法及限制
48	刘　顺	南京审计大学	生成词库理论视角下时间性名词的句法语义接口研究
49	刘晓晴	日本京都外国语专门学校	“便是(了)”的语法化机制及其语义特征
50	刘亚男	暨南大学	从戴遂良所编河间府方言文献看现代汉语语气词“哪”的来源
51	鲁小龙	美国亚利桑那大学	现代汉语“在＋NP＋边/面/头”结构的认知研究
52	鲁晓琨	日本文京学院大学	“V不了”与“V不得”
53	鲁志杰	北京语言大学	构式“好容易＋VP”中的隐性否定及其语用功能
54	陆俭明	北京大学	语法会受社会心理的影响与制约
55	陆镜光	新加坡南洋理工大学	语法？用法？
56	路浩宇	日本关西学院大学	浅谈保留宾语被动句的信息结构与篇章功能
57	罗彬彬	上海师范大学	汉语弹性形式的选用与消极修辞效果
58	罗福腾	新加坡社会科学大学	动词重叠带宾语“V-O-V”结构在山东方言里的演变与遗存
59	骆健飞	北京语言大学	汉语单双音节对应动词的时空义素研究——以“手”部动词为例
60	吕明臣	吉林大学	“与其……不如……”关系的属性

(续表)

序号	姓名	单　位	论 文 题 目
61	吕　娜	中山大学	极项分布语境的判定及“一量名”的极项类型
62	马　喆	广州大学	从否定到消极推测
63	聂仁发	宁波大学	已然、未然、虚拟与“果真”的分化
64	彭　彬	长江大学	“有两把刷子”构式化机制和路径
65	平山邦彦	日本拓殖大学	汉语领有者差比句的形成机制 ——以主谓谓语句为参照
66	齐　冲	法国巴黎大学	汉语名动词的论元结构及其句法表征
67	齐　菲	新加坡南洋理工大学	北京口语给予类三个参与者事件论元语序研究 ——基于信息结构理论的探讨
68	祁志霞	韩国延世大学	韩国学生助词“了”的偏误分析及教学策略
69	钱　坤	暨南大学	“按照”句的语义实现和介词“按照”的句法语义
70	强星娜	北京语言大学	反预期・意外・转折 ——以“竟然”“偏偏”“然而”等为例
71	邱庆山	湖北大学	论“A 的 A,B 的 B”格式的语言信息结构特征
72	饶宏泉	安徽师范大学	话题调控与“哎”的状态改变功能
73	任　鹰	日本神户市外国语大学	从语言类型的角度看汉语动结式的句法表现 ——主要以同构动结式为例
74	邵敬敏	暨南大学	语义语法与创建具有中国特色的语法研究理论
75	邵龄萱	韩国延世大学	能愿动词“要”的否定研究
76	沈家煊	中国社会科学院	汉语传情达意的形式手段：回文，重言，联语，互文，韵语

（续表）

序号	姓名	单　位	论 文 题 目
77	沈　园	复旦大学	“又”的语气强调用法再分析
78	施春宏	北京语言大学	从多重互动关系看合成复合词的生成机制
79	石村广	日本中央大学	汉语动结式在语言类型上的两面性 ——从藏缅语的自动和使动的对立谈起
80	石定栩	广东外语外贸大学	对立式主观副词的意义和用法
81	史金生	首都师范大学	口语中的负面评价标记“一个”及其语法化
82	史有为		“零句”质疑
83	孙道功	南京师范大学	基于大规模知识库的题元角色句法实现的语义制约研究
84	孙利萍	华侨大学	从动词短语到连词 ——以新加坡华语表列举的“再来”为例
85	孙天琦	中国人民大学	试析“V＋个＋VP”结构的句法属性及生成机制
86	覃业位	武汉大学	新兴重叠式 VVV 的句法分布与其“增量”意义
87	田　源	武汉大学	联系项原则与汉语复句关联词语单用规律
88	汪国胜	华中师范大学	现代汉语语法研究的规划与目标
89	王　安	日本法政大学	汉语形容词重叠式的主观性（subjectivity）与主观化（subjectification）的认知分析——以完全重叠式 AA，AABB 为中心
90	王　聪	香港教育大学	汉语人称代词的“数”意义表达及其相关考察
91	王冬梅	中国社会科学院	汉语的“虚”和“实”
92	王恩旭	济南大学	论动词的下位分类对词典释义的影响
93	王红旗	南开大学	语言里存在歧义格式吗

(续表)

序号	姓名	单　位	论 文 题 目
94	王丽彩	深圳大学	古今汉语注视类方式对比分析
95	王梦颖	复旦大学	从互动语言学角度看汉语副词正反问用法的浮现
96	王　涛	暨南大学	“行”表行为义的句法与词法特性
97	王天佑	山东师范大学	从“一边 VP1,一边 VP2”格式到“边 V1 边 V2”四字格
98	王伟民	上海师范大学	“会＋VP”结构关系研究
99	王小溪	北京大学	现代汉语“动宾＋宾”格式的句法语义特征探析
100	王宜广	鲁东大学	量词省略的韵律、语体和句法制约机制分析
101	吴婷燕	暨南大学	情态副词“敢情”的话语关联与语义提取
102	吴芸莉	中山大学	汉语情态动词的核心义和综合义
103	吴早生	安徽大学	汉语“什么”的反预期话语标记功能
104	吴长安	东北师范大学	数字关系形成的构式的语用特色
105	夏　军	沈阳师范大学	现代汉语口语中的“NP1＋都是＋相互关系性 NP2”构式研究
106	鲜丽霞	四川大学	“挺”的互动功能研究
107	项开喜	中国社会科学院	始点主导与终点主导：汉语使成表达的类型学
108	肖　珊	中国地质大学(武汉)	语义地图模型和汉语多功能句式的多维研究
109	肖书文	华中科技大学	中日现代修辞理论比较
110	谢晓明	华中师范大学	反预期条件构式“越是 X,越要 Y”考察
111	徐　峰	新加坡南洋理工大学	现代汉语单音节形动组配的双向选择研究

（续表）

序号	姓名	单　位	论文题目
112	徐晶凝	北京大学	也说“曾(经)”
113	徐毅发	香港科技大学	从否定极性词看汉语的冗余否定
114	杨德峰	北京大学	也说“即使”构成的复句构式
115	杨海明	暨南大学	数字化时代汉语新兴高程度表达与当代汉语
116	殷树林	黑龙江大学	汉语省略研究中的几个争议问题之我见
117	尹常乐	北京大学	现代汉语“一个 XP”结构的主观性
118	尹洪波	北京外国语大学	汉语时间从句的标记：汉英对比的视角
119	应学凤	浙江外国语学院	松紧相似原则与动宾饰名复合词
120	张大强	武汉大学	从“N抽＋着”看抽象名词的事件化机制
121	张德岁	宿州学院	谓词性成分指称性强弱的制约因素
122	张　帆	中国社会科学院	说动词前与工具相关的四类名词性成分
123	张　舸	华南师范大学	“X个Y”的构式语法语义分析
124	张寒冰	广西民族大学	从“现实”到“非现实”：再论宾语位置的“数量名”结构
125	张　璐	中国人民大学	新“各种 X”与常规“各种 NP”是一致的结构吗?
126	张　黎	日本大阪产业大学	汉语意合的句法机制 ——再论汉语“一音一义”
127	张邱林	华中师范大学	当代汉语“必须”的功能发展与词性问题
128	张淑敏	台中教育大学	华语的给予句：构式分析法
129	张旺喜	北京语言大学	汉语词义的认知基础与词汇的语法化
130	张　闻	日本神户市外国语大学	状位表量重叠式成分的量范畴特征

(续表)

序号	姓名	单　位	论 文 题 目
131	张　岩	日本神户外国语大学	位移动词“出”“进”的句法表现及其语义内涵
132	张　玲	浙江科技学院	类型学视角下汉语动名复合动词的特点
133	张婷婷	上海师范大学	现代汉语主观轻贬构式“也就这么/那么＋数量结构”及其构式化研究
134	张则顺	武汉大学	基于事件结构的汉语非常态构式研究
135	赵春利	暨南大学	估危副词“险些”的话语关联与语义情态
136	郑懿德	北京语言大学	句间连接词“就是”语用辨察
137	中田聪美	日本大阪大学	再论话语标记“怎么”的用法 ——兼论与“什么”的异同
138	钟叡逸	台湾清华大学	动后模态词句法层系与其效应 ——以客语“得”和蒙受句式为例
139	周　娟	暨南大学	话语标记“看起来”和“看来”比较研究
140	周　韧	北京大学	试论汉语句式中反施成的“施去角色”
141	周　芍	华南师范大学	“手”部与“足”部动词的组合泛化及认知机制
142	周文华	南京师范大学	“数形量名”格式的语义制约与认知加工

图书在版编目（CIP）数据

汉语语法研究的新拓展. 十 / 邵敬敏, 靳卫卫, 张黎主编. -- 上海：上海教育出版社, 2021.10
ISBN 978-7-5720-1096-5

Ⅰ. ①汉… Ⅱ. ①邵… ②靳… ③张… Ⅲ. ①现代汉语－语法－国际学术会议－文集 Ⅳ. ①H146-53

中国版本图书馆CIP数据核字(2021)第199854号

责任编辑 毛 浩
封面设计 郑 艺

汉语语法研究的新拓展 十
邵敬敏 靳卫卫 张 黎 主编

出版发行 上海教育出版社有限公司
官 网 www.seph.com.cn
地 址 上海市永福路123号
邮 编 200031
印 刷 上海叶大印务发展有限公司
开 本 890×1240 1/32 印张 15.125 插页 1
字 数 450 千字
版 次 2021年10月第1版
印 次 2021年10月第1次印刷
书 号 ISBN 978-7-5720-1096-5/H·0039
定 价 120.00 元

如发现质量问题，读者可向本社调换 电话：021-64377165